D1711510

LES CHOUANS

ŒUVRES DE H. DE BALZAC

Parus dans le Livre de Poche :

HONORÉ DE BALZAC

Les chouans

ou
la Bretagne en 1799

PRÉSENTÉ PAR JEAN DE LA VARENDE

LE LIVRE DE POCHE

A MONSIEUR THÉODORE DABLIN,
NÉGOCIANT

Au premier ami, le premier ouvrage.

DE BALZAC

PRÉFACE

JAMAIS l'on n'apportera trop d'attention à ce livre-là pour l'œuvre de Balzac et pour l'adolescence, le développement du roman français. Il n'en avait pas encore signé de son nom familial. La dédicace à Théodore Dablin, son ami, le quincaillier, porte : « Au premier ami, le premier livre. » Auparavant. l'étrange prophète de lui-même avait écrit bien des histoires sous le nom d'Horace de Saint-Aubin et de Lord Rhoone, mais des feuilletons plutôt que des romans, ce nom auquel il allait donner un prestige nouveau, une insolite puissance.

Les tribulations du jeune Honoré sont connues, elles pimentent son succès final; l'on sait l'échec de l'imprimerie et les dettes qui lui succèdent. On est sensible à tant d'acharnement et d'audace. Il avait vingt-huit ans; il était le petit-fils d'un rude paysan d'Albi et fils d'un homme singulier qui venait de franchir une difficile étape sociale et en prenait de l'autorité. De Balssa, on avait déjà fait Balzac et, en 1836, avec le succès ouvert par la réussite du *Dernier Chouan,* comme le roman s'appelait alors, Honoré allait s'adjoindre la particule, comme on le fait des acquisitions récentes.

Avant d'être gros, il était gras, un peu luisant et d'une chair dure; mal mis, négligé, désordre, mais avantagé par des traits inoubliables. Sous un front en coupole, en dôme, des yeux de feu, des prunelles de charbon, d'anthracite, et des lèvres rieuses, gourmandes, bavardes.

Afin de se renseigner sur la chouannerie il partit pour Fougères en fin d'août 1827 (plutôt qu'en 1828 : pourquoi refuser la date qu'il donne lui-même?). Il y trouva le précoce automne breton car ses pages sont remplies de l'émanation septembrale des gelées hâtives avec leurs brumailles.

Il venait saisir au vol l'idée d'une histoire amoureuse et tragique où il actionnerait autre chose que des marionnettes : des vivants ou des spectres mais dont on voyait encore les vestiges. Il descendit chez le général de Pommereul, un ami de son père, et au moins pour trois semaines. En arrivant, il se fit peut-être un peu moquer. Mais au départ, ces hôtes parlaient de son génie. Les Fougerais furent les premiers à miser sur la grosse tête.

*

Il voulait écrire son roman sur un fond d'histoire, sur une trame géographique, en demandant à l'Histoire et à la Géographie l'attrait d'une époque et d'un paysage, avec l'accélération que les circonstances sociales, les mœurs déterminées d'un terroir, le sol lui-même peuvent apporter aux sentiments. La différence profonde, la différence géniale, qui le séparait des écrivains dits historiques, d'un Alfred de Vigny, par exemple, et de *Cinq-Mars*, c'était qu'Honoré n'exigeait pas de l'Histoire l'implacabilité d'une construction toute faite et qu'il lui réclamait plutôt les passions qu'elle avait suscitées, cinglées. Il allait y chercher une *couleur* plus qu'un *dessin;* ou, si l'on veut, des sensations plus encore que des sentiments. Il écrirait avec toute sa chair inquiète et assoiffée, gloutonne, goulue.

Il ne s'y mit pas à demi. Le cabriolet du général l'emmena partout, le promena dans tous les coins encore praticables et de justesse. La ville est prospectée, annotée; ses environs, fouillés et farfouillés, déjà vus sous l'angle du récit. Les personnages sont poursuivis et ce pourchas anime singulièrement ces mornes lieux si souvent rébarbatifs. Ses protagonistes lui sont présentés presque individuellement, les uns et les autres, par les récits des partisans qui, à cette époque, touchaient seulement à la vieillesse. Comparses ou héros, d'autant plus bavards qu'en fin de compte l'insurrection avait triomphé et que les victorieux sont prolixes. Même les neutres avaient leurs histoires, et j'en juge par les contes de toutes sortes que déversèrent sur moi mes grands-parents soixante ans plus tard. Quelle effervescence animique!

Il dut donc écouter, ce jeune homme chez qui la parole emportait tout. Il fut suralimenté d'anecdotes, de coups de main, de représailles, de justices sommaires et de massacres. Et, remarquez bien, il était conduit par Pommereul, qui, rallié aux Bourbons comme il se devait, avait servi sous l'Empire, si ce n'est sous la Première République. Il y a certainement beaucoup de Pommereul dans les héros républicains, les soldats réguliers et surtout dans cette belle figure martiale du commandant Hulot qui finit maréchal de France. Par Pommereul Honoré dut approcher plus de Bleus que de Blancs, quand les royalistes lui furent contés par la « société » de Fougères où Balzac se créa des fidèles enthousiastes. Pommereul tenait pour la « culotte de peau »; les gentilshommes fougerais pour la « peau de bique ». Lescure avait eu une habitation à Fougères...

Alors, de ces contacts, sortit une étrange histoire dont l'impartialité est vraiment étonnante; impartialité si sévère qu'il reste presque impossible de savoir pour qui Balzac faisait alors des vœux. Si l'on ne connaissait pas ses préférences monarchiques on pourrait s'y tromper. Je crois, et j'ose l'avouer, qu'en 1827, le gaillard eut un faible pour les soldats du peuple, pour ces hommes entichés d'une nouveauté qu'ils défendirent abnégativement. J'indignais notre cher René Benjamin, qui d'ailleurs n'attachait pas aux *Chouans* la primauté qu'ils exigent.

Je disais que ces soldats, ces bas officiers, ces « rudes
lapins » devaient être pour Balzac des êtres déjà fami-
liers; que, dans ses contacts avec les gentilshommes,
qu'ils fussent de cour ou de hallier, l'écrivain était moins
à son aise et que son choix devait hésiter encore. Rien
ne peut être plus juste que les propos des républicains,
plus spontané, quand les discours des seigneurs sont im-
perceptiblement entachés de contrainte, d'affectation.
J'ajoutais que les nobles de ses livres sont plutôt sil-
houettés que « rendus », comme on dit en peinture,
restent quelque peu conventionnels, *faits de chic*, quand,
au contraire, ce qu'on peut dire du bourgeois, de
l'homme de la rue, c'est qu'ils y sont « crachés! »

*

Le roman ne reçut son titre générique qu'au moment
où Balzac résolut de discipliner son œuvre entière.
L'écrivain y démontra sa perspicacité, son sens du réel
en donnant toute son ampleur au vocable, au
« Chouan ». Terme encore indécis, péjoratif, malgré de
telles prouesses et des dévouements si formels, et qui
allait devenir le synonyme de bandit. Il s'oppose à Vendéen comme l'ombre à la lumière. Honoré a immédiatement senti ses Chouans, aussi bien dans leur hideur que
dans leur noblesse. Il les montre, n'ayant reçu que la foi,
comme élément civilisateur, et une foi d'ailleurs supers-
titieuse et presque idolâtrique. La dureté, la précarité
de leur vie entraînait leur cruauté. Signalons qu'à
l'époque, avec le joug de la Congrégation et l'autorité
de la monarchie, il fallait une singulière audace pour
le marquer aussi fortement.

*

Des deux thèmes du roman, le premier serait l'historique : la difficulté, l'impossibilité pour un gentilhomme
de haut lieu de conduire des soldats sauvages et d'en

tirer parti. Le second thème, serait les jeux de la passion au milieu d'une incessante frénésie guerrière.

Le marquis de Montauran, dit *le Gars,* nommé général en chef par les Princes, se débat au milieu de partisans brutaux et farouches qu'il étonne et qui l'exaspèrent. Contre lui, et préjugeant de sa tendance amoureuse, Fouché mobilise une fille d'une beauté éclatante, sans doute tarée, qui doit servir d'appât et de piège. Tous deux sont si beaux qu'ils se plaisent, passent du désir au doute, à la haine, du repentir à l'amour, et, enfin, de l'amour à la mort. Le drame se déploie, se dilate, se concentre dans les convulsions d'une guérilla atroce, exterminatrice; d'une tuerie impitoyable, aveugle, dans une atrocité essentielle.

Partie historique hors de pair et entièrement neuve dans sa largeur et sa justesse. Après avoir lu *Les Chouans,* on n'ignore plus rien de la chouannerie, de ses grandeurs ni de ses tares. On aura vu le paysan crédule, grossier, froidement sanguinaire, un tueur, mais émouvant de fidélité, de simplesse loyale; les prêtres, rageurs ou sanctifiés; les gentilshommes héroïques et las, souvent ergoteurs et à bout d'espoir, sans vouloir jamais quitter l'échiquier mortel; certains d'entre eux, calculateurs et politiques, qui savent mieux faire battre que se battre; les acquéreurs de biens nationaux, profiteurs de l'effroyable bagarre; les citadins dévoués à la République, à l'opposé des ruraux mourant pour le Roi. Les reprises royalistes sur l'Etat; les amazones de la chouannerie, lascives, et que seul décantait leur courage. Plus délicatement, l'incertitude des positions morales, les concessions, les mollesses, les trafics sordides des gagne-petit. Maintenant, tout cela est devenu lieu commun, mais APRES Balzac qui l'a stéréotypé dans une maîtrise incomparable où l'intuition eut bien plus de part que l'enquête.

*

En effet, Honoré ne put interroger directement le Chouan lui-même. Il ne comprenait pas cette langue paysanne qu'il appelle « le breton », par erreur volontaire, sans doute, et pour ne pas décevoir son lecteur. Déjà l'on ne parlait plus breton à l'est de Saint-Brieuc. La rivière de Chatelaudren sépare les Bretons bretonnants des Bretons gallos. On peut se demander si la duchesse Anne parlait le gaélique? A Fougères, jusqu'à Guingamp, les rustres usent d'un patois, d'une déformation du français, qui, dans mon enfance, nous restait absolument inintelligible. Français corrompu, avec des souvenirs latins (« Vindre quant é mé » — « Venir avec moi ») dont les plus fréquentes caractéristiques étaient la transformation en A des finales en AI, de l'EU en OU, l'adjonction de l'I, la chute des R finales : la « Morina », pour la « Morinais », le « viau » pour le veau; « j'a grand pou », pour « j'ai grand peur ». Il a donc fallu qu'Honoré tirât de lui-même toute sa volubilité chouanne, et l'on comprend comment les paroles républicaines peuvent dominer par la couleur et l'éclat. On peut regretter sa relative inexpérience; quelques années plus tard, quand il se sentit toutes les audaces, il nous eût donné, en intercalant ces syllabes rustiques, de saisissants effets.

*

La partie amoureuse peut, au premier abord, paraître entachée de romantisme, c'est-à-dire d'exagération, de surcharge, d'irréalité tapageuse. L'héroïne s'enflamme, s'éteint; s'élance et se contracte avec une véhémence plus surprenante, sans doute, que sensible au cœur. Cependant, sommes-nous bien assurés que cette violence romanesque, au centre de la tourmente révolutionnaire, ne fut possible et même *naturelle,* surtout en tenant compte des antécédents de la splendide fille? Son anomalie serait-elle si choquante dans ces effroyables conflits sociaux, ces remous meurtriers qui malaxèrent des êtres jusque-là privilégiés, choyés, pour les jeter au ruisseau, à la guillotine; pis encore, aux bras des geôliers en rut. Comment se comportait l'amour? Que devenait le désir persistant? Ne pouvait-il prendre les formes passionnelles les plus hautes, par dégoût, par contraste, par attachement suprême et désespéré au bonheur? La retenue, la pudeur, la rêverie peuvent-elles vivre encore, au rythme du couperet, sous le regard vide de la Mort, dans la macabre farandole?

Mlle de Verneuil est une des créations profondes de Balzac; une création elle aussi intuitive, car Honoré ne peut rien connaître d'êtres semblables que par le désir qu'il en a et qui s'allume au tréfonds de lui-même. Des modèles? il en est bien loin. Ce n'est pas la bonne Mme de Berny, son antique et touchante maîtresse, qui a pu lui suggérer l'arrogante divinité qui ploie tous les hommes sous la rafale sensuelle qu'elle dégage. Un peu comme pour les Chouans, il reste en dehors d'elle, et ne la décrit que par la griserie imaginative qu'il éprouve. A vingt-huit ans, ainsi que les Chouans croient fanatiquement en Dieu, Honoré porte en lui le culte du grand amour, de l'Amour à quoi rien ne résiste, capable de toutes les guérisons, de tous les miracles. Mlle de Verneuil a surgi du souvenir altéré, de quelques rencontres lointaines, d'un spectacle, d'une présence théâtrale qui ont soudain révélé à Balzac l'idéal de toutes ses fibres émues. Elle est, au seuil de la grande œuvre, la figure de proue qui marquera l'avenir et entraînera son homme lige vers l'éternelle Jouvence féminine. Un détail a paru échapper aux chroniqueurs : Honoré l'a quelque peu rattachée à sa famille. La dynastie des Verneuil est issue d'Henriette d'Entragues, maîtresse d'Henri IV; attention! d'Henriette DE BALZAC d'Entragues.

L'amour, pour Honoré, touche au sublime. L'homme, fait à l'image de Dieu, y reconnaît la marque divine. L'Amour peut accorder cette impérieuse royauté, cette puissance magnétique, l'autorité transcendante aux êtres qu'il embrase. Voilà le type de femme que le poète en prose recherchera toute sa vie, croira atteindre, peut-être même en partie recréer; au milieu des rencontres faciles, Honoré gardera un inaccessible idéal du cœur. On peut soutenir que Mlle de Verneuil vit du frémissement, de l'appel, de la fièvre que cette image de femme a suscités chez son Pygmalion.

En sa présence, Balzac devient presque timide. Il n'ose pas la pétrir, la définir; il ne se résout pas à tout dire. Il est trop ébloui pour notifier sa déchéance, bien loin d'admettre son infamie de praticienne vénuste et d'espionne gagée. Il avoue, mais se reprendra. Est-ce une fille de joie ou un martyr du social? Il ne l'offre qu'à la pitié qu'il requiert; à une pitié gourmande et facilitée par de sensationnels appas. Avec René Benjamin, nous pensions qu'il devait avoir, derrière les méninges, quelque aromatique modèle, quelque Mme Tallien, quelque Notre-Dame de Septembre; ou peut-être une Juliette Récamier à qui les démons eussent donné du tempérament.

*

Techniquement, il faut revenir au dialogue, à l'expression parlée qui commence de prendre ici la triomphale importance que lui donnera Balzac et que rien ne remplace dans le roman d'évocation — et le roman peut-il être rien d'autre? Si le ton est juste, le lecteur, déjà *auditeur*, devient *spectateur*. On se souvient des apostrophes, des sarcasmes de *Trompe-la-Mort*, dans le *Père Goriot* : on les reçoit comme des coups de poing dans la figure.

Balzac ne possède pas encore toute sa dextérité, mais

s'y essaie. Il a déjà trouvé la proportion optima entre le verbe et le récit. La parole relève et fouette l'exposé, mais encore ne faut-il pas trop lui demander, sans tomber dans le procédé trop factice.

Nous ne sommes pas toujours *derrière* les protagonistes. En sentant la puissance, Balzac finira par abuser du dialogue. Il est certain que le charabia du baron de Nucingen fatigue et déçoit, comme les entretiens ergotiques des bagnards. Le monologue ne se supporte plus; la lettre, dont on a tant mésusé, refroidit tout, quand le dialogue, subtilement manié, avec sa brièveté ou son ampleur, en donnant une priorité à l'un des protagonistes, rend la vie aux textes et permet de tout connaître avec le moins de contention d'esprit.

Disons que pour réussir les dialogues, il faut à l'auteur des facultés rares d'intégration. Perdre le sentiment de son existence pour entrer dans celle de ses héros dont il emprunte la voix. Disparaître devant son œuvre, le plus haut idéal, du romancier. Mais notre époque est avant tout pédante, tient à faire montre de sa personnalité et rien moins qu'à se dissoudre dans sa création. Dans tous les arts, aujourd'hui, le maniérisme règne en despote.

*

Géographiquement, notre livre reste un modèle. Je connais intimement Fougères où m'entraînait un goût jamais rassasié du passé pittoresque. J'ai plusieurs fois couru sur les traces de Balzac et puis affirmer l'exactitude acharnée de ses décors. Il en met peut-être trop, pris, noblement d'ailleurs, par la vérité supérieure de son art. La description empiète, ralentit et cependant ces longueurs sont de celles, qui, à la seconde lecture, déterminent l'attachement qu'on porte à un livre. Il exagère : la Pèlerine, dont j'ai si souvent franchi le seuil, n'est pas une montagne mais une colline assez paisible; les gorges de Fougères ne sont que des vallons. Hors cette amplification, on retrouve minutieusement les points historiques. Le val de Gibarry s'ouvre toujours et l'un de mes amis fougerais m'a mené jusqu'à cette chaumière de Galope-chopine, où l'on cherche la tête coupée du traître. Du haut de Saint-Léonard, à part la démolition des remparts de la ville elle-même, on saisit tout ce que Mlle de Verneuil a pu voir et interroger. Le château se dresse dans un fond marécageux. Le Nançon bondit et blanchit. La forteresse lui devait sa sûreté. Le petit torrent la traverse en entier. Il suffisait de fermer sa vanne d'entrée, et, deux heures après, le château s'entourait d'un lac infranchissable.

*

Quand Balzac revint à Paris, il s'attela au roman. Il décanta ce dont il était gorgé, le filtra, le replaça dans le mouvement général. Il en gardait une hantise particulière qui se révèle par l'insistance de la description. justement, laquelle n'arrive jamais à le satisfaire. Ce livre décèle une valeur indicible de la plus sévère conscience, d'autant qu'Honoré, cette fois-ci, mettra près de trois mois à l'écrire, bien loin du bâclage habituel.

Quand il le donna à l'éditeur, au printemps 1828, il comprit vaguement, presque peureusement, que, du plu-mitif, il venait d'accéder à l'écrivain. Qu'il ouvrait, à plein bras, l'immense *Comédie Humaine*.

LA VARENDE.

CHAPITRE PREMIER

Dans les premiers jours de l'An VIII, au commencement de vendémiaire, ou, pour se conformer au calendrier actuel, vers la fin du mois de septembre 1799, une centaine de paysans et un assez grand nombre de bourgeois, partis le matin de Fougères pour se rendre à Mayenne, gravissaient la montagne de la Pèlerine, située à mi-chemin environ de Fougères à Ernée, petite ville où les voyageurs ont coutume de se reposer. Ce détachement, divisé en groupes plus ou moins nombreux, offrait une collection de costumes si bizarres et une réunion d'individus appartenant à des localités ou à des professions si diverses, qu'il ne sera pas inutile de décrire leurs différences caractéristiques pour donner à cette histoire les couleurs vives auxquelles on met tant de prix aujourd'hui; quoique, selon certains critiques, elles nuisent à la peinture des sentiments.

Quelques-uns des paysans, et c'était le plus grand nombre, allaient pieds nus, ayant pour tout vête-

ment une grande peau de chèvre qui les couvrait
depuis le col jusqu'aux genoux, et un pantalon de
toile blanche très grossière, dont le fil mal tondu
accusait l'incurie industrielle du pays. Les mèches
plates de leurs longs cheveux s'unissaient si habituellement aux poils de la peau de chèvre et cachaient si complètement leurs visages baissés vers
la terre, qu'on pouvait facilement prendre cette
peau pour la leur et confondre, à la première vue,
ces malheureux avec les animaux dont les dépouilles
servaient de vêtement. Mais à travers ces cheveux
l'on voyait bientôt briller leurs yeux comme des
gouttes de rosée dans une épaisse verdure; et leurs
regards, tout en annonçant l'intelligence humaine,
causaient certainement plus de terreur que de plaisir. Leurs têtes étaient surmontées d'une sale toque
en laine rouge, semblable à ce bonnet phrygien que
la République adoptait alors comme emblème de
la liberté. Tous avaient sur l'épaule un gros bâton
de chêne noueux, au bout duquel pendait un long
bissac de toile, peu garni. D'autres portaient, par-
dessus leur bonnet, un grossier chapeau de feutre
à larges bords et orné d'une espèce de chenille en
laine de diverses couleurs qui en entourait la forme.
Ceux-ci, entièrement vêtus de la même toile dont
était faits les pantalons et les bissacs des premiers,
n'offraient presque rien dans leur costume qui
appartînt à la civilisation nouvelle. Leurs longs
cheveux retombaient sur le collet d'une veste ronde
à petites poches latérales et carrées qui n'allait que

jusqu'aux hanches, vêtement particulier aux paysans de l'Ouest. Sous cette veste ouverte on distinguait un gilet de même toile, à gros boutons.
Quelques-uns d'entre eux marchaient avec des
sabots; tandis que, par économie, d'autres tenaient
leurs souliers à la main. Ce costume, sali par un
long usage, noirci par la sueur ou par la poussière,
et moins original que le précédent, avait pour mérite historique de servir de transition à l'habille-
ment presque somptueux de quelques hommes qui,
dispersés çà et là, au milieu de la troupe, y brillaient comme des fleurs. En effet, leurs pantalons
de toile bleue, leurs gilets rouges ou jaunes ornés de
deux rangées de boutons de cuivre parallèles, et
semblables à des cuirasses carrées, tranchaient aussi
vivement sur les vêtements blancs et les peaux de
leurs compagnons, que des bleuets et des coquelicots
dans un champ de blé. Quelques-uns étaient chaus-
sés avec ces sabots que les paysans de la Bretagne
savent faire eux-mêmes; mais presque tous avaient
de gros souliers ferrés et des habits de drap fort
grossier, taillés comme les anciens habits français.
dont la forme est encore religieusement gardée par
nos paysans. Le col de leur chemise était attaché
par des boutons d'argent qui figuraient ou des
cœurs ou des ancres. Enfin, leurs bissacs paraissaient
mieux fournis que ne l'étaient ceux de leurs compagnons; puis, plusieurs d'entre eux joignaient à
leur équipage de route une gourde sans doute
pleine d'eau-de-vie, et suspendue par une ficelle à

leur cou. Quelques citadins apparaissaient au milieu
de ces hommes à demi sauvages, comme pour marquer le dernier terme de la civilisation de ces
contrées. Coiffés de chapeaux ronds, de claques ou
de casquettes, ayant des bottes à revers ou des souliers maintenus par des guêtres, ils présentaient
comme les paysans des différences remarquables
dans leurs costumes. Une dizaine d'entre eux portaient cette veste républicaine connue sous le nom
de carmagnole. D'autres, de riches artisans sans
doute, étaient vêtus de la tête aux pieds en drap de
la même couleur. Les plus recherchés dans leur mise
se distinguaient par des fracs et des redingotes de
drap bleu ou vert plus ou moins râpé. Ceux-là,
véritables personnages, portaient des bottes de
diverses formes, et badinaient avec de grosses cannes
en gens qui font contre fortune bon cœur. Quelques
têtes soigneusement poudrées, des queues assez bien
tressées annonçaient cette espèce de recherche que
nous inspire un commencement de fortune ou
d'éducation. En considérant ces hommes étonnés de
se voir ensemble, et ramassés comme au hasard, on
eût dit la population d'un bourg chassée de ses
foyers par un incendie. Mais l'époque et les lieux
donnaient un tout autre intérêt à cette masse
d'hommes. Un observateur initié au secret des discordes civiles qui agitaient alors la France aurait
pu facilement reconnaître le petit nombre de
citoyens sur la fidélité desquels la République devait compter dans cette troupe, presque entièrement

composée de gens qui, quatre ans auparavant,
avaient guerroyé contre elle. Un dernier trait assez
saillant ne laissait aucun doute sur les opinions qui
divisaient ce rassemblement. Les républicains seuls
marchaient avec une sorte de gaieté. Quant aux
autres individus de la troupe, s'ils offraient des
différences sensibles dans leurs costumes, ils montraient sur leurs figures et dans leurs attitudes cette
expression uniforme que donne le malheur. Bourgeois et paysans, tous gardaient l'empreinte d'une
mélancolie profonde; leur silence avait quelque
chose de farouche, et ils semblaient courbés sous le
joug d'une même pensée, terrible sans doute, mais
soigneusement cachée, car leurs figures étaient impénétrables; seulement, la lenteur peu ordinaire de
leur marche pouvait trahir de secrets calculs. De
temps en temps, quelques-uns d'entre eux, remarquables par des chapelets suspendus à leur cou,
malgré le danger qu'ils couraient à conserver ce
signe d'une religion plutôt supprimée que détruite,
secouaient leurs cheveux et relevaient la tête avec
défiance. Ils examinaient alors à la dérobée les bois,
les sentiers et les rochers qui encaissaient la route,
mais de l'air avec lequel un chien, mettant le nez
au vent, essaie de subodorer le gibier; puis, en n'entendant que le bruit monotone des pas de leurs
silencieux compagnons, ils baissaient de nouveau
leurs têtes et reprenaient leur contenance de désespoir, semblables à des criminels emmenés au bagne
pour y vivre, pour y mourir.

La marche de cette colonne sur Mayenne, les éléments hétérogènes qui la composaient et les divers
sentiments qu'elle exprimait s'expliquaient assez
naturellement par la présence d'une autre troupe
formant la tête du détachement. Cent cinquante
soldats environ marchaient en avant avec armes et
bagages, sous le commandement d'un *chef de demi-
brigade*. Il n'est pas inutile de faire observer à ceux
qui n'ont pas assisté au drame de la Révolution,
que cette dénomination remplaçait le titre de colonel, proscrit par les patriotes comme trop aristocratique. Ces soldats appartenaient au dépôt d'une
demi-brigade d'infanterie en séjour à Mayenne.
Dans ces temps de discordes, les habitants de l'Ouest
avaient appelé tous les soldats de la République,
des *Bleus*. Ce surnom était dû à ces premiers uniformes bleus et rouges dont le souvenir est encore
assez frais pour rendre leur description superflue.
Le détachement des Bleus servait donc d'escorte à
ce rassemblement d'hommes presque tous mécon-
tents d'être dirigés sur Mayenne, où la discipline
militaire devait promptement leur donner un
même esprit, une même livrée et l'uniformité d'al-
lure qui leur manquait alors si complètement.

Cette colonne était le contingent péniblement ob-
tenu du district de Fougères, et dû par lui dans la
levée que le Directoire exécutif de la République
française avait ordonnée par une loi du 10 messidor
précédent. Le gouvernement avait demandé cent
millions et cent mille hommes, afin d'envoyer de

prompts secours à ses armées, alors battues par les
Autrichiens en Italie, par les Prussiens en Allemagne, et menacées en Suisse par les Russes, auxquels Souwarow faisait espérer la conquête de la
France. Les départements de l'Ouest, connus sous
le nom de Vendée, la Bretagne et une portion de la
Basse-Normandie, pacifiés depuis trois ans par les
soins du général Hoche après une guerre de quatre
années, paraissaient avoir saisi ce moment pour recommencer la lutte. En présence de tant d'agres-
sions, la République retrouva sa primitive énergie.
Elle avait d'abord pourvu à la défense des départements attaqués, en en remettant le soin aux habitants patriotes par un des articles de cette loi de
messidor. En effet, le gouvernement, n'ayant ni
troupes ni argent dont il pût disposer à l'intérieur,
éluda la difficulté par une gasconnade législative :
ne pouvant rien envoyer aux départements insurgés, il leur donnait sa confiance. Peut-être espérait-il
aussi que cette mesure, en armant les citoyens les
uns contre les autres, étoufferait l'insurrection dans
son principe. Cet article, source de funestes représailles, était ainsi conçu : *Il sera organisé des compagnies franches dans les départements de l'Ouest.*
Cette disposition impolitique fit prendre à l'Ouest
une attitude si hostile, que le Directoire désespéra
d'en triompher de prime abord. Aussi, peu de jours
après, demanda-t-il aux Assemblées des mesures
particulières relativement aux légers contingents
dus en vertu de l'article qui autorisait les compa-

gnies franches. Donc, une nouvelle loi promulguée quelques jours avant le commencement de cette histoire, et rendue le troisième jour complémentaire de l'An VII, ordonnait d'organiser en légions ces faibles levées d'hommes. Les légions devaient porter le nom des départements de la Sarthe, de l'Orne, de la Mayenne, d'Ille-et-Vilaine, du Morbihan, de la Loire-Inférieure et de Maine-et-Loire. *Ces légions,* disait la loi, *spécialement employées à combattre les Chouans, ne pourraient sous aucun prétexte, être portées aux frontières.* Ces détails fastidieux, mais ignorés, expliquent à la fois l'état de faiblesse où se trouva le Directoire et la marche de ce troupeau d'hommes conduit par les Bleus. Aussi, peut-être n'est-il pas superflu d'ajouter que ces belles et patriotiques déterminations directoriales n'ont jamais reçu d'autre exécution que leur insertion au *Bulletin des Lois.* N'étant plus soutenus par de grandes idées morales, par le patriotisme ou par la terreur, qui les rendait naguère exécutoires, les décrets de la République créaient des millions et des soldats dont rien n'entrait ni au trésor ni à l'armée. Le ressort de la Révolution s'était usé en des mains inhabiles, et les lois recevaient dans leur application l'empreinte des circonstances au lieu de les dominer.

Les départements de la Mayenne et d'Ille-et-Vilaine étaient alors commandés par un vieil officier qui, jugeant sur les lieux de l'opportunité des mesures à prendre, voulut essayer d'arracher à la

Bretagne ses contingents, et surtout celui de Fougères, l'un des plus redoutables foyers de la chouannerie. Il espérait ainsi affaiblir les forces de ces dis-
tricts menaçants. Ce militaire dévoué profita des
prévisions illusoires de la loi pour affirmer qu'il
équiperait et armerait sur-le-champ les *réquisitionnaires,* et qu'il tenait à leur disposition un mois de
la solde promise par le gouvernement à ces troupes
d'exception. Quoique la Bretagne se refusât alors à
toute espèce de service militaire, l'opération réussit
tout d'abord sur la foi de ces promesses, et avec tant
de promptitude que cet officier s'en alarma. Mais
c'était un de ces vieux chiens de guérite difficiles à
surprendre. Aussitôt qu'il vit accourir au district
une partie des contingents, il soupçonna quelque
motif secret à cette prompte réunion d'hommes, et
peut-être devina-t-il bien en croyant qu'ils voulaient
se procurer des armes. Sans attendre les retarda-
taires, il prit alors des mesures pour tâcher d'effec-
tuer sa retraite sur Alençon, afin de se rapprocher
des pays soumis; quoique l'insurrection croissante
de ces contrées rendît le succès de ce projet très
problématique. Cet officier, qui, selon ses instructions, gardait le plus profond secret sur les malheurs
de nos armées et sur les nouvelles peu rassurantes
parvenues de la Vendée, avait donc tenté, dans la
matinée où commence cette histoire, d'arriver par
une marche forcée à Mayenne, où il se promettait
bien d'exécuter la loi suivant son bon vouloir, en
remplissant les cadres de sa demi-brigade avec ses

conscrits bretons. Ce mot de conscrit, devenu plus tard si célèbre, avait remplacé pour la première fois, dans les lois, le nom de réquisitionnaires, primitivement donné aux recrues républicaines. Avant de quitter Fougères, le commandant avait fait prendre secrètement à ses soldats les cartouches et les rations de pain nécessaires à tout son monde, afin de ne pas éveiller l'attention des conscrits sur la longueur de la route; et il comptait bien ne pas s'arrêter à l'étape d'Ernée, où, revenus de leur étonnement, les hommes du contingent auraient pu s'entendre avec les Chouans, sans doute répandus dans les campagnes voisines. Le morne silence qui régnait dans la troupe des réquisitionnaires surpris par la manœuvre du vieux républicain, et la lenteur de leur marche sur cette montagne, excitaient au plus haut degré la défiance de ce chef de demi-brigade, nommé Hulot; les traits les plus saillants de la description qui précède étaient pour lui d'un vif intérêt; aussi marchait-il silencieusement, au milieu de cinq jeunes officiers qui, tous, respectaient la préoccupation de leur chef. Mais au moment où Hulot parvint au faîte de la Pèlerine, il tourna tout à coup la tête, comme par instinct, pour inspecter les visages inquiets des réquisitionnaires, et ne tarda pas à rompre le silence. En effet, le retard progressif de ces Bretons avait déjà mis entre eux et leur escorte une distance d'environ deux cents pas. Hulot fit alors une grimace qui lui était particulière.

« Que diable ont donc tous ces muscadins-là?

s'écria-t-il d'une voix sonore. Nos conscrits ferment
le compas au lieu de l'ouvrir, je crois! »

A ces mots, les officiers qui l'accompagnaient se
retournèrent par un mouvement spontané assez semblable au réveil en sursaut que cause un bruit
soudain. Les sergents, les caporaux les imitèrent, et
la compagnie s'arrêta sans avoir entendu le mot
souhaité de : « Halte! » Si d'abord les officiers
jetèrent un regard sur le détachement qui, semblable à une longue tortue, gravissait la montagne
de la Pèlerine, ces jeunes gens, que la défense de
la patrie avait arrachés, comme tant d'autres, à des
études distinguées, et chez lesquels la guerre n'avait
pas encore éteint le sentiment des arts, furent assez
frappés du spectacle qui s'offrit à leurs regards pour
laisser sans réponse une observation dont l'importance leur était inconnue. Quoiqu'ils vinssent de
Fougères, où le tableau qui se présentait alors à
leurs yeux se voit également, mais avec les différences que le changement de perspective lui fait
subir, ils ne purent se refuser à admirer une dernière fois, semblables à ces *dilettanti* auxquels une
musique donne d'autant plus de jouissances qu'ils
en connaissent mieux les détails.

Du sommet de la Pèlerine apparaît aux yeux du
voyageur la grande vallée du Couesnon, dont l'un
des points culminants est occupé à l'horizon par la
ville de Fougères. Son château domine, en haut du
rocher où il est bâti, trois ou quatre routes impor-
tantes, position qui la rendait jadis une des clés

de la Bretagne. De là les officiers découvrirent, dans toute son étendue, ce bassin aussi remarquable par la prodigieuse fertilité de son sol que par la variété de ses aspects. De toutes parts, des montagnes de schiste s'élèvent en amphithéâtre, elles déguisent leurs flancs rougeâtres sous des forêts de chênes, et recèlent dans leurs versants des vallons pleins de fraîcheur. Ces rochers décrivent une vaste enceinte, circulaire en apparence, au fond de laquelle s'étend avec mollesse une immense prairie dessinée comme un jardin anglais. La multitude de haies vives qui entourent d'irréguliers et de nombreux héritages, tous plantés d'arbres, donnent à ce tapis de verdure une physionomie rare parmi les paysages de la France, et il enferme de féconds secrets de beauté dans ses contrastes multipliés dont les effets sont assez larges pour saisir les âmes les plus froides. En ce moment, la vue de ce pays était animée de cet éclat fugitif par lequel la nature se plaît à rehausser parfois ses impérissables créations. Pendant que le détachement traversait la vallée, le soleil levant avait lentement dissipé ces vapeurs blanches et légères qui, dans les matinées de septembre, voltigent sur les prairies. A l'instant où les soldats se retournèrent, une invisible main semblait enlever à ce paysage le dernier des voiles dont elle l'aurait enveloppé, nuées fines, semblables à ce linceul de gaze diaphane qui couvre les bijoux précieux et à travers lequel ils excitent la curiosité. Dans le vaste horizon que les officiers embrassèrent,

le ciel n'offrait pas le plus léger nuage qui pût
faire croire, par sa clarté d'argent, que cette immense voûte bleue fût le firmament. C'était plutôt
un dais de soie supporté par les cimes inégales des
montagnes, et placé dans les airs pour protéger
cette magnifique réunion de champs, de prairies, de
ruisseaux et de bocages. Les officiers ne se lassaient
pas d'examiner cet espace où jaillissent tant de
beautés champêtres. Les uns hésitaient longtemps
avant d'arrêter leurs regards parmi l'étonnante
multiplicité de ces bosquets que les teintes sévères
de quelques touffes jaunies enrichissaient des couleurs du bronze, et que le vert émeraude des prés
irrégulièrement coupés faisait encore ressortir. Les
autres s'attachaient aux contrastes offerts par des
champs rougeâtres où le sarrasin récolté se dressait
en gerbes coniques semblables aux faisceaux d'armes
que le soldat amoncelle au bivouac, et séparés par
d'autres champs que doraient les guérets des seigles
moissonnés. Çà et là, l'ardoise sombre de quelques
toits d'où sortaient de blanches fumées; puis les
tranchées vives et argentées que produisaient les
ruisseaux tortueux du Couesnon, attiraient l'œil par
quelques-uns de ces pièges d'optique qui rendent,
sans qu'on sache pourquoi, l'âme indécise et rê-
veuse. La fraîcheur embaumée des brises d'automne, la forte senteur des forêts, s'élevaient comme
un nuage d'encens et enivraient les admirateurs de
ce beau pays, qui contemplaient avec ravissement
ses fleurs inconnues, sa végétation vigoureuse, sa

verdure rivale de celle d'Angleterre, sa voisine dont
le nom est commun aux deux pays. Quelques bestiaux animaient cette scène déjà si dramatique. Les
oiseaux chantaient, et faisaient ainsi rendre à la
vallée une suave, une sourde mélodie qui frémis-
sait dans les airs. Si l'imagination recueillie veut
apercevoir pleinement les riches accidents d'ombre
et de lumière, les horizons vaporeux des montagnes,
les fantastiques perspectives qui naissaient des
places où manquaient les arbres, où s'étendaient les
eaux, où fuyaient de coquettes sinuosités; si le souvenir colorie, pour ainsi dire, ce dessin aussi fugace
que le moment où il est pris, les personnes pour
lesquelles ces tableaux ne sont pas sans mérite auront une image imparfaite du magique spectacle
par lequel l'âme encore impressionnable des jeunes
officiers fut comme surprise.

Pensant alors que ces pauvres gens abandonnaient à regret leur pays et leurs chères coutumes
pour aller mourir peut-être en des terres étrangères,
ils leur pardonnèrent involontairement un retard
qu'ils comprirent. Puis, avec cette générosité naturelle aux soldats, ils déguisèrent leur condescendance sous un feint désir d'examiner les positions
militaires de cette belle contrée. Mais Hulot, qu'il
est nécessaire d'appeler le Commandant, pour éviter de lui donner le nom peu harmonieux de Chef
de demi-brigade, était un de ces militaires qui, dans
un danger pressant, ne sont pas hommes à se laisser
prendre aux charmes des paysages, quand même ce

seraient ceux du paradis terrestre. Il secoua donc la tête par un geste négatif, et contracta deux gros sourcils noirs qui donnaient une expression sévère à sa physionomie.

« Pourquoi diable ne viennent-ils pas? demanda-t-il pour la seconde fois de sa voix grossie par les fatigues de la guerre. Se trouve-t-il dans le village quelque bonne Vierge à laquelle ils donnent une poignée de main?

— Tu demandes pourquoi? » répondit une voix. En entendant des sons qui semblaient partir de la corne avec laquelle les paysans de ces vallons rassemblent leurs troupeaux, le commandant se retourna brusquement comme s'il eût senti la pointe d'une épée, et vit à deux pas un personnage encore plus bizarre qu'aucun de ceux emmenés à Mayenne pour servir la République. Cet inconnu, homme trapu, large des épaules, lui montrait une tête presque aussi grosse que celle d'un bœuf, avec laquelle elle avait plus d'une ressemblance. Des narines épaisses faisaient paraître son nez encore plus court qu'il ne l'était. Ses larges lèvres retroussées par des dents blanches comme de la neige, ses grands et ronds yeux noirs garnis de sourcils menaçants, ses oreilles pendantes et ses cheveux roux appartenaient moins à notre belle race caucasienne qu'au genre des herbivores. Enfin l'absence complète des autres caractères de l'homme social rendait cette tête nue plus remarquable encore. La face, comme bronzée par le soleil et dont les anguleux contours offraient une vague analogie avec le granit qui forme le sol de ces contrées, était la seule partie visible du corps de cet être singulier. A partir du cou, il était enveloppé d'un sarrau, espèce de blouse en toile rousse plus grossière encore que celle des pantalons des conscrits les moins fortunés. Ce sarrau, dans lequel un antiquaire aurait reconnu la *saye* (*saga*) ou le *sayon* des Gaulois, finissait à mi-corps, en se rattachant à deux fourreaux de peau de chèvre par des morceaux de bois grossièrement travaillés, et dont quelques-uns gardaient leur écorce. Les peaux de bique, pour parler la langue du pays, qui lui garnissaient les jambes et les cuisses, ne laissaient distinguer aucune forme humaine. Des sabots énormes lui cachaient les pieds. Ses longs cheveux luisants, semblables aux poils de ses peaux de chèvre, tombaient de chaque côté de sa figure, séparés en deux parties égales, et pareils aux chevelures de ces statues du Moyen Age qu'on voit encore dans quelques cathédrales. Au lieu du bâton noueux que les conscrits portaient sur leurs épaules, il tenait appuyé sur sa poitrine, en guise de fusil, un gros fouet dont le cuir habilement tressé paraissait avoir une longueur double de celle des fouets ordinaires. La brusque apparition de cet être bizarre semblait facile à expliquer. Au premier aspect, quelques officiers supposèrent que l'inconnu était un réquisitionnaire ou conscrit (l'un se disait encore pour l'autre) qui se repliait sur la colonne en la voyant arrêtée. Néanmoins, l'arrivée de cet homme étonna singulièrement le commandant; s'il n'en parut pas le moins du monde intimidé, son front devint soucieux; et, après avoir toisé l'étranger, il répéta machinalement et comme occupé de pensées sinistres : « Oui, pourquoi ne viennent-ils pas? le sais-tu, toi?

— C'est que, répondit le sombre interlocuteur avec un accent qui prouvait une assez grande difficulté de parler français, c'est que là, dit-il en étendant sa rude et large main vers Ernée, là est le Maine, et là finit la Bretagne. »

Puis il frappa fortement le sol en jetant le pesant manche de son fouet aux pieds du commandant. L'impression produite sur les spectateurs de cette scène par la harangue laconique de l'inconnu, ressemblait assez à celle que donnerait un coup de tam-tam frappé au milieu d'une musique. Le mot de harangue suffit à peine pour rendre la haine, les désirs de vengeance qu'exprimèrent un geste hautain, une parole brève et la contenance empreinte d'une énergie farouche et froide. La grossièreté de cet homme taillé comme à coups de hache, sa noueuse écorce, la stupide ignorance gravée sur ses traits, en faisaient une sorte de demi-dieu barbare. Il gardait une attitude prophétique et apparaissait là comme le génie même de la Bretagne, qui se relevait d'un sommeil de trois années, pour recommencer une guerre où la victoire ne se montra jamais sans de doubles crêpes.

« Voilà un joli coco, dit Hulot en se parlant à

lui-même. Il m'a l'air d'être l'ambassadeur de gens qui s'apprêtent à parlementer à coups de fusil. »

Après avoir grommelé ces paroles entre ses dents, le commandant promena successivement ses regards de cet homme au paysage, du paysage au détachement, du détachement sur les talus abrupts de la route, dont les crêtes étaient ombragées par les hauts genêts de la Bretagne; puis il les reporta tout à coup sur l'inconnu, auquel il fit subir comme un muet interrogatoire qu'il termina en lui demandant brusquement : « D'où viens-tu? »

Son œil avide et perçant cherchait à deviner les secrets de ce visage impénétrable qui, pendant cet intervalle, avait pris la niaise expression de torpeur dont s'enveloppe un paysan au repos.

« Du pays des *Gars,* répondit l'homme sans manifester le moindre trouble.

— Ton nom?

— *Marche-à-terre.*

— Pourquoi portes-tu, malgré la loi, ton surnom de Chouan? »

Marche-à-terre, puisqu'il se donnait ce nom, regarda le commandant d'un air d'imbécillité si profondément vraie, que le militaire crut n'avoir pas été compris.

« Fais-tu partie de la réquisition de Fougères? »

A cette demande, Marche-à-terre répondit par un de ces *je ne sais pas,* dont l'inflexion désespérante arrête tout entretien. Il s'assit tranquillement sur le bord du chemin, tira de son sarrau quelques morceaux d'une mince et noire galette de sarrasin, repas national dont les tristes délices ne peuvent être comprises que des Bretons, et se mit à manger avec une indifférence stupide. Il faisait croire à une absence si complète de toute intelligence, que les officiers le comparèrent tour à tour, dans cette situation, à un des animaux qui broutaient les gras pâturages de la vallée, aux sauvages de l'Amérique ou à quelque naturel du cap de Bonne-Espérance. Trompé par cette attitude, le commandant lui-même n'écoutait déjà plus ses inquiétudes, lorsque, jetant un dernier regard de prudence à l'homme qu'il soupçonnait être le héraut d'un prochain carnage, il en vit les cheveux, le sarrau, les peaux de chèvre couverts d'épines, de débris de feuilles, de brins de bois et de broussailles, comme si ce Chouan eût fait une longue route à travers les halliers. Il lança un coup d'œil significatif à son adjudant Gérard, près duquel il se trouvait, lui serra fortement la main et dit à voix basse : « Nous sommes allés chercher de la laine, et nous allons revenir tondus. »

Les officiers étonnés se regardèrent en silence.

Il convient de placer ici une digression pour faire partager les craintes du commandant Hulot à certaines personnes casanières habituées à douter de tout, parce qu'elles ne voient rien, et qui pourraient contredire l'existence de Marche-à-terre et des paysans de l'Ouest dont alors la conduite fut sublime.

Le mot *gars*, que l'on prononce *gâ*, est un débris de la langue celtique. Il est passé du bas breton

dans le français, et ce mot est, de notre langage
actuel, celui qui contient le plus de souvenirs antiques. Le *gais* était l'arme principale des Gaëls ou
Gaulois; *gaisde* signifiait armé; *gais*, bravoure; *gas*,
force. Ces rapprochements prouvent la parenté du
mot *gars* avec ces expressions de la langue de nos
ancêtres. Ce mot a de l'analogie avec le mot latin
vir, homme, racine de *virtus*, force, courage. Cette
dissertation trouve son excuse dans sa nationalité;
puis, peut-être, servira-t-elle à réhabiliter, dans l'esprit de quelques personnes, les mots : *gars, garçon,
garçonnette, garce, garcette*, généralement proscrits
du discours comme mal séants, mais dont l'origine
est si guerrière et qui se montreront çà et là dans le
cours de cette histoire. — « C'est une fameuse
garce! » est un éloge peu compris que recueillit
Mme de Staël dans un petit canton de Vendômois
où elle passa quelques jours d'exil. La Bretagne est,
de toute la France, le pays où les mœurs gauloises
ont laissé les plus fortes empreintes. Les parties de
cette province où, de nos jours encore, la vie sauvage et l'esprit superstitieux de nos rudes aïeux sont
restés, pour ainsi dire flagrants, se nomment le pays
des Gars. Lorsqu'un canton est habité par nombre
de Sauvages semblables à celui qui vient de compa-
raître dans cette Scène, les gens de la contrée
disent : les Gars de telle paroisse; et ce nom clas-
sique est comme une récompense de la fidélité avec
laquelle ils s'efforcent de conserver les traditions du
langage et des mœurs gaéliques; aussi leur vie

garde-t-elle de profonds vestiges des croyances et
des pratiques superstitieuses des anciens temps. Là,
les coutumes féodales sont encore respectées. Là, les
antiquaires retrouvent debout les monuments des
Druides. Là, le génie de la civilisation moderne
s'effraie de pénétrer à travers d'immenses forêts pri-
mordiales. Une incroyable férocité, un entêtement
brutal, mais aussi la foi du serment; l'absence complète de nos lois, de nos mœurs, de notre habille-
ment, de nos monnaies nouvelles, de notre langage,
mais aussi la simplicité patriarcale et d'héroïques
vertus s'accordent à rendre les habitants de ces campagnes, plus pauvres de combinaisons intellectuelles
que ne le sont les Mohicans et les Peaux Rouges de
l'Amérique septentrionale, mais aussi grands, aussi
rusés, aussi durs qu'eux. La place que la Bretagne
occupe au centre de l'Europe la rend beaucoup
plus curieuse à observer que ne l'est le Canada.
Entouré de lumières dont la bienfaisante chaleur
ne l'atteint pas, ce pays ressemble à un charbon
glacé qui resterait obscur et noir au sein d'un bril-
lant foyer. Les efforts tentés par quelques grands
esprits pour conquérir à la vie sociale et à la pros-
périté cette belle partie de la France, si riche de
trésors ignorés, tout, même les tentatives du gouvernement, meurt au sein de l'immobilité d'une population vouée aux pratiques d'une immémoriale
routine. Ce malheur s'explique assez par la nature
d'un sol encore sillonné de ravins, de torrents, de
lacs et de marais; hérissé de haies, espèces de bas-

tions en terre qui font, de chaque camp, une cita-
delle; privé de routes et de canaux; puis, par l'esprit d'une population ignorante, livrée à des préju-
gés dont les dangers seront accusés par les détails
de cette histoire et qui ne veut pas de notre moderne agriculture. La disposition pittoresque de ce
pays, les superstitions de ses habitants excluent et
la concentration des individus et les bienfaits ame-
nés par la comparaison, par l'échange des idées. Là
point de villages. Les constructions précaires que
l'on nomme des logis sont clairsemées à travers la
contrée. Chaque famille y vit comme dans un désert. Les seules réunions connues sont les assemblées
éphémères que le dimanche ou les fêtes de la religion consacrent à la paroisse. Ces réunions silen-
cieuses, dominées par le *Recteur,* le seul maître de
ces esprits grossiers, ne durent que quelques heures.
Après avoir entendu la voix terrible de ce prêtre,
le paysan retourne pour une semaine dans sa demeure insalubre; il en sort pour le travail, il y
rentre pour dormir. S'il y est visité, c'est par ce
recteur, l'âme de la contrée. Aussi, fut-ce à la voix
de ce prêtre que des milliers d'hommes se ruèrent
sur la République, et que ces parties de la Bretagne
fournirent, cinq ans avant l'époque à laquelle commence cette histoire, des masses de soldats à la
première chouannerie. Les frères Cottereau, hardis
contrebandiers qui donnèrent leur nom à cette
guerre, exerçaient leur périlleux métier de Laval à
Fougères. Mais les insurrections de ces campagnes

n'eurent rien de noble, et l'on peut dire avec assurance que si la Vendée fit du brigandage une
guerre, la Bretagne fit de la guerre un brigandage.
La proscription des princes, la religion détruite ne
furent pour les Chouans que des prétextes de pillage, et les événements de cette lutte intestine
contractèrent quelque chose de la sauvage âpreté
qu'ont les mœurs en ces contrées. Quand de vrais
défenseurs de la monarchie vinrent recruter des
soldats parmi ces populations ignorantes et belli-
queuses, ils essayèrent, mais en vain, de donner,
sous le drapeau blanc, quelque grandeur à ces entreprises qui avaient rendu la chouannerie odieuse,
et les Chouans sont restés comme un mémorable
exemple du danger de remuer les masses peu civi-
lisées d'un pays. Le tableau de la première vallée
offerte par la Bretagne aux yeux du voyageur, la
peinture des hommes qui composaient le détachement des réquisitionnaires, la description du gars
apparu sur le sommet de la Pèlerine, donnent en
raccourci une fidèle image de la province et de ses
habitants. Une imagination exercée peut, d'après
ces détails, concevoir le théâtre et les instruments
de la guerre; là en étaient les éléments. Les haies si
fleuries de ces belles vallées cachaient alors d'invisibles agresseurs. Chaque champ était alors une
forteresse, chaque arbre méditait un piège, chaque
vieux tronc de saule creux gardait un stratagème.
Le lieu du combat était partout. Les fusils attendaient au coin des routes les Bleus que de jeunes

filles attiraient en riant sous le feu des canons, sans croire être perfides; elle allaient en pèlerinage avec leurs pères et leurs frères demander des ruses et des absolutions à des images de bois vermoulu. La religion ou plutôt le fétichisme de ces créatures ignorantes désarmait le meurtre de ses remords. Aussi une fois cette lutte engagée, tout dans le pays devenait-il dangereux; le bruit comme le silence, la grâce comme la terreur, le foyer domestique comme le grand chemin. Il y avait de la conviction dans ces trahisons. C'était des Sauvages qui servaient Dieu et le roi, à la manière dont les Mohicans font la guerre. Mais pour rendre exacte et vraie en tout point la peinture de cette lutte, l'historien doit ajouter qu'au moment où la paix de Hoche fut signée, la contrée entière redevint et riante et amie. Les familles, qui, la veille, se déchiraient encore, le lendemain soupèrent sans danger sous le même toit.

A l'instant où Hulot reconnut les perfidies secrètes que trahissait la peau de chèvre de Marche-à-terre, il resta convaincu de la rupture de cette heureuse paix due au génie de Hoche et dont le maintien lui parut impossible. Ainsi la guerre renaissait sans doute plus terrible qu'autrefois, à la suite d'une inaction de trois années. La Révolution, adoucie depuis le 9 thermidor, allait peut-être reprendre le caractère de terreur qui la rendit haïssable aux bons esprits. L'or des Anglais avait donc, comme toujours, aidé aux discordes de la France.

La République, abandonnée du jeune Bonaparte,
qui semblait en être le génie tutélaire, semblait
hors d'état de résister à tant d'ennemis, et le plus
cruel se montrait le dernier. La guerre civile,
annoncée par mille petits soulèvements partiels,
prenait un caractère de gravité tout nouveau, du
moment où les Chouans concevaient le dessein d'attaquer une si forte escorte. Telles étaient les réflexions qui se déroulèrent dans l'esprit de Hulot,
quoique d'une manière beaucoup moins succincte,
dès qu'il crut apercevoir, dans l'apparition de
Marche-à-terre, l'indice d'une embuscade habilement préparée, car lui seul fut d'abord dans le
secret de son danger.

Le silence qui suivit la phrase prophétique du
commandant à Gérard, et qui termine la scène précédente, servit à Hulot pour recouvrer son sang-
froid. Le vieux soldat avait presque chancelé. Il ne
put chasser les nuages qui couvrirent son front
quand il vint à penser qu'il était environné déjà
des horreurs d'une guerre dont les atrocités eussent
été peut-être reniées par les Cannibales. Le capitaine Merle et l'adjudant Gérard, ses deux amis,
cherchaient à s'expliquer la crainte, si nouvelle
pour eux, dont témoignait la figure de leur chef, et
contemplaient Marche-à-terre mangeant sa galette
au bord du chemin, sans pouvoir établir le moindre
rapport entre cette espèce d'animal et l'inquiétude
de leur intrépide commandant. Mais le visage de
Hulot s'éclaircit bientôt. Tout en déplorant les

malheurs de la République, il se réjouit d'avoir à combattre pour elle, il se promit joyeusement de ne pas être la dupe des Chouans et de pénétrer l'homme si ténébreusement rusé qu'ils lui faisaient l'honneur d'employer contre lui. Avant de prendre aucune résolution, il se mit à examiner la position dans laquelle ses ennemis voulaient le surprendre. En voyant que le chemin au milieu duquel il se trouvait engagé passait dans une espèce de gorge peu profonde à la vérité, mais flanquée de bois, et où aboutissaient plusieurs sentiers, il fronça fortement ses gros sourcils noirs, puis il dit à ses deux amis d'une voix sourde et très émue :

« Nous sommes dans un drôle de guêpier.

— Et de quoi donc avez-vous peur? demanda Gérard.

— Peur?... reprit le commandant, oui, peur. J'ai toujours eu peur d'être fusillé comme un chien au détour d'un bois sans qu'on vous crie : « Qui vive! »

— Bah! dit Merle en riant, « qui vive! » est aussi un abus.

— Nous sommes donc vraiment en danger? demanda Gérard aussi étonné du sang-froid de Hulot qu'il l'avait été de sa passagère terreur.

— Chut! dit le commandant, nous sommes dans la gueule du loup, il y fait noir comme dans un four, et il faut y allumer une chandelle. Heureusement, reprit-il, que nous tenons le haut de cette côte! » Il la décora d'une épithète énergique, et ajouta : « Je finirai peut-être bien par y voir clair. »

Le commandant, attirant à lui les deux officiers, cerna Marche-à-terre; le Gars feignit de croire qu'il les gênait, il se leva promptement. « Reste là, chenapan! » lui cria Hulot en le poussant et le faisant retomber sur le talus où il s'était assis. Dès ce moment, le chef de demi-brigade ne cessa de regarder attentivement l'insouciant Breton. « Mes amis, reprit-il alors en parlant à voix basse aux deux officiers, il est temps de vous dire que la boutique est enfoncée là-bas. Le Directoire, par suite d'un remue-ménage qui a eu lieu aux Assemblées, a encore donné un coup de balai à nos affaires. Ces pentarques, ou pantins, c'est plus français, de directeurs, viennent de perdre une bonne lame, Bernadotte n'en veut plus.

— Qui le remplace? demanda vivement Gérard.

— Milet-Mureau, une vieille perruque. On choisit là un bien mauvais temps pour laisser naviguer des mâchoires! Voilà des fusées anglaises qui partent sur les côtes. Tous ces hannetons de Vendéens et de Chouans sont en l'air, et ceux qui sont derrière ces marionnettes-là ont bien su prendre le moment où nous succombons.

— Comment? dit Merle.

— Nos armées sont battues sur tous les points, reprit Hulot en étouffant sa voix de plus en plus. Les Chouans ont déjà intercepté deux fois les courriers, et je n'ai reçu mes dépêches et les derniers décrets qu'au moyen d'un exprès envoyé par Bernadotte au moment où il quittait le Ministère.

Des amis m'ont heureusement écrit confidentielle-
ment sur cette débâcle. Fouché a découvert que le
tyran Louis XVIII a été averti par des traîtres de
Paris d'envoyer un chef à ses canards de l'intérieur.
On pense que Barras trahit la République. Bref,
Pitt et les princes ont envoyé, ici, un ci-devant,
homme vigoureux, plein de talent, qui voudrait, en
réunissant les efforts des Vendéens à ceux des
Chouans, abattre le bonnet de la République. Ce
camarade-là a débarqué dans le Morbihan, je l'ai
su le premier, je l'ai appris aux malins de Paris, le
Gars est le nom qu'il s'est donné. Tous ces animaux-
là, dit-il en montrant Marche-à-terre, chaussent des
noms qui donneraient la colique à un honnête
patriote s'il les portait. Or, notre homme est dans ce
district. L'arrivée de ce Chouan-là, et il indiqua de
nouveau Marche-à-terre, m'annonce qu'il est sur
notre dos. Mais on n'apprend pas à un vieux singe
à faire la grimace, et vous allez m'aider à ramener
mes linottes à la cage *et pus vite que ça!* Je serais
un joli coco si je me laissais engluer comme une
corneille par ce ci-devant qui arrive de Londres
sous prétexte d'avoir à épousseter nos chapeaux! »

En apprenant ces circonstances secrètes et critiques, les deux officiers, sachant que leur commandant ne s'alarmait jamais en vain, prirent alors cette
contenance grave qu'ont les militaires au fort du
danger, lorsqu'ils sont fortement trempés et habitués à voir un peu loin dans les affaires humaines.
Gérard, que son grade, supprimé depuis, rappro-

chait de son chef, voulut répondre, et demander
toutes les nouvelles politiques dont une partie était
évidemment passée sous silence; mais un signe de
Hulot lui imposa silence; et tous les trois ils se
mirent à regarder Marche-à-terre. Ce Chouan ne
donna pas la moindre marque d'émotion en se
voyant sous la surveillance de ces hommes aussi
redoutables par leur intelligence que par leur force
corporelle. La curiosité des deux officiers, pour lesquels cette sorte de guerre était nouvelle, fut vivement excitée par le commencement d'une affaire
qui offrait un intérêt presque romanesque; aussi
voulurent-ils en plaisanter; mais, au premier mot
qui leur échappa, Hulot les regarda gravement et
leur dit : « Tonnerre de Dieu! n'allons pas fumer
sur le tonneau de poudre, citoyens. C'est s'amuser à
porter de l'eau dans un panier que d'avoir du courage hors de propos. — Gérard, dit-il ensuite en se
penchant à l'oreille de son adjudant, approchez-vous
insensiblement de ce brigand; et au moindre mouvement suspect, soyez prêt à lui passer votre épée
au travers du corps. Quant à moi, je vais prendre
des mesures pour soutenir la conversation, si nos
inconnus veulent bien l'entamer. »

Gérard inclina légèrement la tête en signe d'obéis-
sance, puis il se mit à contempler les points de vue
de cette vallée avec laquelle on a pu se familiariser;
il parut vouloir les examiner plus attentivement et
marcha pour ainsi dire sur lui-même et sans affectation; mais on pense bien que le paysage était la

dernière chose qu'il observa. De son côté, Marche-à-
terre laissa complètement ignorer si la manœuvre
de l'officier le mettait en péril; à la manière dont il
jouait avec le bout de son fouet, on eût dit qu'il
pêchait à la ligne dans le fossé.

Pendant que Gérard essayait ainsi de prendre
position devant le Chouan, le commandant dit
tout bas à Merle : « Donnez dix hommes d'élite à
un sergent et allez les poster vous-même au-dessus
de nous, à l'endroit du sommet de cette côte où le
chemin s'élargit en formant un plateau, et d'où vous
apercevrez un bon ruban de queue de la route
d'Ernée. Choisissez une place où le chemin ne soit
pas flanqué de bois, et d'où le sergent puisse sur-
veiller la campagne. Appelez La-clef-des-cœurs, il est
intelligent. Il n'y a point de quoi rire, je ne donnerais pas un décime de notre peau, si nous ne pre-
nons pas notre bisque. »

Pendant que le capitaine Merle exécutait cet
ordre avec une promptitude dont l'importance fut
comprise, le commandant agita la main droite pour
réclamer un profond silence des soldats qui l'entouraient et causaient en jouant. Il ordonna, par un
autre geste, de reprendre les armes. Lorsque le
calme fut établi, il porta les yeux d'un côté de la
route à l'autre, écoutant avec une attention
inquiète, comme s'il espérait surprendre quelque
bruit étouffé, quelques sons d'armes ou des pas
précurseurs de la lutte attendue. Son œil noir et perçant semblait sonder les bois à des profondeurs

extraordinaires; mais ne recueillant aucun indice, il consulta le sable de la route, à la manière des Sauvages, pour tâcher de découvrir quelques traces de ces invisibles ennemis dont l'audace lui était connue. Désespéré de ne rien apercevoir qui justifiât ses craintes, il s'avança vers les côtés de la route, en gravit les légères collines avec peine, puis il en parcourut lentement les sommets. Tout à coup, il sentit combien son expérience était utile au salut de sa troupe, et descendit. Son visage devint plus sombre; car, dans ces temps-là, les chefs regrettaient toujours de ne pas garder pour eux seuls la tâche la plus périlleuse. Les autres officiers et les soldats, ayant remarqué la préoccupation d'un chef dont le caractère leur plaisait et dont la valeur était connue, pensèrent alors que son extrême attention annonçait un danger; mais incapables d'en soupçonner la gravité, s'ils restèrent immobiles et retinrent presque leur respiration, ce fut par instinct. Semblables à ces chiens qui cherchent à deviner les intentions de l'habile chasseur dont l'ordre est incompréhensible, mais qui lui obéissent ponctuellement, ces soldats regardèrent alternativement la vallée du Couesnon, les bois de la route et la figure sévère de leur commandant, en tâchant d'y lire leur sort. Ils se consultaient des yeux, et plus d'un sourire se répétait de bouche en bouche.

Quand Hulot fit sa grimace, Beau-pied, jeune sergent qui passait pour le bel esprit de la compagnie, dit à voix basse : « Où diable nous sommes-nous

donc fourrés pour que ce vieux troupier de Hulot
nous fasse une mine si marécageuse, il a l'air d'un
conseil de guerre. »

Hulot ayant jeté sur Beau-pied un regard sévère,
le silence exigé sous les armes régna tout à coup. Au
milieu de ce silence solennel, les pas tardifs des
conscrits, sous les pieds desquels le sable criait sourdement, rendaient un son régulier qui ajoutait une
vague émotion à cette anxiété générale. Ce sentiment indéfinissable sera compris seulement de ceux
qui, en proie à une attente cruelle, ont senti dans
le silence des nuits les larges battements de leur
cœur, redoublés par quelque bruit dont le retour
monotone semblait leur verser la terreur goutte à
goutte. En se replaçant au milieu de la route, le
commandant commençait à se demander : « Me
trompé-je? » Il regardait déjà avec une colère
concentrée qui lui sortait en éclairs par les yeux, le
tranquille et stupide Marche-à-terre; mais l'ironie
sauvage qu'il sut démêler dans le regard terne du
Chouan lui persuada de ne pas discontinuer de
prendre ses mesures salutaires. En ce moment, après
avoir accompli les ordres de Hulot, le capitaine
Merle revint auprès de lui. Les muets acteurs de
cette scène, semblable à mille autres qui rendirent
cette guerre la plus dramatique de toutes, attendirent alors avec impatience de nouvelles impressions,
curieux de voir s'illuminer par d'autres manœuvres
les points obscurs de leur situation militaire.

« Nous avons bien fait, capitaine, dit le comman-

dant, de mettre à la queue du détachement le petit
nombre de patriotes que nous comptons parmi ces
réquisitionnaires. Prenez encore une douzaine de
bons lurons à la tête desquels vous mettrez le sous-
lieutenant Lebrun, et vous les conduirez rapidement
à la queue du détachement; ils appuieront les
patriotes qui s'y trouvent, et feront avancer, et vivement, toute la troupe de ces oiseaux-là, afin de la
ramasser en deux temps vers la hauteur occupée
par les camarades. Je vous attends. »

Le capitaine disparut au milieu de la troupe. Le
commandant regarda tour à tour quatre hommes
intrépides dont l'adresse et l'agilité lui étaient
connues, il les appela silencieusement en les désignant du doigt et leur faisant ce signe amical qui
consiste à ramener l'index vers le nez, par un mouvement rapide et répété; ils vinrent.

« Vous avez servi avec moi sous Hoche, leur dit-il,
quand nous avons mis à la raison ces brigands
qui s'appellent les *Chasseurs du Roi;* vous savez
comment ils se cachaient pour canarder les
Bleus. »

A cet éloge de leur savoir-faire, les quatre soldats
hochèrent la tête en faisant une moue significative.
Ils montraient de ces figures héroïquement martiales
dont l'insouciante résignation annonçait que, depuis
la lutte commencée entre la France et l'Europe,
leurs idées n'avaient pas dépassé leur giberne en
arrière et leur baïonnette en avant. Les lèvres ramas-
sées comme une bourse dont on serre les cordons, ils

regardaient leur commandant d'un air attentif et curieux.

« Eh bien, reprit Hulot, qui possédait éminemment l'art de parler la langue pittoresque du soldat, il ne faut pas que de bons lapins comme nous se laissent embêter par des Chouans, et il y en a ici, ou je ne me nomme pas Hulot. Vous allez, à vous quatre, battre les deux côtés de cette route. Le détachement va filer le câble. Ainsi, suivez ferme, tâchez de ne pas descendre la garde, et éclairez-moi cela, vivement! »

Puis il leur montra les dangereux sommets du chemin. Tous, en guise de remerciement, portèrent le revers de la main devant leurs vieux chapeaux à trois cornes dont le haut bord, battu par la pluie et affaibli par l'âge, se courbait sur la forme. L'un d'eux, nommé Larose, caporal connu de Hulot, lui dit en faisant sonner son fusil :

« On va leur siffler un air de clarinette, mon commandant. »

Ils partirent les uns à droite, les autres à gauche. Ce ne fut pas sans une émotion secrète que la compagnie les vit disparaître des deux côtés de la route. Cette anxiété fut partagée par le commandant, qui croyait les envoyer à une mort certaine. Il eut même un frisson involontaire lorsqu'il ne vit plus la pointe de leurs chapeaux. Officiers et soldats écoutèrent le bruit graduellement affaibli des pas dans les feuilles sèches, avec un sentiment d'autant plus aigu qu'il était caché plus profondément. Il se

rencontre à la guerre des scènes où quatre hommes
risqués causent plus d'effroi que les milliers de
morts étendus à Jemmapes. Ces physionomies militaires ont des expressions si multipliées, si fugitives,
que leurs peintres sont obligés d'en appeler aux souvenirs des soldats, et de laisser les esprits pacifiques
étudier ces figures si dramatiques, car ces orages si
riches en détails ne pourraient être complètement
décrits sans d'interminables longueurs.

Au moment où les baïonnettes des quatre soldats
ne brillèrent plus, le capitaine Merle revenait, après
avoir accompli les ordres du commandant avec la
rapidité de l'éclair. Hulot, par deux ou trois commandements, mit alors le reste de sa troupe en
bataille au milieu du chemin; puis il ordonna de
regagner le sommet de la Pèlerine où stationnait sa
petite avant-garde; mais il marcha le dernier et à
reculons, afin d'observer les plus légers changements
qui surviendraient sur tous les points de cette scène
que la nature avait faite si ravissante, et que
l'homme rendait si terrible. Il atteignit l'endroit où
Gérard gardait Marche-à-terre, lorsque ce dernier,
qui avait suivi, d'un œil indifférent en apparence,
toutes les manœuvres du commandant, mais qui
regardait alors avec une incroyable intelligence les
deux soldats engagés dans les bois situés sur la
droite de la route, se mit à siffler trois ou quatre
fois de manière à produire le cri clair et perçant de
la chouette. Les trois célèbres contrebandiers dont
les noms ont déjà été cités employaient ainsi, pen-

dant la nuit, certaines intonations de ce cri pour
s'avertir des embuscades, de leurs dangers et de tout
ce qui les intéressait. De là leur était venu le surnom de *Chuin*, qui signifie chouette ou hibou dans
le patois de ce pays. Ce mot corrompu servit à nommer ceux qui dans la première guerre imitèrent les
allures et les signaux de ces trois frères. En entendant ce sifflement suspect, le commandant s'arrêta
pour regarder fixement Marche-à-terre. Il feignit
d'être la dupe de la niaise attitude du Chouan, afin
de le garder près de lui comme un baromètre qui
lui indiquât les mouvements de l'ennemi. Aussi arrê-
ta-t-il la main de Gérard qui s'apprêtait à dépêcher
le Chouan. Puis il plaça deux soldats à quelques pas
de l'espion, et leur ordonna, à haute et intelligible
voix, de se tenir prêts à le fusiller au moindre signe
qui lui échapperait. Malgré son imminent danger,
Marche-à-terre ne laissa paraître aucune émotion, et
le commandant, qui l'étudiait, s'aperçut de cette
insensibilité.

« Le serin n'en sait pas long, dit-il à Gérard. Ah!
ah! il n'est pas facile de lire sur la figure d'un
Chouan; mais celui-ci s'est trahi par le désir de montrer son intrépidité. Vois-tu, Gérard, s'il avait joué
la terreur, j'allais le prendre pour un imbécile. Lui
et moi nous aurions fait la paire. J'étais au bout de
ma gamme. Oh! nous allons être attaqués! Mais
qu'ils viennent, maintenant je suis prêt. »

Après avoir prononcé ces paroles à voix basse, et
d'un air de triomphe, le vieux militaire se frotta

les mains, regarda Marche-à-terre d'un air goguenard; puis il se croisa les bras sur la poitrine, resta
au milieu du chemin entre ses deux officiers favoris,
et attendit le résultat de ses dispositions. Sûr du
combat, il contempla ses soldats d'un air calme.

« Oh! il va y avoir du foutreau, dit Beau-pied à
voix basse, le commandant s'est frotté les mains. »

La situation critique dans laquelle se trouvaient
placés le commandant Hulot et son détachement est
une de celles où la vie est si réellement mise au jeu
que les hommes d'énergie tiennent à honneur de s'y
montrer pleins de sang-froid et libres d'esprit. Là se
jugent les hommes en dernier ressort. Aussi le
commandant, plus instruit du danger que ses deux
officiers, mit-il de l'amour-propre à paraître le plus
tranquille. Les yeux tour à tour fixés sur Marche-à-
terre, sur le chemin et sur les bois, il n'attendait pas
sans angoisse le bruit de la décharge générale des
Chouans qu'il croyait cachés, comme des lutins, autour de lui; mais sa figure restait impassible. Au
moment où tous les yeux des soldats étaient attachés sur les siens, il plissa légèrement ses joues
brunes marquées de petite vérole, retroussa fortement sa lèvre droite, cligna des yeux, grimace toujours prise pour un sourire par ses soldats; puis, il
frappa Gérard sur l'épaule en lui disant : « Maintenant nous voilà calmes, que vouliez-vous me dire
tout à l'heure?

— Dans quelle crise nouvelle sommes-nous donc,
mon commandant?

— La chose n'est pas neuve, reprit-il à voix basse. L'Europe est toute contre nous, et cette fois elle a beau jeu. Pendant que les Directeurs se battent entre eux comme des chevaux sans avoine dans une écurie, et que tout tombe par lambeaux dans leur gouvernement, ils laissent les armées sans secours. Nous sommes abîmés en Italie! Oui, mes amis, nous avons évacué Mantoue à la suite des désastres de la Trébia, et Joubert vient de perdre la bataille de Novi. J'espère que Masséna gardera les défilés de la Suisse envahie par Souwarow. Nous sommes enfoncés sur le Rhin. Le Directoire y a envoyé Moreau. Ce lapin défendra-t-il les frontières?... je le veux bien; mais la coalition finira par nous écraser, et malheureusement le seul général qui puisse nous sauver est au diable, là-bas, en Égypte! Comment reviendrait-il, au surplus? l'Angleterre est maîtresse de la mer.

— L'absence de Bonaparte ne m'inquiète pas, commandant, répondit le jeune adjudant Gérard chez qui une éducation soignée avait développé un esprit supérieur. Notre révolution s'arrêterait donc? Ah! nous ne sommes pas seulement chargés de défendre le territoire de la France, nous avons une double mission. Ne devons-nous pas aussi conserver l'âme du pays, ces principes généreux de liberté, d'indépendance, cette raison humaine, réveillée par nos Assemblées, et qui gagnera, j'espère, de proche en proche? La France est comme un voyageur chargé de porter une lumière, elle la garde d'une

main et se défend de l'autre; si vos nouvelles sont
vraies, jamais depuis dix ans, nous n'aurions été
entourés de plus de gens qui cherchent à la souffler.
Doctrines et pays, tout est près de périr.

— Hélas! oui, dit en soupirant le commandant
Hulot. Ces polichinelles de Directeurs ont su se
brouiller avec tous les hommes qui pouvaient bien
mener la barque. Bernadotte, Carnot, tout, jusqu'au
citoyen Talleyrand, nous a quittés. Bref, il ne reste
plus qu'un seul bon patriote, l'ami Fouché qui tient
tout par la police; voilà un homme! Aussi est-ce lui
qui m'a fait prévenir à temps de cette insurrection.
Encore nous voilà pris, j'en suis sûr, dans quelque
traquenard.

— Oh! si l'armée ne se mêle pas un peu de notre
gouvernement, dit Gérard, les avocats nous remet-
tront plus mal que nous ne l'étions avant la Révolution. Est-ce que ces chafouins-là s'entendent à
commander!

— J'ai toujours peur, reprit Hulot, d'apprendre
qu'ils traitent avec les Bourbons. Tonnerre de Dieu!
s'ils s'entendaient, dans quelle passe nous serions
ici, nous autres?

— Non, non, commandant, nous n'en viendrons
pas là, dit Gérard. L'armée, comme vous le dites,
élèvera la voix, et, pourvu qu'elle ne prenne pas ses
expressions dans le vocabulaire de Pichegru, j'espère que nous ne nous serons pas hachés pendant
dix ans pour, après tout, faire pousser du lin et le
voir filer à d'autres.

— Oh! oui, s'écria le commandant, il nous en a furieusement coûté pour changer de costume.

— Eh bien, dit le capitaine Merle, agissons toujours ici en bons patriotes, et tâchons d'empêcher nos Chouans de communiquer avec la Vendée; car s'ils s'entendent et que l'Angleterre s'en mêle, cette fois je ne répondrais pas du bonnet de la République, une et indivisible. »

Là, le cri de la chouette, qui se fit entendre à une distance assez éloignée, interrompit la conversation. Le commandant, plus inquiet, examina derechef Marche-à-terre, dont la figure impassible ne donnait, pour ainsi dire, pas signe de vie. Les conscrits, rassemblés par un officier, étaient réunis comme un troupeau de bétail au milieu de la route, à trente pas environ de la compagnie en bataille. Puis derrière eux, à dix pas, se trouvaient les soldats et les patriotes commandés par le lieutenant Lebrun. Le commandant jeta les yeux sur cet ordre de bataille et regarda une dernière fois le piquet d'hommes postés en avant sur la route. Content de ses dispositions, il se retournait pour ordonner de se mettre en marche, lorsqu'il aperçut les cocardes tricolores des deux soldats qui revenaient après avoir fouillé les bois situés sur la gauche. Le commandant, ne voyant point reparaître les deux éclaireurs de droite, voulut attendre leur retour.

« Peut-être, est-ce de là que la bombe va partir », dit-il à ses deux officiers en leur montrant le bois où ses deux enfants perdus étaient comme ensevelis.

Pendant que les deux tirailleurs lui faisaient une espèce de rapport, Hulot cessa de regarder Marche-à-terre. Le Chouan se mit alors à siffler vivement, de manière à faire retentir son cri à une distance prodigieuse; puis, avant qu'aucun de ses surveillants ne l'eût même couché en joue, il leur avait appliqué un coup de fouet qui les renversa sur la berne. Aussitôt, des cris ou plutôt des hurlements sauvages surprirent les Républicains. Une décharge terrible, partie du bois qui surmontait le talus où le Chouan s'était assis, abattit sept ou huit soldats. Marche-à-terre, sur lequel cinq ou six hommes tirèrent sans l'atteindre, disparut dans le bois après avoir grimpé le talus avec la rapidité d'un chat sauvage; ses sabots roulèrent dans le fossé, et il fut aisé de lui voir alors aux pieds les gros souliers ferrés que portaient habituellement les Chasseurs du Roi. Aux premiers cris jetés par les Chouans, tous les conscrits sautèrent dans le bois à droite, semblables à ces troupes d'oiseaux qui s'envolent à l'approche d'un voyageur.

« Feu sur ces mâtins-là! » cria le commandant.

La compagnie tira sur eux, mais les conscrits avaient su se mettre tous à l'abri de cette fusillade en s'adossant à des arbres; et, avant que les armes eussent été rechargées, ils avaient disparu.

« Décrétez donc des légions départementales! hein? dit Hulot à Gérard. Il faut être bête comme un Directoire pour vouloir compter sur la réquisi-

tion de ce pays-ci. Les Assemblées feraient mieux de
ne pas nous voter tant d'habits, d'argent, de muni-
tions, et de nous en donner.

— Voilà . des crapauds qui aiment mieux leurs
galettes que le pain de munition », dit Beau-pied, le
malin de la compagnie.

A ces mots, des huées et des éclats de rire partis
du sein de la troupe républicaine honnirent les dé-
serteurs, mais le silence se rétablit tout à coup. Les
soldats virent descendre péniblement du talus les
deux chasseurs que le commandant avait envoyés
battre les bois de la droite. Le moins blessé des deux
soutenait son camarade, qui abreuvait le terrain de
son sang. Les deux pauvres soldats étaient parvenus
à moitié de la pente lorsque Marche-à-terre montra
sa face hideuse, il ajusta si bien les deux Bleus qu'il
les acheva d'un seul coup, et ils roulèrent pesam-
ment dans le fossé. A peine avait-on vu sa grosse
tête que trente canons de fusils se levèrent; mais
semblable à une figure fantasmagorique, il avait disparu derrière les fatales touffes de genêts. Ces événements, qui exigent tant de mots, se passèrent en
un moment; puis, en un moment aussi, les patriotes
et les soldats de l'arrière-garde rejoignirent le reste
de l'escorte.

« En avant! » s'écria Hulot.

La compagnie se porta rapidement à l'endroit
élevé et découvert où le piquet avait été placé. Là,
le commandant mit la compagnie en bataille; mais
il n'aperçut aucune démonstration hostile de la part

des Chouans, et crut que la délivrance des conscrits
était le seul but de cette embuscade.

« Leurs cris, dit-il à ses deux amis, m'annoncent
qu'ils ne sont pas nombreux. Marchons au pas accéléré, nous atteindrons peut-être Ernée sans les avoir
sur le dos. »

Ces mots furent entendus d'un conscrit patriote
qui sortit des rangs et se présenta devant Hulot.

« Mon général, dit-il, j'ai déjà fait cette guerre-là
en contre-chouan. Peut-on vous toucher deux mots?

— C'est un avocat, cela se croit toujours à l'au-
dience, dit le commandant à l'oreille de Merle. —
Allons, plaide, répondit-il au jeune Fougerais.

— Mon commandant, les Chouans ont sans doute
apporté des armes aux hommes avec lesquels ils
viennent de se recruter. Or, si nous levons la semelle
devant eux, ils iront nous attendre à chaque coin
de bois, et nous tueront jusqu'au dernier avant que
nous arrivions à Ernée. Il faut plaider, comme tu le
dis, mais avec des cartouches. Pendant l'escarmouche, qui durera encore plus de temps que tu ne
le crois, l'un de mes camarades ira chercher la garde
nationale et les compagnies franches de Fougères.
Quoique nous ne soyons que des conscrits, tu verras
alors si nous sommes de la race des corbeaux.

— Tu crois donc les Chouans bien nombreux?

— Juges-en toi-même, citoyen commandant! »

Il amena Hulot à un endroit du plateau où le
sable avait été remué comme avec un râteau; puis,
après le lui avoir fait remarquer, il le conduisit

assez avant dans un sentier où ils virent les vestiges du passage d'un grand nombre d'hommes. Les feuilles y étaient empreintes dans la terre battue.

« Ceux-là sont les Gars de Vitré, dit le Fougerais, ils sont allés se joindre aux Bas-Normands.

— Comment te nommes-tu, citoyen? demanda Hulot.

— Gudin, mon commandant.

— Eh bien, Gudin, je te fais caporal de tes bourgeois. Tu m'as l'air d'un homme solide. Je te charge de choisir celui de tes camarades qu'il faut envoyer à Fougères. Tu te tiendras à côté de moi. D'abord, va avec tes réquisitionnaires prendre les fusils, les gibernes, et les habits de nos pauvres camarades que ces brigands viennent de coucher dans le chemin. Vous ne resterez pas ici à manger des coups de fusil sans en rendre. »

Les intrépides Fougerais allèrent chercher la dépouille des morts, et la compagnie entière les protégea par un feu bien nourri dirigé sur le bois de manière qu'ils réussirent à dépouiller les morts sans perdre un seul homme.

« Ces Bretons-là, dit Hulot à Gérard, feront de fameux fantassins, si jamais la gamelle leur va. »

L'émissaire de Gudin partit en courant par un sentier détourné dans les bois de gauche. Les soldats, occupés à visiter leurs armes, s'apprêtèrent au combat, le commandant les passa en revue, leur sourit, alla se planter à quelques pas en avant avec ses deux officiers favoris, et attendit de pied ferme l'at-

taque des Chouans. Le silence régna de nouveau
pendant un instant, mais il ne fut pas de longue
durée. Trois cents Chouans, dont les costumes
étaient identiques avec ceux des réquisitionnaires,
débouchèrent par les bois de la droite et vinrent
sans ordre, en poussant de véritables hurlements,
occuper toute la route devant le faible bataillon des
Bleus. Le commandant rangea ses soldats en deux
parties égales qui présentaient chacune un front de
dix hommes. Il plaça au milieu de ces deux troupes
ses douze réquisitionnaires équipés en toute hâte,
et se mit à leur tête. Cette petite armée était protégée par deux ailes de vingt-cinq hommes chacune,
qui manœuvrèrent sur les deux côtés du chemin
sous les ordres de Gérard et de Merle. Ces deux officiers devaient prendre à propos les Chouans en
flanc et les empêcher de *s'égailler*. Ce mot du patois
de ces contrées exprime l'action de se répandre dans
la campagne, où chaque paysan allait se poster de
manière à tirer les Bleus sans danger; les troupes
républicaines ne savaient plus alors où prendre
leurs ennemis.

Ces dispositions, ordonnées par le commandant
avec la rapidité voulue en cette circonstance, communiquèrent sa confiance aux soldats, et tous marchèrent en silence sur les Chouans. Au bout de
quelques minutes exigées par la marche des deux
corps l'un vers l'autre, il se fit une décharge à bout
portant qui répandit la mort dans les deux troupes.
En ce moment, les deux ailes républicaines aux-

quelles les Chouans n'avaient pu rien opposer, arrivèrent sur leurs flancs, et par une fusillade vive et
serrée, semèrent la mort et le désordre au milieu
de leurs ennemis. Cette manœuvre rétablit presque
l'équilibre numérique entre les deux partis. Mais
le caractère des Chouans comportait une intrépidité
et une constance à toute épreuve; ils ne bougèrent
pas, leur perte ne les ébranla point, ils se serrèrent
et tâchèrent d'envelopper la petite troupe noire et
bien alignée des Bleus, qui tenait si peu d'espace
qu'elle ressemblait à une reine d'abeilles au milieu
d'un essaim. Il s'engagea donc un de ces combats
horribles où le bruit de la mousqueterie, rarement
entendu, est remplacé par le cliquetis de ces luttes
à armes blanches pendant lesquelles on se bat corps
à corps, et où, à courage égal, le nombre décide de
la victoire. Les Chouans l'auraient emporté de
prime abord si les deux ailes, commandées par
Merle et Gérard, n'avaient réussi à opérer deux ou
trois décharges qui prirent en écharpe la queue de
leurs ennemis. Les Bleus de ces deux ailes auraient
dû rester dans leurs positions et continuer ainsi
d'ajuster avec adresse leurs terribles adversaires;
mais, animés par la vue des dangers que courait cet
héroïque bataillon de soldats alors complètement
entouré par les Chasseurs du Roi, ils se jetèrent sur
la route comme des furieux, la baïonnette en avant,
et rendirent la partie plus égale pour quelques instants. Les deux troupes se livrèrent alors à un acharnement aiguisé par toute la fureur et la cruauté de

l'esprit de parti qui firent de cette guerre une exception. Chacun, attentif à son danger, devint silencieux. La scène fut sombre et froide comme la mort.
Au milieu de ce silence, on n'entendait, à travers le
cliquetis des armes et le grincement du sable sous les
pieds, que les exclamations sourdes et graves échap-
pées à ceux qui, blessés grièvement ou mourants,
tombaient à terre. Au sein du parti républicain, les
douze réquisitionnaires défendaient avec un tel
courage le commandant, occupé à donner des avis
et des ordres multipliés, que plus d'une fois deux
ou trois soldats crièrent : « Bravo! les recrues. »

Hulot, impassible et l'œil à tout, remarqua bientôt parmi les Chouans un homme qui, entouré
comme lui d'une troupe d'élite, devait être le chef.
Il lui parut nécessaire de bien connaître cet officier;
mais il fit à plusieurs reprises de vains efforts pour
en distinguer les traits que lui dérobaient toujours
les bonnets rouges et les chapeaux à grands bords.
Seulement, il aperçut Marche-à-terre qui, placé à
côté de son général, répétait les ordres d'une voix
rauque, et dont la carabine ne restait jamais inac-
tive. Le commandant s'impatienta de cette contrariété renaissante. Il mit l'épée à la main, anima ses
réquisitionnaires, chargea sur le centre des Chouans
avec une telle furie qu'il troua leur masse et put
entrevoir le chef, dont malheureusement la figure
était entièrement cachée par un grand feutre à
cocarde blanche. Mais l'inconnu, surpris d'une si
audacieuse attaque, fit un mouvement rétrograde

en relevant son chapeau avec brusquerie; alors il
fut permis à Hulot de prendre à la hâte le signalement de ce personnage. Ce jeune chef, auquel Hulot
ne donna pas plus de vingt-cinq ans, portait une
veste de chasse en drap vert. Sa ceinture blanche
contenait des pistolets. Ses gros souliers étaient ferrés comme ceux des Chouans. Des guêtres de chasseur montant jusqu'aux genoux et s'adaptant à une
culotte de coutil très grossier complétaient ce costume qui laissait voir une taille moyenne, mais
svelte et bien prise. Furieux de voir les Bleus arrivés
jusqu'à sa personne, il abaissa son chapeau et
s'avança vers eux; mais il fut promptement entouré
par Marche-à-terre et par quelques Chouans alar-
més. Hulot crut apercevoir, à travers les intervalles
laissés par les têtes qui se pressaient autour de ce
jeune homme, un large cordon rouge sur une veste
entrouverte. Les yeux du commandant, attirés
d'abord par cette royale décoration, alors complètement oubliée, se portèrent soudain sur un visage
qu'il perdit bientôt de vue, forcé par les accidents
du combat de veiller à la sûreté et aux évolutions
de sa petite troupe. Aussi, à peine vit-il des yeux
étincelants dont la couleur lui échappa, des cheveux
blonds et des traits assez délicats, brunis par le
soleil. Cependant il fut frappé de l'éclat d'un cou
nu dont la blancheur était rehaussée par une cravate noire, lâche et négligemment nouée. L'attitude
fougueuse et animée du jeune chef était militaire, à
la manière de ceux qui veulent dans un combat une

certaine poésie de convention. Sa main bien gantée
agitait en l'air une épée qui flamboyait au soleil. Sa
contenance accusait tout à la fois de l'élégance et de
la force. Son exaltation consciencieuse, relevée
encore par les charmes de la jeunesse, par des manières distinguées, faisait de cet émigré une gracieuse image de la noblesse française; il contrastait
vivement avec Hulot, qui, à quatre pas de lui,
offrait à son tour une image vivante de cette énergique République pour laquelle ce vieux soldat
combattait, et dont la figure sévère, l'uniforme bleu
à revers rouges usés, les épaulettes noircies et pendant derrière les épaules, peignaient si bien les
besoins et le caractère.

La pose gracieuse et l'expression du jeune homme
n'échappèrent pas à Hulot, qui s'écria en voulant
le joindre : « Allons, danseur d'Opéra, avance donc
que je te démolisse. »

Le chef royaliste, courroucé de son désavantage
momentané, s'avança par un mouvement de désespoir; mais au moment où ses gens le virent se hasar-
dant ainsi, tous se ruèrent sur les Bleus. Soudain
une voix douce et claire domina le bruit du combat : « Ici saint Lescure est mort! Ne le vengerez-
vous pas? »

A ces mots magiques, l'effort des Chouans devint
terrible, et les soldats de la République eurent
grand-peine à se maintenir, sans rompre leur petit
ordre de bataille.

« Si ce n'était pas un jeune homme, se disait

Hulot en rétrogradant pied à pied, nous n'aurions
pas été attaqués. A-t-on jamais vu les Chouans
livrant bataille? Mais tant mieux, on ne nous tuera
pas comme des chiens le long de la route. » Puis,
élevant la voix de manière à faire retentir les bois :
« Allons, vivement, mes lapins! Allons-nous nous
laisser *embêter* par des brigands? »

Le verbe par lequel nous remplaçons ici l'expression dont se servit le brave commandant, n'en est
qu'un faible équivalent; mais les vétérans sauront
y substituer le véritable, qui certes est d'un plus
haut goût soldatesque.

« Gérard, Merle, reprit le commandant, rappelez
vos hommes, formez-les en bataillon, reformez-vous
en arrière, tirez sur ces chiens-là et finissons-en. »

L'ordre de Hulot fut difficilement exécuté; car
en entendant la voix de son adversaire, le jeune
chef s'écria : « Par sainte Anne d'Auray, ne les
lâchez pas! égaillez-vous, mes gars. »

Quand les deux ailes commandées par Merle et
Gérard se séparèrent du gros de la mêlée, chaque
petit bataillon fut alors suivi par des Chouans obstinés et bien supérieurs en nombre. Ces vieilles
peaux de biques entourèrent de toutes parts les
soldats de Merle et de Gérard, en poussant de
nouveau leurs cris sinistres et pareils à des hurlements.

« Taisez-vous donc, *messieurs,* on ne s'entend pas
tuer! » s'écria Beau-pied.

Cette plaisanterie ranima le courage des Bleus.

Au lieu de se battre sur un seul point, les Républicains se défendirent sur trois endroits différents du plateau de la Pèlerine, et le bruit de la fusillade éveilla tous les échos de ces vallées naguère si paisibles. La victoire aurait pu rester indécise pendant des heures entières, ou la lutte se serait terminée faute de combattants. Bleus et Chouans déployaient une égale valeur. La furie allait croissante de part et d'autre, lorsque dans le lointain un tambour résonna faiblement; et, d'après la direction du bruit, le corps qu'il annonçait devait traverser la vallée du Couesnon.

« C'est la garde nationale de Fougères! s'écria Gudin d'une voix forte; Vannier l'aura rencontrée. »

A cette exclamation qui parvint à l'oreille du jeune chef des Chouans et de son féroce aide de camp, les royalistes firent un mouvement rétrograde, qui réprima bientôt un cri bestial jeté par Marche-à-terre. Sur deux ou trois ordres donnés à voix basse par le chef et transmis par Marche-à-terre aux Chouans en bas-breton, ils opérèrent leur retraite avec une habileté qui déconcerta les Républicains et même leur commandant. Au premier ordre, les plus valides des Chouans se mirent en ligne et présentèrent un front respectable, derrière lequel les blessés et le reste des leurs se retirèrent pour charger leurs fusils. Puis tout à coup, avec cette agilité dont l'exemple a déjà été donné par Marche-à-terre, les blessés gagnèrent le haut de l'éminence qui

flanquait la route à droite, et y furent suivis par
la moitié des Chouans qui la gravirent lestement
pour en occuper le sommet, en ne montrant plus
aux Bleus que leurs têtes énergiques. Là, ils se
firent un rempart des arbres, et dirigèrent les canons de leurs fusils sur le reste de l'escorte qui,
d'après les commandements réitérés de Hulot,
s'était rapidement mis en ligne, afin d'opposer sur
la route un front égal à celui des Chouans. Ceux-ci
reculèrent lentement et défendirent le terrain en
pivotant de manière à se ranger sous le feu de leurs
camarades. Quand ils atteignirent le fossé qui bor-
dait la route, ils grimpèrent à leur tour le talus
élevé dont la lisière était occupée par les leurs, et
les rejoignirent en essuyant bravement le feu des
Républicains qui les fusillèrent avec assez d'adresse
pour joncher de corps le fossé. Les gens qui couronnaient l'escarpement répondirent par un feu
non moins meurtrier. En ce moment, la garde nationale de Fougères arriva sur le lieu du combat
au pas de course, et sa présence termina l'affaire.
Les gardes nationaux et quelques soldats échauffés
dépassaient déjà la berme de la route pour s'engager dans les bois; mais le commandant leur cria de
sa voix martiale : « Voulez-vous vous faire démolir
là-bas! »

Ils rejoignirent alors le bataillon de la République, à qui le champ de bataille était resté non
sans de grandes pertes. Tous les vieux chapeaux
furent mis au bout des baïonnettes, les fusils se

hissèrent, et les soldats crièrent unanimement, à
deux reprises : « Vive la République! » Les blessés
eux-mêmes, assis sur l'accotement de la route, par-
tagèrent cet enthousiasme, et Hulot pressa la main
de Gérard en lui disant : « Hein! voilà ce qui s'appelle des lapins? »

Merle fut chargé d'ensevelir les morts dans un
ravin de la route. D'autres soldats s'occupèrent du
transport des blessés. Les charrettes et les chevaux
des fermes voisines furent mis en réquisition, et
l'on s'empressa d'y placer les camarades souffrants
sur les dépouilles des morts. Avant de partir, la
garde nationale de Fougères remit à Hulot un
Chouan dangereusement blessé qu'elle avait pris au
bas de la côte abrupte par où s'échappèrent les
Chouans, et où il avait roulé, trahi par ses forces
expirantes.

« Merci de votre coup de main, citoyens, dit le
commandant. Tonnerre de Dieu! sans vous, nous
pouvions passer un rude quart d'heure. Prenez
garde à vous! la guerre est commencée. Adieu, mes
braves. » Puis Hulot, se tournant vers le prisonnier : « Quel est le nom de ton général? lui demanda-t-il.

— Le Gars.

— Qui? Marche-à-terre?

— Non, le Gars.

— D'où le Gars est-il venu? »

A cette question, le Chasseur du Roi, dont la
figure rude et sauvage était abattue par la douleur,

garda le silence, prit son chapelet et se mit à réciter
des prières.

« Le Gars est sans doute ce jeune ci-devant à
cravate noire? Il a été envoyé par le tyran et ses
alliés Pitt et Cobourg. »

A ces mots, le Chouan, qui n'en savait pas si
long, releva fièrement la tête : « Envoyé par Dieu
et le Roi! » Il prononça ces paroles avec une énergie qui épuisa ses forces. Le commandant vit qu'il
était difficile de questionner un homme mourant
dont toute la contenance trahissait un fanatisme
obscur, et détourna la tête en fronçant le sourcil.
Deux soldats, amis de ceux que Marche-à-terre avait
si brutalement dépêchés d'un coup de fouet sur
l'accotement de la route, car ils y étaient morts, se
reculèrent de quelques pas, ajustèrent le Chouan,
dont les yeux fixes ne se baissèrent pas devant les
canons dirigés sur lui, le tirèrent à bout portant, et
il tomba. Lorsque les soldats s'approchèrent pour
dépouiller le mort, il cria fortement encore : « Vive
le Roi! »

« Oui, oui, sournois, dit La-clef-des-cœurs, va-t'en
manger de la galette chez ta bonne Vierge. Ne
vient-il pas nous crier au nez vive le tyran, quand
on le croit frit!

— Tenez, mon commandant, dit Beau-pied, voici
les papiers du brigand.

— Oh! oh! s'écria La-clef-des-cœurs, venez donc
voir ce fantassin du bon Dieu qui a des couleurs
sur l'estomac? »

Hulot et quelques soldats vinrent entourer le corps entièrement nu du Chouan, et ils aperçurent sur sa poitrine une espèce de tatouage de couleur bleuâtre qui représentait un cœur enflammé. C'était le signe de ralliement des initiés de la confrérie du *Sacré-Cœur*. Au-dessous de cette image Hulot put lire : *Marie Lambrequin*, sans doute le nom du Chouan.

« Tu vois bien, La-clef-des-cœurs! dit Beau-pied. Eh bien, tu resterais cent décades sans deviner à quoi sert ce fourniment-là.

— Est-ce que je me connais aux uniformes du pape! répliqua La-clef-des-cœurs.

— Méchant pousse-caillou, tu ne t'instruiras donc jamais! reprit Beau-pied. Comment ne vois-tu pas qu'on a promis à ce coco-là qu'il ressusciterait, et qu'il s'est peint le gésier pour se reconnaître. »

A cette saillie, qui n'était pas sans fondement, Hulot lui-même ne put s'empêcher de partager l'hilarité générale. En ce moment Merle avait achevé de faire ensevelir les morts, et les blessés avaient été, tant bien que mal, arrangés dans deux charrettes par leurs camarades. Les autres soldats, rangés d'eux-mêmes sur deux files le long de ces ambulances improvisées, descendaient le revers de la montagne qui regarde le Maine, et d'où l'on aperçoit la belle vallée de la Pèlerine, rivale de celle du Couesnon. Hulot, accompagné de ses deux amis, Merle et Gérard, suivit alors lentement ses soldats, en souhaitant d'arriver sans malheur à Ernée, où les blessés devaient trouver des secours. Ce combat, presque ignoré au milieu des grands événements qui se préparaient en France, prit le nom du lieu où il fut livré. Cependant il obtint quelque attention dans l'Ouest, dont les habitants occupés de cette seconde prise d'armes y remarquèrent un changement dans la manière dont les Chouans recommençaient la guerre. Autrefois ces gens-là n'eussent pas attaqué des détachements si considérables. Selon les conjectures de Hulot, le jeune royaliste qu'il avait aperçu devait être le Gars, nouveau général envoyé en France par les princes, et qui, selon la coutume des chefs royalistes, cachait son titre et son nom sous un de ces sobriquets appelés *noms de guerre*. Cette circonstance rendait le commandant aussi inquiet après sa triste victoire qu'au moment où il soupçonna l'embuscade, il se retourna à plusieurs reprises pour contempler le plateau de la Pèlerine qu'il laissait derrière lui, et d'où arrivait encore, par intervalles, le son étouffé des tambours de la garde nationale qui descendait dans la vallée du Couesnon en même temps que les Bleus descendaient dans la vallée de la Pèlerine.

« Y a-t-il un de vous, dit-il brusquement à ses deux amis, qui puisse deviner le motif de l'attaque des Chouans? Pour eux, les coups de fusil sont un commerce, et je ne vois pas encore ce qu'ils gagnent à ceux-ci. Ils auront au moins perdu cent hommes, et nous, ajouta-t-il en retroussant sa joue droite et

clignant des yeux pour sourire, nous n'en avons
pas perdu soixante. Tonnerre de Dieu! je ne comprends pas la spéculation. Les drôles pouvaient
bien se dispenser de nous attaquer, nous aurions
passé comme des lettres à la poste, et je ne vois pas
à quoi leur a servi de trouer nos hommes. » Et il
montra par un geste triste les deux charrettes de
blessés. « Ils auront peut-être voulu nous dire bonjour, ajouta-t-il.

— Mais, mon commandant, ils y ont gagné nos
cent cinquante serins, répondit Merle.

— Les réquisitionnaires auraient sauté comme
des grenouilles dans le bois que nous ne serions pas
allés les y repêcher, surtout après avoir essuyé une
bordée, répliqua Hulot. — Non, non, reprit-il, il y
a quelque chose là-dessous. » Il se retourna
encore vers la Pèlerine. « Tenez, s'écria-t-il,
voyez? »

Quoique les trois officiers fussent déjà éloignés
de ce fatal plateau, leurs yeux exercés reconnurent
facilement Marche-à-terre et quelques chouans qui
l'occupaient de nouveau.

« Allez au pas accéléré! cria Hulot à sa troupe,
ouvrez le compas et faites marcher vos chevaux plus
vite que ça. Ont-ils les jambes gelées? Ces bêtes-là
seraient-elles aussi des Pitt et Cobourg? »

Ces paroles imprimèrent à la petite troupe un
mouvement rapide.

« Quant au mystère dont l'obscurité me paraît
difficile à percer, Dieu veuille, mes amis, dit-il aux

deux officiers, qu'il ne se débrouille point par des
coups de fusil à Ernée. J'ai bien peur d'apprendre
que la route de Mayenne nous est encore coupée
par les sujets du roi. »

Le problème de stratégie qui hérissait la moustache du commandant Hulot ne causait pas, en ce
moment, une moins vive inquiétude aux gens qu'il
avait aperçus sur le sommet de la Pèlerine. Aussitôt
que le bruit du tambour de la garde nationale fou-
geraise n'y retentit plus, et que Marche-à-terre eut
aperçu les Bleus au bas de la longue rampe qu'ils
avaient descendue, il fit entendre gaiement le cri de
la chouette, et les Chouans reparurent, mais moins
nombreux. Plusieurs d'entre eux étaient sans doute
occupés à placer les blessés dans le village de la
Pèlerine, situé sur le revers de la montagne qui
regarde la vallée du Couesnon. Deux ou trois chefs
des Chasseurs du Roi vinrent auprès de Marche-
à-terre. A quatre pas d'eux, le jeune noble, assis sur
une roche de granit, semblait absorbé dans les
nombreuses pensées excitées par les difficultés que
son entreprise présentait déjà. Marche-à-terre fit
avec sa main une espèce d'auvent au-dessus de son
front pour se garantir les yeux de l'éclat du soleil,
et contempla tristement la route que suivaient les
Républicains à travers la vallée de la Pèlerine. Ses
petits yeux noirs et perçants essayaient de découvrir
ce qui se passait sur l'autre rampe, à l'horizon de
la vallée.

« Les Bleus vont intercepter le courrier, dit d'une

voix farouche celui des chefs qui se trouvait le plus près de Marche-à-terre.

— Par sainte Anne d'Auray! reprit un autre, pourquoi nous as-tu fait battre? Etait-ce pour sauver ta peau? »

Marche-à-terre lança sur le questionneur un regard comme venimeux et frappa le sol de sa lourde carabine.

« Suis-je le chef? » demanda-t-il. Puis après une pause : « Si vous vous étiez battus tous comme moi, pas un de ces Bleus-là n'aurait échappé, reprit-il en montrant les restes du détachement de Hulot. Peut-être, la voiture serait-elle alors arrivée jusqu'ici.

— Crois-tu, reprit un troisième, qu'ils penseraient à l'escorter ou à la retenir, si nous les avions laissés passer tranquillement? Tu as voulu sauver ta peau de chien, parce que tu ne croyais pas les Bleus en route. — Pour la santé de son groin, ajouta l'orateur en se tournant vers les autres, il nous a fait saigner, et nous perdrons encore vingt mille francs de bon or...

— Groin toi-même! s'écria Marche-à-terre en se reculant de trois pas et ajustant son agresseur. Ce n'est pas les Bleus que tu hais, c'est l'or que tu aimes. Tiens, tu mourras sans confession, vilain damné, qui n'as pas communié cette année. »

Cette insulte irrita le Chouan au point de le faire pâlir, et un sourd grognement sortit de sa poitrine pendant qu'il se mit en mesure d'ajuster Marche-à-terre. Le jeune chef s'élança entre eux, il leur fit tomber les armes des mains en frappant leurs carabines avec le canon de la sienne; puis il demanda l'explication de cette dispute, car la conversation avait été tenue en bas breton, idiome qui ne lui était pas très familier.

« Monsieur le marquis, dit Marche-à-terre en achevant son discours, c'est d'autant plus mal à eux de m'en vouloir que j'ai laissé en arrière Pille-miche qui saura peut-être sauver la voiture des griffes des voleurs. »

Et il montra les Bleus qui, pour ces fidèles serviteurs de l'Autel et du Trône, étaient tous les assassins de Louis XVI et des brigands.

« Comment! s'écria le jeune homme en colère, c'est donc pour arrêter une voiture que vous restez encore ici, lâches qui n'avez pu remporter une victoire dans le premier combat où j'ai commandé! Mais comment triompherait-on avec de semblables intentions? Les défenseurs de Dieu et du Roi sont-ils donc des pillards? Par sainte Anne d'Auray! nous avons à faire la guerre à la République et non aux diligences. Ceux qui désormais se rendront coupables d'attaques si honteuses ne recevront pas l'absolution et ne profiteront pas des faveurs réservées aux braves serviteurs du Roi. »

Un sourd murmure s'éleva du sein de cette troupe. Il était facile de voir que l'autorité du nouveau chef, si difficile à établir sur ces hordes indisciplinées, allait être compromise. Le jeune homme, auquel ce mouvement n'avait pas échappé, cher-

chait déjà à sauver l'honneur du commandement,
lorsque le trot d'un cheval retentit au milieu du
silence. Toutes les têtes se tournèrent dans la direction présumée du personnage qui survenait. C'était
une jeune femme assise en travers sur un petit
cheval breton, qu'elle mit au galop pour arriver
promptement auprès de la troupe des Chouans en
y apercevant le jeune homme.

« Qu'avez-vous donc? demanda-t-elle en regardant
tour à tour les Chouans et leur chef.

— Croiriez-vous, madame, qu'ils attendent la correspondance de Mayenne à Fougères, dans l'intention de la piller, quand nous venons d'avoir, pour
délivrer nos gars de Fougères, une escarmouche qui
nous a coûté beaucoup d'hommes sans que nous
ayons pu détruire les Bleus.

— Eh bien, où est le mal? demanda la jeune
dame à laquelle un tact naturel aux femmes révéla
le secret de la scène. Vous avez perdu des hommes,
nous n'en manquerons jamais. Le courrier porte de
l'argent, et nous en manquerons toujours! Nous
enterrerons nos hommes qui iront au ciel, et nous
prendrons l'argent qui ira dans les poches de tous
ces braves gens. Où est la difficulté? »

Les Chouans approuvèrent ce discours par des
sourires unanimes.

« N'y a-t-il donc rien là-dedans qui vous fasse
rougir? demanda le jeune homme à voix basse.
Etes-vous donc dans un tel besoin d'argent qu'il
vous faille en prendre sur les routes?

— J'en suis tellement affamée, marquis, que je mettrais, je crois, mon cœur en gage s'il n'était pas pris, dit-elle en lui souriant avec coquetterie. Mais d'où venez-vous donc, pour croire que vous vous servirez des Chouans sans leur laisser piller par-ci, par-là quelques Bleus? Ne savez-vous pas le proverbe : *Voleur comme une chouette.* Or, qu'est-ce qu'un Chouan? D'ailleurs, dit-elle en élevant la voix, n'est-ce pas une action juste? Les Bleus n'ont-ils pas pris tous les biens de l'Eglise et les nôtres? »

Un autre murmure, bien différent du grognement par lequel les Chouans avaient répondu au marquis, accueillit ces paroles. Le jeune homme, dont le front se rembrunissait, prit alors la jeune dame à part et lui dit avec la vive bouderie d'un homme bien élevé :

« Ces messieurs viendront-ils à la Vivetière au jour fixé?

— Oui, dit-elle, tous, l'Intimé, Grand-Jacques et peut-être Ferdinand.

— Permettez donc que j'y retourne; car je ne saurais sanctionner de tels brigandages par ma présence. Oui, madame, j'ai dit brigandages. Il y a de la noblesse à être volé, mais...

— Eh bien, dit-elle en l'interrompant, j'aurai votre part, et je vous remercie de me l'abandonner. Ce surplus de prise me fera grand bien. Ma mère a tellement tardé à m'envoyer de l'argent que je suis au désespoir.

— Adieu! » s'écria le marquis.

Et il disparut; mais la jeune dame courut vivement après lui.

« Pourquoi ne restez-vous pas avec moi? demanda-t-elle en lui lançant le regard à demi des-
potique, à demi caressant par lequel les femmes
qui ont des droits au respect d'un homme savent
si bien exprimer leurs désirs.

— N'allez-vous pas piller la voiture?

— Piller? reprit-elle, quel singulier terme! Laissez-moi vous expliquer...

— Rien, dit-il en lui prenant les mains et en
les lui baisant avec la galanterie superficielle d'un
courtisan. — Ecoutez-moi, reprit-il après une pause,
si je demeurais là pendant la capture de cette diligence, nos gens me tueraient, car je les...

— Vous ne les tueriez pas, reprit-elle vivement,
car ils vous lieraient les mains avec les égards dus
à votre rang; et, après avoir levé sur les Républicains une contribution nécessaire à leur équipe-
ment, à leur subsistance, à des achats de poudre,
ils vous obéiraient aveuglément.

— Et vous voulez que je commânde ici? Si ma
vie est nécessaire à la cause que je défends, permettez-moi de sauver l'honneur de mon pouvoir. En
me retirant, je puis ignorer cette lâcheté. Je revien-
drai pour vous accompagner. »

Et il s'éloigna rapidement. La jeune dame écouta
le bruit des pas avec un sensible déplaisir. Quand
le bruissement des feuilles séchées eut insensiblement cessé, elle resta comme interdite, puis elle re-

vint en grande hâte vers les Chouans. Elle laissa
brusquement échapper un geste de dédain, et dit à
Marche-à-terre, qui l'aidait à descendre de cheval :
« Ce jeune homme-là voudrait pouvoir faire une
guerre régulière à la République!... Ah! bien, encore quelques jours, et il changera d'opinion. —
Comme il m'a traitée », se dit-elle après une pause.

Elle s'assit sur la roche qui avait servi de siège au
marquis, et attendit en silence l'arrivée de la voiture. Ce n'était pas un des moindres phénomènes
de l'époque que cette jeune dame noble jetée par
de violentes passions dans la lutte des monarchies
contre l'esprit du siècle, et poussée par la vivacité
de ses sentiments à des actions dont pour ainsi dire
elle n'était pas complice; semblable en cela à tant
d'autres qui furent entraînées par une exaltation
souvent fertile en grandes choses. Comme elle, beaucoup de femmes jouèrent des rôles ou héroïques ou
blâmables dans cette tourmente. La cause royaliste
ne trouva pas d'émissaires ni plus dévoués ni plus
actifs que ces femmes, mais aucune des héroïnes de
ce parti ne paya les erreurs du dévouement, ou le
malheur de ces situations interdites à leur sexe, par
une expiation aussi terrible que le fut le désespoir
de cette dame, lorsque, assise sur le granit de la
route, elle ne put refuser son admiration au noble
dédain et à la loyauté du jeune chef. Insensiblement, elle tomba dans une profonde rêverie.
D'amers souvenirs lui firent désirer l'innocence de
ses premières années et regretter de n'avoir pas été

une victime de cette révolution dont la marche, alors victorieuse, ne pouvait pas être arrêtée par de si faibles mains.

La voiture qui entrait pour quelque chose dans l'attaque des Chouans avait quitté la petite ville d'Ernée quelques instants avant l'escarmouche des deux partis. Rien ne peint mieux un pays que l'état de son matériel social. Sous ce rapport, cette voiture mérite une mention honorable. La Révolution elle-même n'eut pas le pouvoir de la détruire, elle roule encore de nos jours. Lorsque Turgot remboursa le privilège qu'une compagnie obtint sous Louis XIV de transporter exclusivement les voyageurs par tout le royaume, et qu'il institua les entreprises nommées *les turgotines,* les vieux carrosses des sieurs de Vouges, Chanteclaire et veuve Lacombe refluèrent dans les provinces. Une de ces mauvaises voitures établissait donc la communication entre Mayenne et Fougères. Quelques entêtés l'avaient jadis nommée, par antiphrase, *la turgotine,* pour singer Paris ou en haine d'un ministre qui tentait des innovations. Cette turgotine était un méchant cabriolet à deux roues très hautes, au fond duquel deux personnes un peu grasses auraient difficilement tenu. L'exiguïté de cette frêle machine ne permettant pas de la charger beaucoup, et le coffre qui formait le siège étant exclusivement réservé au service de la poste, si les voyageurs avaient quelque bagage, ils étaient obligés de le garder entre leurs jambes déjà torturées dans une petite caisse que sa forme faisait assez ressembler à un soufflet. Sa couleur primitive et celle des roues fournissaient aux voyageurs une insoluble énigme. Deux rideaux de cuir, peu maniables malgré de longs services, devaient protéger les patients contre le froid et la pluie. Le conducteur, assis sur une banquette semblable à celle des plus mauvais coucous parisiens, participait forcément à la conversation par la manière dont il était placé entre ses victimes bipèdes et quadrupèdes. Cet équipage offrait de fantastiques similitudes avec ces vieillards décrépits qui ont essuyé bon nombre de catarrhes, d'apoplexies, et que la mort semble respecter, il geignait en marchant, il criait par moments. Semblable à un voyageur pris par un lourd sommeil, il se penchait alternativement en arrière et en avant, comme s'il eût essayé de résister à l'action violente de deux petits chevaux bretons qui le traînaient sur une route passablement raboteuse. Ce monument d'un autre âge contenait trois voyageurs qui, à la sortie d'Ernée, où l'on avait relayé, continuèrent avec le conducteur une conversation entamée avant le relais.

« Comment voulez-vous que les Chouans se soient montrés par ici? disait le conducteur. Ceux d'Ernée viennent de me dire que le commandant Hulot n'a pas encore quitté Fougères.

— Oh! oh! l'ami, lui répondit le moins âgé des voyageurs, tu ne risques que ta carcasse! Si tu avais, comme moi, trois cents écus sur toi, et que tu

fusses connu pour être un bon patriote, tu ne serais
pas si tranquille.

— Vous êtes en tout cas bien bavard, répondit le
conducteur en hochant la tête.

— Brebis comptées, le loup les mange », reprit
le second personnage.

Ce dernier, vêtu de noir, paraissait avoir une
quarantaine d'années et devait être quelque recteur
des environs. Son menton s'appuyait sur un double
étage, et son teint fleuri devait appartenir à l'ordre
ecclésiastique. Quoique gros et court, il déployait
une certaine agilité chaque fois qu'il fallait descendre de voiture ou y remonter.

« Seriez-vous des Chouans? s'écria l'homme aux
trois cents écus dont l'opulente peau de bique couvrait un pantalon de bon drap et une veste fort
propre qui annonçaient quelque riche cultivateur.
Par l'âme de saint Robespierre, je jure que vous
seriez mal reçus! »

Puis il promena ses yeux gris du conducteur au
voyageur, en leur montrant deux pistolets à sa ceinture.

« Les Bretons n'ont pas peur de cela, dit avec
dédain le recteur. D'ailleurs avons-nous l'air d'en
vouloir à votre argent? »

Chaque fois que le mot argent était prononcé, le
conducteur devenait taciturne, et le recteur avait
précisément assez d'esprit pour douter que le patriote eût des écus et pour croire que leur guide
en portait.

« Es-tu chargé aujourd'hui, Coupiau? demanda l'abbé.

— Oh! monsieur Gudin, je n'ai quasiment *rin* », répondit le conducteur.

L'abbé Gudin ayant interrogé la figure du patriote et celle de Coupiau, les trouva, pendant cette réponse, également imperturbables.

« Tant mieux pour toi, répliqua le patriote, je pourrai prendre alors mes mesures pour sauver mon avoir en cas de malheur. »

Une dictature si despotiquement réclamée révolta Coupiau, qui reprit brutalement : « Je suis le maître de ma voiture, et pourvu que je vous conduise...

— Es-tu patriote? es-tu Chouan? lui demanda vivement son adversaire en l'interrompant.

— Ni l'un ni l'autre, lui répondit Coupiau. Je suis postillon, et Breton qui plus est; partant, je ne crains ni les Bleus ni les gentilshommes.

— Tu veux dire les gens-pille-hommes, reprit le patriote avec ironie.

— Ils ne font que reprendre ce qu'on leur a ôté », dit vivement le recteur.

Les deux voyageurs se regardèrent, s'il est permis d'emprunter ce terme à la conversation, jusque dans le blanc des yeux. Il existait au fond de la voiture un troisième voyageur qui gardait, au milieu de ces débats, le plus profond silence. Le conducteur, le patriote et même Gudin ne faisaient aucune attention à ce muet personnage. C'était en effet un de ces

voyageurs incommodes et peu sociables qui sont
dans une voiture comme un veau résigné que l'on
mène, les pattes liées, au marché voisin. Ils com-
mencent par s'emparer de toute leur place légale,
et finissent par dormir sans aucun respect humain
sur les épaules de leurs voisins. Le patriote, Gudin
et le conducteur l'avaient donc laissé à lui-même
sur la foi de son sommeil, après s'être aperçus qu'il
était inutile de parler à un homme dont la figure
pétrifiée annonçait une vie passée à mesurer des
aunes de toile et une intelligence occupée à les
vendre tout bonnement plus cher qu'elles ne coû-
taient. Ce gros petit homme, pelotonné dans son
coin, ouvrait de temps en temps ses petit yeux d'un
bleu-faïence, et les avait successivement portés sur
chaque interlocuteur avec des expressions d'effroi,
de doute et de défiance pendant cette discussion.
Mais il paraissait ne craindre que ses compagnons
de voyage et se soucier fort peu des Chouans.
Quand il regardait le conducteur, on eût dit de
deux francs-maçons. En ce moment la fusillade de
la Pèlerine commença. Coupiau, déconcerté, arrêta
sa voiture.

« Oh! oh! dit l'ecclésiastique qui paraissait s'y
connaître, c'est un engagement sérieux, il y a beaucoup de monde.

— L'embarrassant, monsieur Gudin, est de savoir
qui l'emportera? » s'écria Coupiau.

Cette fois les figures furent unanimes dans leur
anxiété.

« Entrons la voiture, dit le patriote, dans cette auberge là-bas, et nous l'y cacherons en attendant le résultat de la bataille. »

Cet avis parut si sage que Coupiau s'y rendit. Le patriote aida le conducteur à cacher la voiture à tous les regards, derrière un tas de fagots. Le prétendu recteur saisit une occasion de dire tout bas à Coupiau : « Est-ce qu'il aurait réellement de l'argent?

— Hé! monsieur Gudin, si ce qu'il en a entrait dans les poches de Votre Révérence, elles ne seraient pas lourdes. »

Les Républicains, pressés de gagner Ernée, passèrent devant l'auberge sans y entrer. Au bruit de leur marche précipitée, Gudin et l'aubergiste stimulés par la curiosité avancèrent sur la porte de la cour pour les voir. Tout à coup, le gros ecclésiastique courut à un soldat qui restait en arrière.

« Eh bien, Gudin! s'écria-t-il, entêté, tu vas donc avec les Bleus. Mon enfant, y penses-tu?

— Oui, mon oncle, répondit le caporal. J'ai juré de défendre la France.

— Eh! malheureux, tu perds ton âme! dit l'oncle en essayant de réveiller chez son neveu les sentiments religieux si puissants dans le cœur des Bretons.

— Mon oncle, si le Roi s'était mis à la tête de ses armées, je ne dis pas que...

— Eh! imbécile, qui te parle du Roi? Ta Répu-

blique donne-t-elle des abbayes? Elle a tout renversé. A quoi veux-tu parvenir? Reste avec nous,
nous triompherons, un jour ou l'autre, et tu devien-
dras conseiller à quelque parlement.

— Des parlements?... dit Gudin d'un ton moqueur. Adieu, mon oncle.

— Tu n'auras pas de moi trois louis vaillant, dit
l'oncle en colère. Je te déshérite!

— Merci », dit le Républicain.

Ils se séparèrent. Les fumées du cidre versé par le
patriote à Coupiau pendant le passage de la petite
troupe avaient réussi à obscurcir l'intelligence du
conducteur; mais il se réveilla tout joyeux quand
l'aubergiste, après s'être informé du résultat de la
lutte, annonça que les Bleus avaient eu l'avantage.
Coupiau remit alors en route sa voiture qui ne
tarda pas à se montrer au fond de la vallée de la
Pèlerine où il était facile de l'apercevoir et des
plateaux du Maine et de ceux de la Bretagne, semblable à un débris de vaisseau qui nage sur le flots
après une tempête.

Arrivé sur le sommet d'une côte que les Bleus gravissaient alors et d'où l'on apercevait encore la
Pèlerine dans le lointain, Hulot se retourna pour
voir si les Chouans y séjournaient toujours; le
soleil, qui faisait reluire les canons de leurs fusils,
les lui indiqua comme des points brillants. En
jetant un dernier regard sur la vallée qu'il allait
quitter pour entrer dans celle d'Ernée, il crut distinguer sur la grande route l'équipage de Coupiau.

« N'est-ce pas la voiture de Mayenne? » demanda-
t-il à ses deux amis.

Les deux officiers, qui dirigèrent leurs regards sur
la vieille turgotine, la reconnurent parfaitement.

« Eh bien, dit Hulot, comment ne l'avons-nous
pas rencontrée? »

Ils se regardèrent en silence.

« Voilà encore une énigme! s'écria le commandant. Je commence à entrevoir la vérité cependant. »

En ce moment Marche-à-terre, qui reconnaissait
aussi la turgotine, la signala à ses camarades, et les
éclats d'une joie générale tirèrent la jeune dame
de sa rêverie. L'inconnue s'avança et vit la voiture
qui s'approchait du revers de la Pèlerine avec une
fatale rapidité. La malheureuse turgotine arriva
bientôt sur le plateau. Les Chouans, qui s'y étaient
cachés de nouveau, fondirent alors sur leur proie
avec une avide célérité. Le voyageur muet se laissa
couler au fond de la voiture et se blottit soudain
en cherchant à garder l'apparence d'un ballot.

« Ah! bien, s'écria Coupiau de dessus son siège
en leur désignant le paysan, vous avez senti le patriote que voilà, car il a de l'or, un plein sac! »

Les Chouans accueillirent ces paroles par un éclat
de rire général et s'écrièrent : « Pille-miche! Pille-
miche! Pille-miche! »

Au milieu de ce rire, auquel Pille-miche lui-même
répondit comme un écho, Coupiau descendit tout
bonnement de son siège. Lorsque le fameux Cibot,

dit Pille-miche, aida son voisin à quitter la voiture, il s'éleva un murmure de respect.

« C'est l'abbé Gudin! » crièrent plusieurs hommes.

A ce nom respecté, tous les chapeaux furent ôtés, les Chouans s'agenouillèrent devant le prêtre et lui demandèrent sa bénédiction, que l'abbé leur donna gravement.

« Il tromperait saint Pierre et lui volerait les clefs du paradis, dit le recteur en frappant sur l'épaule de Pille-miche. Sans lui, les Bleus nous interceptaient. »

Mais, en apercevant la jeune dame, l'abbé Gudin alla s'entretenir avec elle à quelques pas de là. Marche-à-terre, qui avait ouvert lentement le coffre du cabriolet, fit voir avec une joie sauvage un sac dont la forme annonçait des rouleaux d'or. Il ne resta pas longtemps à faire les parts. Chaque Chouan reçut de lui son contingent avec une telle exactitude, que ce partage n'excita pas la moindre querelle. Puis il s'avança vers la jeune dame et le prêtre, en leur présentant six mille francs environ.

« Puis-je accepter en conscience, monsieur Gudin? dit-elle en sentant le besoin d'une approbation.

— Comment donc, madame? L'Eglise n'a-t-elle pas autrefois approuvé la confiscation du bien des protestants; à plus forte raison, celle des Révolutionnaires qui renient Dieu, détruisent les chapelles et persécutent la religion. » L'abbé Gudin

joignit l'exemple à la prédication, en acceptant sans
scrupule la dîme de nouvelle espèce que lui offrait
Marche-à-terre. « Au reste, ajouta-t-il, je puis maintenant consacrer tout ce que je possède à la défense
de Dieu et du Roi. Mon neveu part avec les
Bleus! »

Coupiau se lamentait et criait qu'il était ruiné.

« Viens avec nous, lui dit Marche-à-terre, tu
auras ta part.

— Mais on croira que j'ai fait exprès de me
laisser voler, si je reviens sans avoir essuyé de violence.

— N'est-ce que ça?... » dit Marche-à-terre.

Il fit un signal, et une décharge cribla la turgotine. A cette fusillade imprévue, la vieille voiture
poussa un cri si lamentable, que les Chouans, naturellement superstitieux, reculèrent d'effroi; mais
Marche-à-terre avait vu sauter et retomber dans un
coin de la caisse la figure pâle du voyageur taciturne.

« Tu as encore une volaille dans ton poulailler »,
dit tout bas Marche-à-terre à Coupiau.

Pille-miche, qui comprit la question, cligna des
yeux en signe d'intelligence.

« Oui, répondit le conducteur; mais je mets pour
condition à mon enrôlement avec vous autres, que
vous me laisserez conduire ce brave homme sain et
sauf à Fougères. Je m'y suis engagé au nom de la
sainte d'Auray.

— Qui est-ce? demanda Pille-miche.

— Je ne puis pas vous le dire, répondit Coupiau.

— Laisse-le donc! reprit Marche-à-terre en poussant Pille-miche par le coude; il a juré par sainte Anne d'Auray, faut qu'il tienne ses promesses.

— Mais, dit le Chouan en s'adressant à Coupiau, ne descends pas trop vite la montagne, nous allons te rejoindre, et pour cause. Je veux voir le museau de ton voyageur, et nous lui donnerons un passe-port. »

En ce moment on entendit le galop d'un cheval dont le bruit se rapprochait vivement de la Pèle-rine. Bientôt le jeune chef apparut. La dame cacha promptement le sac qu'elle tenait à la main.

« Vous pouvez garder cet argent sans scrupule, dit le jeune homme en ramenant en avant le bras de la dame. Voici une lettre que j'ai trouvée pour vous parmi celles qui m'attendaient à la Vivetière, elle est de madame votre mère. » Après avoir tour à tour regardé les Chouans qui regagnaient le bois, et la voiture qui descendait la vallée du Couesnon, il ajouta : « Malgré ma diligence, je ne suis pas arrivé à temps. Fasse le Ciel que je me sois trompé dans mes soupçons!

— C'est l'argent de ma pauvre mère », s'écria la dame après avoir décacheté la lettre dont les premières lignes lui arrachèrent cette exclamation.

Quelques rires étouffés retentirent dans le bois. Le jeune homme lui-même ne put s'empêcher de sourire en voyant la dame gardant à la main le sac

qui renfermait sa part dans le pillage de son propre
argent. Elle-même se mit à rire.

« Eh bien, marquis, Dieu soit loué! pour cette
fois je m'en tire sans blâme, dit-elle au chef.

— Vous mettez donc de la légèreté en toute
chose, même dans vos remords?... » dit le jeune
homme.

Elle rougit et regarda le marquis avec une contri-
tion si véritable, qu'il en fut désarmé. L'abbé rendit
poliment, mais d'un air équivoque, la dîme qu'il
venait d'accepter; puis il suivit le jeune chef qui
se dirigeait vers le chemin détourné par lequel il
était venu. Avant de les rejoindre, la jeune dame
fit un signe à Marche-à-terre, qui vint près
d'elle.

« Vous vous porterez en avant de Mortagne, lui
dit-elle à voix basse. Je sais que les Bleus doivent
envoyer incessamment à Alençon une forte somme
en numéraire pour subvenir aux préparatifs de la
guerre. Si j'abandonne à tes camarades la prise
d'aujourd'hui, c'est à condition qu'ils sauront m'en
indemniser. Surtout que le Gars ne sache rien du
but de cette expédition, peut-être s'y opposerait-il;
mais, en cas de malheur, je l'adoucirai.

— Madame, dit le marquis, sur le cheval duquel
elle se mit en croupe en abandonnant le sien à
l'abbé, nos amis de Paris m'écrivent de prendre
garde à nous. La République veut essayer de nous
combattre par la ruse et par la trahison.

— Ce n'est pas trop mal, répondit-elle. Ils ont

d'assez bonnes idées, ces gens-là! Je pourrai prendre
part à la guerre et trouver des adversaires.

— Je le crois, s'écria le marquis. Pichegru m'engage à être scrupuleux et circonspect dans mes
amitiés de toute espèce. La République me fait
l'honneur de me supposer plus dangereux que tous
les Vendéens ensemble, et compte sur mes faiblesses
pour s'emparer de ma personne.

— Vous défieriez-vous de moi? dit-elle en lui frappant le cœur avec la main par laquelle elle se cram-
ponnait à lui.

— Seriez-vous là, madame?... dit-il en tournant
vers elle son front qu'elle embrassa.

— Ainsi, reprit l'abbé, la police de Fouché sera
plus dangereuse pour nous que ne le sont les bataillons mobiles et les contre-Chouans.

— Comme vous le dites, mon révérend.

— Ha! ha! s'écria la dame, Fouché va donc envoyer des femmes contre vous?... Je les attends »,
ajouta-t-elle d'un son de voix plus profond et après
une légère pause.

A trois ou quatre portées de fusil du plateau
désert que les chefs abandonnaient, il se passait
une de ces scènes qui, pendant quelque temps
encore, devinrent assez fréquentes sur les grandes
routes. Au sortir du petit village de la Pèlerine,
Pille-miche et Marche-à-terre avaient arrêté de nouveau la voiture dans un enfoncement du chemin.
Coupiau était descendu de son siège après une
molle résistance. Le voyageur taciturne, exhumé de

sa cachette par les deux Chouans, se trouvait age-
nouillé dans un genêt.

« Qui es-tu? » lui demanda Marche-à-terre d'une
voix sinistre.

Le voyageur gardait le silence, lorsque Pille-
miche recommença la question en lui donnant un
coup de crosse.

« Je suis, dit-il alors en jetant un regard sur
Coupiau, Jacques Pinaud, un pauvre marchand
de toile. »

Coupiau fit un signe négatif, sans croire en-
freindre ses promesses. Ce signe éclaira Pille-miche,
qui ajusta le voyageur, pendant que Marche-à-terre
lui signifia catégoriquement ce terrible ultimatum :
« Tu es trop gras pour avoir les soucis des pauvres!
Si tu te fais encore demander une fois ton véritable
nom, voici mon ami Pille-miche qui par un seul
coup de fusil acquerra l'estime et la reconnaissance
de tes héritiers. — Qui es-tu? ajouta-t-il après une
pause.

— Je suis d'Orgemont de Fougères.

— Ah! ah! s'écrièrent les deux Chouans.

— Ce n'est pas moi qui vous ai nommé, monsieur d'Orgemont, dit Coupiau. La Sainte Vierge
m'est témoin que je vous ai bien défendu.

— Puisque vous êtes M. d'Orgemont de Fougères, reprit Marche-à-terre d'un air respectueusement ironique, nous allons vous laisser aller bien
tranquillement. Mais comme vous n'êtes ni un bon
Chouan, ni un vrai Bleu, quoique ce soit vous qui

ayez acheté les biens de l'abbaye de Juvigny, vous
nous payerez, ajouta le Chouan en ayant l'air de
compter ses associés, trois cents écus de six francs
pour votre rançon. La neutralité vaut bien cela.

— Trois cents écus de six francs! répétèrent en
chœur le malheureux banquier, Pille-Miche et Coupiau, mais avec des expressions diverses.

— Hélas! mon cher monsieur, continua d'Orgemont, je suis ruiné. *L'emprunt forcé* de cent millions fait par cette République du diable, qui me
taxe à une somme énorme, m'a mis à sec.

— Combien t'a-t-elle donc demandé, ta République?

— Mille écus, mon cher monsieur, répondit le
banquier d'un air piteux en croyant obtenir une
remise.

— Si ta République t'arrache des emprunts for-
cés si considérables, tu vois bien qu'il y a tout à
gagner avec nous autres, notre gouvernement est
moins cher. Trois cents écus, est-ce donc trop pour
ta peau?

— Où les prendrai-je?

— Dans ta caisse, dit Pille-miche. Et que tes
écus ne soient pas rognés, ou nous te rognerons les
ongles au feu.

— Où vous les paierai-je? demanda d'Orgemont.

— Ta maison de campagne de Fougères n'est pas
loin de la ferme de Gibarry, où demeure mon
cousin Galope-Chopine, autrement dit le grand
Cibot, tu les lui remettras, dit Pille-miche.

— Cela n'est pas régulier, dit d'Orgemont.

— Qu'est-ce que cela nous fait? reprit Marche-à-terre. Songe que, s'ils ne sont pas remis à Galope-Chopine d'ici à quinze jours, nous te rendrons une petite visite qui te guérira de la goutte, si tu l'as aux pieds.

— Quant à toi, Coupiau, reprit Marche-à-terre, ton nom désormais sera *Mène-à-bien*. »

A ces mots les deux Chouans s'éloignèrent. Le voyageur remonta dans la voiture, qui, grâce au fouet de Coupiau, se dirigea rapidement vers Fougères.

« Si vous aviez eu des armes, lui dit Coupiau, nous aurions pu nous défendre un peu mieux.

— Imbécile, j'ai dix mille francs là, reprit d'Orgemont en montrant ses gros souliers. Est-ce qu'on peut se défendre avec une si forte somme sur soi? »

Mène-à-bien se gratta l'oreille et regarda derrière lui, mais ses nouveaux camarades avaient complètement disparu.

Hulot et ses soldats s'arrêtèrent à Ernée pour déposer les blessés à l'hôpital de cette petite ville; puis, sans que nul événement fâcheux interrompît la marche des troupes républicaines, elles arrivèrent à Mayenne. Là le commandant put, le lendemain, résoudre tous ses doutes relativement à la marche du messager; car le lendemain, les habitants apprirent le pillage de la voiture. Peu de jours après, les autorités dirigèrent sur Mayenne assez de conscrits patriotes pour que Hulot pût y remplir le

cadre de sa demi-brigade. Bientôt se succédèrent
des ouï-dire peu rassurants sur l'insurrection. La
révolte était complète sur tous les points où, pendant la dernière guerre, les Chouans et les Vendéens
avaient établi les principaux foyers de cet incendie.
En Bretagne, les royalistes s'étaient rendus maîtres
de Pontorson, afin de se mettre en communication
avec la mer. La petite ville de Saint-James, située
entre Pontorson et Fougères, avait été prise par
eux, et ils paraissaient vouloir en faire momentanément leur place d'armes, le centre de leurs maga-
sins ou de leurs opérations. De là, ils pouvaient correspondre sans danger avec la Normandie et le
Morbihan. Les chefs subalternes parcouraient ces
trois pays pour y soulever les partisans de la monarchie et arriver à mettre de l'ensemble dans leur
entreprise. Ces menées coïncidaient avec les nouvelles de la Vendée, où des intrigues semblables agitaient la contrée, sous l'influence de quatre chefs
célèbres, messieurs l'abbé Vernal, le comte de Fontaine, de Châtillon et Suzannet. Le chevalier de
Valois, le marquis d'Esgrignon et les Troisville
étaient, disait-on, leurs correspondants dans le département de l'Orne. Le chef du vaste plan d'opérations qui se déroulait lentement, mais d'une manière formidable, était réellement le Gars, surnom
donné par les Chouans à monsieur le marquis de
Montauran, lors de son débarquement. Les renseignements transmis aux ministres par Hulot se trouvaient exacts en tout point. L'autorité de ce chef

envoyé du dehors avait été aussitôt reconnue. Le marquis prenait même assez d'empire sur les Chouans pour leur faire concevoir le véritable but de la guerre et leur persuader que les excès dont ils se rendaient coupables souillaient la cause généreuse qu'ils avaient embrassée. Le caractère hardi, la bravoure, le sang-froid, la capacité de ce jeune seigneur réveillaient les espérances des ennemis de la République et flattaient si vivement la sombre exaltation de ces contrées que les moins zélés coopéraient à y préparer des événements décisifs pour la monarchie abattue. Hulot ne recevait aucune réponse aux demandes et aux rapports réitérés qu'il adressait à Paris. Ce silence étonnant annonçait, sans doute, une nouvelle crise révolutionnaire.

« En serait-il maintenant, disait le vieux chef à ses amis, en fait de gouvernement comme en fait d'argent, met-on néant à toutes les pétitions? »

Mais le bruit du magique retour du général Bonaparte et des événements du Dix-huit Brumaire ne tarda pas à se répandre. Les commandants militaires de l'Ouest comprirent alors le silence des ministres. Néanmoins ces chefs n'en furent que plus impatients d'être délivrés de la responsabilité qui pesait sur eux, et devinrent assez curieux de connaître les mesures qu'allait prendre le nouveau gouvernement. En apprenant que le général Bonaparte avait été nommé Premier Consul de la République, les militaires éprouvèrent une joie très vive : ils voyaient, pour la première fois, un des leurs arri-

vant au maniement des affaires. La France, qui avait
fait une idole de ce jeune général, tressaillit d'espérance. L'énergie de la nation se renouvela. La capitale, fatiguée de sa sombre attitude, se livra aux
fêtes et aux plaisirs desquels elle était depuis si longtemps sevrée. Les premiers actes du Consulat ne
diminuèrent aucun espoir, et la Liberté ne s'en
effaroucha pas. Le Premier Consul fit une proclamation aux habitants de l'Ouest. Ces éloquentes
allocutions adressées aux masses et que Bonaparte
avait pour ainsi dire inventées, produisaient, dans
ces temps de patriotisme et de miracles, des effets
prodigieux. Sa voix retentissait dans le monde
comme la voix d'un prophète, car aucune de ses
proclamations n'avait encore été démentie par la
victoire.

« Habitants,

« Une guerre impie embrase une seconde fois les
départements de l'Ouest.

« Les artisans de ces troubles sont des traîtres
vendus à l'Anglais ou des brigands qui ne cherchent
dans les discordes civiles que l'aliment et l'impunité
de leurs forfaits.

« A de tels hommes le gouvernement ne doit ni
ménagements, ni déclaration de ses principes.

« Mais il est des citoyens chers à la patrie qui ont
été séduits par leurs artifices; c'est à ces citoyens que
sont dues les lumières et la vérité.

« Des lois injustes ont été promulguées et exécutées; des actes arbitraires ont alarmé la sécurité des citoyens et la liberté des consciences; partout des inscriptions hasardées sur des listes d'émigrés ont frappé des citoyens; enfin de grands principes d'ordre social ont été violés.

« Les consuls déclarent que la liberté des cultes étant garantie par la Constitution, la loi du 11 prairial an III, qui laisse aux citoyens l'usage des édifices destinés aux cultes religieux, sera exécutée.

« Le gouvernement pardonnera : il fera grâce au repentir, l'indulgence sera entière et absolue; mais il frappera quiconque, après cette déclaration, oserait encore résister à la souveraineté nationale. »

« Eh bien, disait Hulot après la lecture publique de ce discours consulaire, est-ce assez paternel? Vous verrez cependant que pas un brigand royaliste ne changera d'opinion. »

Le commandant avait raison. Cette proclamation ne servit qu'à raffermir chacun dans son parti. Quelques jours après, Hulot et ses collègues reçurent des renforts. Le nouveau ministre de la Guerre leur manda que le général Brune était désigné pour aller prendre le commandement des troupes dans l'ouest de la France. Hulot, dont l'expérience était connue, eut provisoirement l'autorité dans les départements de l'Orne et de la Mayenne. Une activité inconnue anima bientôt tous les ressorts du gouvernement. Une circulaire du ministre de la Guerre et du ministre de la Police Générale annonça que des me-

sures vigoureuses confiées aux chefs des commandements militaires avaient été prises pour étouffer l'insurrection *dans son principe*. Mais les Chouans et
les Vendéens avaient déjà profité de l'inaction de la
République pour soulever les campagnes et s'en emparer entièrement. Aussi, une nouvelle proclamation consulaire fut-elle adressée. Cette fois le général parlait aux troupes.

« SOLDATS,

« Il ne reste plus dans l'Ouest que des brigands,
des émigrés, des stipendiés de l'Angleterre.

« L'armée est composée de plus de soixante mille
braves; que j'apprenne bientôt que les chefs des
rebelles ont vécu. La gloire ne s'acquiert que par
les fatigues; si on pouvait l'acquérir en tenant son
quartier général dans les grandes villes, qui n'en
aurait pas?...

« Soldats, quel que soit le rang que vous occupiez
dans l'armée, la reconnaissance de la nation vous
attend. Pour en être dignes, il faut braver l'intem-
périe des saisons, les glaces, les neiges, le froid exces-
sif des nuits; surprendre vos ennemis à la pointe
du jour et exterminer ces misérables, le déshonneur
du nom français.

« Faites une campagne courte et bonne; soyez
inexorables pour les brigands, mais observez une
discipline sévère.

« Gardes nationales, joignez les efforts de vos bras à celui des troupes de ligne.

« Si vous connaissez parmi vous des hommes partisans des brigands, arrêtez-les! Que nulle part ils ne trouvent d'asile contre le soldat qui va les poursuivre; et s'il était des traîtres qui osassent les recevoir et les défendre, qu'ils périssent avec eux! »

« Quel compère! s'écria Hulot, c'est comme à l'armée d'Italie, il sonne la messe et il la dit. Est-ce parler, cela?

— Oui, mais il parle tout seul et en son nom, dit Gérard, qui commençait à s'alarmer des suites du Dix-huit Brumaire.

— Hé! sainte guérite, qu'est-ce que cela fait, puisque c'est un militaire », s'écria Merle.

A quelques pas de là, plusieurs soldats s'étaient attroupés devant la proclamation affichée sur le mur. Or, comme pas un d'eux ne savait lire, ils la contemplaient, les uns d'un air insouciant, les autres avec curiosité, pendant que deux ou trois cherchaient parmi les passants un citoyen qui eût la mine d'un savant.

« Vois donc, La-clef-des-cœurs, ce que c'est que ce chiffon de papier-là, dit Beau-pied d'un air goguenard à son camarade.

— C'est bien facile à deviner », répondit La-clef-des-cœurs.

A ces mots, tous regardèrent les deux camarades toujours prêts à jouer leurs rôles.

« Tiens, regarde, reprit La clef-des-cœurs en montrant en tête de la proclamation une grossière vignette où, depuis peu de jours, un compas remplaçait le niveau de 1793. Cela veut dire qu'il faudra que, nous autres troupiers, nous marchions ferme! Ils ont mis là un compas toujours ouvert, c'est un emblème.

— Mon garçon, ça ne te va pas de faire le savant, cela s'appelle un problème. J'ai servi dans l'artillerie, reprit Beau-pied, mes officiers ne mangeaient que de ça.

— C'est un emblème.

— C'est un problème.

— Gageons!

— Quoi?

— Ta pipe allemande!

— Tope!

— Sans vous commander, mon adjudant, n'est-ce pas que c'est un emblème, et non un problème? demanda La-clef-des-cœurs à Gérard, qui, tout pensif, suivait Hulot et Merle.

— C'est l'un et l'autre, répondit-il gravement.

— L'adjudant s'est moqué de nous, reprit Beaupied. Ce papier-là veut dire que notre général d'Italie est passé consul, ce qui est un fameux grade, et que nous allons avoir des capotes et des souliers. »

CHAPITRE II

UNE IDÉE DE FOUCHÉ

VERS les derniers jours du mois de brumaire, au moment où, pendant la matinée, Hulot faisait manœuvrer sa demi-brigade, entièrement concentrée à Mayenne par des ordres supérieurs, un exprès venu d'Alençon lui remit des dépêches pendant la lecture desquelles une assez forte contrariété se peignit sur sa figure.

« Allons, en avant! s'écria-t-il avec humeur en serrant les papiers au fond de son chapeau. Deux compagnies vont se mettre en marche avec moi et se diriger sur Mortagne. Les Chouans y sont.

— Vous m'accompagnerez, dit-il à Merle et à Gérard. Si je comprends un mot à ma dépêche, je veux être fait noble. Je ne suis peut-être qu'une bête, n'importe, en avant! Il n'y a pas de temps à perdre.

— Mon commandant, qu'y a-t-il donc de si barbare dans cette carnassière-là? dit Merle en montrant du bout de sa botte l'enveloppe ministérielle de la dépêche.

— Tonnerre de Dieu! il n'y a rien si ce n'est qu'on nous embête. »

Lorsque le commandant laissait échapper cette expression militaire, déjà l'objet d'une réserve, elle annonçait toujours quelque tempête. Les diverses intonations de cette phrase formaient des espèces de degrés qui, pour la demi-brigade, étaient un sûr thermomètre de la patience du chef; et la franchise de ce vieux soldat en avait rendu la connaissance si facile, que le plus méchant tambour savait bientôt son Hulot par cœur, en observant les variations de la petite grimace par laquelle le commandant retroussait sa joue et clignait les yeux. Cette fois, le ton de la sourde colère par lequel il accompagna ce mot rendit les deux amis silencieux et circonspects. Les marques même de petite vérole qui sillonnaient ce visage guerrier parurent plus profondes et le teint plus brun que de coutume. Sa large queue bordée de tresses étant revenue sur une des épaulettes quand il remit son chapeau à trois cornes, Hulot la rejeta avec tant de fureur que les cadenettes en furent dérangées. Cependant, comme il restait immobile, les poings fermés, les bras croisés avec force sur la poitrine, la moustache hérissée, Gérard se hasarda à lui demander : « Part-on sur l'heure?

— Oui, si les gibernes sont garnies, répondit-il en grommelant.

— Elles le sont.

— Portez arme! par file à gauche, en avant, marche! » dit Gérard à un geste de son chef.

Et les tambours se mirent en tête des deux compagnies désignées par Gérard. Au son du tambour, le commandant plongé dans ses réflexions parut se réveiller, et il sortit de la ville accompagné de ses deux amis, auxquels il ne dit pas un mot. Merle et Gérard se regardèrent silencieusement à plusieurs reprises comme pour se demander : « Nous tiendra-t-il longtemps rigueur? » Et, tout en marchant, ils jetèrent à la dérobée des regards observateurs sur Hulot qui continuait à dire entre ses dents de vagues paroles. Plusieurs fois ces phrases résonnèrent comme des jurements aux oreilles des soldats; mais pas un d'eux n'osa souffler mot; car, dans l'occasion, tous savaient garder la discipline sévère à laquelle étaient habitués les troupiers jadis commandés en Italie par Bonaparte. La plupart d'entre eux étaient comme Hulot, les restes de ces fameux bataillons qui capitulèrent à Mayence sous la promesse de ne pas être employés sur les frontières, et l'armée les avait nommés les *Mayençais*. Il était difficile de rencontrer des soldats et des chefs qui se comprissent mieux.

Le lendemain de leur départ, Hulot et ses deux amis se trouvaient de grand matin sur la route d'Alençon, à une lieue environ de cette dernière ville, vers Mortagne, dans la partie du chemin qui côtoie les pâturages arrosés par la Sarthe. Les vues pittoresques de ces prairies se déploient successivement sur la gauche, tandis que la droite, flanquée des bois épais qui se rattachent à la grande forêt de

Menil-Broust, forme, s'il est permis d'emprunter ce
terme à la peinture, un *repoussoir* aux délicieux aspects de la rivière. Les bermes du chemin sont
encaissées par des fossés dont les terres sans cesse
rejetées sur les champs y produisent de hauts talus
couronnés d'*ajoncs*, nom donné dans tout l'Ouest
au genêt épineux. Cet arbuste, qui s'étale en buissons épais, fournit pendant l'hiver une excellente
nourriture aux chevaux et aux bestiaux; mais tant
qu'il n'était pas récolté, les Chouans se cachaient
derrière ses touffes d'un vert sombre. Ces talus et
ces ajoncs, qui annoncent au voyageur l'approche
de la Bretagne, rendaient donc alors cette partie de
la route aussi dangereuse qu'elle est belle. Les périls
qui devaient se rencontrer dans le trajet de Mortagne à Alençon et d'Alençon à Mayenne, étaient
la cause du départ de Hulot; et, là, le secret de sa
colère finit par lui échapper. Il escortait alors une
vieille malle traînée par des chevaux de poste que
ses soldats fatigués obligeaient à marcher lentement.
Les compagnies de Bleus appartenant à la garni-
son de Mortagne et qui avaient accompagné cette
horrible voiture jusqu'aux limites de leur étape, où
Hulot était venu les remplacer dans ce service, à
juste titre nommé par ses soldats *une scie* patriotique, retournaient à Mortagne et se voyaient dans
le lointain comme des points noirs. Une des deux
compagnies du vieux Républicain se tenait à quelques pas en arrière, et l'autre en avant de cette
calèche. Hulot, qui se trouva entre Merle et Gérard,

à moitié chemin de l'avant-garde et de la voiture,
leur dit, tout à coup : « Mille tonnerres! croiriez-
vous que c'est pour accompagner les deux cotil-
lons qui sont dans ce vieux fourgon que le général
nous a détachés de Mayenne?

— Mais, mon commandant, quand nous avons
pris position tout à l'heure auprès des citoyennes,
répondit Gérard, vous les avez saluées d'un air qui
n'était pas déjà si gauche.

— Hé! voilà l'infamie. Ces *muscadins* de Paris
ne nous recommandent-ils pas les plus grands égards
pour leurs damnées femelles! Peut-on déshonorer
de bons et braves patriotes comme nous, en les mettant à la suite d'une jupe. Oh! moi, je vais droit
mon chemin et n'aime pas les zigzags chez les
autres. Quand j'ai vu à Danton des maîtresses, à
Barras des maîtresses, je leur ai dit : — « Citoyens,
« quand la République vous a requis de la gou-
« verner, ce n'était pas pour autoriser les amuse-
« ments de l'ancien régime. » Vous me direz à cela
que les femmes...? Oh! on a des femmes! c'est juste.
A de bons lapins, voyez-vous, il faut des femmes
et de bonnes femmes. Mais, assez causé quand vient
le danger. A quoi donc aurait servi de balayer les
abus de l'ancien temps si les patriotes les recommençaient. Voyez le Premier Consul, c'est là un
homme : pas de femmes, toujours à son affaire. Je
parierais ma moustache gauche qu'il ignore le sot
métier qu'on nous fait faire ici.

— Ma foi, commandant, répondit Merle en riant.

j'ai aperçu le bout du nez de la jeune dame cachée au fond de la malle, et j'avoue que tout le monde pourrait sans déshonneur se sentir, comme je l'éprouve, la démangeaison d'aller tourner autour de cette voiture pour nouer avec les voyageurs un petit bout de conversation.

— Gare à toi, Merle, dit Gérard. Les corneilles coiffées sont accompagnées d'un citoyen assez rusé pour te prendre dans un piège.

— Qui? Cet *incroyable* dont les petits yeux vont incessamment d'un côté du chemin à l'autre, comme s'il y voyait des Chouans; ce muscadin à qui on aperçoit à peine les jambes, et qui, dans le moment où celles de son cheval sont cachées par la voiture, a l'air d'un canard dont la tête sort d'un pâté! Si ce dadais-là m'empêche jamais de caresser sa jolie fauvette...

— Canard, fauvette! Oh! mon pauvre Merle, tu es furieusement dans les volatiles. Mais ne te fie pas au canard! Ses yeux verts me paraissent perfides comme ceux d'une vipère et fins comme ceux d'une femme qui pardonne à son mari. Je me défie moins des Chouans que de ces avocats dont les figures ressemblent à des carafes de limonade.

— Bah! s'écria Merle gaiement, avec la permission du commandant, je me risque! Cette femme-là a des yeux qui sont comme des étoiles, on peut tout mettre au jeu pour les voir.

— Il est pris, le camarade, dit Gérard au commandant, il commence à dire des bêtises. »

Hulot fit la grimace, haussa les épaules et répondit :

« Avant de prendre le potage, je lui conseille de le sentir.

— Brave Merle, reprit Gérard en jugeant à la lenteur de sa marche qu'il manœuvrait pour se laisser graduellement gagner par la malle, est-il gai! C'est le seul homme qui puisse rire de la mort d'un camarade sans être taxé d'insensibilité.

— C'est le vrai soldat français, dit Hulot d'un ton grave.

— Oh! le voici qui ramène ses épaulettes sur son épaule pour faire voir qu'il est capitaine, s'écria Gérard en riant, comme si le grade y faisait quelque chose. »

La voiture vers laquelle pivotait l'officier renfermait en effet deux femmes, dont l'une semblait être la servante de l'autre.

« Ces femmes-là vont toujours deux par deux », disait Hulot.

Un petit homme sec et maigre caracolait, tantôt en avant, tantôt en arrière de la voiture; mais quoiqu'il parût accompagner les deux voyageuses privilégiées, personne ne l'avait encore vu leur adressant la parole. Ce silence, preuve de dédain ou de respect, les bagages nombreux, et les cartons de celle que le commandant appelait une *princesse*, tout, jusqu'au costume de son cavalier servant, avait encore irrité la bile de Hulot. Le costume de cet inconnu présentait un exact tableau de la mode qui

valut en ce temps les caricatures des Incroyables.
Qu'on se figure ce personnage affublé d'un habit
dont les basques étaient si courtes, qu'elles laissaient
passer cinq à six pouces du gilet, et les pans si
longs qu'ils ressemblaient à une queue de morue,
terme alors employé pour les désigner. Une cravate
énorme décrivait autour de son cou de si nombreux
contours, que la petite tête qui sortait de ce laby-
rinthe de mousseline justifiait presque la comparaison gastronomique du capitaine Merle. L'inconnu portait un pantalon collant et des bottes à la
Souwarow. Un immense camée blanc et bleu servait d'épingle à sa chemise. Deux chaînes de montre
s'échappaient parallèlement de sa ceinture; puis ses
cheveux, pendant en tire-bouchons de chaque côté
des faces, lui couvraient presque tout le front. Enfin,
pour dernier enjolivement, le col de sa chemise et
celui de l'habit montaient si haut, que sa tête paraissait enveloppée comme un bouquet dans un
cornet de papier. Ajoutez à ces grêles accessoires
qui juraient entre eux sans produire d'ensemble,
l'opposition burlesque des couleurs du pantalon
jaune, du gilet rouge, de l'habit cannelle, et l'on
aura une image fidèle du suprême bon ton auquel
obéissaient les élégants au commencement du Consulat. Ce costume, tout à fait baroque, semblait
avoir été inventé pour servir d'épreuve à la grâce,
et montrer qu'il n'y a rien de si ridicule que la
mode ne sache consacrer. Le cavalier paraissait
avoir atteint l'âge de trente ans, mais il en avait à

peine vingt-deux; peut-être devait-il cette apparence soit à la débauche, soit aux périls de cette époque. Malgré cette toilette d'empirique, sa tournure accusait une certaine élégance de manières à laquelle on reconnaissait un homme bien élevé. Lorsque le capitaine se trouva près de la calèche, le muscadin parut deviner son dessein, et le favorisa en retardant le pas de son cheval; Merle, qui lui avait jeté un regard sardonique, rencontra un de ces visages impénétrables, accoutumés par les vicissitudes de la Révolution à cacher toutes les émotions, même les moindres. Au moment où le bout recourbé du vieux chapeau triangulaire et l'épaulette du capitaine furent aperçus par les dames, une voix d'une angélique douceur lui demanda : « Monsieur l'officier, auriez-vous la bonté de nous dire en quel endroit de la route nous nous trouvons? »

Il existe un charme inexprimable dans une question faite par une voyageuse inconnue, le moindre mot semble alors contenir toute une aventure; mais si la femme sollicite quelque protection, en s'appuyant sur sa faiblesse et sur une certaine ignorance des choses, chaque homme n'est-il pas légèrement enclin à bâtir une fable impossible où il se fait heureux? Aussi les mots de « Monsieur l'officier », la forme polie de la demande, portèrent-ils un trouble inconnu dans le cœur du capitaine. Il essaya d'examiner la voyageuse et fut singulièrement désappointé, car un voile jaloux lui en cachait les traits; à peine même put-il en voir les yeux, qui, à travers la gaze, brillaient comme deux onyx frappés par le soleil.

« Vous êtes maintenant à une lieue d'Alençon, madame.

— Alençon, déjà! » Et la dame inconnue se rejeta, ou plutôt se laissa aller au fond de la voiture, sans plus rien répondre.

« Alençon, répéta l'autre femme en paraissant se réveiller. Vous allez revoir le pays. »

Elle regarda le capitaine et se tut. Merle, trompé dans son espérance de voir la belle inconnue, se mit à en examiner la compagne. C'était une fille d'environ vingt-six ans, blonde, d'une jolie taille, et dont le teint avait cette fraîcheur de peau, cet éclat nourri qui distingue les femmes de Valognes, de Bayeux et des environs d'Alençon. Le regard de ses yeux bleus n'annonçait pas d'esprit, mais une certaine fermeté mêlée de tendresse. Elle portait une robe d'étoffe commune. Ses cheveux, relevés sous un petit bonnet à la mode cauchoise, et sans aucune prétention, rendaient sa figure charmante de simplicité. Son attitude, sans avoir la noblesse convenue des salons, n'était pas dénuée de cette dignité naturelle à une jeune fille modeste qui pouvait contempler le tableau de sa vie passée sans y trouver un seul sujet de repentir. D'un coup d'œil, Merle sut deviner en elle une de ces fleurs champêtres qui, transportée dans les serres parisiennes où se concentrent tant de rayons flétrissants, n'avait rien perdu de ses couleurs pures ni de sa rustique franchise.

L'attitude naïve de la jeune fille et la modestie de son regard apprirent à Merle qu'elle ne voulait pas d'auditeur. En effet, quand il s'éloigna, les deux inconnues commencèrent à voix basse une conversation dont le murmure parvint à peine à son oreille.

« Vous êtes partie si précipitamment, dit la jeune campagnarde, que vous n'avez pas seulement pris le temps de vous habiller. Vous voilà belle! Si nous allons plus loin qu'Alençon, il faudra nécessairement y faire une autre toilette...

— Oh! oh! Francine, s'écria l'inconnue.

— Plaît-il?

— Voici la troisième tentative que tu fais pour apprendre le terme et la cause de ce voyage.

— Ai-je dit la moindre chose qui puisse me valoir ce reproche...

— Oh! j'ai bien remarqué ton petit manège. De candide et simple que tu étais, tu as pris un peu de ruse à mon école. Tu commences à avoir les interrogations en horreur. Tu as bien raison, mon enfant. De toutes les manières connues d'arracher un secret, c'est, à mon avis, la plus niaise.

— Eh bien, reprit Francine, puisqu'on ne peut rien vous cacher, convenez-en, Marie, votre conduite n'exciterait-elle pas la curiosité d'un saint? Hier matin sans ressources, aujourd'hui les mains pleines d'or, on vous donne à Mortagne la malle-poste pillée dont le conducteur a été tué, vous êtes protégée par les troupes du gouvernement, et suivie par un homme que je regarde comme votre mauvais génie...

— Qui, Corentin?... » demanda la jeune inconnue en accentuant ces deux mots par deux inflexions de voix pleines d'un mépris qui déborda même dans le geste par lequel elle montra le cavalier. « Ecoute, Francine, reprit-elle, te souviens-tu de *Patriote,* ce singe que j'avais habitué à contrefaire Danton, et qui nous amusait tant.

— Oui, mademoiselle.

— Eh bien, en avais-tu peur?

— Il était enchaîné.

— Mais Corentin est muselé, mon enfant.

— Nous badinions avec Patriote pendant des heures entières, dit Francine, je le sais, mais il finissait toujours par nous jouer quelque mauvais tour. » A ces mots, Francine se rejeta vivement au fond de la voiture, près de sa maîtresse, lui prit les mains pour les caresser avec des manières câlines, en lui disant d'une voix affectueuse : « Mais vous m'avez devinée, Marie, et vous ne me répondez pas. Comment, après ces tristesses qui m'ont fait tant de mal, oh! bien du mal, pouvez-vous en vingt-quatre heures devenir d'une gaieté folle, comme lorsque vous parliez de vous tuer. D'où vient ce changement? J'ai le droit de vous demander un peu compte de votre âme. Elle est à moi avant d'être à qui que ce soit, car jamais vous ne serez mieux aimée que vous ne l'êtes par moi. Parlez, mademoiselle.

— Eh bien, Francine, ne vois-tu pas autour de nous le secret de ma gaieté? Regarde les houppes jaunies de ces arbres lointains : pas une ne se res-

semble. A les contempler de loin, ne dirait-on pas
d'une vieille tapisserie de château. Vois ces haies
derrière lesquelles il peut se rencontrer des Chouans
à chaque instant. Quand je regarde ces ajoncs, il
me semble apercevoir des canons de fusils. J'aime
ce renaissant péril qui nous environne. Toutes les
fois que la route prend un aspect sombre, je suppose
que nous allons entendre des détonations, alors mon
cœur bat, une sensation inconnue m'agite. Et ce
n'est ni les tremblements de la peur, ni les émotions du plaisir; non, c'est mieux, c'est le jeu de
tout ce qui se meut en moi, c'est la vie. Quand je
ne serais joyeuse que d'avoir un peu animé ma
vie!

— Ah! vous ne me dites rıen, cruelle. Sainte
Vierge, ajouta Francine en levant les yeux au ciel
avec douleur, à qui se confessera-t-elle, si elle se tait
avec moi?

— Francine, reprit l'inconnue d'un ton grave, je
ne peux pas t'avouer mon entreprise. Cette fois-ci,
c'est horrible.

— Pourquoi faire le mal en connaissance de
cause?

— Que veux-tu, je me surprends à penser comme
si j'avais cinquante ans, et à agir comme si j'en
avais encore quinzé. Tu as toujours été ma raison,
ma pauvre fille; mais dans cette affaire-ci, je dois
étouffer ma conscience. Et, dit-elle après une pause,
en laissant échapper un soupir, je n'y parviens pas.
Or, comment veux-tu que j'aille encore mettre après

moi un confesseur aussi rigide que toi? Et elle lui frappa doucement dans la main.

— Hé! quand vous ai-je reproché vos actions? s'écria Francine. Le mal en vous a de la grâce. Oui, sainte Anne d'Auray, que je prie tant pour votre salut, vous absoudrait de tout. Enfin ne suis-je pas à vos côtés sur cette route, sans savoir où vous allez? » Et dans son effusion, elle lui baisa les mains.

« Mais, reprit Marie, tu peux m'abandonner si ta conscience...

— Allons, taisez-vous, madame, reprit Francine en faisant une petite moue chagrine. Oh! ne me direz-vous pas...

— Rien, dit la jeune demoiselle d'une voix ferme. Seulement sache-le bien! je hais cette entreprise encore plus que celui dont la langue dorée me l'a expliquée. Je veux être franche, je t'avouerai que je ne me serais pas rendue à leurs désirs, si je n'avais entrevu dans cette ignoble farce un mélange de terreur et d'amour qui m'a tentée. Puis, je n'ai pas voulu m'en aller de ce bas monde sans avoir essayé d'y cueillir les fleurs que j'en espère, dussé-je périr! Mais souviens-toi, pour l'honneur de ma mémoire, que si j'avais été heureuse, l'aspect de leur gros couteau prêt à tomber sur ma tête ne m'aurait pas fait accepter un rôle dans cette tragédie, car c'est une tragédie. Maintenant, reprit-elle en laissant échapper un geste de dégoût, si elle était décommandée, je me jetterais à l'instant dans la Sarthe; et ce ne serait point un suicide, je n'ai pas encore vécu.

— Oh! sainte Vierge d'Auray, pardonnez-lui!

— De quoi t'effraies-tu? Les plates vicissitudes de la vie domestique n'excitent pas mes passions, tu le sais. Cela est mal pour une femme; mais mon âme s'est fait une sensibilité plus élevée, pour supporter de plus fortes épreuves. J'aurais été peut-être, comme toi, une douce créature. Pourquoi me suis-je élevée au-dessus ou abaissée au-dessous de mon sexe? Ah! que la femme du général Bonaparte est heureuse. Tiens, je mourrai jeune, puisque j'en suis déjà venue à ne pas m'effrayer d'une partie de plaisir où il y a du sang à boire, comme disait ce pauvre Danton. Mais oublie ce que je te dis; c'est la femme de cinquante ans qui a parlé. Dieu merci! la jeune fille de quinze ans va bientôt reparaître. »

La jeune campagnarde frémit. Elle seule connaissait le caractère bouillant et impétueux de sa maîtresse. Elle seule était initiée aux mystères de cette âme riche d'exaltation, aux sentiments de cette créature qui, jusque-là, avait vu passer la vie comme une ombre insaisissable, en voulant toujours la saisir. Après avoir semé à pleines mains sans rien récolter, cette femme était restée vierge, mais irritée par une multitude de désirs trompés. Lassée d'une lutte sans adversaire, elle arrivait alors dans son désespoir à préférer le bien au mal quand il s'offrait comme une jouissance, le mal au bien quand il présentait quelque poésie, la misère à la médiocrité comme quelque chose de plus grand, l'avenir sombre et in-

connu de la mort à une vie pauvre d'espérances ou
même de souffrances. Jamais tant de poudre ne
s'était amassée pour l'étincelle, jamais tant de
richesses à dévorer pour l'amour, enfin jamais aucune
fille d'Eve n'avait été pétrie avec plus d'or dans son
argile. Semblable à un ange terrestre, Francine veillait sur cet être en qui elle adorait la perfection,
croyant accomplir un céleste message si elle le conservait au chœur des séraphins d'où il semblait
banni en expiation d'un péché d'orgueil.

« Voici le clocher d'Alençon, dit le cavalier en
s'approchant de la voiture.

— Je le vois, répondit sèchement la jeune
dame.

— Ah! bien, dit-il en s'éloignant avec les marques
d'une soumission servile malgré son désappointe-
ment.

— Allez, allez plus vite, dit la dame au postillon.
Maintenant il n'y a rien à craindre. Allez au grand
trot ou au galop, si vous pouvez. Ne sommes-nous
pas sur le pavé d'Alençon. »

En passant devant le commandant elle lui cria
d'une voix douce :

« Nous nous retrouverons à l'auberge, commandant. Venez m'y voir.

— C'est cela, répliqua le commandant. A l'auberge! Venez me voir! Comme ça vous parle à un
chef de demi-brigade... »

Et il montrait du poing la voiture qui roulait
rapidement sur la route.

« Ne vous en plaignez pas, commandant, elle a
votre grade de général dans sa manche, dit en riant
Corentin qui essayait de mettre son cheval au galop
pour rejoindre la voiture.

— Ah! je ne me laisserai pas embêter par ces
paroissiens-là, dit Hulot à ses deux amis en gro-
gnant. J'aimerais mieux jeter l'habit de général
dans un fossé que de le gagner dans un lit. Que
veulent-ils donc, ces canards-là? Y comprenez-vous
quelque chose, vous autres?

— Oh! oui, dit Merle, je sais que c'est la femme
la plus belle que j'aie jamais vue! Je crois que vous
entendez mal la métaphore. C'est la femme du Premier Consul, peut-être?

— Bah! la femme du Premier Consul est vieille,
et celle-ci est jeune, reprit Hulot. D'ailleurs, l'ordre
que j'ai reçu du ministre m'apprend qu'elle se
nomme Mlle de Verneuil. C'est une ci-devant. Est-ce
que je ne connais pas ça! Avant la Révolution,
elles faisaient toutes ce métier-là; on devenait alors,
en deux temps et six mouvements, chef de demi-
brigade, il ne s'agissait que de leur bien dire deux
ou trois fois : *Mon cœur!* »

Pendant que chaque soldat ouvrait le compas,
pour employer l'expression du commandant, la voiture horrible qui servait alors de malle avait promptement atteint l'hôtel des Trois-Maures, situé au
milieu de la grande rue d'Alençon. Le bruit de
ferraille que rendait cette informe voiture amena
l'hôte sur le pas de la porte. C'était un hasard

auquel personne dans Alençon ne devait s'attendre
que la descente de la malle à l'auberge des Trois-
Maures; mais l'affreux événement de Mortagne la
fit suivre par tant de monde, que les deux voyageuses, pour se dérober à la curiosité générale, entrèrent lestement dans la cuisine, inévitable antichambre des auberges dans tout l'Ouest; et l'hôte
se disposait à les suivre après avoir examiné la voiture, lorsque le postillon l'arrêta par le bras.

« Attention, citoyen Brutus, dit-il, il y a escorte
de Bleus. Comme il n'y a ni conducteur ni dépêches, c'est moi qui t'amène les citoyennes, elles
paieront sans doute comme de ci-devant princesses,
ainsi...

— Ainsi, nous boirons un verre de vin ensemble
tout à l'heure, mon garçon », lui dit l'hôte.

Après avoir jeté un coup d'œil sur cette cuisine
noircie par la fumée et sur une table ensanglantée
par des viandes crues, Mlle de Verneuil se sauva
dans la salle voisine avec la légèreté d'un oiseau,
car elle craignit l'aspect et l'odeur de cette cuisine,
autant que la curiosité d'un chef malpropre et d'une
petite femme grasse qui déjà l'examinaient avec
attention.

« Comment allons-nous faire, ma femme? dit
l'hôte. Qui diable pouvait croire que nous aurions
tant de monde par le temps qui court? Avant que
je puisse lui servir un déjeuner convenable, cette
femme-là va s'impatienter. Ma foi, il me vient une
bonne idée : puisque c'est des gens comme il faut,

je vais leur proposer de se réunir à la personne
que nous avons là-haut. Hein? »

Quand l'hôte chercha la nouvelle arrivée, il ne
vit plus que Francine, à laquelle il dit à voix basse
en l'emmenant au fond de la cuisine du côté de la
cour, pour l'éloigner de ceux qui pouvaient l'écouter : « Si ces dames désirent se faire servir à part,
comme je n'en doute point, j'ai un repas très déli-
cat tout préparé pour une dame et pour son fils.
Ces voyageurs ne s'opposeront sans doute pas à
partager leur déjeuner avec vous, ajouta-t-il d'un
air mystérieux. C'est des personnes de condition. »

A peine avait-il achevé sa dernière phrase, que
l'hôte se sentit appliquer dans le dos un léger coup
de manche de fouet; il se retourna brusquement, et
vit derrière lui un petit homme trapu, sorti sans
bruit d'un cabinet voisin, et dont l'apparition avait
glacé de terreur la grosse femme, le chef et son marmiton. L'hôte pâlit en retournant la tête. Le petit
homme secoua ses cheveux qui lui cachaient entièrement le front et les yeux, se dressa sur ses pieds
pour atteindre à l'oreille de l'hôte, et lui dit :

« Vous savez ce que vaut une imprudence, une
dénonciation, et de quelle couleur est la monnaie
avec laquelle nous les payons. Nous sommes généreux. »

Il joignit à ses paroles un geste qui en fut un
épouvantable commentaire. Quoique la vue de ce
personnage fût dérobée à Francine par la rotondité
de l'hôte, elle saisit quelques mots des phrases qu'il

avait sourdement prononcées, et resta comme frappée par la foudre en entendant les sons rauques d'une voix bretonne. Au milieu de la terreur générale, elle s'élança vers le petit homme; mais celui-ci, qui semblait se mouvoir avec l'agilité d'un animal sauvage, sortait déjà par une porte latérale donnant sur la cour. Francine crut s'être trompée dans ses conjectures, car elle n'aperçut que la peau fauve et noire d'un ours de moyenne taille. Etonnée, elle courut à la fenêtre. A travers les vitres jaunies par la fumée, elle regarda l'inconnu qui gagnait l'écurie d'un pas traînant. Avant d'y entrer, il dirigea deux yeux noirs sur le premier étage de l'auberge, et, de là, sur la malle, comme s'il voulait faire part à un ami de quelque importante observation relative à cette voiture. Malgré les peaux de biques, et grâce à ce mouvement qui lui permit de distinguer le visage de cet homme, Francine reconnut alors à son énorme fouet et à sa démarche rampante, quoique agile dans l'occasion, le Chouan surnommé Marche-à-terre; elle l'examina, mais indistinctement, à travers l'obscurité de l'écurie où il se coucha dans la paille en prenant une position d'où il pouvait observer tout ce qui se passerait dans l'auberge. Marche-à-terre était ramassé de telle sorte que, de loin comme de près, l'espion le plus rusé l'aurait facilement pris pour un de ces gros chiens de roulier, tapi en rond et qui dorment, la gueule placée sur leurs pattes. La conduite de Marche-à-terre prouvait à Francine que le Chouan ne l'avait

pas reconnue. Or, dans les circonstances délicates
où se trouvait sa maîtresse, elle ne sut pas si elle
devait s'en applaudir ou s'en chagriner. Mais le
mystérieux rapport qui existait entre l'observation
menaçante du Chouan et l'offre de l'hôte, assez
commune chez les aubergistes qui cherchent toujours à tirer deux moutures du sac, piqua sa curiosité; elle quitta la vitre crasseuse d'où elle regardait
la masse informe et noire qui, dans l'obscurité, lui
indiquait la place occupée par Marche-à-terre, se
retourna vers l'aubergiste, et le vit dans l'attitude
d'un homme qui a fait un pas de clerc et ne sait
comment s'y prendre pour revenir en arrière. Le
geste du Chouan avait pétrifié ce pauvre homme.
Personne, dans l'Ouest, n'ignorait les cruels raffi-
nements des supplices par lesquels les Chasseurs du
Roi punissaient les gens soupçonnés seulement d'indiscrétion, aussi l'hôte croyait-il déjà sentir leurs
couteaux sur son cou. Le chef regardait avec terreur l'âtre du feu où souvent ils *chauffaient* les
pieds de leurs dénonciateurs. La grosse petite femme
tenait un couteau de cuisine d'une main, de l'autre
une pomme de terre à moitié coupée, et contemplait son mari d'un air hébété. Enfin le marmiton
cherchait le secret, inconnu pour lui, de cette silencieuse terreur. La curiosité de Francine s'anima
naturellement à cette scène muette, dont l'acteur
principal était vu par tous, quoique absent. La
jeune fille fut flattée de la terrible puissance du
Chouan, et encore qu'il n'entrât guère dans son

humble caractère de faire des malices de femme de
chambre, elle était cette fois trop fortement intéres-
sée à pénétrer ce mystère pour ne pas profiter de
ses avantages.

« Eh bien, mademoiselle accepte votre proposition, dit-elle gravement à l'hôte, qui fut comme
réveillé en sursaut par ces paroles.

— Laquelle? demanda-t-il avec une surprise
réelle.

— Laquelle? demanda Corentin survenant.

— Laquelle? demanda Mlle de Verneuil.

— Laquelle? demanda un quatrième personnage
qui se trouvait sur la dernière marche de l'escalier
et qui sauta légèrement dans la cuisine.

— Eh bien, de déjeuner avec vos personnes de
distinction, répondit Francine impatiente.

— De distinction, reprit d'une voix mordante et
ironique le personnage arrivé par l'escalier. Ceci,
mon cher, me semble une mauvaise plaisanterie
d'auberge; mais si c'est cette jeune citoyenne que
tu veux nous donner pour convive, il faudrait être
fou pour s'y refuser, brave homme, dit-il en regardant Mlle de Verneuil. En l'absence de ma mère,
j'accepte », ajouta-t-il en frappant sur l'épaule de
l'aubergiste stupéfait.

La gracieuse étourderie de la jeunesse déguisa la
hauteur insolente de ces paroles qui attira naturellement l'attention de tous les acteurs de cette scène
sur ce nouveau personnage. L'hôte prit alors la
contenance de Pilate cherchant à se laver les mains

de la mort de Jésus-Christ, il rétrograda de deux pas vers sa grosse femme, et lui dit à l'oreille : « Tu es témoin que, s'il arrive quelque malheur, ce ne sera pas ma faute. Mais au surplus, ajouta-t-il encore plus bas, va prévenir de tout ça M. Marche-à-terre. »

Le voyageur, jeune homme de moyenne taille, portait un habit bleu et de grandes guêtres noires qui lui montaient au-dessus du genou, sur une culotte de drap également bleu. Cet uniforme simple et sans épaulettes appartenait aux élèves de l'Ecole Polytechnique. D'un seul regard, Mlle de Verneuil sut distinguer sous ce costume sombre des formes élégantes et *ce je ne sais quoi* qui annoncent une noblesse native. Assez ordinaire au premier aspect, la figure du jeune homme se faisait bientôt remarquer par la conformation de quelques traits où se révélait une âme capable de grandes choses. Un teint bruni, des cheveux blonds et bouclés, des yeux bleus étincelants, un nez fin, des mouvements pleins d'aisance; en lui, tout décelait et une vie dirigée par des sentiments élevés et l'habitude du commandement. Mais les signes les plus caractéristiques de son génie se trouvaient dans un menton à la Bonaparte, et dans sa lèvre inférieure qui se joignait à la supérieure en décrivant la courbe gracieuse de la feuille d'acanthe sous le chapiteau corinthien. La nature avait mis dans ces deux traits d'irrésistibles enchantements. « Ce jeune homme est singulièrement distingué pour un Républicain ».

se dit Mlle de Verneuil. Voir tout cela d'un clin
d'œil, s'animer par l'envie de plaire, pencher mollement la tête de côté, sourire avec coquetterie, lancer
un de ces regards veloutés qui ranimeraient un
cœur mort à l'amour; voiler ses longs yeux noirs
sous de larges paupières dont les cils fournis et
recourbés dessinèrent une ligne brune sur sa joue;
chercher les sons les plus mélodieux de sa voix pour
donner un charme pénétrant à cette phrase banale :
« Nous vous sommes bien obligées, monsieur »,
tout ce manège n'employa pas le temps nécessaire à
le décrire. Puis Mlle de Verneuil, s'adressant à
l'hôte, demanda son appartement, vit l'escalier, et
disparut avec Francine en laissant à l'étranger le
soin de deviner si cette réponse contenait une accep-
tation ou un refus.

« Quelle est cette femme-là? demanda lestement
l'élève de l'Ecole Polytechnique à l'hôte immobile
et de plus en plus stupéfait.

— C'est la citoyenne Verneuil, répondit aigrement Corentin en toisant le jeune homme avec
jalousie, une ci-devant, qu'en veux-tu faire? »

L'inconnu, qui fredonnait une chanson républicaine, leva la tête avec fierté vers Corentin. Les
deux jeunes gens se regardèrent alors pendant un
moment comme deux coqs prêts à se battre, et ce
regard fit éclore la haine entre eux pour toujours. Autant l'œil bleu du militaire était franc,
autant l'œil vert de Corentin annonçait de malice
et de fausseté; l'un possédait nativement des ma-

nières nobles, l'autre n'avait que des façons insi-
nuantes; l'un s'élançait, l'autre se courbait; l'un
commandait le respect, l'autre cherchait à l'obtenir;
l'un devait dire : Conquérons! l'autre : Partageons?

« Le citoyen du Gua-Saint-Cyr est-il ici? dit un
paysan en entrant.

— Que lui veux-tu? » répondit le jeune homme
en s'avançant.

Le paysan salua profondément, et remit une
lettre que le jeune élève jeta dans le feu après
l'avoir lue; pour toute réponse, il inclina la tête,
et l'homme partit.

« Tu viens sans doute de Paris, citoyen? dit alors
Corentin en s'avançant vers l'étranger avec une certaine aisance de manières, avec un air souple et
liant qui parurent être insupportables au citoyen
du Gua.

— Oui, répondit-il sèchement.

— Et tu es sans doute promu à quelque grade
dans l'artillerie?

— Non, citoyen, dans la marine.

— Ah! tu te rends à Brest? » demanda Corentin
d'un ton insouciant.

Mais le jeune marin tourna lestement sur les
talons de ses souliers sans vouloir répondre, et dé-
mentit bientôt les belles espérances que sa figure
avait fait concevoir à Mlle de Verneuil. Il s'occupa
de son déjeuner avec une légèreté enfantine, ques-
tionna le chef et l'hôtesse sur leurs recettes, s'étonna
des habitudes de province en Parisien arraché à sa

coque enchantée, manifesta des répugnances de
petite-maîtresse, et montra enfin d'autant moins de
caractère que sa figure et ses manières en annonçait
davantage; Corentin sourit de pitié en lui voyant
faire la grimace quand il goûta le meilleur cidre
de Normandie.

« Pouah! s'écria-t-il, comment pouvez-vous avaler cela, vous autres? Il y a là-dedans à boire et à
manger. La République a bien raison de se défier
d'une province où l'on vendange à coups de gaule
et où l'on fusille sournoisement les voyageurs sur
les routes. N'allez pas nous mettre sur la table une
carafe de cette médecine-là, mais de bon vin de
Bordeaux blanc et rouge. Allez voir surtout s'il y a
bon feu là-haut. Ces gens-là m'ont l'air d'être bien
retardés en fait de civilisation. — Ah! reprit-il en
soupirant, il n'y a qu'un Paris au monde, et c'est
grand dommage qu'on ne puisse pas l'emmener en
mer! — Comment, gâte-sauce, dit-il au chef, tu mets
du vinaigre dans cette fricassée de poulet, quand tu
as là des citrons... — Quant à vous, madame l'hôtesse, vous m'avez donné des draps si gros que je
n'ai pas fermé l'œil pendant cette nuit. » Puis il se
mit à jouer avec une grosse canne en exécutant avec
un soin puéril des évolutions dont le plus ou le
moins de fini et d'habileté annonçaient le degré
plus ou moins honorable qu'un jeune homme occupait dans la classe des incroyables.

« Et c'est avec des muscadins comme ça, dit confi-
dentiellement Corentin à l'hôte en en épiant le

visage, qu'on espère relever la marine de la Répu
blique?

— Cet homme-là, disait le jeune marin à l'oreille
de l'hôtesse, est quelque espion de Fouché. Il a la
police gravée sur la figure, et je jurerais que la
tache qu'il conserve au menton est de la boue de
Paris. Mais à bon chat, bon... »

En ce moment une dame, vers laquelle le marin
s'élança avec tous les signes d'un respect extérieur,
entra dans la cuisine de l'auberge.

« Ma chère maman, lui dit-il, arrivez donc. Je
crois avoir, en votre absence, recruté des convives.

— Des convives, lui répondit-elle, quelle folie!

— C'est Mlle de Verneuil, reprit-il à voix basse.

— Elle a péri sur l'échafaud après l'affaire de
Savenay, elle était venue au Mans pour sauver son
frère le prince de Loudon, lui dit brusquement sa
mère.

— Vous vous trompez, madame, reprit avec douceur Corentin en appuyant sur le mot *madame*, il
y a deux demo.selles de Verneuil, les grandes maisons ont toujours plusieurs branches. »

L'étrangère, surprise de cette familiarité, se recula de quelques pas comme pour examiner cet
interlocuteur inattendu; elle arrêta sur lui ses yeux
noirs pleins de cette vive sagacité si naturelle aux
femmes, et parut chercher dans quel intérêt il venait affirmer l'existence de Mlle de Verneuil. En
même temps Corentin, qui étudiait cette dame à la
dérobée, la destitua de tous les plaisirs de la mater-

nité pour lui accorder ceux de l'amour; il refusa
galamment le bonheur d'avoir un fils de vingt ans
à une femme dont la peau éblouissante, les sourcils
arqués encore bien fournis, les cils peu dégarnis
furent l'objet de son admiration, et dont les abon-
dants cheveux noirs séparés en deux bandeaux sur
le front, faisaient ressortir la jeunesse d'une tête
spirituelle. Les faibles rides du front, loin d'annoncer les années, trahissaient des passions jeunes.
Enfin, si les yeux perçants étaient un peu voilés,
on ne savait si cette altération venait de la fatigue
du voyage ou de la trop fréquente expression du
plaisir. Enfin Corentin remarqua que l'inconnue
était enveloppée dans une mante d'étoffe anglaise,
et que la forme de son chapeau, sans doute étrangère, n'appartenait à aucune des modes dites à la
grecque qui régissaient encore les toilettes parisiennes. Corentin était un de ces êtres portés par
leur caractère à toujours soupçonner le mal plutôt
que le bien, et il conçut à l'instant des doutes sur
le civisme des deux voyageurs. De son côté, la dame,
qui avait aussi fait avec une égale rapidité ses observations sur la personne de Corentin, se tourna vers
son fils avec un air significatif assez fidèlement traduit par ces mots : « Quel est cet original-là? Est-il
de notre bord? » A cette mentale interrogation, le
jeune marin répondit par une attitude, par un
regard et par un geste de main qui disaient : « Je
n'en sais rien, ma foi, rien, et il m'est encore plus
suspect qu'à vous. » Puis, laissant à sa mère le soin

de deviner ce mystère, il se tourna vers l'hôtesse, à laquelle il dit à l'oreille : « Tâchez donc de savoir ce qu'est ce drôle-là, s'il accompagne effectivement cette demoiselle et pourquoi.

— Ainsi, dit Mme du Gua en regardant Corentin, tu es sûr, citoyen, que Mlle de Verneuil existe?

— Elle existe aussi certainement en chair et en os, *madame*, que le citoyen du Gua-Saint-Cyr. »

Cette réponse renfermait une profonde ironie dont le secret n'était connu que de la dame, et toute autre qu'elle en aurait été déconcertée. Son fils regarda tout à coup fixement Corentin qui tirait froidement sa montre sans paraître se douter du trouble que produisait sa réponse. La dame, inquiète et curieuse de savoir sur-le-champ si cette phrase couvrait une perfidie, ou si elle était seulement l'effet du hasard, dit à Corentin de l'air le plus naturel : « Mon Dieu, combien les routes sont peu sûres. Nous avons été attaqués au-delà de Mortagne par les Chouans. Mon fils a manqué de rester sur la place, il a reçu deux balles dans son chapeau en me défendant.

— Comment, madame, vous étiez dans le courrier que les brigands ont dévalisé malgré l'escorte, et qui vient de nous amener? Vous devez connaître alors la voiture! On m'a dit à mon passage à Mortagne, que les Chouans s'étaient trouvés au nombre de deux mille à l'attaque de la malle et que tout le monde avait péri, même le voyageur. Voilà comme

on écrit l'histoire! » Le ton musard que prit Corentin et son air niais le firent en ce moment ressembler
à un habitué de la petite Provence qui reconnaî-
trait avec douleur la fausseté d'une nouvelle politique. « Hélas! madame, continua-t-il, si l'on assassine les voyageurs si près de Paris, jugez combien
les routes de la Bretagne vont être dangereuses. Ma
foi, je vais retourner à Paris sans vouloir aller plus
loin.

— Mlle de Verneuil est-elle belle et jeune? »
demanda la dame frappée d'une idée soudaine et
s'adressant à l'hôtesse.

En ce moment l'hôte interrompit cette conversation dont l'intérêt avait quelque chose de cruel
pour ces trois personnages, en annonçant que le
déjeuner était servi. Le jeune marin offrit la main
à sa mère avec une fausse familiarité qui confirma
les soupçons de Corentin, auquel il dit tout haut
en se dirigeant vers l'escalier : « Citoyen, si tu
accompagnes la citoyenne Verneuil et qu'elle
accepte la proposition de l'hôte, ne te gêne pas... »

Quoique ces paroles fussent prononcées d'un ton
leste et peu engageant, Corentin monta. Le jeune
homme serra vivement la main de la dame, et
quand ils furent séparés du Parisien par sept à huit
marches. « Voilà, dit-il à voix basse, à quels dangers sans gloire nous exposent vos imprudentes entreprises. Si nous sommes découverts, comment
pourrons-nous échapper? Et quel rôle me faites-vous
jouer! »

Tous trois arrivèrent dans une chambre assez vaste. Il ne fallait pas avoir beaucoup cheminé dans l'Ouest pour reconnaître que l'aubergiste avait prodigué pour recevoir ses hôtes tous ses trésors et un luxe peu ordinaire. La table était soigneusement servie. La chaleur d'un grand feu avait chassé l'humidité de l'appartement. Enfin, le linge, les sièges, la vaisselle, n'étaient pas trop malpropres. Aussi Corentin s'aperçut-il que l'aubergiste s'était, pour nous servir d'une expression populaire, mis en quatre, afin de plaire aux étrangers. « Donc, se dit-il, ces gens ne sont pas ce qu'ils veulent paraître. Ce petit jeune homme est rusé; je le prenais pour un sot, mais maintenant je le crois aussi fin que je puis l'être moi-même. »

Le jeune marin, sa mère et Corentin attendirent Mlle de Verneuil que l'hôte alla prévenir. Mais la belle voyageuse ne parut pas. L'élève de l'Ecole Polytechnique se douta bien qu'elle devait faire des difficultés, il sortit en fredonnant *Veillons au salut de l'Empire,* et se dirigea vers la chambre de Mlle de Verneuil, dominé par un piquant désir de vaincre ses scrupules et de l'amener avec lui. Peut-être voulait-il résoudre les doutes qui l'agitaient, ou peut-être essayer sur cette inconnue le pouvoir que tout homme a la prétention d'exercer sur une jolie femme.

« Si c'est là un républicain, se dit Corentin en le voyant sortir, je veux être pendu! Il a dans les épaules le mouvement des gens de cour. Et si c'est là sa mère, se dit-il encore en regardant Mme du Gua, je suis le pape! Je tiens des Chouans. Assurons-nous de leur qualité? »

La porte s'ouvrit bientôt, et le jeune marin parut en tenant par la main Mlle de Verneuil, qu'il conduisit à table avec une suffisance pleine de courtoisie. L'heure qui venait de s'écouler n'avait pas été perdue pour le diable. Aidée par Francine, Mlle de Verneuil s'était armée d'une toilette de voyage plus redoutable peut-être que ne l'est une parure de bal. Sa simplicité avait cet attrait qui procède de l'art avec lequel une femme, assez belle pour se passer d'ornements, sait réduire la toilette à n'être plus qu'un agrément secondaire. Elle portait une robe verte dont la jolie coupe, dont le spencer orné de brandebourgs dessinaient ses formes avec une affectation peu convenable à une jeune fille, et laissaient voir sa taille souple, son corsage élégant et ses gracieux mouvements. Elle entra en souriant avec cette aménité naturelle aux femmes qui peuvent montrer, dans une bouche rose, des dents bien rangées aussi transparentes que la porcelaine, et sur leurs joues, deux fossettes aussi fraîches que celles d'un enfant. Ayant quitté la capote qui l'avait d'abord presque dérobée aux regards du jeune marin, elle put employer aisément les mille petits artifices, si naïfs en apparence, par lesquels une femme fait ressortir et admirer toutes les beautés de son visage et les grâces de sa tête. Un certain accord entre ses manières et sa toilette la rajeunis-

sait si bien que Mme du Gua se crut libérale en
lui donnant vingt ans. La coquetterie de cette toilette, évidemment faite pour plaire, devait inspirer
de l'espoir au jeune homme; mais Mlle de Verneuil
le salua par une molle inclination de tête sans le
regarder, et parut l'abandonner avec une folâtre insouciance qui le déconcerta. Cette réserve n'annonçait aux yeux des étrangers ni précaution ni coquetterie, mais une indifférence naturelle ou feinte.
L'expression candide que la voyageuse sut donner à
son visage le rendit impénétrable. Elle ne laissa paraître aucune préméditation de triomphe et sembla
douée de ces jolies petites manières qui séduisent,
et qui avaient dupé déjà l'amour-propre du jeune
marin. Aussi l'inconnu regagna-t-il sa place avec
une sorte de dépit.

Mlle de Verneuil prit Francine par la main,
et s'adressant à Mme du Gua : « Madame, lui dit-
elle d'une voix caressante, auriez-vous la bonté de
permettre que cette fille, en qui je vois plutôt une
amie qu'une servante, dîne avec nous? Dans ces
temps d'orage, le dévouement ne peut se payer que
par le cœur et d'ailleurs, n'est-ce pas tout ce qui
nous reste? »

Mme du Gua répondit à cette dernière phrase,
prononcée à voix basse, par une demi-révérence un
peu cérémonieuse, qui révélait son désappointe-
ment de rencontrer une femme si jolie. Puis se penchant à l'oreille de son fils : « Oh! temps d'orage,
dévouement, madame et la servante! dit-elle, ce ne

doit pas être Mlle de Verneuil; mais une fille en-
voyée par Fouché. »

Les convives allaient s'asseoir, lorsque Mlle de
Verneuil aperçut Corentin, qui continuait de soumettre à une sévère analyse les deux inconnus, assez
inquiets de ses regards.

« Citoyen, lui dit-elle, tu es sans doute trop bien
élevé pour suivre ainsi mes pas. En envoyant mes
parents à l'échafaud, la République n'a pas eu la
magnanimité de me donner de tuteur. Si, par une
galanterie chevaleresque, inouïe, tu m'as accompagnée malgré moi (et là elle laissa échapper un
soupir) je suis décidée à ne pas souffrir que les soins
protecteurs dont tu es si prodigue aillent jusqu'à
te causer de la gêne. Je suis en sûreté ici, tu peux
m'y laisser. »

Elle lui lança un regard fixe et méprisant. Elle
fut comprise, Corentin réprima un sourire qui
fronçait presque les coins de ses lèvres rusées, et la
salua d'une manière respectueuse.

« Citoyenne, dit-il, je me ferai toujours un honneur de t'obéir. La beauté est la seule reine qu'un
vrai républicain puisse volontiers servir. »

En le voyant partir, les yeux de Mlle de Verneuil
brillèrent d'une joie si naïve, elle regarda Francine avec un sourire d'intelligence empreint de tant
de bonheur, que Mme du Gua, devenue prudente
en devenant jalouse, se sentit disposée à abandonner les soupçons que la parfaite beauté de Mlle de
Verneuil venait de lui faire concevoir.

« C'est peut-être Mlle de Verneuil, dit-elle
à l'oreille de son fils.

— Et l'escorte? lui répondit le jeune homme,
que le dépit rendait sage. Est-elle prisonnière ou
protégée, amie ou ennemie du gouvernement? »

Mme du Gua cligna des yeux comme pour dire
qu'elle saurait bien éclaircir ce mystère. Cependant
le départ de Corentin sembla tempérer la défiance
du marin, dont la figure perdit son expression
sévère, et il jeta sur Mlle de Verneuil des regards
où se révélait un amour immodéré des femmes et
non la respectueuse ardeur d'une passion naissante. La jeune fille n'en devint que plus circon-
specte et réserva ses paroles affectueuses pour
Mme du Gua. Le jeune homme, se fâchant à lui
tout seul, essaya, dans son amer dépit, de jouer
aussi l'insensibilité. Mlle de Verneuil ne parut
pas s'apercevoir de ce manège, et se montra simple
sans timidité, réservée sans pruderie. Cette rencontre de personnes qui ne paraissaient pas desti-
nées à se lier, n'éveilla donc aucune sympathie
bien vive. Il y eut même un embarras vulgaire, une
gêne qui détruisirent tout le plaisir que Mlle de
Verneuil et le jeune marin s'étaient promis un
moment auparavant. Mais les femmes ont entre
elles un si admirable tact des convenances, des
liens si intimes ou de si vifs désirs d'émotions,
qu'elles savent toujours rompre la glace dans ces
occasions. Tout à coup, comme si les deux belles
convives eussent eu la même pensée, elles se mirent

à plaisanter innocemment leur unique cavalier, et rivalisèrent à son égard de moqueries, d'attentions et de soins; cette unanimité d'esprit les laissait libres. Un regard ou un mot qui, échappés dans la gêne, ont de la valeur, devenaient alors insignifiants. Bref, au bout d'une demi-heure, ces deux femmes, déjà secrètement ennemies, parurent être les meilleures amies du monde. Le jeune marin se surprit alors à en vouloir autant à Mlle de Verneuil de sa liberté d'esprit que de sa réserve. Il était tellement contrarié, qu'il regrettait avec une sourde colère d'avoir partagé son déjeuner avec elle.

« Madame, dit Mlle de Verneuil à Mme du Gua, monsieur votre fils est-il toujours aussi triste qu'en ce moment?

— Mademoiselle, répondit-il, je me demandais à quoi sert un bonheur qui va s'enfuir. Le secret de ma tristesse est dans la vivacité de mon plaisir.

— Voilà des madrigaux, reprit-elle en riant, qui sentent plus la Cour que l'Ecole Polytechnique.

— Il n'a fait qu'exprimer une pensée bien naturelle, mademoiselle, dit Mme du Gua, qui avait ses raisons pour apprivoiser l'inconnue.

— Allons, riez donc, reprit Mlle de Verneuil en souriant au jeune homme. Comment êtes-vous donc quand vous pleurez, si ce qu'il vous plaît d'appeler un bonheur vous attriste ainsi? »

Ce sourire, accompagné d'un regard agressif qui détruisit l'harmonie de ce masque de candeur, rendit un peu d'espoir au marin. Mais inspirée par sa nature qui entraîne la femme à toujours faire trop ou peu, tantôt Mlle de Verneuil semblait s'emparer de ce jeune homme par un coup d'œil où brillaient les fécondes promesses de l'amour; puis, tantôt elle opposait à ses galantes expressions une modestie froide et sévère; vulgaire manège sous lequel les femmes cachent leurs véritables émotions. Un moment, un seul, où chacun d'eux crut trouver chez l'autre des paupières baissées, ils se communiquèrent leurs véritables pensées; mais ils furent aussi prompts à voiler leurs regards qu'ils l'avaient été à confondre cette lumière qui bouleversa leurs cœurs en les éclairant. Honteux de s'être dit tant de choses en un seul coup d'œil, ils n'osèrent plus se ragarder. Mlle de Verneuil, jalouse de détromper l'inconnu, se renferma dans une froide politesse, et parut même attendre la fin du repas avec impatience.

« Mademoiselle, vous avez dû bien souffrir en prison? lui demanda Mme du Gua.

— Hélas! madame, il me semble que je n'ai pas cessé d'y être.

— Votre escorte est-elle destinée à vous protéger, mademoiselle, ou à vous surveiller? Etes-vous précieuse ou suspecte à la République? »

Mlle de Verneuil comprit instinctivement qu'elle inspirait peu d'intérêt à Mme du Gua, et s'effaroucha de cette question.

« Madame, répondit-elle, je ne sais pas bien pré-

cisément quelle est en ce moment la nature de mes
relations avec la République.

— Vous la faites peut-être trembler? dit le jeune
homme avec un peu d'ironie.

— Pourquoi ne pas respecter les secrets de mademoiselle? reprit Mme du Gua.

— Oh! madame, les secrets d'une jeune personne
qui ne connaît encore de la vie que ses malheurs,
ne sont pas bien curieux.

— Mais, répondit Mme du Gua pour continuer
une conversation qui pouvait lui apprendre ce
qu'elle voulait savoir, le Premier Consul paraît
avoir des intentions parfaites. Ne va-t-il pas, dit-on,
arrêter l'effet des lois contre les émigrés?

— C'est vrai, madame, dit-elle avec trop de vivacité, peut-être; mais alors pourquoi soulevons-nous
la Vendée et la Bretagne? pourquoi donc incendier
la France?... »

Ce cri généreux par lequel elle semblait se faire
un reproche à elle-même, causa un tressaillement
au marin. Il regarda attentivement Mlle de Verneuil, mais il ne put découvrir sur sa figure ni
haine ni amour. Cette peau dont le coloris attestait
la finesse était impénétrable. Une curiosité invin-
cible l'attacha soudain à cette singulière créature
vers laquelle il était attiré par de violents désirs.

« Mais, dit-elle en continuant après une pause,
madame, allez-vous à Mayenne?

— Oui, mademoiselle, répondit le jeune homme
d'un air interrogateur.

— Eh bien, madame, continua Mlle de Verneuil,
puisque monsieur votre fils sert la République... »
Elle prononça ces paroles d'un air indifférent en
apparence, mais elle jeta sur les deux inconnus un
de ces regards furtifs qui n'appartiennent qu'aux
femmes et aux diplomates. « Vous devez redouter
les Chouans? reprit-elle, une escorte n'est pas à
dédaigner. Nous sommes devenus presque compagnons de voyage, venez avec nous jusqu'à
Mayenne. »

Le fils et la mère hésitèrent et parurent se
consulter.

« Je ne sais, mademoiselle, répondit le jeune
homme, s'il est bien prudent de vous avouer que
des intérêts d'une haute importance exigent pour
cette nuit notre présence aux environs de Fougères,
et que nous n'avons pas encore trouvé de moyens
de transport; mais les femmes sont si naturellement
généreuses que j'aurais honte de ne pas me confier
à vous. Néanmoins, ajouta-t-il, avant de nous re-
mettre entre vos mains, au moins devons-nous
savoir si nous pourrons en sortir sains et saufs. Etes-
vous la reine ou l'esclave de votre escorte républicaine? Excusez la franchise d'un jeune marin, mais
je ne vois dans votre situation rien de bien naturel...

— Nous vivons dans un temps, monsieur, où rien
de ce qui se passe n'est naturel. Ainsi vous pouvez
accepter sans scrupule, croyez-le bien. Et surtout,
ajouta-t-elle en appuyant sur ses paroles, vous n'avez
à craindre aucune trahison dans une offre faite avec

simplicité par une personne qui n'épouse point les haines politiques.

— Le voyage ainsi fait ne sera pas sans danger, reprit-il en mettant dans son regard une finesse qui donnait de l'esprit à cette vulgaire réponse.

— Que craignez-vous donc encore? demanda-t-elle avec un sourire moqueur, je ne vois de périls pour personne. »

« La femme qui parle ainsi est-elle la même dont le regard partageait mes désirs? se disait le jeune homme. Quel accent! Elle me tend quelque piège. »

En ce moment, le cri clair et perçant d'une chouette qui semblait perchée sur le sommet de la cheminée, vibra comme un sombre avis.

« Qu'est ceci? dit Mlle de Verneuil. Notre voyage ne commencera pas sous d'heureux présages. Mais comment se trouve-t-il ici des chouettes qui chantent en plein jour? demanda-t-elle en faisant un geste de surprise.

— Cela peut arriver quelquefois, dit le jeune homme froidement. — Mademoiselle, reprit-il, nous vous porterions peut-être malheur. N'est-ce pas là votre pensée? Ne voyageons donc pas ensemble. »

Ces paroles furent dites avec un calme et une réserve qui surprirent Mlle de Verneuil.

« Monsieur, dit-elle avec une impertinence tout aristocratique, je suis loin de vouloir vous contraindre. Gardons le peu de liberté que nous laisse la République. Si madame était seule, j'insisterais... »

Les pas pesants d'un militaire retentirent dans le

corridor, et le commandant Hulot montra bientôt
une mine refrognée.

« Venez ici, mon colonel, dit en souriant Mlle de
Verneuil qui lui indiqua de la main une chaise
auprès d'elle. — Occupons-nous, puisqu'il le faut,
des affaires de l'Etat. Mais riez donc? Qu'avez-vous?
Y a-t-il des Chouans ici? »

Le commandant était resté béant à l'aspect du
jeune inconnu qu'il contemplait avec une singulière attention.

« Ma mère, désirez-vous encore du lièvre? Mademoiselle, vous ne mangez pas », disait à Francine le
marin en s'occupant des convives.

Mais la surprise de Hulot et l'attention de
Mlle de Verneuil avaient quelque chose de cruelle-
ment sérieux qu'il était dangereux de méconnaître.

« Qu'as-tu donc, commandant, est-ce que tu me
connaîtrais? reprit brusquement le jeune homme.

— Peut-être, répondit le républicain.

— En effet, je crois t'avoir vu venir à l'Ecole.

— Je ne suis jamais allé à l'école, répliqua brusquement le commandant. Et de quelle école sors-tu
donc, toi?

— De l'Ecole Polytechnique.

— Ah! ah! oui, de cette caserne où l'on veut faire
des militaires dans des dortoirs, répondit le commandant dont l'aversion était insurmontable pour les
officiers sortis de cette savante pépinière. Mais dans
quel corps sers-tu?

— Dans la marine.

— Ah! dit Hulot en riant avec malice. Connais-tu beaucoup d'élèves de cette Ecole-là dans la marine.

— Il n'en sort, reprit-il d'un accent grave, que des officiers d'artillerie et du génie. »

Le jeune homme ne se déconcerta pas.

« J'ai fait exception à cause du nom que je porte, répondit-il. Nous avons tous été marins dans notre famille.

— Ah! reprit Hulot, quel est donc ton nom de famille, citoyen?

— Du Gua-Saint-Cyr.

— Tu n'as donc pas été assassiné à Mortagne?

— Ah! il s'en est de bien peu fallu, dit vivement Mme du Gua, mon fils a reçu deux balles...

— Et as-tu des papiers? dit Hulot sans écouter la mère.

— Est-ce que vous voulez les lire, demanda impertinemment le jeune marin dont l'œil bleu plein de malice étudiait alternativement la sombre figure du commandant et celle de Mlle de Verneuil.

— Un blanc-bec comme toi voudrait-il m'embêter, par hasard? Allons, donne-moi tes papiers, ou sinon, en route!

— Là, là mon brave, je ne suis pas un *serin*. Ai-je donc besoin de te répondre! Qui es-tu?

— Le commandant du département, reprit Hulot.

— Oh! alors mon cas peut devenir très grave, je serais pris les armes à la main. » Et il tendit un verre de vin de Bordeaux au commandant.

« Je n'ai pas soif, répondit Hulot. Allons, voyons, tes papiers. »

En ce moment, un bruit d'armes et les pas de quelques soldats ayant retenti dans la rue, Hulot s'approcha de la fenêtre et prit un air satisfait qui fit trembler Mlle de Verneuil. Ce signe d'intérêt réchauffa le jeune homme, dont la figure était devenue froide et fière. Après avoir fouillé dans la poche de son habit, il tira d'un élégant portefeuille et offrit au commandant des papiers que Hulot se mit à lire lentement, en comparant le signalement du passeport avec le visage du voyageur suspect. Pendant cet examen, le cri de la chouette recommença; mais cette fois il ne fut pas difficile d'y distinguer l'accent et les jeux d'une voix humaine. Le commandant rendit alors au jeune homme les papiers d'un air moqueur.

« Tout cela est bel et bon, lui dit-il, mais il faut me suivre au District! Je n'aime pas la musique, moi!

— Pourquoi l'emmenez-vous au District? demanda Mlle de Verneuil d'une voix altérée.

— Ma petite fille, répondit le commandant en faisant sa grimace habituelle, cela ne vous regarde pas. »

Irritée du ton, de l'expression du vieux militaire, et plus encore de cette espèce d'humiliation subie devant un homme à qui elle plaisait, Mlle de Verneuil se leva, quitta tout à coup l'attitude de candeur et de modestie dans laquelle elle s'était tenue jusqu'alors, son teint s'anima, et ses yeux brillèrent.

« Dites-moi, ce jeune homme a-t-il satisfait à tout ce qu'exige la loi? s'écria-t-elle doucement, mais avec une sorte de tremblement dans la voix.

— Oui, en apparence, répondit ironiquement Hulot.

— Eh bien, j'entends que vous le laissiez tranquille *en apparence,* reprit-elle. Avez-vous peur qu'il ne vous échappe? vous allez l'escorter avec moi jusqu'à Mayenne, il sera dans la malle avec madame sa mère. Pas d'observation, je le veux. — Eh bien, quoi?... reprit-elle en voyant Hulot qui se permit de faire sa petite grimace, le trouvez-vous encore suspect?

— Mais un peu, je pense. ʻ

— Que voulez-vous donc en faire?

— Rien, si ce n'est de lui rafraîchir la tête avec un peu de plomb. C'est un étourdi, reprit le commandant avec ironie.

— Plaisantez-vous, colonel? s'écria Mlle de Verneuil.

— Allons, camarade, dit le commandant en faisant un signe de tête au marin. Allons, dépêchons! »

A cette impertinence de Hulot, Mlle de Verneuil devint calme et sourit.

« N'avancez pas, dit-elle au jeune homme qu'elle protégea par un geste, plein de dignité.

— Oh! la belle tête », dit le marin à l'oreille de sa mère, qui fronça les sourcils.

Le dépit et mille sentiments irrités mais combattus déployaient alors des beautés nouvelles sur le
visage de la Parisienne. Francine, Mme du Gua, son
fils, s'étaient levés tous. Mlle de Verneuil se plaça
vivement entre eux et le commandant qui souriait,
et défit lestement deux brandebourgs de son spencer. Puis, agissant par suite de cet aveuglement
dont les femmes sont saisies lorsqu'on attaque fortement leur amour-propre, mais flattée ou impatiente
aussi d'exercer son pouvoir comme un enfant peut
l'être d'essayer le nouveau jouet qu'on lui a donné,
elle présenta vivement au commandant une lettre
ouverte.

« Lisez », dit-elle avec un sourire sardonique.

Elle se retourna vers le jeune homme, à qui, dans
l'ivresse du triomphe elle lança un regard où la
malice se mêlait à une expression amoureuse. Chez
tous deux, les fronts s'éclaircirent; la joie colora
leurs figures agitées, et mille pensées contradictoires
s'élevèrent dans leurs âmes. Par un seul regard,
Mme du Gua parut attribuer bien plus à l'amour
qu'à la charité la générosité de Mlle de Verneuil,
et certes elle avait raison. La jolie voyageuse rougit
d'abord et baissa modestement les paupières en devinant tout ce que disait ce regard de femme. Devant
cette menaçante accusation, elle releva fièrement la
tête et défia tous les yeux. Le commandant, pétrifié,
rendit cette lettre contresignée des ministres, et qui
enjoignait à toutes les autorités d'obéir aux ordres
de cette mystérieuse personne; mais, il tira son épée

du fourreau, la prit, la cassa sur son genou, et jeta
les morceaux.

« Mademoiselle, vous savez probablement bien
ce que vous avez à faire; mais un républicain a ses
idées et sa fierté, dit-il. Je ne sais pas servir là où
les belles filles commandent; le Premier Consul
aura, dès ce soir, ma démission, et d'autres que
Hulot vous obéiront. Là où je ne comprends plus,
je m'arrête ; surtout, quand je suis tenu de
comprendre. »

Il y eut un moment de silence; mais il fut bientôt
rompu par la jeune Parisienne qui marcha au
commandant, lui tendit la main et lui dit : « Colonel, quoique votre barbe soit un peu longue, vous
pouvez m'embrasser, vous êtes un homme.

— Et je m'en flatte, mademoiselle, répondit-il
en déposant assez gauchement un baiser sur la main
de cette singulière fille. — Quant à toi, camarade,
ajouta-t-il en menaçant du doigt le jeune homme,
tu en reviens d'une belle'

— Mon commandant, reprit en riant l'inconnu,
il est temps que la plaisanterie finisse, et si tu le
veux, je vais te suivre au District.

— Y viendras-tu avec ton siffleur invisible,
Marche-à-terre...

— Qui, Marche-à-terre? demanda le marin avec
tous les signes de la surprise la plus vraie.

— N'a-t-on pas sifflé tout à l'heure?

— Eh bien, reprit l'étranger, qu'a de commun ce
sifflement et moi, je te le demande. J'ai cru que les

soldats que tu avais commandés, pour m'arrêter sans
doute, te prévenaient ainsi de leur arrivée.

— Vraiment, tu as cru cela!

— Eh! mon Dieu, oui. Mais bois donc ton verre
de vin de Bordeaux, il est délicieux. »

Surpris de l'étonnement naturel du marin, de
l'incroyable légèreté de ses manières, de la jeunesse
de sa figure, que rendaient presque enfantine les
boucles de ses cheveux blonds soigneusement frisés,
le commandant flottait entre mille soupçons. Il remarqua Mme du Gua qui essayait de surprendre le
secret des regards que son fils jetait à Mlle de Verneuil, et lui demanda brusquement : « Votre âge,
citoyenne?

— Hélas! monsieur l'officier, les lois de notre
République deviennent bien cruelles! j'ai trente-
huit ans.

— Quand on devrait me fusiller, je n'en croirais rien encore. Marche-à-terre est ici, il a sifflé,
vous êtes des Chouans déguisés. Tonnerre de Dieu!
je vais faire entièrement cerner et fouiller l'auberge. »

En ce moment, un sifflement irrégulier, assez semblable à ceux qu'on avait entendus, et qui partait
de la cour de l'auberge, coupa la parole au commandant; il se précipita fort heureusement dans le corridor, et n'aperçut point la pâleur que ses paroles
avaient répandue sur la figure de Mme du Gua.
Hulot vit, dans le siffleur, un postillon qui attelait
ses chevaux à la malle; il déposa ses soupçons, tant

il lui sembla ridicule que des Chouans se hasardassent au milieu d'Alençon, et il revint confus.

« Je lui pardonne, mais plus tard il paiera cher
le moment qu'il nous fait passer ici », dit gravement
la mère à l'oreille de son fils au moment où Hulot
rentrait dans la chambre.

Le brave officier offrait sur sa figure embarrassée
l'expression de la lutte que la sévérité de ses devoirs
livrait dans son cœur à sa bonté naturelle. Il con-
serva son air bourru, peut-être parce qu'il croyait
alors s'être trompé; mais il prit le verre de vin de
Bordeaux et dit : « Camarade, excuse-moi, mais ton
Ecole envoie à l'armée des officiers si jeunes...

— Les brigands en ont donc de plus jeunes encore? demanda en riant le prétendu marin.

— Pour qui preniez-vous donc mon fils? reprit
Mme du Gua.

— Pour le Gars, le chef envoyé aux Chouans et
aux Vendéens par le cabinet de Londres, et qu'on
nomme le marquis de Montauran. »

Le commandant épia encore attentivement la
figure de ces deux personnages suspects, qui se regardèrent avec cette singulière expression de physionomie que prennent successivement deux ignorants
présomptueux et qu'on peut traduire par ce dialogue : « Connais-tu cela? — Non. Et toi? — Connais pas, du tout. — Qu'est-ce qu'il nous dit donc
là? — Il rêve. » Puis le rire insultant et goguenard
de la sottise quand elle croit triompher.

La subite altération des manières et la torpeur de

Marie de Verneuil, en entendant prononcer le nom
du général royaliste, ne furent sensibles que pour
Francine, la seule à qui fussent connues les imper-
ceptibles nuances de cette jeune figure. Tout à fait
mis en déroute, le commandant ramassa les deux
morceaux de son épée, regarda Mlle de Verneuil,
dont la chaleureuse expression avait trouvé le secret
d'émouvoir son cœur, et lui dit : « Quant à vous,
mademoiselle, je ne m'en dédis pas, et demain, les
tronçons de mon épée parviendront à Bonaparte, à
moins que...

— Eh! que me fait Bonaparte, votre République,
les Chouans, le Roi et le Gars! » s'écria-t-elle en
réprimant assez mal un emportement de mauvais
goût.

Des caprices inconnus ou la passion donnèrent à
cette figure des couleurs étincelantes, et l'on vit que
le monde entier ne devait plus être rien pour cette
jeune fille du moment où elle y distinguait une créature; mais tout à coup elle rentra dans un calme
forcé en se voyant, comme un acteur sublime, l'objet
des regards de tous les spectateurs. Le commandant
se leva brusquement. Inquiète et agitée, Mlle de
Verneuil le suivit, l'arrêta dans le corridor, et lui
demanda d'un ton solennel : « Vous aviez donc de
bien fortes raisons de soupçonner ce jeune homme
d'être le Gars?

— Tonnerre de Dieu, mademoiselle, le fantassin
qui vous accompagne est venu me prévenir que les
voyageurs et le courrier avaient été assassinés par les

Chouans, ce que je savais; mais ce que je ne savais pas, c'était les noms des voyageurs morts, et ils s'appelaient du Gua-Saint-Cyr!

— Oh! s'il y a du Corentin là-dedans, je ne m'étonne plus de rien », s'écria-t-elle avec un mouvement de dégoût.

Le commandant s'éloigna, sans oser regarder Mlle de Verneuil dont la dangereuse beauté lui troublait déjà le cœur.

« Si j'étais resté deux minutes de plus, j'aurais fait la sottise de reprendre mon épée pour l'escorter », se disait-il en descendant l'escalier.

En voyant le jeune homme les yeux attachés sur la porte par où Mlle de Verneuil était sortie, Mme du Gua lui dit à l'oreille : « Toujours le même! Vous ne périrez que par la femme. Une poupée vous fait tout oublier. Pourquoi donc avez-vous souffert qu'elle déjeunât avec nous? Qu'est-ce qu'une demoiselle de Verneuil qui accepte le déjeuner de gens inconnus, que les Bleus escortent, et qui les désarme avec une lettre mise en réserve comme un billet doux, dans son spencer? C'est une de ces mauvaises créatures à l'aide desquelles Fouché veut s'emparer de vous, et la lettre qu'elle a montrée est donnée pour requérir les Bleus contre vous.

— Eh! madame, répondit le jeune homme d'un ton aigre qui perça le cœur de la dame et la fit pâlir, sa générosité dément votre supposition. Souvenez-vous bien que l'intérêt seul du Roi nous rassemble.

Après avoir eu Charette à vos pieds, l'univers ne
serait-il donc pas vide pour vous? Ne vivriez-vous
déjà plus pour le venger? »

La dame resta pensive et debout comme un
homme qui du rivage, contemple le naufrage de ses
trésors, et n'en convoite que plus ardemment sa
fortune perdue. Mlle de Verneuil rentra, le jeune
marin échangea avec elle un sourire et un regard
empreint de douce moquerie. Quelque incertain
que parût l'avenir, quelque éphémère que fût leur
union, les prophéties de cet espoir n'en étaient que
plus caressantes. Quoique rapide, ce regard ne put
échapper à l'œil sagace de Mme du Gua, qui le
comprit : aussitôt, son front se contracta légèrement,
et sa physionomie ne put entièrement cacher de
jalouses pensées. Francine observait cette femme;
elle en vit les yeux briller, les joues s'animer; elle
crut apercevoir un esprit infernal animer ce visage
en proie à quelque révolution terrible; mais l'éclair
n'est pas plus vif, ni la mort plus prompte que ne
le fut cette expression passagère; Mme du Gua reprit son air enjoué, avec un tel aplomb que Francine crut avoir rêvé. Néanmoins, en reconnaissant
chez cette femme une violence au moins égale à
celle de Mlle de Verneuil, elle frémit en prévoyant
les terribles chocs qui devaient survenir entre deux
esprits de cette trempe, et frissonna quand elle vit
Mlle de Verneuil allant vers le jeune officier, lui
jetant un de ces regards passionnés qui enivrent, lui
prenant les deux mains, l'attirant à elle et le menant

au jour par un geste de coquetterie pleine de
malice.

« Maintenant, avouez-le-moi, dit-elle en cherchant
à lire dans ses yeux, vous n'êtes pas le citoyen du
Gua-Saint-Cyr.

— Si, mademoiselle.

— Mais sa mère et lui ont été tués avant-hier.

— J'en suis désolé, répondit-il en riant. Quoi
qu'il en soit, je ne vous en ai pas moins une obliga-
tion pour laquelle je vous conserverai toujours une
grande reconnaissance, et je voudrais être à même
de vous la témoigner.

— J'ai cru sauver un émigré, mais je vous aime
mieux républicain. »

A ces mots, échappés de ses lèvres comme par
étourderie, elle devint confuse; ses yeux semblèrent
rougir, et il n'y eut plus dans sa contenance qu'une
délicieuse naïveté de sentiment; elle quitta mollement les mains de l'officier, poussée non par la
honte de les avoir pressées, mais par une pensée
trop lourde à porter dans son cœur, et elle le laissa
ivre d'espérance. Tout à coup elle parut s'en vouloir à elle seule de cette liberté, autorisée peut-être
par ces fugitives aventures de voyage; elle reprit son
attitude de convention, salua ses deux compagnons de voyage et disparut avec Francine. En arrivant dans leur chambre, Francine se croisa les
doigts, retourna les paumes de ses mains en se tor-
dant les bras, et contempla sa maîtresse en lui
disant : « Ah! Marie, combien de choses en peu de

temps? il n'y a que vous pour ces histoires-là! »

Mlle de Verneuil bondit et sauta au cou de Francine.

« Ah! voilà la vie, je suis dans le ciel !

— Dans l'enfer, peut-être, répliqua Francine.

— Oh! va pour l'enfer! reprit Mlle de Verneuil avec gaieté. Tiens, donne-moi ta main. Sens mon cœur, comme il bat. J'ai la fièvre. Le monde entier est maintenant peu de chose! Combien de fois n'ai-je pas vu cet homme dans mes rêves! oh! comme sa tête est belle et quel regard étincelant!

— Vous aimera-t-il? demanda d'une voix affaiblie la naïve et simple paysanne, dont le visage s'était empreint de mélancolie.

— Tu le demandes? répondit Mlle de Verneuil. — Mais dis donc, Francine, ajouta-t-elle en se montrant à elle dans une attitude moitié sérieuse, moitié comique, il serait donc difficile.

— Oui, mais vous aimera-t-il toujours? » reprit Francine en souriant.

Elles se regardèrent un moment comme interdites, Francine de révéler tant d'expérience, Marie d'apercevoir pour la première fois un avenir de bonheur dans la passion; aussi resta-t-elle comme penchée sur un précipice dont elle aurait voulu sonder la profondeur en attendant le bruit d'une pierre jetée d'abord avec insouciance.

« Hé! c'est mon affaire, dit-elle en laissant échapper le geste d'un joueur au désespoir. Je ne plaindrai jamais une femme trahie. elle ne doit s'en

prendre qu'à elle-même de son abandon. Je saurai
bien garder, vivant ou mort, l'homme dont le cœur
m'aura appartenu. — Mais, dit-elle avec surprise
et après un moment de silence, d'où te vient tant
de science, Francine?...

— Mademoiselle, répondit vivement la paysanne,
j'entends des pas dans le corridor.

— Ah! dit-elle en écoutant, ce n'est pas *lui*! —
Mais, reprit-elle, voilà comment tu réponds! je te
comprends : je t'attendrai ou je te devinerai. »

Francine avait raison. Trois coups frappés à la
porte interrompirent cette conversation. Le capitaine Merle se montra bientôt, après avoir entendu
l'invitation d'entrer que lui adressa Mlle de Verneuil.

En faisant un salut militaire à Mlle de Verneuil,
le capitaine hasarda de lui jeter une œillade, et tout
ébloui par sa beauté, il ne trouva rien autre chose
à lui dire que : « Mademoiselle, je suis à vos ordres.

— Vous êtes donc devenu mon protecteur par la
démission de votre chef de demi-brigade. Votre régiment ne s'appelle-t-il pas ainsi?

— Mon supérieur est l'adjudant-major Gérard,
qui m'envoie.

— Votre commandant a donc bien peur de moi?
demanda-t-elle.

— Faites excuse, mademoiselle, Hulot n'a pas
peur; mais les femmes, voyez-vous, ça n'est pas son
affaire, et ça l'a chiffonné de trouver son général en
cornette.

— Cependant, reprit Mlle de Verneuil, son devoir était d'obéir à ses supérieurs! J'aime la subordination, je vous en préviens, et je ne veux pas qu'on me résiste.

— Cela serait difficile, répondit Merle.

— Tenons conseil, reprit Mlle de Verneuil. Vous avez ici des troupes fraîches, elles m'accompagneront à Mayenne, où je puis arriver ce soir. Pouvons-nous y trouver de nouveaux soldats pour en repartir sans nous y arrêter? Les Chouans ignorent notre petite expédition. En voyageant ainsi nuitamment, nous aurions bien du malheur si nous les rencontrions en assez grand nombre pour être attaqués. Voyons, dites, croyez-vous que ce soit possible?

— Oui, mademoiselle.

— Comment est le chemin de Mayenne à Fougères ?

— Rude. Il faut toujours monter et descendre, un vrai pays d'écureuil.

— Partons, partons, dit-elle; et comme nous n'avons pas de dangers à redouter en sortant d'Alençon, allez en avant; nous vous rejoindrons bien. »

« On dirait qu'elle a dix ans de grade, se dit Merle en sortant. Hulot se trompe, cette jeune fille-là n'est pas de celles qui se font des rentes avec un lit de plume. Et, mille cartouches, si le capitaine Merle veut devenir adjudant-major, je ne lui conseille pas de prendre saint Michel pour le diable. »

Pendant la conférence de Mlle de Verneuil avec le capitaine, Francine était sortie dans l'intention

d'examiner par une fenêtre du corridor un point
de la cour vers lequel une irrésistible curiosité l'entraînait depuis son arrivée dans l'auberge. Elle
contemplait la paille de l'écurie avec une attention
si profonde qu'on l'aurait pu croire en prières
devant une bonne vierge. Bientôt elle aperçut
Mme du Gua se dirigeant vers Marche-à-terre avec
les précautions d'un chat qui ne veut pas se mouil-
ler les pattes. En voyant cette dame, le Chouan se
leva et garda devant elle l'attitude du plus profond
respect. Cette étrange circonstance éveilla la curiosité de Francine, qui s'élança dans la cour, se glissa
le long des murs de manière à ne point être vue par
Mme du Gua, et tâcha de se cacher derrière la porte
de l'écurie; elle marcha sur la pointe du pied, retint
son haleine, évita de faire le moindre bruit, et réussit à se poser près de Marche-à-terre sans avoir excité
son attention.

« Et si, après toutes ces informations, disait l'inconnue au Chouan, ce n'est pas son nom, tu tireras
dessus sans pitié, comme sur une chienne enragée.

— Entendu », répondit Marche-à-terre.

La dame s'éloigna. Le Chouan remit son bonnet
de laine rouge sur la tête, resta debout et se grattait
l'oreille à la manière des gens embarrassés, lorsqu'il
vit Francine lui apparaître comme par magie.

« Sainte Anne d'Auray! » s'écria-t-il. Tout à coup
il laissa tomber son fouet, joignit les mains et demeura en extase. Une faible rougeur illumina son
visage grossier, et ses yeux brillèrent comme des dia-

mants perdus dans de la fange. « Est-ce bien la
garce à Cottin? dit-il d'une voix si sourde que lui
seul pouvait s'entendre. — Etes-vous *godaine?* »
reprit-il après une pause.

Ce mot bizarre de *godain, godaine,* est un super-
latif du patois de ces contrées qui sert aux amoureux à exprimer l'accord d'une riche toilette et de
la beauté.

« Je n'oserais point vous toucher, ajouta Marche-
à-terre en avançant néanmoins sa large main vers
Francine comme pour s'assurer du poids d'une
grosse chaîne d'or qui tournait autour de son cou,
et descendait jusqu'à sa taille.

— Et *vous* feriez bien, Pierre », répondit Francine inspirée par cet instinct de la femme qui la
rend despote quand elle n'est pas opprimée. Elle se
recula avec hauteur après avoir joui de la surprise
du Chouan; mais elle compensa la dureté de ses
paroles par un regard plein de douceur, et se rapprocha de lui. « Pierre, reprit-elle, cette dame-là *te*
parlait de la jeune demoiselle que je sers? n'est-ce
pas? »

Marche-à-terre resta muet et sa figure lutta
comme l'aurore entre les ténèbres et la lumière. Il
regarda tour à tour Francine, le gros fouet qu'il
avait laissé tomber et la chaîne d'or qui paraissait
exercer sur lui des séductions aussi puissantes que le
visage de la Bretonne; puis, comme pour mettre un
terme à son inquiétude, il ramassa son fouet et
garda le silence.

« Oh! il n'est pas difficile de deviner que cette dame t'a ordonné de tuer ma maîtresse », reprit Francine qui connaissait la discrète fidélité du gars et qui voulut en dissiper les scrupules.

Marche-à-terre baissa la tête d'une manière significative. Pour la garce à Cottin, ce fut une réponse.

« Eh bien, Pierre, s'il lui arrive le moindre malheur, si un seul cheveu de sa tête est arraché, nous nous serons vus ici pour la dernière fois et pour l'éternité, car je serai dans le paradis, moi! et toi, tu iras en enfer. »

Le possédé que l'Eglise allait jadis exorciser en grande pompe n'était pas plus agité que Marche-à-terre ne le fut sous cette prédiction prononcée avec une croyance qui lui donnait une sorte de certitude. Ses regards, d'abord empreints d'une tendresse sauvage, puis combattus par les devoirs d'un fanatisme aussi exigeant que celui de l'amour, devinrent tout à coup farouches quand il aperçut l'air impérieux de l'innocente maîtresse qu'il s'était jadis donnée. Francine interpréta le silence du Chouan à sa manière.

« Tu ne veux donc rien faire pour moi? » lui dit-elle d'un ton de reproche.

A ces mots, le Chouan jeta sur sa maîtresse un coup d'œil aussi noir que l'aile d'un corbeau.

« Es-tu libre? demanda-t-il par un grognement que Francine seule pouvait entendre.

— Serais-je là... répondit-elle avec indignation. Mais toi, que fais-tu ici? Tu chouannes encore, tu

cours par les chemins comme une bête enragée qui
cherche à mordre. Oh! Pierre, si tu étais sage, tu
viendrais avec moi. Cette belle demoiselle qui, je
puis te le dire, a été jadis nourrie chez nous, a eu
soin de moi. J'ai maintenant deux cents livres de
bonnes rentes. Enfin mademoiselle m'a acheté pour
cinq cents écus la grande maison à mon oncle Tho-
mas. et j'ai deux mille livres d'économies. »

Mais son sourire et l'énumération de ses trésors
échouèrent devant l'impénétrable expression de
Marche-à-terre.

« Les Recteurs ont dit de se mettre en guerre, répondit-il. Chaque Bleu jeté par terre vaut une
indulgence.

— Mais les Bleus te tueront peut-être. »

Il répondit en laissant aller ses bras comme pour
regretter la modicité de l'offrande qu'il faisait à
Dieu et au Roi.

« Et que deviendrais-je, moi? » demanda douloureusement la jeune fille.

Marche-à-terre regarda Francine avec stupidité;
ses yeux semblèrent s'agrandir, il s'en échappa deux
larmes qui roulèrent parallèlement de ses joues
velues sur les peaux de chèvre dont il était couvert,
et un sourd gémissement sortit de sa poitrine.

« Sainte Anne d'Auray!... Pierre, voilà donc tout
ce que tu me diras après une séparation de sept ans.
Tu as bien changé.

— Je t'aime toujours, répondit le Chouan d'une
voix brusque.

— Non, lui dit-elle à l'oreille, le Roi passe avant moi.

— Si tu me regardes ainsi, reprit-il, je m'en vais.

— Eh bien, adieu, reprit-elle avec tristesse.

— Adieu », répéta Marche-à-terre.

Il saisit la main de Francine, la serra, la baisa, fit un signe de croix, et se sauva dans l'écurie, comme un chien qui vient de dérober un os.

« Pille-miche, dit-il à son camarade, je n'y vois goutte. As-tu ta *chinchoire?*

— Oh! *cré bleu!...* » la belle chaîne, répondit Pille-miche en fouillant dans une poche pratiquée sous sa peau de bique.

Il tendit à Marche-à-terre ce petit cône en corne de bœuf dans lequel les Bretons mettent le tabac fin qu'ils lévigent eux-mêmes pendant les longues soirées d'hiver. Le Chouan leva le pouce de manière à former dans son poignet gauche ce creux où les invalides se mesurent leurs prises de tabac, il y secoua fortement la chinchoire dont la pointe avait été dévissée par Pille-miche. Une poussière impalpable tomba lentement par le petit trou qui terminait le cône de ce meuble breton. Marche-à-terre recommença sept ou huit fois ce manège silencieux, comme si cette poudre eût possédé le pouvoir de changer la nature de ses pensées. Tout à coup, il laissa échapper un geste désespéré, jeta la chinchoire à Pille-miche et ramassa une carabine cachée dans la paille.

« Sept à huit *chinchées* comme ça de suite, ça ne vaut *rin,* dit l'avare Pille-miche.

— En route, s'écria Marche-à-terre d'une voix ranque. Nous avons de la besogne. »

Une trentaine de Chouans qui dormaient sous les râteliers et dans la paille, levèrent la tête, virent Marche-à-terre debout, et disparurent aussitôt par une porte qui donnait sur des jardins et d'où l'on pouvait gagner les champs. Lorsque Francine sortit de l'écurie, elle trouva la malle en état de partir. Mlle de Verneuil et ses deux compagnons de voyage y étaient déjà montés. La Bretonne frémit en voyant sa maîtresse au fond de la voiture à côté de la femme qui venait d'en ordonner la mort. Le *Suspect* se mit en avant de Marie, et aussitôt que Francine se fut assise, la lourde voiture partit au grand trot.

Le soleil avait dissipé les nuages gris de l'automne, et ses rayons animaient la mélancolie des champs par un certain air de fête et de jeunesse. Beaucoup d'amants prennent ces hasards du ciel pour des présages. Francine fut étrangement surprise du silence qui régna d'abord entre les voyageurs. Mlle de Verneuil avait repris son air froid, et se tenait les yeux baissés, la tête doucement inclinée, et les mains cachées sous une espèce de mante dans laquelle elle s'enveloppa. Si elle leva les yeux, ce fut pour voir les paysages qui s'enfuyaient en tournoyant avec rapidité. Certaine d'être admirée, elle se refusait à l'admiration; mais

son apparente insouciance accusait plus de coquetterie que de candeur. La touchante pureté qui
donne tant d'harmonie aux diverses expressions par
lesquelles se révèlent les âmes faibles, semblait ne
pas pouvoir prêter son charme à une créature que
ses vives impressions destinaient aux orages de
l'amour. En proie au plaisir que donnent les
commencements d'une intrigue, l'inconnu ne cherchait pas encore à s'expliquer la discordance qui
existait entre la coquetterie et l'exaltation de cette
singulière fille. Cette candeur jouée ne lui permet-
tait-elle pas de contempler à son aise une figure que
le calme embellissait alors autant qu'elle venait de
l'être par l'agitation. Nous n'accusons guère la
source de nos jouissances.

Il est difficile à une jolie femme de se soustraire,
en voiture, aux regards de ses compagnons, dont les
yeux s'attachent sur elle comme pour y chercher
une distraction de plus à la monotonie du voyage.
Aussi, très heureux de pouvoir satisfaire l'avidité de
sa passion naissante, sans que l'inconnue évitât son
regard ou s'offensât de sa persistance, le jeune officier se plût-il à étudier les lignes pures et brillantes
qui dessinaient les contours de ce visage. Ce fut
pour lui comme un tableau. Tantôt le jour faisait
ressortir la transparence rose des narines, et le
double arc qui unissait le nez à la lèvre supérieure;
tantôt un pâle rayon de soleil mettait en lumière les
nuances du teint, nacrées sous les yeux et autour de
la bouche, rosées sur les joues, mates vers les tempes

et sur le cou. Il admira les oppositions de clair et
d'ombre produites par des cheveux dont les rouleaux noirs environnaient la figure, en y imprimant
une grâce éphémère; car tout est si fugitif chez la
femme! sa beauté d'aujourd'hui n'est souvent pas
celle d'hier, heureusement pour elle peut-être! Encore dans l'âge où l'homme peut jouir de ces riens
qui sont tout l'amour, le soi-disant marin attendait
avec bonheur le mouvement répété des paupières et
les jeux séduisants que la respiration donnait au
corsage. Parfois, au gré de ses pensées, il épiait un
accord entre l'expression des yeux et l'imperceptible
inflexion des lèvres. Chaque geste lui livrait une
âme, chaque mouvement une face nouvelle de cette
jeune fille. Si quelques idées venaient agiter ces
traits mobiles, si quelque soudaine rougeur s'y infu-
sait, si le sourire y répandait la vie, il savourait
mille délices en cherchant à deviner les secrets de
cette femme mystérieuse. Tout était piège pour
l'âme, piège pour les sens. Enfin le silence, loin
d'élever des obstacles à l'entente des cœurs, devenait
un lien commun pour les pensées. Plusieurs regards
où ses yeux rencontrèrent ceux de l'étranger apprirent à Marie de Verneuil que ce silence allait la
compromettre; elle fit alors à Mme du Gua quelques-unes de ces demandes insignifiantes qui pré-
ludent aux conversations, mais elle ne put s'empêcher d'y mêler le fils.

« Madame, comment avez-vous pu, disait-elle,
vous décider à mettre monsieur votre fils dans la

marine? N'est-ce pas vous condamner à de perpé-
tuelles inquiétudes?

— Mademoiselle, le destin des femmes, des mères,
veux-je dire, est de toujours trembler pour leurs plus
chers trésors.

— Monsieur vous ressemble beaucoup.

— Vous trouvez, mademoiselle. »

Cette innocente *légitimation* de l'âge que Mme du
Gua s'était donné, fit sourire le jeune homme et inspira à sa prétendue mère un nouveau dépit. La
haine de cette femme grandissait à chaque regard
passionné que jetait son fils sur Marie. Le silence, le
discours, tout allumait en elle une effroyable rage
déguisée sous les manières les plus affectueuses.

« Mademoiselle, dit alors l'inconnu, vous êtes
dans l'erreur. Les marins ne sont pas plus exposés
que ne le sont les autres militaires. Les femmes ne
devraient pas haïr la marine : n'avons-nous pas sur
les troupes de terre l'immense avantage de rester
fidèles à nos maîtresses?

— Oh! de force, répondit en riant Mlle de Verneuil.

— C'est toujours de la fidélité », répliqua Mme du
Gua d'un ton presque sombre.

La conversation s'anima, se porta sur des sujets
qui n'étaient intéressants que pour les trois voyageurs; car, en ces sortes de circonstances, les gens
d'esprit donnent aux banalités des significations
neuves; mais l'entretien, frivole en apparence, par
lequel ces inconnus se plurent à s'interroger mu-

tuellement, cacha les désirs, les passions et les espérances qui les agitaient. La finesse et la malice de
Marie, qui fut constamment sur ses gardes, apprirent à Mme du Gua que la calomnie et la trahison
pourraient seules la faire triompher d'une rivale
aussi redoutable par son esprit que par sa beauté.
Les voyageurs atteignirent l'escorte, et la voiture
alla moins rapidement. Le jeune marin aperçut une
longue côte à monter et proposa une promenade à
Mlle de Verneuil. Le bon goût, l'affectueuse politesse du jeune homme semblèrent décider la Parisienne, et son consentement le flatta.

« Madame est-elle de notre avis? demanda-t-elle à
Mme du Gua. Veut-elle aussi se promener?

— Coquette! » dit la dame en descendant de voiture.

Marie et l'inconnu marchèrent ensemble mais
séparés. Le marin, déjà saisi par de violents désirs,
fut jaloux de faire tomber la réserve qu'on lui opposait, et de laquelle il n'était pas la dupe. Il crut pouvoir y réussir en badinant avec l'inconnue à la
faveur de cette amabilité française, de cet esprit
parfois léger, parfois sérieux, toujours chevaleresque, souvent moqueur qui distinguait les
hommes remarquables de l'aristocratie exilée. Mais
la rieuse Parisienne plaisanta si malicieusement le
jeune Républicain, sut lui reprocher ses intentions
de frivolité si dédaigneusement en s'attachant de
préférence aux idées fortes et à l'exaltation qui per-
çaient malgré lui dans ses discours, qu'il devina

facilement le secret de plaire. La conversation changea donc. L'étranger réalisa dès lors les espérances
que donnait sa figure expressive. De moment en
moment, il éprouvait de nouvelles difficultés en
voulant apprécier la sirène de laquelle il s'éprenait
de plus en plus, et fut forcé de suspendre ses juge-
ments sur une fille qui se faisait un jeu de les
infirmer tous. Après avoir été séduit par la contemplation de la beauté, il fut donc entraîné vers cette
âme inconnue par une curiosité que Marie se plut
à exciter. Cet entretien prit insensiblement un caractère d'intimité très étranger au ton d'indifférence
que Mlle de Verneuil s'efforça d'y imprimer sans
pouvoir y parvenir. Quoique Mme du Gua eût suivi
les deux amoureux, ils avaient insensiblement marché plus vite qu'elle, et ils s'en trouvèrent bientôt
séparés par une centaine de pas environ. Ces deux
charmants êtres foulaient le sable fin de la route,
emportés par le charme enfantin d'unir le léger
retentissement de leurs pas, heureux de se voir enve-
loppés par un même rayon de lumière qui paraissait appartenir au soleil du printemps, et de respirer
ensemble ces parfums d'automne chargés de tant
de dépouilles végétales, qu'ils semblent une nourriture apportée par les airs à la mélancolie de l'amour
naissant. Quoiqu'ils ne parussent voir l'un et
l'autre qu'une aventure ordinaire dans leur union
momentanée, le ciel, le site et la saison communiquèrent à leurs sentiments une teinte de gravité qui
leur donna l'apparence de la passion. Ils commen-

cèrent à faire l'éloge de la journée, de sa beauté;
puis ils parlèrent de leur étrange rencontre, de la
rupture prochaine d'une liaison si douce et de la
facilité qu'on met en voyage à s'épancher avec les
personnes aussitôt perdues qu'entrevues. A cette
dernière observation, le jeune homme profita de la
permission tacite qui semblait l'autoriser à faire
quelques douces confidences, et essaya de risquer
des aveux en homme accoutumé à de semblables
situations.

« Remarquez-vous, mademoiselle, lui dit-il, combien les sentiments suivent peu la route commune,
dans le temps de terreur où nous vivons? Autour
de nous, tout n'est-il pas frappé d'une inexplicable soudaineté. Aujourd'hui, nous aimons, nous
haïssons sur la foi d'un regard. L'on s'unit pour la
vie ou l'on se quitte avec la célérité dont on
marche à la mort. On se dépêche en toute chose,
comme la Nation dans ses tumultes. Au milieu des
dangers, les étreintes doivent être plus vives que
dans le train ordinaire de la vie. A Paris, derniè-
rement, chacun a su, comme sur un champ de
bataille, tout ce que pouvait dire une poignée de
main.

— On sentait la nécessité de vivre vite et beaucoup, répondit-elle, parce qu'on avait alors peu de
temps à vivre. » Et après avoir lancé à son jeune
compagnon un regard qui semblait lui montrer le
terme de leur court voyage, elle ajouta malicieusement : « Vous êtes bien instruit des choses de la

vie, pour un jeune homme qui sort de l'Ecole?

— Que pensez-vous de moi? demanda-t-il après un moment de silence. Dites-moi votre opinion sans ménagements.

— Vous voulez sans doute acquérir ainsi le droit de me parler de moi?... répliqua-t-elle en riant.

« Vous ne répondez pas, reprit-elle après une légère pause. Prenez garde, le silence est souvent une réponse.

— Ne deviné-je pas tout ce que vous voudriez pouvoir me dire? Hé! mon Dieu, vous avez déjà trop parlé.

— Oh! si nous nous entendons, reprit-il en riant, j'obtiens plus que je n'osais espérer. »

Elle se mit à sourire si gracieusement qu'elle parut accepter la lutte courtoise de laquelle tout homme se plaît à menacer une femme. Ils se persuadèrent alors, autant sérieusement que par plaisanterie, qu'il leur était impossible d'être jamais l'un pour l'autre autre chose que ce qu'ils étaient en ce moment. Le jeune homme pouvait se livrer à une passion qui n'avait point d'avenir, et Marie pouvait en rire. Puis quand ils eurent élevé ainsi entre eux une barrière imaginaire, ils parurent l'un et l'autre fort empressés de mettre à profit la dangereuse liberté qu'ils venaient de stipuler. Marie heurta tout à coup une pierre et fit un faux pas.

« Prenez mon bras, dit l'inconnu.

— Il le faut bien, étourdi! Vous seriez trop fier

si je refusais. N'aurais-je pas l'air de vous craindre?

— Ah! mademoiselle, répondit-il en lui pressant le bras pour lui faire sentir les battements de son cœur, vous allez me rendre fier de cette faveur.

— Eh bien, ma facilité vous ôtera vos illusions

— Voulez-vous déjà me défendre contre le danger des émotions que vous causez?

— Cessez, je vous prie, dit-elle, de m'entortiller dans ces petits idées de boudoir, dans ces logogriphes de ruelle. Je n'aime pas à rencontrer chez un homme de votre caractère, l'esprit que les sots peuvent avoir. Voyez?... nous sommes sous un beau ciel, en pleine campagne; devant nous, au-dessus de nous tout est grand. Vous voulez me dire que je suis belle, n'est-ce pas? mais vos yeux me le prouvent, et d'ailleurs, je le sais; mais je ne suis pas une femme que des compliments puissent flatter. Voudriez-vous, par hasard, me parler de vos *sentiments?* dit-elle avec une emphase sardonique. Me supposeriez-vous donc la simplicité de croire à des sympathies soudaines assez fortes pour dominer une vie entière par le souvenir d'une matinée.

— Non pas d'une matinée, répondit-il, mais d'une belle femme qui s'est montrée généreuse.

— Vous oubliez, reprit-elle en riant, de bien plus grands attraits, une femme inconnue, et chez laquelle tout doit sembler bizarre, le nom, la qualité, la situation, la liberté d'esprit et de manières.

— Vous ne m'êtes point inconnue, s'écria-t-il, j'ai

su vous deviner, et ne voudrais rien ajouter à vos perfections, si ce n'est un peu plus de foi dans l'amour que vous inspirez tout d'abord.

— Ah! mon pauvre enfant de dix-sept ans, vous parlez déjà d'amour? dit-elle en souriant. Eh bien, soit, reprit-elle. C'est là un secret de conversation entre deux personnes, comme la pluie et le beau temps quand nous faisons une visite, prenons-le! Vous ne trouverez en moi, ni fausse modestie, ni petitesse. Je puis écouter ce mot sans rougir, il m'a été tant de fois prononcé sans l'accent du cœur, qu'il est devenu presque insignifiant pour moi. Il m'a été répété au théâtre, dans les livres, dans le monde, partout; mais je n'ai jamais rien rencontré qui ressemblât à ce magnifique sentiment.

— L'avez-vous cherché?

— Oui. »

Ce mot fut prononcé avec tant de laisser-aller, que le jeune homme fit un geste de surprise et regarda fixement Marie comme s'il eût tout à coup changé d'opinion sur son caractère et sa véritable situation.

« Mademoiselle, dit-il avec une émotion mal dé-guisée, êtes-vous fille ou femme, ange ou démon?

— Je suis l'un et l'autre, reprit-elle en riant. N'y a-t-il pas toujours quelque chose de diabolique et d'angélique chez une jeune fille qui n'a point aimé, qui n'aime pas, et qui n'aimera peut-être jamais?

— Et vous trouvez-vous heureuse ainsi?... dit-il en

prenant un ton et des manières libres, comme s'il
eût déjà conçu moins d'estime pour sa libératrice.

— Oh! heureuse, reprit-elle, non. Si je viens à
penser que je suis seule, dominée par des conven-
tions sociales qui me rendent nécessairement artifi-
cieuse, j'envie les privilèges de l'homme. Mais, si je
songe à tous les moyens que la nature nous a donnés pour vous envelopper, vous autres, pour vous
enlacer dans les filets invisibles d'une puissance à
laquelle aucun de vous ne peut résister, alors mon
rôle ici-bas me sourit; puis, tout à coup, il me
semble petit, et je sens que je mépriserais un
homme, s'il était la dupe de séductions vulgaires.
Enfin tantôt j'aperçois notre joug, et il me plaît,
puis il me semble horrible et je m'y refuse; tantôt
je sens en moi ce désir de dévouement qui rend la
femme si noblement belle, puis j'éprouve un désir
de domination qui me dévore. Peut-être, est-ce le
combat naturel du bon et du mauvais principe qui
fait vivre toute créature ici-bas. Ange et démon,
vous l'avez dit. Ah! ce n'est pas d'aujourd'hui que
je reconnais ma double nature. Mais, nous autres
femmes, nous comprenons encore mieux que vous
notre insuffisance. N'avons-nous pas un instinct qui
nous fait pressentir en toute chose une perfection
à laquelle il est sans doute impossible d'atteindre.
Mais, ajouta-t-elle en regardant le ciel et jetant un
soupir, ce qui nous grandit à vos yeux...

— C'est?... dit-il.

— Hé bien, répondit-elle, c'est que nous luttons toutes, plus ou moins, contre une destinée incomplète.

— Mademoiselle, pourquoi donc nous quittons-nous ce soir?

— Ah! dit-elle en souriant au regard passionné que lui lança le jeune homme, remontons en voiture, le grand air ne vous vaut rien. »

Marie se retourna brusquement, l'inconnu la suivit, et lui serra le bras par un mouvement peu respectueux, mais qui exprima tout à la fois d'impétueux désirs et de l'admiration. Elle marcha plus vite; le marin devina qu'elle voulait fuir une déclaration peut-être importune, il n'en devint que plus ardent, risqua tout pour arracher une première faveur à cette femme, et il lui dit en la regardant avec finesse : « Voulez-vous que je vous apprenne un secret?

— Oh! dites promptement, s'il vous concerne?

— Je ne suis pas au service de la République. Où allez-vous? j'irai. »

A cette phrase, Marie trembla violemment, elle retira son bras, et se couvrit le visage de ses deux mains pour dérober la rougeur ou la pâleur peut-être qui en altéra les traits; mais elle dégagea tout à coup sa figure, et dit d'une voix attendrie : « Vous avez donc débuté comme vous auriez fini, vous m'avez trompée?

— Oui », dit-il.

A cette réponse, elle tourna le dos à la grosse

malle vers laquelle ils se dirigeaient, et se mit à
courir presque.

« Mais, reprit l'inconnu, l'air ne nous valait
rien?...

— Oh! il a changé, dit-elle avec un son de voix
grave en continuant à marcher en proie à des pensées orageuses.

— Vous vous taisez, demanda l'étranger, dont le
cœur se remplit de cette douce appréhension que
donne l'attente du plaisir.

— Oh! dit-elle d'un accent bref, la tragédie a
bien promptement commencé.

— De quelle tragédie parlez-vous? » demanda-t-il.

Elle s'arrêta, toisa l'élève d'abord d'un air empreint d'une double expression de crainte et de
curiosité; puis elle cacha sous un calme impénétrable les sentiments qui l'agitaient, et montra que,
pour une jeune fille, elle avait une grande habitude
de la vie.

« Qui êtes-vous? reprit-elle; mais je le sais! En
vous voyant, je m'en étais doutée, vous êtes le chef
royaliste nommé le Gars? L'ex-évêque d'Autun a
bien raison, en nous disant de toujours croire aux
pressentiments qui annoncent des malheurs.

— Quel intérêt avez-vous donc à connaître ce
garçon-là?

— Quel intérêt aurait-il donc à se cacher de moi,
si je lui ai déjà sauvé la vie. » Elle se mit à rire,
mais forcément. « J'ai sagement fait de vous empêcher de me dire que vous m'aimez. Sachez-le bien,

monsieur, je vous abhorre. Je suis républicaine, vous êtes royaliste, et je vous livrerais si vous n'aviez ma parole, si je ne vous avais déjà sauvé une fois, et si... » Elle s'arrêta. Ces violents retours sur elle-même, ces combats qu'elle ne se donnait plus la peine de déguiser, inquiétèrent l'inconnu, qui tâcha, mais vainement, de l'observer. « Quittons-nous à l'instant, je le veux, adieu », dit-elle. Elle se retourna vivement, fit quelques pas et revint. « Mais non, j'ai un immense intérêt à apprendre qui vous êtes, reprit-elle. Ne me cachez rien, et dites-moi la vérité. Qui êtes-vous? car vous n'êtes pas plus un élève de l'Ecole que vous n'avez dix-sept ans...

— Je suis un marin, tout prêt à quitter l'Océan pour vous suivre partout où votre imagination voudra me guider. Si j'ai le bonheur de vous offrir quelque mystère je me garderai bien de détruire votre curiosité. Pourquoi mêler les graves intérêts de la vie réelle à la vie du cœur, où nous commencions à si bien nous comprendre.

— Nos âmes auraient pu s'entendre, dit-elle d'un ton grave. Mais, monsieur, je n'ai pas le droit d'exiger votre confiance. Vous ne connaîtrez jamais l'étendue de vos obligations envers moi : je me tairai. »

Ils avancèrent de quelques pas dans le plus profond silence.

« Combien ma vie vous intéresse! reprit l'inconnu.

— Monsieur, dit-elle, de grâce, votre nom, ou taisez-vous. Vous êtes un enfant, ajouta-t-elle en haussant les épaules, et vous me faites pitié. »

L'obstination que la voyageuse mettait à connaître son secret fit hésiter le prétendu marin entre la prudence et ses désirs. Le dépit d'une femme souhaitée a de biens puissants attraits; sa soumission comme sa colère est si impérieuse, elle attaque tant de fibres dans le cœur de l'homme, elle le pénètre et le subjugue. Etait-ce chez Mlle de Verneuil une coquetterie de plus? Malgré sa passion, l'étranger eut la force de se défier d'une femme qui voulait lui violemment arracher un secret de vie ou de mort.

« Pourquoi, lui dit-il en lui prenant la main qu'elle laissa prendre par distraction, pourquoi mon indiscrétion, qui donnait un avenir à cette journée, en a-t-elle détruit le charme? »

Mlle de Verneuil, qui paraissait souffrante, garda le silence.

« En quoi puis-je vous affliger, reprit-il, et que puis-je faire pour vous apaiser?

— Dites-moi votre nom. »

A son tour il marcha en silence, et ils avancèrent de quelques pas. Tout à coup Mlle de Verneuil s'arrêta, comme une personne qui a pris une importante détermination.

« Monsieur le marquis de Montauran, dit-elle avec dignité sans pouvoir entièrement déguiser une agitation qui donnait une sorte de tremblement

nerveux à ses traits, quoi qu'il puisse m'en coûter,
je suis heureuse de vous rendre un bon office. Ici
nous allons nous séparer. L'escorte et la malle sont
trop nécessaires à votre sûreté pour que vous n'ac-
ceptiez pas l'une et l'autre. Ne craignez rien des
Républicains; tous ces soldats, voyez-vous, sont des
hommes d'honneur, et je vais donner à l'adjudant
des ordres qu'il exécutera fidèlement. Quant à moi,
je puis regagner Alençon à pied avec ma femme de
chambre, quelques soldats nous accompagneront.
Ecoutez-moi bien, car il s'agit de votre tête. Si vous
rencontriez, avant d'être en sûreté, l'horrible muscadin que vous avez vu dans l'auberge, fuyez, car il
vous livrerait aussitôt. Quant à moi... » Elle fit une
pause. « Quant à moi, je me rejette avec orgueil
dans les misères de la vie, reprit-elle à voix basse
en retenant ses pleurs. Adieu, monsieur. Puissiez-
vous être heureux! Adieu. »

Et elle fit un signe au capitaine Merle qui atteignait alors le haut de la colline. Le jeune homme
ne s'attendait pas à un si brusque dénouement.

« Attendez! » cria-t-il avec une sorte de désespoir
assez bien joué.

Ce singulier caprice d'une fille pour laquelle il
aurait alors sacrifié sa vie surprit tellement l'inconnu, qu'il inventa une déplorable ruse pour tout
à la fois cacher son nom et satisfaire la curiosité de
Mlle de Verneuil.

« Vous avez presque deviné, dit-il, je suis émigré,
condamné à mort, et je me nomme le vicomte de

Bauvan. L'amour de mon pays m'a ramené en France, près de mon frère. J'espère être radié de la liste par l'influence de Mme de Beauharnais, aujourd'hui la femme du Premier Consul; mais si j'échoue, alors je veux mourir sur la terre de mon pays en combattant auprès de Montauran, mon ami. Je vais d'abord en secret, à l'aide d'un passeport qu'il m'a fait parvenir, savoir s'il me reste quelques propriétés en Bretagne. »

Pendant que le jeune gentilhomme parlait, Mlle de Verneuil l'examinait d'un œil perçant. Elle essaya de douter de la vérité de ces paroles, mais crédule et confiante, elle reprit lentement une expression de sérénité, et s'écria : « Monsieur, ce que vous me dites en ce moment est-il vrai?

— Parfaitement vrai », répéta l'inconnu qui paraissait mettre peu de probité dans ses relations avec les femmes.

Mlle de Verneuil soupira fortement comme une personne qui revient à la vie.

« Ah! s'écria-t-elle, je suis bien heureuse.

— Vous haïssez donc bien mon pauvre Montauran?

— Non, dit-elle, vous ne sauriez me comprendre. Je n'aurais pas voulu que *vous* fussiez menacé des dangers contre lesquels je vais tâcher de le défendre, puisqu'il est votre ami.

— Qui vous a dit que Montauran fût en danger?

— Hé! monsieur, si je ne venais pas de Paris, où

il n'est question que de son entreprise, le commandant d'Alençon nous en a dit assez sur lui, je pense.

— Je vous demanderai alors comment vous pourriez le préserver de tout danger.

— Et si je ne voulais pas répondre? dit-elle avec
cet air dédaigneux sous lequel les femmes savent si
bien cacher leurs émotions. De quel droit voulez-
vous connaître mes secrets?

— Du droit que doit avoir un homme qui vous
aime.

— Déjà?... dit-elle. Non, vous ne m'aimez pas,
monsieur, vous voyez en moi l'objet d'une galanterie passagère, voilà tout. Ne vous ai-je pas sur-le-
champ deviné? Une personne qui a quelque habitude de la bonne compagnie peut-elle, par les
mœurs qui courent, se tromper en entendant un
élève de l'Ecole Polytechnique se servir d'expressions choisies, et déguiser, aussi mal que vous l'avez
fait, les manières d'un grand seigneur sous l'écorce
des républicains; mais vos cheveux ont un reste de
poudre, et vous avez un parfum de gentilhomme
que doit sentir tout d'abord une femme du monde.
Aussi, tremblant pour vous que mon surveillant,
qui a toute la finesse d'une femme, ne vous recon-
nût, l'ai-je promptement congédié. Monsieur, un
véritable officier républicain sorti de l'Ecole ne se
croirait pas près de moi en bonne fortune, et ne me
prendrait pas pour une jolie intrigante. Permettez-
moi, monsieur de Bauvan, de vous soumettre à ce
propos un léger raisonnement de femme. Etes-vous

si jeune, que vous ne sachiez pas que, de toutes les
créatures de notre sexe, la plus difficile à soumettre
est celle dont la valeur est chiffrée et qui s'ennuie
du plaisir. Cette sorte de femme exige, m'a-t-on dit,
d'immenses séductions, ne cède qu'à ses caprices; et,
prétendre lui plaire, est chez un homme la plus
grande des fatuités. Mettons à part cette classe de
femmes dans laquelle vous me faites la galanterie
de me ranger, car elles sont tenues toutes d'être
belles, vous devez comprendre qu'une jeune femme
noble, belle, spirituelle (vous m'accordez ces avantages), ne se vend pas, et ne peut s'obtenir que
d'une seule façon, quand elle est aimée. Vous m'entendez! Si elle aime, et qu'elle veuille faire une
folie, elle doit être justifiée par quelque grandeur.
Pardonnez-moi ce luxe de logique, si rare chez les
personnes de notre sexe; mais, pour votre honneur et... le mien, dit-elle en s'inclinant, je ne voudrais pas que nous nous trompassions sur notre
mérite, ou que vous crussiez Mlle de Verneuil, ange
ou démon, fille ou femme, capable de se laisser
prendre à de banales galanteries.

— Mademoiselle, dit le marquis dont la surprise
quoique dissimulée fut extrême et qui redevint
tout à coup homme de grande compagnie, je vous
supplie de croire que je vous accepte comme une
très noble personne, pleine de cœur et de sentiments élevés, ou... comme une bonne fille, à votre
choix!

— Je ne vous demande pas tant, monsieur, dit-

elle en riant. Laissez-moi mon incognito. D'ailleurs,
mon masque est mieux mis que le vôtre, et il me
plaît à moi de le garder, ne fût-ce que pour savoir
si les gens qui me parlent d'amour sont sincères...
Ne vous hasardez donc pas légèrement près de moi.

— Monsieur, écoutez, lui dit-elle en lui saisissant le
bras avec force, si vous pouviez me prouver un
véritable amour, aucune puissance humaine ne
nous séparerait. Oui, je voudrais m'associer à
quelque grande existence d'homme, épouser une
vaste ambition, de belles pensées. Les nobles cœurs
ne sont pas infidèles, car la constance est une force
qui leur va; je serais donc toujours aimée, toujours
heureuse mais aussi, ne serais-je pas toujours prête
à faire de mon corps une marche pour élever
l'homme qui aurait mes affections, à me sacrifier
pour lui, à tout supporter de lui, à l'aimer toujours, même quand il ne m'aimerait plus. Je n'ai
jamais osé confier à un autre cœur ni les souhaits
du mien, ni les élans passionnés de l'exaltation qui
me dévore mais je puis bien vous en dire quelque
chose, puisque nous allons nous quitter aussitôt que
vous serez en sûreté.

— Nous quitter?... jamais! dit-il électrisé par les
sons que rendait cette âme vigoureuse qui semblait
se débattre contre quelque immense pensée.

— Etes-vous libre? reprit-elle en lui jetant un
regard dédaigneux qui le rapetissa.

— Oh! pour libre... oui, sauf la condamnation à
mort. »

Elle lui dit alors d'une voix pleine de sentiments amers : « Si tout ceci n'était pas un songe,
quelle belle vie serait la vôtre...? Mais si j'ai dit des
folies, n'en faisons pas. Quand je pense à tout ce
que vous devriez être pour m'apprécier à ma juste
valeur, je doute de tout.

— Et moi je ne douterais de rien, si vous vouliez
m'appar...

— Chut! s'écria-t-elle en entendant cette phrase
dite avec un véritable accent de passion, l'air ne
nous vaut décidément plus rien, allons retrouver
nos chaperons. »

La malle ne tarda pas à rejoindre ces deux personnages, qui reprirent leurs places et firent
quelques lieues dans le plus profond silence; s'ils
avaient l'un et l'autre trouvé matière à d'amples
réflexions, leurs yeux ne craignirent plus désormais
de se rencontrer. Tous deux, ils semblaient avoir
un égal intérêt à s'observer et à se cacher un secret
important; mais ils se sentaient entraînés l'un vers
l'autre par un même désir qui, depuis leur entretien, contractait l'étendue de la passion; car ils
avaient réciproquement reconnu chez eux des qualités qui rehaussaient encore à leurs yeux les plaisirs
qu'ils se promettaient de leur lutte ou de leur
union. Peut-être chacun d'eux, embarqué dans une
vie aventureuse, était-il arrivé à cette singulière
situation morale où, soit par lassitude, soit pour
défier le sort, on se refuse à des réflexions sérieuses,
et où l'on se livre aux chances du hasard en pour-

suivant une entreprise, précisément parce qu'elle
n'offre aucune issue et qu'on veut en voir le dénouement nécessaire. La nature morale n'a-t-elle pas,
comme la nature physique, ses gouffres et ses abîmes
où les caractères forts aiment à se plonger en risquant leur vie, comme un joueur aime à jouer sa
fortune? Le gentilhomme et Mlle de Verneuil
eurent en quelque sorte une révélation de ces idées,
qui leur furent communes après l'entretien dont
elles étaient la conséquence, et ils firent ainsi tout
à coup un pas immense, car la sympathie des âmes
suivit celle de leurs sens. Néanmoins plus ils se sen-
tirent fatalement entraînés l'un vers l'autre, plus ils
furent intéressés à s'étudier, ne fût-ce que pour augmenter, par un involontaire calcul, la somme de
leurs jouissances futures. Le jeune homme, encore
étonné de la profondeur d'idées de cette fille bizarre,
se demanda tout d'abord comment elle pouvait allier
tant de connaissances acquises à tant de fraîcheur et
de jeunesse. Il crut découvrir alors un extrême désir
de paraître chaste, dans l'extrême chasteté que Marie
cherchait à donner à ses attitudes; il la soupçonna
de feinte, se querella sur son plaisir, et ne voulut
plus voir dans cette inconnue qu'une habile comé-
dienne : il avait raison. Mlle de Verneuil, comme
toutes les filles du monde, devenue d'autant
plus modeste qu'elle ressentait plus d'ardeur, prenait fort naturellement cette contenance de pruderie sous laquelle les femmes savent si bien voiler
leurs excessifs désirs. Toutes voudraient s'offrir

vierges à la passion; et, si elles ne le sont pas, leur
dissimulation est toujours un hommage qu'elles
rendent à leur amour. Ces réflexions passèrent rapidement dans l'âme du gentilhomme, et lui firent
plaisir. En effet, pour tous deux, cet examen devait
être un progrès, et l'amant en vint bientôt à cette
phase de la passion où un homme trouve dans les
défauts de sa maîtresse des raisons pour l'aimer
davantage. Mlle de Verneuil resta plus longtemps
pensive que ne le fut l'émigré; peut-être son imagination lui faisait-elle franchir une plus grande
étendue de l'avenir. Le jeune homme obéissait à
quelqu'un des mille sentiments qu'il devait éprouver dans sa vie d'homme, et la jeune fille apercevait
toute une vie en se complaisant à l'arranger belle,
à la remplir de bonheur, de grands et de nobles
sentiments. Heureuse en idée, éprise autant de ses
chimères que de la réalité, autant de l'avenir que
du présent, Marie essaya de revenir sur ses pas
pour mieux établir son pouvoir sur ce jeune cœur,
agissant en cela instinctivement, comme agissent
toutes les femmes. Après être convenue avec elle-
même de se donner tout entière, elle désirait, pour
ainsi dire, se disputer en détail; elle aurait voulu
pouvoir reprendre dans le passé toutes ses actions,
ses paroles, ses regards, pour les mettre en harmonie avec la dignité de la femme aimée. Aussi, ses
yeux exprimèrent-ils parfois une sorte de terreur,
quand elle songeait à l'entretien qu'elle venait
d'avoir et où elle s'était montrée si agressive. Mais

en contemplant cette figure empreinte de force, elle
se dit qu'un être si puissant devait être généreux,
et s'applaudit de rencontrer une part plus belle que
celle de beaucoup d'autres femmes, en trouvant
dans son amant un homme de caractère, un homme
condamné à mort qui venait jouer lui-même sa
tête et faire la guerre à la République. La pensée
de pouvoir occuper sans partage une telle âme
prêta bientôt à toutes les choses une physionomie
différente. Entre le moment où, cinq heures auparavant, elle composa son visage et sa voix pour agacer
le gentilhomme, et le moment actuel où elle pouvait le bouleverser d'un regard, il y eut la différence
de l'univers mort à un vivant univers. De bons
rires de joyeuses coquetteries cachèrent une
immense passion qui se présenta comme le malheur,
en souriant. Dans les dispositions d'âme où se trouvait Mlle de Verneuil, la vie extérieure prit donc
pour elle le caractère d'une fantasmagorie. La calèche passa par des villages, par des vallons, par
des montagnes dont aucune image ne s'imprima
dans sa mémoire. Elle arriva dans Mayenne, les
soldats de l'escorte changèrent, Merle lui parla, elle
répondit, traversa toute une ville, et se remit en
route; mais les figures, les maisons, les rues, les
paysages, les hommes furent emportés comme les
formes indistinctes d'un rêve. La nuit vint. Marie
voyagea sous un ciel de diamants, enveloppée d'une
douce lumière, et sur la route de Fougères, sans
qu'il lui vînt dans la pensée que le ciel eût changé

d'aspect, sans savoir ce qu'était ni Mayenne ni Fougères, ni où elle allait. Qu'elle pût quitter dans peu d'heures l'homme de son choix et par qui elle se croyait choisie, n'était pas, pour elle, une chose possible. L'amour est la seule passion qui ne souffre ni passé ni avenir. Si parfois sa pensée se trahissait par des paroles, elle laissait échapper des phrases presque dénuées de sens, mais qui résonnaient dans le cœur de son amant comme des promesses de plaisir. Aux yeux des deux témoins de cette passion naissante, elle prenait une marche effrayante. Francine connaissait Marie aussi bien que l'étrangère connaissait le jeune homme, et cette expérience du passé leur faisait attendre en silence quelque terrible dénouement. En effet, elles ne tardèrent pas à voir finir ce drame que Mlle de Verneuil avait si tristement, sans le savoir peut-être, nommé une tragédie.

Quand les quatre voyageurs eurent fait environ une lieue hors de Mayenne, ils entendirent un homme à cheval qui se dirigeait vers eux avec une excessive rapidité; lorsqu'il atteignit la voiture, il se pencha pour y regarder Mlle de Verneuil, qui reconnut Corentin; ce sinistre personnage se permit de lui adresser un signe d'intelligence dont la familiarité eut quelque chose de flétrissant pour elle, et il s'enfuit après l'avoir glacée par ce signe empreint de bassesse. L'émigré parut désagréablement affecté de cette circonstance qui n'échappa certes point à sa prétendue mère; mais Marie le pressa

légèrement, et sembla se réfugier par un regard dans
son cœur, comme dans le seul asile qu'elle eût sur
terre. Le front du jeune homme s'éclaircit alors en
savourant l'émotion que lui fit éprouver le geste par
lequel sa maîtresse lui avait révélé, comme par mé-
garde, l'étendue de son attachement. Une inexplicable peur avait fait évanouir toute coquetterie, et
l'amour se montra pendant un moment sans voile.
Ils se turent comme pour prolonger la douceur de
ce moment. Malheureusement au milieu d'eux
Mme du Gua voyait tout; et, comme un avare qui
donne un festin, elle paraissait leur compter les
morceaux et leur mesurer la vie. En proie à leur
bonheur, les deux amants arrivèrent, sans se douter
du chemin qu'ils avaient fait, à la partie de la route
qui se trouve au fond de la vallée d'Ernée, et qui
forme le premier des trois bassins à travers lesquels
se sont passés les événements qui servent d'exposition à cette histoire. Là, Francine aperçut et montra
d'étranges figures qui semblaient se mouvoir comme
des ombres à travers les arbres et dans les ajoncs
dont les champs étaient entourés. Quand la voiture
arriva dans la direction de ces ombres, une décharge
générale, dont les balles passèrent en sifflant au-
dessus des têtes, apprit aux voyageurs que tout était
positif dans cette apparition. L'escorte tombait dans
une embuscade.

A cette vive fusillade, le capitaine Merle regretta
vivement d'avoir partagé l'erreur de Mlle de Verneuil, qui, croyant à la sécurité d'un voyage noc

turne et rapide, ne lui avait laissé prendre qu'une
soixantaine d'hommes. Aussitôt le capitaine, commandé par Gérard, divisa la petite troupe en deux
colonnes pour tenir les deux côtés de la route, et
chacun des officiers se dirigea vivement au pas de
course à travers les champs de genêts et d'ajoncs,
en cherchant à combattre les assaillants avant de les
compter. Les Bleus se mirent à battre à droite et à
gauche ces épais buissons avec une intrépidité
pleine d'imprudence, et répondirent à l'attaque des
Chouans par un feu soutenu dans les genêts, d'où
partaient les coups de fusil. Le premier mouvement
de Mlle de Verneuil avait été de sauter hors de la
calèche et de courir assez loin en arrière pour
s'éloigner du champ de bataille; mais, honteuse de
sa peur, et mue par ce sentiment qui porte à se
grandir aux yeux de l'être aimé, elle demeura
immobile et tâcha d'examiner froidement le
combat.

L'émigré la suivit, lui prit la main et la plaça
sur son cœur.

« J'ai eu peur, dit-elle en souriant; mais maintenant... »

En ce moment sa femme de chambre lui cria :
« Marie, prenez garde! » Mais Francine, qui voulait
s'élancer hors de la voiture, s'y sentit arrêtée par
une main vigoureuse. Le poids de cette main
énorme lui arracha un cri violent, elle se retourna
et garda le silence en reconnaissant la figure de
Marche-à-terre.

« Je devrai donc à vos terreurs, disait l'étranger à Mlle de Verneuil, la révélation des plus doux secrets du cœur. Grâce à Francine, j'apprends que vous portez le nom gracieux de Marie, le nom que j'ai prononcé dans toutes mes angoisses! Marie, le nom que je prononcerai désormais dans la joie, et que je ne dirai plus maintenant sans faire un sacrilège, en confondant la religion et l'amour. Mais serait-ce donc un crime que de prier et d'aimer tout ensemble? »

A ces mots, ils se serrèrent fortement la main, se regardèrent en silence, et l'excès de leurs sensations leur ôta la force et le pouvoir de les exprimer.

« *Ce n'est pas pour vous autres qu'il y a du danger!* » dit brutalement Marche-à-terre à Francine en donnant aux sons rauques et gutturaux de sa voix une sinistre expression de reproche et appuyant sur chaque mot de manière à jeter l'innocente paysanne dans la stupeur.

Pour la première fois la pauvre fille apercevait de la férocité dans les regards de Marche-à-terre. La lueur de la lune semblait être la seule qui convînt à cette figure. Ce sauvage Breton tenant son bonnet d'une main, sa lourde carabine de l'autre, ramassé comme un gnome et enveloppé par cette blanche lumière dont les flots donnent aux formes de si bizarres aspects, appartenait ainsi plutôt à la féerie qu'à la vérité. Cette apparition et son reproche eurent quelque chose de la rapidité des fantômes. Il se tourna brusquement vers Mme du Gua, avec laquelle il échangea de vives paroles, et Francine, qui avait un peu oublié le bas breton, ne put y rien comprendre. La dame paraissait donner à Marche-à-terre des ordres multipliés. Cette courte conférence fut terminée par un geste impérieux de cette femme qui désignait au Chouan les deux amants. Avant d'obéir, Marche-à-terre jeta un dernier regard à Francine, qu'il semblait plaindre, il aurait voulu lui parler; mais la Bretonne sut que le silence de son amant était imposé. La peau rude et tannée de cet homme parvint à se plisser sur son front, et ses sourcils se rapprochèrent violemment. Résistait-il à l'ordre renouvelé de tuer Mlle de Verneuil? Cette grimace le rendit sans doute plus hideux à Mme du Gua, mais l'éclair de ses yeux devint presque doux pour Francine, qui, devinant par ce regard qu'elle pouvait faire plier l'énergie de ce sauvage sous sa volonté de femme, espéra régner encore, après Dieu, sur ce cœur grossier.

Le doux entretien de Marie fut interrompu par Mme du Gua qui vint la prendre en criant comme si quelque danger la menaçait; mais elle voulait uniquement laisser l'un des membres du comité royaliste d'Alençon, qu'elle reconnut, libre de parler à l'émigré.

« Défiez-vous de la fille que vous avez rencontrée à l'hôtel des Trois-Maures. »

Après avoir dit cette phrase à l'oreille du jeune homme, le chevalier de Valois qui montait un petit cheval breton disparut dans les genêts d'où il venait de sortir. En ce moment, le feu roulait avec une étonnante vivacité, mais sans que les deux partis en vinssent aux mains.

« Mon adjudant, ne serait-ce pas une fausse attaque pour enlever nos voyageurs et leur imposer une rançon? dit La-clef-des-cœurs.

— Tu as les pieds dans leurs souliers ou le diable m'emporte », répondit Gérard en volant sur la route.

En ce moment, le feu des Chouans se ralentit, car la communication faite au chef par le chevalier était le seul but de leur escarmouche. Merle, qui les vit se sauvant en petit nombre à travers les haies, ne jugea pas à propos de s'engager dans une lutte inutilement dangereuse. Gérard, en deux mots, fit reprendre à l'escorte sa position sur le chemin, et se remit en marche sans avoir essuyé de perte. Le capitaine put offrir la main à Mlle de Verneuil pour remonter en voiture, car le gentilhomme resta comme frappé de la foudre. La Parisienne étonnée monta sans accepter la politesse du Républicain; elle tourna la tête vers son amant, le vit immobile et fut stupéfaite du changement subit que les mystérieuses paroles du cavalier venaient d'opérer en lui. Le jeune émigré revint lentement, et son attitude décelait un profond sentiment de dégoût.

« N'avais-je pas raison? dit à l'oreille du jeune homme Mme du Gua en le ramenant à la voiture, nous sommes certes entre les mains d'une créature avec laquelle on a trafiqué de votre tête; mais puis-

qu'elle est assez sotte pour s'amouracher de vous,
au lieu de faire son métier, n'allez pas vous
conduire en enfant, et feignez de l'aimer jusqu'à ce
que nous ayons gagné la Vivetière... Une fois là!... »

« Mais l'aimerait-il donc déjà?... » se dit-elle en
voyant le jeune homme à sa place dans l'attitude
d'un homme endormi.

La calèche roula sourdement sur le sable de la
route. Au premier regard que Mlle de Verneuil jeta
autour d'elle, tout lui parut avoir changé. La mort
se glissait déjà dans son amour. Ce n'était peut-
être que des nuances; mais aux yeux de toute
femme qui aime, ces nuances sont aussi tranchées
que de vives couleurs. Francine avait compris par le
regard de Marche-à-terre, que le destin de Mlle de
Verneuil sur laquelle elle lui avait ordonné de
veiller, était entre d'autres mains que les siennes,
et offrait un visage pâle, sans pouvoir retenir ses
larmes quand sa maîtresse la regardait. La dame
inconnue cachait mal sous de faux sourires la malice d'une vengeance féminine, et le subit changement que son obséquieuse bonté pour Mlle de
Verneuil introduisit dans son maintien, dans sa
voix et sa physionomie, était de nature à donner des
craintes à une personne perspicace. Aussi Mlle de
Verneuil frissonna-t-elle par instinct en se demandant : « Pourquoi frissonné-je?... C'est sa mère. »
Mais elle trembla de tous ses membres en se disant
tout à coup : « Est-ce bien sa mère? » Elle vit un
abîme qu'un dernier coup d'œil jeté sur l'inconnu

acheva d'éclairer. « Cette femme l'aime! » pensat-elle. « Mais pourquoi m'accabler de prévenances, après m'avoir témoigné tant de froideur? Suis-je perdue? Aurait-elle peur de moi? » Quant au gentilhomme, il pâlissait, rougissait tour à tour, et gardait une attitude calme en baissant les yeux pour dérober les étranges émotions qui l'agitaient. Une compression violente détruisait la gracieuse courbure de ses lèvres, et son teint jaunissait sous les efforts d'une orageuse pensée. Mlle de Verneuil ne pouvait même plus deviner s'il y avait encore de l'amour dans sa fureur. Le chemin, flanqué de bois en cet endroit, devint sombre et empêcha ces muets acteurs de s'interroger des yeux. Le murmure du vent, le bruissement des touffes d'arbres, le bruit des pas mesurés de l'escorte, donnèrent à cette scène ce caractère solennel qui accélère les battements du cœur. Mlle de Verneuil ne pouvait pas chercher en vain la cause de ce changement. Le souvenir de Corentin passa comme un éclair, et lui apporta l'image de sa véritable destinée qui lui apparut tout à coup. Pour la première fois depuis la matinée, elle réfléchit sérieusement à sa situation. Jusqu'en ce moment, elle s'était laissée aller au bonheur d'aimer, sans penser ni à elle, ni à l'avenir. Incapable de supporter plus longtemps ses angoisses, elle chercha, elle attendit, avec la douce patience de l'amour, un des regards du jeune homme, et le supplia si vivement, sa pâleur et son frisson eurent une éloquence si pénétrante, qu'il chancela; mais la chute n'en fut que plus complète.

« Souffririez-vous, mademoiselle? » demanda-t-il.

Cette voix dépouillée de douceur, la demande elle-même, le regard, le geste, tout servit à convaincre la pauvre fille que les événements de cette journée appartenaient à un mirage de l'âme qui se dissipait alors comme ces nuages à demi formés que le vent emporte.

« Si je souffre?... reprit-elle en riant forcément, j'allais vous faire la même question.

— Je croyais que vous vous entendiez », dit Mme du Gua avec une fausse bonhomie.

Ni le gentilhomme ni Mlle de Verneuil ne répondirent. La jeune fille, doublement outragée, se dépita de voir sa puissante beauté sans puissance. Elle savait pouvoir apprendre au moment où elle le voudrait la cause de cette situation; mais, peu curieuse de la pénétrer, pour la première fois, peut-être, une femme recula devant un secret. La vie humaine est tristement fertile en situations où, par suite, soit d'une méditation trop forte, soit d'une catastrophe, nos idées ne tiennent plus à rien, sont sans substance, sans point de départ, où le présent ne trouve plus de liens pour se rattacher au passé, ni dans l'avenir. Tel fut l'état de Mlle de Verneuil. Penchée dans le fond de la voiture, elle y resta comme un arbuste déraciné. Muette et souffrante, elle ne regarda plus personne, s'enveloppa de sa douleur, et demeura avec tant de volonté dans le monde inconnu où se réfugient les

malheureux, qu'elle ne vit plus rien. Des corbeaux
passèrent en croassant au-dessus d'eux; mais
quoique, semblable à toutes les âmes fortes, elle eût
un coin du cœur pour les superstitions, elle n'y fit
aucune attention. Les voyageurs cheminèrent
quelque temps en silence. « Déjà séparés », se disait
Mlle de Verneuil. « Cependant rien autour de moi
n'a parlé. Serait-ce Corentin? Ce n'est pas son intérêt. Qui donc a pu se lever pour m'accuser? A peine
aimée, voici déjà l'horreur de l'abandon. Je sème
l'amour et je recueille le mépris. Il sera donc toujours dans ma destinée de toujours voir le bonheur
et de toujours le perdre! » Elle sentit alors dans
son cœur des troubles inconnus, car elle aimait
réellement et pour la première fois. Cependant elle
ne s'était pas tellement livrée qu'elle ne pût trouver
des ressources contre sa douleur dans la fierté naturelle à une femme jeune et belle. Le secret de son
amour, ce secret souvent gardé dans les tortures, ne
lui était pas échappé. Elle se releva, et honteuse de
donner la mesure de sa passion par sa silencieuse
souffrance, elle secoua la tête par un mouvement de
gaieté, montra un visage ou plutôt un masque riant,
puis elle força sa voix pour en déguiser l'altération.

« Où sommes-nous? demanda-t-elle au capitaine
Merle, qui se tenait toujours à une certaine distance de la voiture.

— A trois lieues et demie de Fougères, mademoiselle.

— Nous allons donc y arriver bientôt? lui dit-elle

pour l'encourager à lier une conversation où elle
se promettait bien de témoigner quelque estime au
jeune capitaine.

— Ces lieues-là, reprit Merle tout joyeux, ne sont
pas larges, seulement elles se permettent dans ce
pays-ci de ne jamais finir. Lorsque vous serez sur
le plateau de la côte que nous gravissons, vous apercevrez une vallée semblable à celle que nous allons
quitter, et à l'horizon vous pourrez alors voir le
sommet de la Pèlerine. Plaise à Dieu que les
Chouans ne veuillent pas y prendre leur revanche!
Or, vous concevez qu'à monter et descendre ainsi
l'on n'avance guère De la Pèlerine, vous décou-
vrirez encore... »

A ce mot l'émigré tressaillit pour la seconde fois,
mais si légèrement, que Mlle de Verneuil fut seule
à remarquer ce tressaillement.

« Qu'est-ce donc que cette Pèlerine? demanda
vivement la jeune fille en interrompant le capitaine
engagé dans sa topographie bretonne.

— C'est, reprit Merle, le sommet d'une montagne
qui donne son nom à la vallée du Maine dans
laquelle nous allons entrer, et qui sépare cette province de la vallée du Couesnon, à l'extrémité de
laquelle est situé Fougères, la première ville de
Bretagne. Nous nous y sommes battus à la fin de
vendémiaire avec le Gars et ses brigands. Nous em-
menions des conscrits qui, pour ne pas quitter leur
pays, ont voulu nous tuer sur la limite; mais Hulot
est un rude chrétien qui leur a donné...

— Alors vous avez dû voir le Gars? demanda-t-elle. Quel homme est-ce?... »

Ses yeux perçants et malicieux ne quittèrent pas la figure du faux vicomte de Bauvan.

« Oh! mon Dieu! mademoiselle, répondit Merle toujours interrompu, il ressemble tellement au citoyen du Gua, que, s'il ne portait pas l'uniforme de l'Ecole Polytechnique, je gagerais que c'est lui. »

Mlle de Verneuil regarda fixement le froid et immobile jeune homme qui la dédaignait, mais elle ne vit rien en lui qui pût trahir un sentiment de crainte; elle l'instruisit par un sourire amer de la découverte qu'elle faisait en ce moment du secret si traîtreusement gardé par lui; puis, d'une voix railleuse, les narines enflées de joie, la tête de côté pour examiner le gentilhomme et voir Merle tout à la fois, elle dit au Républicain : « Ce chef-là, capitaine, donne bien des inquiétudes au Premier Consul. Il a de la hardiesse, dit-on; seulement il s'aventure dans certaines entreprises comme un étourneau, surtout auprès des femmes.

— Nous comptons bien là-dessus, reprit le capitaine, pour solder notre compte avec lui. Si nous le tenons seulement deux heures, nous lui mettrons un peu de plomb dans la tête. S'il nous rencontrait, le Coblentz en ferait autant de nous, et nous mettrait à l'ombre; ainsi, *par pari*...

— Oh! dit l'émigré, nous n'avons rien à craindre! Vos soldats n'iront pas jusqu'à la Pèlerine, ils sont trop fatigués, et si vous y consentez, ils pourront se reposer à deux pas d'ici. Ma mère descend à la Vivetière, et en voici le chemin, à quelques portées de fusil. Ces deux dames voudront s'y reposer, elles doivent être lasses d'être venues d'une seule traite d'Alençon ici. — Et puisque mademoiselle, dit-il avec une politesse forcée en se tournant vers sa maîtresse, a eu la générosité de donner à notre voyage autant de sécurité que d'agrément, elle daignera peut-être accepter à souper chez ma mère. — Enfin, capitaine, ajouta-t-il en s'adressant à Merle, les temps ne sont pas si malheureux qu'il ne puisse se trouver encore à la Vivetière une pièce de cidre à défoncer pour vos hommes. Allez, le Gars n'y aura pas tout pris; du moins, ma mère le croit...

— Votre mère?... reprit Mlle de Verneuil en interrompant avec ironie et sans répondre à la singulière invitation qu'on lui faisait.

— Mon âge ne vous semble donc plus croyable ce soir, mademoiselle? répondit Mme du Gua. J'ai eu le malheur d'être mariée fort jeune, j'ai eu mon fils à quinze ans...

— Ne vous trompez-vous pas, madame; ne serait-ce pas à trente? »

Mme du Gua pâlit en dévorant ce sarcasme, elle aurait voulu pouvoir se venger, et se trouvait forcée de sourire, car elle désira reconnaître à tout prix, même à de plus cruelles épigrammes, le sentiment dont la jeune fille était animée; aussi feignit-elle de ne l'avoir pas comprise.

« Jamais les Chouans n'ont eu de chef plus cruel
que celui-là, s'il faut ajouter foi aux bruits qui
courent sur lui, dit-elle en s'adressant à la fois à
Francine et à sa maîtresse.

— Oh! pour cruel, je ne crois pas, répondit
Mlle de Verneuil; mais il sait mentir et me semble
fort crédule : un chef de parti ne doit être le jouet
de personne.

— Vous le connaissez? demanda froidement le
jeune émigré.

— Non, répliqua-t-elle en lui lançant un regard
de mépris, je croyais le connaître...

— Oh! mademoiselle, c'est décidément un *malin*,
reprit le capitaine en hochant la tête, et donnant
par un geste expressif la physionomie particulière
que ce mot avait alors et qu'il a perdue depuis. Ces
vieilles familles poussent quelquefois de vigoureux
rejetons. Il revient d'un pays où les ci-devant n'ont
pas eu, dit-on, toutes leurs aises, et les hommes,
voyez-vous, sont comme les nèfles, ils mûrissent sur
la paille. Si ce garçon-là est habile, il pourra nous
faire courir longtemps. Il a bien su opposer des
compagnies légères à nos compagnies franches et
neutraliser les efforts du gouvernement. Si l'on
brûle un village aux Royalistes, il en fait brûler
deux aux Républicains. Il se développe sur une
immense étendue, et nous force ainsi à employer un
nombre considérable de troupes dans un moment
où nous n'en avons pas de trop! Oh! il entend les
affaires.

— Il assassine sa patrie, dit Gérard d'une voix forte en interrompant le capitaine.

— Mais, répliqua le gentilhomme, si sa mort délivre le pays, fusillez-le donc bien vite. »

Puis il sonda par un regard l'âme de Mlle de Verneuil, et il se passa entre eux une de ces scènes muettes dont le langage ne peut reproduire que très imparfaitement la vivacité dramatique et la fugitive finesse. Le danger rend intéressant. Quand il s'agit de mort, le criminel le plus vil excite toujours un peu de pitié. Or, quoique Mlle de Verneuil fût alors certaine que l'amant qui la dédaignait était ce chef dangereux, elle ne voulait pas encore s'en assurer par son supplice; elle avait une tout autre curiosité à satisfaire. Elle préféra donc douter ou croire selon sa passion, et se mit à jouer avec le péril. Son regard, empreint d'une perfidie moqueuse, montrait les soldats au jeune chef d'un air de triomphe; en lui présentant ainsi l'image de son danger, elle se plaisait à lui faire durement sentir que sa vie dépendait d'un seul mot, et déjà ses lèvres paraissaient se mouvoir pour le prononcer. Semblable à un sauvage d'Amérique, elle interrogeait les fibres du visage de son ennemi lié au poteau, et brandissait le *casse-tête* avec grâce, savourant une vengeance tout innocente et punissant comme une maîtresse qui aime encore.

« Si j'avais un fils comme le vôtre, madame, dit-elle à l'étrangère visiblement épouvantée, je porte-

rais son deuil le jour où je l'aurais livré aux dangers. »

Elle ne reçut point de réponse. Elle tourna vingt
fois la tête vers les officiers et la retourna brusquement vers Mme du Gua, sans surprendre entre elle
et le Gars aucun signe secret qui pût lui confirmer
une intimité qu'elle soupçonnait et dont elle voulait douter. Une femme aime tant à hésiter dans une
lutte de vie et de mort, quand elle tient l'arrêt. Le
jeune général souriait de l'air le plus calme, et soutenait sans trembler la torture que Mlle de Verneuil
lui faisait subir; son attitude et l'expression de sa
physionomie annonçaient un homme nonchalant
des dangers auxquels il s'était soumis, et parfois il
semblait lui dire : — « Voici l'occasion de venger
votre vanité blessée, saisissez-la! Je serais au désespoir de revenir de mon mépris pour vous. » Mlle de
Verneuil se mit à examiner le chef de toute la hauteur de sa position avec une impertinence et une
dignité apparentes, car, au fond de son cœur, elle en
admirait le courage et la tranquillité. Joyeuse de
découvrir que son amant portait un vieux titre,
dont les privilèges plaisent à toutes les femmes, elle
éprouvait quelque plaisir à le rencontrer dans une
situation où, champion d'une cause ennoblie par le
malheur, il luttait avec toutes les facultés d'une âme
forte contre une république tant de fois victorieuse,
et à le voir aux prises avec le danger, déployant
cette bravoure si puissante sur le cœur des femmes;
elle le mit vingt fois à l'épreuve, en obéissant peut-

être à cet instinct qui porte la femme à jouer avec sa proie comme le chat joue avec la souris qu'il a prise.

« En vertu de quelle loi condamnez-vous donc les Chouans à mort? demanda-t-elle à Merle.

— Mais, celle du 14 fructidor dernier, qui met hors la loi les départements insurgés et y institue des conseils de guerre, répondit le républicain.

— A quoi dois-je maintenant l'honneur d'attirer vos regards? dit-elle au jeune chef qui l'examinait attentivement.

— A un sentiment qu'un galant homme ne saurait exprimer à quelque femme que ce puisse être, répondit le marquis de Montauran à voix basse en se penchant vers elle. Il fallait, dit-il à haute voix, vivre en ce temps pour voir des filles faisant l'office du bourreau, et enchérissant sur lui par la manière dont elles jouent avec la hache... »

Elle regarda Montauran fixement; puis, ravie d'être insultée par cet homme au moment où elle en tenait la vie entre ses mains, elle lui dit à l'oreille, en riant avec une douce malice : « Vous avez une trop mauvaise tête, les bourreaux n'en voudront pas, je la garde. »

Le marquis stupéfait contempla pendant un moment cette inexplicable fille dont l'amour triomphait de tout, même des plus piquantes injures, et qui se vengeait par le pardon d'une offense que les femmes ne pardonnent jamais. Ses yeux furent moins sévères, moins froids, et même une expression

de mélancolie se glissa dans ses traits. Sa passion
était déjà plus forte qu'il ne le croyait lui-même.
Mlle de Verneuil, satisfaite de ce faible gage d'une
réconciliation cherchée, regarda le chef tendrement,
lui jeta un sourire qui ressemblait à un baiser; puis
elle se pencha dans le fond de la voiture, et ne
voulut plus risquer l'avenir de ce drame de bonheur, croyant en avoir rattaché le nœud par ce sourire. Elle était si belle! Elle savait si bien triompher des obstacles en amour! Elle était si fort habituée à se jouer de tout, à marcher au hasard! Elle
aimait tant l'imprévu et les orages de la vie!

Bientôt, par l'ordre du marquis, la voiture quitta
la grande route et se dirigea vers la Vivetière, à
travers un chemin creux encaissé de hauts talus
plantés de pommiers qui en faisaient plutôt un fossé
qu'une route. Les voyageurs laissèrent les Bleus
gagner lentement à leur suite le manoir dont les
faîtes grisâtres apparaissaient et disparaissaient tour
à tour entre les arbres de cette route où quelques
soldats restèrent occupés à y disputer leurs souliers
à sa forte argile.

« Cela ressemble furieusement au chemin du paradis », s'écria Beau-pied.

Grâce à l'expérience du postillon, Mlle de Verneuil ne tarda pas à voir le château de la Vivetière.
Cette maison, située sur la croupe d'une espèce de
promontoire, était enveloppée par deux étangs profonds qui ne permettaient d'y arriver qu'en suivant
une étroite chaussée. La partie de cette péninsule où

se trouvaient les habitations et les jardins était protégée à une certaine distance derrière le château, par
un large fossé où se déchargeait l'eau superflue des
étangs avec lesquels il communiquait, et formait
ainsi réellement une île presque inexpugnable, retraite précieuse pour un chef qui ne pouvait être
surpris que par trahison. En entendant crier les
gonds rouillés de la porte et en passant sous la
voûte en ogive d'un portail ruiné par la guerre précédente, Mlle de Verneuil avança la tête. Les couleurs sinistres du tableau qui s'offrit à ses regards
effacèrent presque les pensées d'amour et de coquetterie entre lesquelles elle se berçait. La voiture entra
dans une grande cour presque carrée et fermée par
les rives abruptes des étangs. Ces berges sauvages,
baignées par des eaux couvertes de grandes taches
vertes, avaient pour tout ornement des arbres aqua-
tiques dépouillés de feuilles, dont les troncs rabou-
gris, les têtes énormes et chenues, élevées au-dessus
des roseaux et des broussailles, ressemblaient à des
marmousets grotesques. Ces haies disgracieuses parurent s'animer et parler quand les grenouilles les
désertèrent en coassant, et que des poules d'eau,
réveillées par le bruit de la voiture, volèrent en
barbotant sur la surface des étangs. La cour entourée d'herbes hautes et flétries, d'ajoncs, d'arbustes
nains ou parasites, excluait toute idée d'ordre et de
splendeur. Le château semblait abandonné depuis
longtemps. Les toits paraissaient plier sous le poids
des végétations qui y croissaient. Les murs, quoique

construits de ces pierres schisteuses et solides dont
abonde le sol, offraient de nombreuses lézardes où
le lierre attachait ses griffes. Deux corps de bâtiment réunis en équerre à une haute tour et qui faisaient face à l'étang, composaient tout le château,
dont les portes et les volets pendants et pourris, les
balustrades rouillées, les fenêtres ruinées, paraissaient devoir tomber au premier souffle d'une tempête. La bise sifflait alors à travers ces ruines auxquelles la lune prêtait, par sa lumière indécise, le
caractère et la physionomie d'un grand spectre. Il
faut avoir vu les couleurs de ces pierres granitiques
grises et bleues, mariées aux schistes noirs et fauves,
pour savoir combien est vraie l'image que suggérait
la vue de cette carcasse vide et sombre. Ses pierres
disjointes, ses croisées sans vitres, sa tour à créneaux,
ses toits à jour lui donnaient tout à fait l'air d'un
squelette; et les oiseaux de proie qui s'envolèrent en
criant ajoutaient un trait de plus à cette vague ressemblance. Quelques hauts sapins plantés derrière
la maison balançaient au-dessus des toits leur feuil-
lage sombre, et quelques ifs, taillés pour en décorer
les angles, l'encadraient de tristes festons, semblables
aux tentures d'un convoi. Enfin, la forme des portes,
la grossièreté des ornements, le peu d'ensemble des
constructions, tout annonçait un de ces manoirs féo-
daux dont s'enorgueillit la Bretagne, avec raison
peut-être, car ils forment sur cette terre gaélique
une espèce d'histoire monumentale des temps nébuleux qui précèdent l'établissement de la monarchie.

Mlle de Verneuil, dans l'imagination de laquelle
le mot de château réveillait toujours les formes
d'un type convenu, frappée de la physionomie
funèbre de ce tableau, sauta légèrement hors de la
calèche, et le contempla toute seule avec terreur, en
songeant au parti qu'elle devait prendre. Francine
entendit pousser à Mme du Gua un soupir de joie
en se trouvant hors de l'atteinte des Bleus, et une
exclamation involontaire lui échappa quand le portail fut fermé et qu'elle se vit dans cette espèce de
forteresse naturelle. Montauran s'était vivement
élancé vers Mlle de Verneuil en devinant les pensées qui la préoccupaient.

« Ce château, dit-il avec une légère tristesse, a été
ruiné par la guerre, comme les projets que j'élevais
pour notre bonheur l'ont été par vous.

— Et comment? demanda-t-elle toute surprise.

— Etes-vous une *jeune femme belle,* NOBLE *et spirituelle?* dit-il avec un accent d'ironie en lui répétant les paroles qu'elle lui avait si coquettement
prononcées dans leur conversation sur la route.

— Qui vous a dit le contraire?

— Des amis dignes de foi qui s'intéressent à ma
sûreté et veillent à déjouer les trahisons.

— Des trahisons! dit-elle d'un air moqueur. Alençon et Hulot sont-ils donc déjà si loin? Vous n'avez
pas de mémoire, un défaut dangereux pour un
chef de parti! — Mais du moment où des amis,
ajouta-t-elle avec une rare impertinence, règnent si
puissamment dans votre cœur, gardez vos amis. Rien

n'est comparable aux plaisirs de l'amitié. Adieu, ni moi, ni les soldats de la République nous n'entrerons ici. »

Elle s'élança vers le portail par un mouvement de fierté blessée et de dédain, mais elle déploya dans sa démarche une noblesse et un désespoir qui changèrent toutes les idées du marquis, à qui il en coûtait trop de renoncer à ses désirs pour qu'il ne fût pas imprudent et crédule. Lui aussi aimait déjà. Ces deux amants n'avaient donc envie ni l'un ni l'autre de se quereller longtemps.

« Ajoutez un mot et je vous crois, dit-il d'une voix suppliante.

— Un mot, reprit-elle avec ironie en serrant ses lèvres, un mot? pas seulement un geste.

— Au moins grondez-moi, demanda-t-il en essayant de prendre une main qu'elle retira; si toutefois vous osez bouder un chef de rebelles, maintenant aussi défiant et sombre qu'il était joyeux et confiant naguère. »

Marie ayant regardé le marquis sans colère, il ajouta : « Vous avez mon secret, et je n'ai pas le vôtre. »

A ces mots, le front d'albâtre sembla devenu brun, Marie jeta un regard d'humeur au chef et répondit : « Mon secret? jamais. »

En amour, chaque parole, chaque coup d'œil, ont leur éloquence du moment; mais là Mlle de Verneuil n'exprima rien de précis, et quelque habile que fût Montauran, le secret de cette exclamation

resta impénétrable, quoique la voix de cette femme
eût trahi des émotions peu ordinaires, qui durent
vivement piquer sa curiosité.

« Vous avez, reprit-il, une plaisante manière de
dissiper les soupçons.

— En conservez-vous donc? » demanda-t-elle en
le toisant des yeux comme si elle lui eût dit :
« Avez-vous quelques droits sur moi? »

« Mademoiselle, répondit le jeune homme d'un
air soumis et ferme, le pouvoir que vous exercez sur
les troupes républicaines, cette escorte...

— Ah! vous m'y faites penser. Mon escorte et
moi, lui demanda-t-elle avec une légère ironie, vos
protecteurs enfin, seront-ils en sûreté ici?

— Oui, foi de gentilhomme! Qui que vous soyez,
vous et les vôtres, vous n'avez rien à craindre chez
moi. »

Ce serment fut prononcé par un mouvement si
loyal et si généreux, que Mlle de Verneuil dut avoir
une entière sécurité sur le sort des Républicains.
Elle allait parler, quand l'arrivée de Mme du Gua
lui imposa silence. Cette dame avait pu entendre
ou deviner une partie de la conversation des deux
amants, et ne concevait pas de médiocres inquiétudes en les apercevant dans une position qui n'accusait plus la moindre inimitié. En voyant cette
femme, le marquis offrit la main à Mlle de Verneuil, et s'avança vers la maison avec vivacité
comme pour se défaire d'une importune compagnie.

« Je le gêne », se dit l'inconnue en restant immobile à sa place. Elle regarda les deux amants réconciliés s'en allant lentement vers le perron, où ils s'arrêtèrent pour causer aussitôt qu'ils eurent mis entre elle et eux un certain espace. « Oui, oui, je les gêne », reprit-elle en se parlant à elle-même, « mais dans peu cette créature-là ne me gênera plus; l'étang sera, par Dieu, son tombeau! Ne tiendrai-je pas bien ta parole de gentilhomme? une fois sous cette eau, qu'a-t-on à craindre? n'y sera-t-elle pas en sûreté? »

Elle regardait d'un œil fixe le miroir calme du petit lac de droite, quand tout à coup elle entendit bruire les ronces de la berge et aperçut au clair de la lune la figure de Marche-à-terre qui se dressa par-dessus la noueuse écorce d'un vieux saule. Il fallait connaître le Chouan pour le distinguer au milieu de cette assemblée de truisses ébranchées parmi lesquelles la sienne se confondait si facilement. Mme du Gua jeta d'abord autour d'elle un regard de défiance; elle vit le postillon conduisant ses chevaux à une écurie située dans celle des deux ailes du château qui faisait face à la rive où Marche-à-terre était caché; Francine allait vers les deux amants qui, dans ce moment, oubliaient toute la terre; alors, l'inconnue s'avança, mettant un doigt sur ses lèvres pour réclamer un profond silence; puis, le Chouan comprit plutôt qu'il n'entendit les paroles suivantes : « Combien êtes-vous, ici?

— Quatre-vingt-sept.

— Ils ne sont que soixante-cinq, je les ai
comptés.

— Bien », reprit le sauvage avec une satisfaction
farouche.

Attentif aux moindres gestes de Francine, le
Chouan disparut dans l'écorce du saule en la voyant
se retourner pour chercher des yeux l'ennemie sur
laquelle elle veillait par instinct.

Sept ou huit personnes, attirées par le bruit de
la voiture, se montrèrent en haut du principal perron et s'écrièrent : « C'est le Gars! c'est lui, le
voici! » A ces exclamations, d'autres hommes accou-
rurent, et leur présence interrompit la conversation
des deux amants. Le marquis de Montauran s'avança
précipitamment vers les gentilshommes, leur fit un
signe impératif pour leur imposer silence, et leur
indiqua le haut de l'avenue par laquelle débou-
chaient les soldats républicains. A l'aspect de ces
uniformes bleus à revers rouges si connus, et de ces
baïonnettes luisantes, les conspirateurs étonnés s'é-
crièrent : « Seriez-vous donc venu pour nous trahir?

— Je ne vous avertirais pas du danger, répondit
le marquis en souriant avec amertume. — Ces Bleus,
reprit-il après une pause, forment l'escorte de cette
jeune dame dont la générosité nous a miraculeusement délivrés d'un péril auquel nous avons failli
succomber dans une auberge d'Alençon. Nous vous
conterons cette aventure. Mademoiselle et son
escorte sont ici sur ma parole et doivent être reçus
en amis. »

Mme du Gua et Francine étaient arrivées jusqu'au perron, le marquis présenta galamment la main à Mlle de Verneuil, le groupe de gentilshommes se partagea en deux haies pour les laisser passer, et tous essayèrent d'apercevoir les traits de l'inconnue; car Mme du Gua avait déjà rendu leur curiosité plus vive en leur faisant quelques signes à la dérobée. Mlle de Verneuil vit dans la première salle une grande table parfaitement servie, et préparée pour une vingtaine de convives. Cette salle à manger communiquait à un vaste salon où l'assemblée se trouva bientôt réunie. Ces deux pièces étaient en harmonie avec le spectacle de destruction qu'offraient les dehors du château. Les boiseries de noyer poli, mais de formes rudes et grossières, saillantes, mal travaillées, étaient disjointes et semblaient près de tomber. Leur couleur sombre ajoutait encore à la tristesse de ses salles sans glaces ni rideaux, où quelques meubles séculaires et en ruine s'harmonisaient avec cet ensemble de débris. Marie aperçut des cartes géographiques, et des plans déroulés sur une grande table; puis, dans les angles de l'appartement, des armes et des carabines amoncelées. Tout témoignait d'une conférence importante entre les chefs des Vendéens et ceux des Chouans. Le marquis conduisit Mlle de Verneuil à un immense fauteuil vermoulu qui se trouvait auprès de la cheminée, et Francine vint se placer derrière sa maîtresse en s'appuyant sur le dossier de ce meuble antique.

« Vous me permettez bien de faire un moment le maître de maison », dit le marquis en quittant les deux étrangères pour se mêler aux groupes formés par ses hôtes.

Francine vit tous les chefs, sur quelques mots de Montauran, s'empressant de cacher leurs armes, les cartes et tout ce qui pouvait éveiller les soupçons des officiers républicains; quelques-uns quittèrent de larges ceintures de peau contenant des pistolets et des couteaux de chasse. Le marquis recommanda la plus grande discrétion, et sortit en s'excusant sur la nécessité de pourvoir à la réception des hôtes gênants que le hasard lui donnait. Mlle de Verneuil, qui avait levé ses pieds vers le feu en s'occupant à les chauffer, laissa partir Montauran sans retourner la tête, et trompa l'attente des assistants, qui tous désiraient la voir. Francine fut donc seule témoin du changement que produisit dans l'assemblée le départ du jeune chef. Les gentilshommes se groupèrent autour de la dame inconnue, et, pendant la sourde conversation qu'elle tint avec eux, il n'y en eut pas un qui ne regardât à plusieurs reprises les deux étrangères.

« Vous connaissez Montauran, leur disait-elle, il s'est amouraché en un moment de cette fille, et vous comprenez bien que, dans ma bouche, les meilleurs avis lui ont été suspects. Les amis que nous avons à Paris, MM. de Valois et d'Esgrignon d'Alençon, tous l'ont prévenu du piège qu'on veut lui tendre en lui jetant à la tête une créature, et il se coiffe de la première qu'il rencontre; d'une fille qui, suivant des renseignements que j'ai fait prendre, s'empare d'un grand nom pour le souiller, qui, etc., etc. »

Cette dame, dans laquelle on a pu reconnaître la femme qui décida l'attaque de la turgotine, conservera désormais dans cette histoire le nom qui lui servit à échapper aux dangers de son passage par Alençon. La publication du vrai nom ne pourrait qu'offenser une noble famille, déjà profondément affligée par les écarts de cette jeune dame, dont la destinée a d'ailleurs été le sujet d'une autre Scène. Bientôt l'attitude de curiosité que prit l'assemblée devint impertinente et presque hostile. Quelques exclamations assez dures parvinrent à l'oreille de Francine, qui, après avoir dit un mot à sa maîtresse, se réfugia dans l'embrasure d'une croisée. Marie se leva, se tourna vers le groupe insolent, y jeta quelques regards pleins de dignité, de mépris même. Sa beauté, l'élégance de ses manières et sa fierté, changèrent tout à coup les dispositions de ses ennemis et lui valurent un murmure flatteur qui leur échappa. Deux ou trois hommes, dont l'extérieur trahissait les habitudes de politesse et de galanterie qui s'acquièrent dans la sphère élevée des cours, s'approchèrent de Marie avec bonne grâce; sa décence leur imposa le respect, aucun d'eux n'osa lui adresser la parole, et loin d'être accusée par eux, ce fut elle qui sembla les juger. Les chefs de cette guerre entreprise pour Dieu et le Roi ressemblaient bien peu aux portraits de fantaisie qu'elle s'était plu à tracer. Cette lutte, véritablement grande, se rétrécit et prit des proportions mesquines, quand elle vit, sauf deux ou trois figures vigoureusès, ces gentilshommes de province, tous dénués d'expression et de vie. Après avoir fait de la poésie, Marie tomba tout à coup dans le vrai. Ces physionomies paraissaient annoncer d'abord plutôt un besoin d'intrigue que l'amour de la gloire, l'intérêt mettait bien réellement à tous ces gentilshommes les armes à la main; mais s'ils devenaient héroïques dans l'action, là ils se montraient à nu. La perte de ses illusions rendit Mlle de Verneuil injuste et l'empêcha de reconnaître le dévouement vrai qui rendit plusieurs de ces hommes si remarquables. Cependant la plupart d'entre eux montraient des manières communes. Si quelques têtes originales se faisaient distinguer entre les autres, elles étaient rapetissées par les formules et par l'étiquette de l'aristocratie. Si Marie accorda généralement de la finesse et de l'esprit à ces hommes, elle trouva chez eux une absence complète de cette simplicité, de ce grandiose auquel les triomphes et les hommes de la République l'habituaient. Cette assemblée nocturne, au milieu de ce vieux castel en ruine et sous ces ornements contournés assez bien assortis aux figures, la fit sourire, elle voulut y voir un tableau symbolique de la monarchie. Elle pensa bientôt avec délices qu'au moins le marquis jouait le premier rôle parmi ces gens dont le seul mérite, pour elle, était de se dévouer à une cause perdue. Elle dessina la figure de son amant sur cette masse, se plut à l'en faire ressortir, et ne vit plus dans ces figures maigres et grêles que les instruments de ses nobles desseins. En ce moment, les pas du marquis retentirent dans la salle voisine. Tout à coup les conspirateurs se séparèrent en plusieurs groupes, et les chuchotements cessèrent. Semblables à des écoliers qui ont comploté quelque malice en l'absence de leur maître, ils s'empressèrent d'affecter l'ordre et le silence. Montauran entra, Marie eut le bonheur de l'admirer au milieu de ces gens parmi lesquels il était le plus jeune, le plus beau, le premier. Comme un roi dans sa cour, il alla de groupe en groupe, distribua de légers coups de tête, des serrements de main, des regards, des paroles d'intelligence ou de reproche, en faisant son métier de chef de parti avec une grâce et un aplomb difficiles à supposer dans ce jeune homme d'abord accusé par elle d'étourderie. La présence du marquis mit un terme à la curiosité qui s'était attachée à Mlle de Verneuil; mais, bientôt, les méchancetés de Mme du Gua produisirent leur effet. Le baron du Guénic, surnommé *l'Intimé*, qui, parmi tous ces hommes rassemblés par de graves intérêts, paraissait autorisé par son nom et par son rang à traiter familièrement Montauran, le prit par le bras et l'emmena dans un coin.

« Ecoute, mon cher marquis, lui dit-il, nous te voyons tous avec peine sur le point de faire une insigne folie.

— Qu'entends-tu par ces paroles?

— Mais sais-tu bien d'où vient cette fille, qui elle est réellement, et quels sont ses desseins sur toi?

— Mon cher l'Intimé, entre nous soit dit, demain matin, ma fantaisie sera passée.

— D'accord, mais si cette créature te livre avant le jour?...

— Je te répondrai quand tu m'auras dit pour quoi elle ne l'a pas déjà fait, répliqua Montauran, qui prit par badinage un air de fatuité.

— Oui, mais si tu lui plais, elle ne veut peut-être pas te trahir avant que sa fantaisie, à elle, soit passée.

— Mon cher, regarde cette charmante fille, étudie ses manières, et ose dire que ce n'est pas une femme de distinction? Si elle jetait sur toi des regards favorables, ne sentirais-tu pas, au fond de ton âme, quelque respect pour elle. Une dame vous a déjà prévenus contre cette personne; mais, après ce que nous nous sommes dit l'un à l'autre, si c'était une de ces créatures perdues dont nous ont parlé nos amis, je la tuerais...

— Croyez-vous, dit Mme du Gua, qui intervint, Fouché assez bête pour vous envoyer une fille prise au coin d'une rue? il a proportionné les séductions à votre mérite. Mais si vous êtes aveugle, vos amis auront les yeux ouverts pour veiller sur vous.

— Madame, répondit le Gars en lui dardant des regards de colère, songez à ne rien entreprendre contre cette personne, ni contre son escorte, ou rien ne vous garantirait de ma vengeance. Je veux que mademoiselle soit traitée avec les plus grands égards et comme une femme qui m'appartient. Nous sommes, je crois, alliés aux Verneuil. »

L'opposition que rencontrait le marquis produisit l'effet ordinaire que font sur les jeunes gens de semblables obstacles. Quoiqu'il eût en apparence traité fort légèrement Mlle de Verneuil et fait croire que sa passion pour elle était un caprice, il venait, par un sentiment d'orgueil, de franchir un espace immense. En avouant cette femme, il trouva son honneur intéressé à ce qu'elle fût respectée; il alla donc, de groupe en groupe, assurant, en homme qu'il eût été dangereux de froisser, que cette inconnue était réellement Mlle de Verneuil. Aussitôt, toutes les rumeurs s'apaisèrent. Lorsque Montauran eut établi une espèce d'harmonie dans le salon et satisfait à toutes les exigences, il se rapprocha de sa maîtresse avec empressement et lui dit à voix basse : « Ces gens-là m'ont volé un moment de bonheur.

— Je suis bien contente de vous avoir près de moi, répondit-elle en riant. Je vous préviens que je suis curieuse; ainsi, ne vous fatiguez pas trop de mes questions. Dites-moi d'abord quel est ce bonhomme qui porte une veste de drap vert.

— C'est le fameux major Brigaut, un homme du Marais, compagnon de feu Mercier, dit La-Vendée.

— Mais quel est le gros ecclésiastique à face rubiconde avec lequel il cause maintenant de moi? reprit Mlle de Verneuil.

— Savez-vous ce qu'ils disent?

— Si je veux le savoir?... Est-ce une question?

— Mais je ne pourrais vous en instruire sans vous offenser.

— Du moment où vous me laissez offenser sans tirer vengeance des injures que je reçois chez vous, adieu, marquis! Je ne veux pas rester un moment ici. J'ai déjà quelques remords de tromper ces pauvres Républicains, si loyaux et si confiants. »

Elle fit quelques pas, et le marquis la suivit.

« Ma chère Marie, écoutez-moi. Sur mon honneur, j'ai imposé silence à leurs méchants propos avant de savoir s'ils étaient faux ou vrais. Néanmoins, dans ma situation, quand les amis que nous avons dans les ministères à Paris m'ont averti de me défier de toute espèce de femme qui se trouverait sur mon chemin, en m'annonçant que Fouché voulait employer contre moi une Judith des rues, il est permis à mes meilleurs amis de penser que vous êtes trop belle pour être une honnête femme... »

En parlant, le marquis plongeait son regard dans les yeux de Mlle de Verneuil qui rougit, et ne put retenir quelques pleurs.

« J'ai mérité ces injures, dit-elle. Je voudrais vous voir persuadé que je suis une méprisable créature et me savoir aimée... alors je ne douterais plus de vous. Moi je vous ai cru quand vous me trompiez, et vous ne me croyez pas quand je suis vraie. Brisons là, monsieur, dit-elle en fronçant le sourcil et pâlissant comme une femme qui va mourir. Adieu »

Elle s'élança hors de la salle à manger par un mouvement de désespoir.

« Marie, ma vie est à vous », lui dit le jeune marquis à l'oreille.

Elle s'arrêta, le regarda.

« Non, non, dit-elle, je serai généreuse. Adieu. Je ne pensais, en vous suivant, ni à mon passé, ni à votre avenir, j'étais folle.

— Comment, vous me quittez au moment où je vous offre ma vie!...

— Vous l'offrez dans un moment de passion, de désir.

— Sans regret, et pour toujours », dit-il.

Elle rentra. Pour cacher ses émotions, le marquis continua l'entretien.

« Ce gros homme de qui vous me demandiez le nom est un homme redoutable, l'abbé Gudin, un de ces jésuites assez obstinés, assez dévoués peut-être pour rester en France malgré l'édit de 1763 qui les en a bannis. Il est le boute feu de la guerre dans ces contrées et le propagateur de l'association religieuse dite du Sacré-Cœur. Habitué à se servir de la religion comme d'un instrument, il persuade à ses affiliés qu'ils ressusciteront, et sait entretenir leur fanatisme par d'adroites prédications. Vous le voyez : il faut employer les intérêts particuliers de chacun pour arriver à un grand but. Là sont tous les secrets de la politique.

— Et ce vieillard encore vert, tout musculeux, dont la figure est si repoussante? Tenez, là, l'homme habillé avec les lambeaux d'une robe d'avocat.

— Avocat? il prétend au grade de maréchal de camp. N'avez-vous pas entendu parler de Longuy?

— Ce serait lui! dit Mlle de Verneuil effrayée. Vous vous servez de ces hommes!

— Chut! il peut vous entendre. Voyez-vous cet autre en conversation criminelle avec Mme du Gua...

— Cet homme en noir qui ressemble à un juge?

— C'est un de nos négociateurs, La Billardière, fils d'un conseiller au Parlement de Bretagne, dont le nom est quelque chose comme Flamet; mais il a la confiance des princes.

— Et son voisin, celui qui serre en ce moment sa pipe de terre blanche, et qui appuie tous les doigts de sa main droite sur le panneau comme un pacant? dit Mlle de Verneuil en riant.

— Vous l'avez, pardieu, deviné, c'est l'ancien garde-chasse du défunt mari de cette dame. Il commande une des compagnies que j'oppose aux bataillons mobiles. Lui et Marche-à-terre sont peut-être les plus consciencieux serviteurs que le Roi ait ici.

— Mais elle, qui est-elle?

— Elle, reprit le marquis, elle est la dernière maîtresse qu'ait eue Charette. Elle possède une grande influence sur tout ce monde.

— Lui est-elle restée fidèle? »

Pour toute réponse le marquis fit une petite moue dubitative.

« Et l'estimez-vous?

— Vous êtes effectivement bien curieuse.

— Elle est mon ennemie parce qu'elle ne peut plus être ma rivale, dit en riant Mlle de Verneuil, je lui pardonne ses erreurs passées, qu'elle me pardonne les miennes. Et cet officier à moustaches?

— Permettez-moi de ne pas le nommer. Il veut se défaire du Premier Consul en l'attaquant à main armée. Qu'il réussisse ou non, vous le connaîtrez, il deviendra célèbre.

— Et vous êtes venu commander à de pareilles gens?... dit-elle avec horreur. Voilà les défenseurs du Roi! Où sont donc les gentilshommes et les seigneurs?

— Mais, dit le marquis avec impertinence, ils sont répandus dans toutes les cours de l'Europe. Qui donc enrôle les rois, leurs cabinets, leurs armées, au service de la maison de Bourbon, et les lance sur cette République qui menace de mort toutes les monarchies et l'ordre social d'une destruction complète?...

— Ah! répondit-elle avec une généreuse émotion, soyez désormais la source pure où je puiserai les idées que je dois encore acquérir... j'y consens. Mais laissez-moi penser que vous êtes le seul noble qui fasse son devoir en attaquant la France avec des Français, et non à l'aide de l'étranger. Je suis femme, et sens que si mon enfant me frappait dans sa colère, je pourrais lui pardonner; mais s'il me

voyait de sang-froid déchirée par un inconnu, je le
regarderais comme un monstre.

— Vous serez toujours Républicaine, dit le marquis en proie à une délicieuse ivresse excitée par les
généreux accents qui le confirmaient dans ses pré-
somptions.

— Républicaine? Non, je ne le suis plus. Je ne
vous estimerais pas si vous vous soumettiez au Premier Consul, reprit-elle; mais je ne voudrais pas
non plus vous voir à la tête de gens qui pillent un
coin de la France au lieu d'assaillir toute la République. Pour qui vous battez-vous? Qu'attendez-vous
d'un roi rétabli sur le trône par vos mains? Une
femme a déjà entrepris ce beau chef-d'œuvre, le roi
libéré l'a laissé brûler vive. Ces hommes-là sont les
oints du Seigneur, et il y a du danger à toucher
aux choses consacrées. Laissez Dieu seul les placer,
les déplacer, les replacer sur leurs tabourets de
pourpre. Si vous avez pesé la récompense qui vous
en reviendra, vous êtes à mes yeux dix fois plus
grand que je ne vous croyais; foulez-moi alors, si
vous le voulez, aux pieds. je vous le permets, je
serai heureuse.

— Vous êtes ravissante! N'essayez pas d'endoctri-
ner ces messieurs, je serais sans soldats.

— Ah! si vous vouliez me laisser vous convertir,
nous irions à mille lieues d'ici.

— Ces hommes que vous paraissez mépriser sauront périr dans la lutte, répliqua le marquis d'un
ton plus grave, et leurs torts seront oubliés. D'ail-

leurs, si mes efforts sont couronnés de quelques succès, les lauriers du triomphe ne cacheront-ils pas
tout?

— Il n'y a que vous ici à qui je voie risquer
quelque chose.

— Je ne suis pas le seul, reprit-il avec une modestie vraie. Voici là-bas deux nouveaux chefs de la
Vendée. Le premier, que vous avez entendu nommer
le Grand-Jacques, est le comte de Fontaine, et
l'autre La Billardière, que je vous ai déjà montré.

— Et oubliez-vous Quiberon, où La Billardière
a joué le rôle le plus singulier?... répondit-elle frappée d'un souvenir.

— La Billardière a beaucoup pris sur lui, croyez-
moi. Ce n'est pas être sur des roses que de servir les
princes...

— Ah! vous me faites frémir! s'écria Marie. Marquis, reprit-elle d'un ton qui semblait annoncer une
réticence dont le mystère lui était personnel, il suffit d'un instant pour détruire une illusion et dévoi-
ler des secrets d'où dépendent la vie et le bonheur
de bien des gens... » Elle s'arrêta comme si elle eût
craint d'en trop dire, et ajouta : « Je voudrais savoir les soldats de la République en sûreté.

— Je serai prudent, dit-il en souriant pour déguiser son émotion, mais ne me parlez plus de vos soldats, je vous en ai répondu sur ma foi de gentilhomme.

— Et après tout, de quel droit voudrais-je vous
conduire? reprit-elle. Entre nous soyez toujours le

maître. Ne vous ai-je pas dit que je serais au désespoir de régner sur un esclave?

— Monsieur le marquis, dit respectueusement le
major Brigaut en interrompant cette conversation,
les Bleus resteront-ils donc longtemps ici?

— Ils partiront aussitôt qu'ils se seront reposés »,
s'écria Marie.

Le marquis lança des regards scrutateurs sur
l'assemblée, y remarqua de l'agitation, quitta
Mlle de Verneuil, et laissa Mme du Gua venir le
remplacer auprès d'elle. Cette femme apportait un
masque riant et perfide que le sourire amer du jeune
chef ne déconcerta point. En ce moment Francine
jeta un cri promptement étouffé. Mlle de Verneuil,
qui vit avec étonnement sa fidèle campagnarde
s'élançant vers la salle à manger, regarda Mme du
Gua, et sa surprise augmenta à l'aspect de la pâleur
répandue sur le visage de son ennemie. Curieuse de
pénétrer le secret de ce brusque départ, elle s'avança
vers l'embrasure de la fenêtre où sa rivale la suivit
afin de détruire les soupçons qu'une imprudence
pouvait avoir éveillés et lui sourit avec une indéfinissable malice quand, après avoir jeté toutes deux
un regard sur le paysage du lac, elles revinrent ensemble à la cheminée, Marie sans avoir rien aperçu
qui justifiât la fuite de Francine, Mme du Gua satisfaite d'être obéie. Le lac au bord duquel Marche-à-
terre avait comparu dans la cour à l'évocation de
cette femme, allait rejoindre le fossé d'enceinte qui
protégeait les jardins, en décrivant de vaporeuses

sinuosités, tantôt larges comme des étangs, tantôt
resserrées comme les rivières artificielles d'un parc.
Le rivage rapide et incliné que baignaient ces eaux
claires passait à quelques toises de la croisée. Occupée à contempler, sur la surface des eaux, les lignes
noires qu'y projetaient les têtes de quelques vieux
saules, Francine observait assez insouciamment l'uniformité de courbure qu'une brise légère imprimait
à leurs branchages. Tout à coup elle crut apercevoir
une de leurs figures remuant sur le miroir des eaux
par quelques-uns de ces mouvements irréguliers et
spontanés qui trahissent la vie. Cette figure, quelque
vague qu'elle fût, semblait être celle d'un homme.
Francine attribua d'abord sa vision aux imparfaites
configurations que produisait la lumière de la lune,
à travers les feuillages; mais bientôt une seconde
tête se montra; puis d'autres apparurent encore
dans le lointain. Les petits arbustes de la berge se
courbèrent et se relevèrent avec violence. Francine
vit alors cette longue haie insensiblement agitée
comme un de ces grands serpents indiens aux formes
fabuleuses. Puis, çà et là, dans les genêts et les
hautes épines, plusieurs points lumineux brillèrent
et se déplacèrent. En redoublant d'attention,
l'amante de Marche-à-terre crut reconnaître la première des figures noires qui allaient au sein de ce
mouvant rivage. Quelque indistinctes que fussent
les formes de cet homme, le battement de son cœur
lui persuada qu'elle voyait en lui Marche-à-terre.
Eclairée par un geste, et impatiente de savoir si cette

marche mystérieuse ne cachait pas quelque perfidie,
elle s'élança vers la cour. Arrivée au milieu de ce
plateau de verdure, elle regarda tour à tour les deux
corps de logis et les deux berges sans découvrir dans
celle qui faisait face à l'aile inhabitée aucune trace
de ce sourd mouvement. Elle prêta une oreille attentive, et entendit un léger bruissement semblable à
celui que peuvent produire les pas d'une bête fauve
dans le silence des forêts; elle tressaillit et ne trembla pas. Quoique jeune et innocente encore, la
curiosité lui inspira promptement une ruse. Elle
aperçut la voiture, courut s'y blottir, et ne leva sa
tête qu'avec la précaution du lièvre aux oreilles
duquel résonne le bruit d'une chasse lointaine. Elle
vit Pille-miche qui sortit de l'écurie. Ce Chouan
était accompagné de deux paysans, et tous trois
portaient des bottes de paille; ils les étalèrent de
manière à former une longue litière devant le corps
de bâtiment inhabité parallèle à la berge bordée
d'arbres nains, où les Chouans marchaient avec un
silence qui trahissait les apprêts de quelque horrible
stratagème.

« Tu leur donnes de la paille comme s'ils devaient réellement dormir là. Assez, Pille-miche,
assez, dit une voix rauque et sourde que Francine
reconnut.

— N'y dormiront-ils pas? reprit Pille-miche en
laissant échapper un gros rire bête. Mais ne crains-
tu pas que le Gars ne se fâche? ajouta-t-il si bas que
Francine n'entendit rien.

— Eh bien, il se fâchera, répondit à demi voix
Marche-à-terre; mais nous aurons tué les Bleus, tout
de même. — Voilà, reprit-il, une voiture qu'il faut
rentrer à nous deux. »

Pille-miche tira la voiture par le timon, et Marche-à-terre la poussa par une des roues avec une
telle prestesse que Francine se trouva dans la grange
et sur le point d'y rester enfermée, avant d'avoir eu
le temps de réfléchir à sa situation. Pille-miche sortit pour aider à amener la pièce de cidre que le
marquis avait ordonné de distribuer aux soldats de
l'escorte. Marche-à-terre passait le long de la calèche pour se retirer et fermer la porte, quand il se
sentit arrêté par une main qui saisit les longs crins
de sa peau de chèvre. Il reconnut des yeux dont la
douceur exerçait sur lui la puissance du magné-
tisme, et demeura pendant un moment comme
charmé. Francine sauta vivement hors de la voiture,
et lui dit de cette voix agressive qui va merveilleu-
sement à une femme irritée : « Pierre, quelles nouvelles as-tu donc apportées sur le chemin à cette
dame et à son fils? Que fait-on ici? Pourquoi te
caches-tu? Je veux tout savoir. » Ces mots donnèrent au visage du Chouan une expression que Francine ne lui connaissait pas. Le Breton amena son
innocente maîtresse sur le seuil de la porte; là, il
la tourna vers la lueur blanchissante de la lune, et
lui répondit en la regardant avec des yeux terribles :
« Oui, par ma damnation! Francine, je te le dirai,
mais quand tu m'auras juré sur ce chapelet... » Et

il tira un vieux chapelet de dessous sa peau de
bique. « Sur cette relique que tu connais, reprit-il,
de me répondre vérité à une seule demande. »
Francine rougit en regardant ce chapelet qui, sans
doute, était un gage de leur amour. « C'est là-dessus, reprit le Chouan tout ému, que tu as juré... »

Il n'acheva pas. La paysanne appliqua sa main
sur les lèvres de son sauvage amant pour lui imposer silence.

« Ai-je donc besoin de jurer? » dit-elle.

Il prit sa maîtresse doucement par la main, la
contempla pendant un instant, et reprit : « La
demoiselle que tu sers se nomme-t-elle réellement
Mlle de Verneuil? »

Francine demeura les bras pendants, les paupières baissées, la tête inclinée, pâle, interdite.

« C'est une catau! » reprit Marche-à-terre d'une
voix terrible.

A ce mot, la jolie main lui couvrit encore les
lèvres, mais cette fois il se recula violemment. La
petite Bretonne ne vit plus d'amant, mais bien une
bête féroce dans toute l'horreur de sa nature. Les
sourcils du Chouan étaient violemment serrés, ses
lèvres se contractèrent, et il montra les dents comme
un chien qui défend son maître.

« Je t'ai laissée fleur et je te retrouve fumier. Ah!
pourquoi t'ai-je abandonnée! Vous venez pour nous
trahir, pour livrer le Gars. »

Ces phrases furent plutôt des rugissements que
des paroles. Quoique Francine eût peur, à ce der-

nier reproche, elle osa contempler ce visage farouche, leva sur lui des yeux angéliques et répondit
avec calme : « Je gage mon salut que cela est faux.
C'est des idées de ta dame. »

A son tour il baissa la tête; puis elle lui prit la
main, se tourna vers lui par un mouvement mignon, et lui dit :

« Pierre, pourquoi sommes-nous dans tout ça?
Ecoute, je ne sais pas comment toi tu peux y comprendre quelque chose, car je n'y entends rien!
Mais souviens-toi que cette belle et noble demoiselle est ma bienfaitrice; elle est aussi la tienne, et
nous vivons quasiment comme deux sœurs. Il ne
doit jamais lui arriver rien de mal là où nous serons
avec elle, de notre vivant du moins. Jure-le-moi
donc! Ici je n'ai confiance qu'en toi.

— Je ne commande pas ici », répondit le Chouan
d'un ton bourru.

Son visage devint sombre. Elle lui prit ses grosses
oreilles pendantes, et les lui tordit doucement,
comme si elle caressait un chat.

« Eh bien, promets-moi, reprit-elle en le voyant
moins sévère, d'employer à la sûreté de notre bienfaitrice tout le pouvoir que tu as. »

Il remua la tête comme s'il doutait du succès, et
ce geste fit frémir la Bretonne. En ce moment critique, l'escorte était parvenue à la chaussée. Le pas
des soldats et le bruit de leurs armes réveillèrent
les échos de la cour et parurent mettre un terme à
l'indécision de Marche-à-terre.

« Je la sauverai peut-être, dit-il à sa maîtresse, si tu peux la faire demeurer dans la maison. — Et, ajouta-t-il, quoi qu'il puisse arriver, restes-y avec elle et garde le silence le plus profond; sans quoi, rin.

— Je te le promets, répondit-elle dans son effroi.

— Eh bien, rentre. Rentre à l'instant et cache ta peur à tout le monde, même à ta maîtresse.·

— Oui. »

Elle serra la main du Chouan, qui la regarda d'un air paternel courant avec la légèreté d'un oiseau vers le perron; puis il se coula dans la haie, comme un acteur qui se sauve vers la coulisse au moment où se lève le rideau tragique.

« Sais-tu, Merle, que cet endroit-ci m'a l'air d'une véritable souricière, dit Gérard en arrivant au château.

— Je le vois bien », répondit le capitaine soucieux.

Les deux officiers s'empressèrent de placer des sentinelles pour s'assurer de la chaussée et du portail, puis ils jetèrent des regards de défiance sur les berges et les alentours du paysage.

« Bah! dit Merle, il faut nous livrer à cette baraque-là en toute confiance ou ne pas y entrer.

— Entrons », répondit Gérard.

Les soldats, rendus à la liberté par un mot de leur chef, se hâtèrent de déposer leurs fusils en faisceaux coniques et formèrent un petit front de bandière devant la litière de paille, au milieu de laquelle figurait la pièce de cidre. Ils se divisèrent en groupes auxquels deux paysans commencèrent à distribuer du beurre et du pain de seigle. Le marquis vint au-devant des deux officiers et les emmena au salon. Quand Gérard eut monté le perron, et qu'il regarda les deux ailes où les vieux mélèzes étendaient leurs branches noires, il appela Beau-pied et La-clef-des-cœurs.

« Vous allez, à vous deux, faire une reconnaissance dans les jardins et fouiller les haies, entendez-vous? Puis, vous placerez une sentinelle devant votre front de bandière...

— Pouvons-nous allumer notre feu avant de nous mettre en chasse, mon adjudant? » dit La-clef-des-cœurs.

Gérard inclina la tête.

« Tu le vois bien, La-clef-des-cœurs, dit Beau-pied, l'adjudant a tort de se fourrer dans ce guêpier. Si Hulot nous commandait, il ne se serait jamais acculé ici; nous sommes là comme dans une marmite.

— Es-tu bête, répondit La-clef-des-cœurs; comment, toi, le roi des malins, tu ne devines pas que cette guérite est le château de l'aimable particulière auprès de laquelle siffle notre joyeux Merle, le plus fin des capitaines, et il l'épousera, cela est clair comme une baïonnette bien fourbie. Ça fera honneur à la demi-brigade, une femme comme ça.

— C'est vrai, reprit Beau-pied. Tu peux encore ajouter que voilà de bon cidre, mais je ne le bois

pas avec plaisir devant ces chiennes de haies-là. Il
me semble toujours voir dégringoler Larose et
Vieux-Chapeau dans le fossé de la Pèlerine. Je me
souviendrai toute ma vie de la queue de ce pauvre
Larose, elle allait comme un marteau de grande
porte.

— Beau-pied, mon ami, tu as trop d'*émagination*
pour un soldat. Tu devrais faire des chansons à
l'Institut national.

— Si j'ai trop d'imagination, lui répliqua Beau-
pied, tu n'en as guère, toi, et il te faudra du temps
pour passer consul. »

Le rire de la troupe mit fin à la discussion, car
La-clef-des-cœurs ne trouva rien dans sa giberne
pour riposter à son antagoniste.

« Viens-tu faire ta ronde? Je vais prendre à
droite, moi, lui dit Beau-pied.

— Eh bien, je prendrai la gauche, répondit son
camarade. Mais avant, minute! je veux boire un
verre de cidre, mon gosier s'est collé comme le taffe-
tas gommé qui enveloppe le beau chapeau de
Hulot. »

Le côté gauche des jardins que La-clef-des-cœurs
négligeait d'aller explorer immédiatement était par
malheur la berge dangereuse où Francine avait ob-
servé un mouvement d'hommes. Tout est hasard à
la guerre. En entrant dans le salon et en saluant
la compagnie, Gérard jeta un regard pénétrant sur
les hommes qui la composaient. Le soupçon revint
avec plus de force dans son âme, il alla tout à coup

vers Mlle de Verneuil et lui dit à voix basse :

« Je crois qu'il faut vous retirer promptement, nous ne sommes pas en sûreté ici.

— Craindriez-vous quelque chose chez moi? demanda-t-elle en riant. Vous êtes plus en sûreté ici, que vous ne le seriez à Mayenne. »

Une femme répond toujours de son amant avec assurance. Les deux officiers furent rassurés. En ce moment la compagnie passa dans la salle à manger, malgré quelques phrases insignifiantes relatives à un convive assez important qui se faisait attendre. Mlle de Verneuil put, à la faveur du silence qui règne toujours au commencement des repas, donner quelque attention à cette réunion curieuse dans les circonstances présentes, et de laquelle elle était en quelque sorte la cause par suite de cette ignorance que les femmes, accoutumées à se jouer de tout, portent dans les actions les plus critiques de la vie. Un fait la surprit soudain. Les deux officiers républicains dominaient cette assemblée par le caractère imposant de leurs physionomies. Leurs longs cheveux, tirés des tempes et réunis dans une queue énorme derrière le cou, dessinaient sur leurs fronts ces lignes qui donnent tant de candeur et de noblesse à de jeunes têtes. Leurs uniformes bleus râpés, à parements rouges usés, tout, jusqu'à leurs épaulettes rejetées en arrière par les marches et qui accusaient dans toute l'armée, même chez les chefs, le manque de capotes, faisait ressortir ces deux militaires, des hommes au milieu desquels ils se trou-

vaient. « Oh! là est la nation, la liberté », se dit-elle.
Puis, jetant un regard sur les royalistes : « Et, là
est un homme, un roi, des privilèges. » Elle ne put
se refuser à admirer la figure de Merle, tant ce gai
soldat répondait complètement aux idées qu'on
peut avoir de ces troupiers français, qui savent
siffler un air au milieu des balles et n'oublient pas
de faire un lazzi sur le camarade qui tombe mal.
Gérard imposait. Grave et plein de sang-froid, il
paraissait avoir une de ces âmes vraiment républicaines qui, à cette époque, se rencontrèrent en foule
dans les armées françaises auxquelles des dévouements noblement obscurs imprimaient une énergie
jusqu'alors inconnue. « Voilà un de mes hommes à
grandes vues, se dit Mlle'de Verneuil. Appuyés sur
le présent qu'ils dominent, ils ruinent le passé,
mais au profit de l'avenir... » Cette pensée l'attrista,
parce qu'elle ne se rapportait pas à son amant,
vers lequel elle se tourna pour se venger, par une
autre admiration, de la République qu'elle haïssait
déjà. En voyant le marquis entouré de ces hommes
assez hardis, assez fanatiques, assez calculateurs de
l'avenir, pour attaquer une République victorieuse
dans l'espoir de relever une monarchie morte, une
religion mise en interdit, des princes errants et des
privilèges expirés. « Celui-ci, se dit-elle, n'a pas
moins de portée que l'autre; car, accroupi sur des
décombres, il veut faire du passé, l'avenir. » Son
esprit nourri d'images hésitait alors entre les jeunes
et les vieilles ruines: Sa conscience lui criait bien

que l'un se battait pour un homme, l'autre pour
un pays; mais elle était arrivée par le sentiment au
point où l'on arrive par la raison, a reconnaître que
le roi, c'est le pays.

En entendant retentir dans le salon les pas d'un
homme, le marquis se leva pour aller à sa rencontre. Il reconnut le convive attendu qui, surpris
de la compagnie, voulut parler; mais le Gars déroba
aux Républicains le signe qu'il lui fit pour l'engager à se taire et à prendre place au festin. A mesure
que les deux officiers républicains analysaient les
physionomies de leurs hôtes, les soupçons qu'ils
avaient conçus d'abord renaissaient. Le vêtement
ecclésiastique de l'abbé Gudin et la bizarrerie des
costumes chouans éveillèrent leur prudence; ils re-
doublèrent alors d'attention et découvrirent de plaisants contrastes entre les manières des convives et
leurs discours. Autant le républicanisme manifesté
par quelques-uns d'entre eux était exagéré, autant
les façons de quelques autres étaient aristocratiques.
Certains coups d'œil surpris entre le marquis et ses
hôtes, certains mots à double sens imprudemment
prononcés, mais surtout la ceinture de barbe dont
le cou de quelques convives était garni et qu'ils
cachaient assez mal dans leurs cravates finirent par
apprendre aux deux officiers une vérité qui les
frappa en même temps. Ils se révélèrent leurs communes pensées par un même regard, car Mme du
Gua les avait habilement séparés et ils en étaient
réduits au langage de leurs yeux. Leur situation

commandait d'agir avec adresse, ils ne savaient s'ils
étaient les maîtres du château, ou s'ils y avaient été
attirés dans une embûche; si Mlle de Verneuil était
la dupe ou la complice de cette inexplicable aventure; mais un événement imprévu précipita la crise,
avant qu'ils pussent en connaître toute la gravité.
Le nouveau convive était un de ces hommes carrés
de base comme de hauteur, dont le teint est fortement coloré, qui se penchent en arrière quand ils
marchent, qui semblent déplacer beaucoup d'air
autour d'eux, et croient qu'il faut à tout le monde
plus d'un regard pour les voir. Malgré sa noblesse,
il avait pris la vie comme une plaisanterie dont on
doit tirer le meilleur parti possible; mais, tout en
s'agenouillant devant lui-même, il était bon, poli et
spirituel à la manière de ces gentilshommes qui,
après avoir fini leur éducation à la cour, reviennent
dans leurs terres, et ne veulent jamais supposer
qu'ils ont pu, au bout de vingt ans, s'y rouiller.
Ces sortes de gens manquent de tact avec un aplomb
imperturbable, disent spirituellement une sottise, se
défient du bien avec beaucoup d'adresse, et
prennent d'incroyables peines pour donner dans un
piège. Lorsque par un jeu de fourchette qui annonçait un grand mangeur, il eut regagné le temps
perdu, il leva les yeux sur la compagnie. Son étonnement redoubla en voyant les deux officiers, et il
interrogea d'un regard Mme du Gua, qui, pour
toute réponse, lui montra Mlle de Verneuil. En
apercevant la sirène dont la beauté commençait à

imposer silence aux sentiments d'abord excités par Mme du Gua dans l'âme des convives, le gros inconnu laissa échapper un de ces sourires impertinents et moqueurs qui semblent contenir toute une histoire graveleuse. Il se pencha à l'oreille de son voisin auquel il dit deux ou trois mots, et ces mots, qui restèrent un secret pour les officiers et pour Marie, voyagèrent d'oreille à oreille, de bouche en bouche, jusqu'au cœur de celui qu'ils devaient frapper à mort. Les chefs des Vendéens et des Chouans tournèrent leurs regards sur le marquis de Montauran avec une curiosité cruelle. Les yeux de Mme du Gua allèrent du marquis à Mlle de Verneuil étonnée, en lançant des éclairs de joie. Les officiers inquiets se consultèrent en attendant le résultat de cette scène bizarre. Puis, en un moment, les fourchettes demeurèrent inactives dans toutes les mains, le silence régna dans la salle, et tous les regards se concentrèrent sur le Gars. Une effroyable rage éclata sur ce visage colère et sanguin qui prit une teinte de cire. Le jeune chef se tourna vers le convive d'où ce serpenteau était parti, et d'une voix qui sembla couverte d'un crêpe : « Mort de mon âme, comte, cela est-il vrai? demanda-t-il.

— Sur mon honneur », répondit le comte en s'inclinant avec gravité.

Le marquis baissa les yeux un moment, et il les releva bientôt pour les reporter sur Marie, qui, attentive à ce débat, accueillit ce regard plein de mort.

« Je donnerais ma vie, dit-il à voix basse, pour me venger sur l'heure. »

Mme du Gua comprit cette phrase au mouvement seul des lèvres et sourit au jeune homme, comme on sourit à un ami dont le désespoir va cesser. Le mépris général pour Mlle de Verneuil, peint sur toutes les figures, mit le comble à l'indignation des deux Républicains, qui se levèrent brusquement.

« Que désirez-vous, citoyens? demanda Mme du Gua.

— Nos épées, *citoyenne*, répondit ironiquement Gérard.

— Vous n'en avez pas besoin à table, dit le marquis froidement.

— Non, mais nous allons jouer à un jeu que vous connaissez, répondit Gérard en reparaissant. Nous nous verrons ici d'un peu plus près qu'à la Pèlerine. »

L'assemblée resta stupéfaite. En ce moment une décharge faite avec un ensemble terrible pour les oreilles des deux officiers, retentit dans la cour. Les deux officiers s'élancèrent sur le perron; là, ils virent une centaine de Chouans qui ajustaient quelques soldats survivant à leur première décharge, et qui tiraient sur eux comme sur des lièvres. Ces Bretons sortaient de la rive où Marche-à-terre les avait postés au péril de leur vie; car, dans cette évolution et après les derniers coups de fusil, on entendit, à travers les cris des mourants, quelques Chouans tombant dans les eaux, où ils roulèrent comme des pierres dans un gouffre. Pille-Miche visait Gérard, Marche-à-terre tenait Merle en respect.

« Capitaine, dit froidement le marquis à Merle en lui répétant les paroles que le Républicain avait dites de lui, *voyez-vous, les hommes sont comme les nèfles, ils mûrissent sur la paille.* » Et, par un geste de la main, il montra l'escorte entière des Bleus couchée sur la litière ensanglantée, où les Chouans achevaient les vivants, et dépouillaient les morts avec une incroyable célérité. « J'avais bien raison de vous dire que vos soldats n'iraient pas jusqu'à la Pèlerine, ajouta le marquis. Je crois aussi que votre tête sera pleine de plomb avant la mienne, qu'en dites-vous? »

Montauran éprouvait un horrible besoin de satisfaire sa rage. Son ironie envers le vaincu, la férocité, la perfidie même de cette exécution militaire faite sans son ordre et qu'il avouait alors, répondaient aux vœux secrets de son cœur. Dans sa fureur, il aurait voulu anéantir la France. Les Bleus égorgés, les deux officiers vivants, tous innocents du crime dont il demandait vengeance, étaient entre ses mains comme les cartes que dévore un joueur au désespoir.

« J'aime mieux périr ainsi que de triompher comme vous », dit Gérard. Puis, en voyant ses soldats nus et sanglants, il s'écria : « Les avoir assassinés lâchement, froidement!

— Comme le fut Louis XVI, monsieur, répondit vivement le marquis.

— Monsieur, répliqua Gérard avec hauteur, il existe dans le procès d'un roi des mystères que vous ne comprendrez jamais.

— Accuser le roi! s'écria le marquis hors de lui.

— Combattre la France! répondit Gérard d'un ton de mépris.

— Niaiserie, dit le marquis.

— Parricide! reprit le Républicain.

— Régicide!

— Eh bien, vas-tu prendre le moment de ta mort pour te disputer? s'écria gaiement Merle.

— C'est vrai, dit froidement Gérard en se retournant vers le marquis. Monsieur, si votre intention est de nous donner la mort, reprit-il, faites-nous au moins la grâce de nous fusiller sur-le-champ.

— Te voilà bien! reprit le capitaine, toujours pressé d'en finir. Mais, mon ami, quand on va loin et qu'on ne pourra pas déjeuner le lendemain, on soupe. »

Gérard s'élança fièrement et sans mot dire vers la muraille; Pille-miche l'ajusta en regardant le marquis immobile, prit le silence de son chef pour un ordre, et l'adjudant-major tomba comme un arbre. Marche-à-terre courut partager cette nouvelle dépouille avec Pille-miche. Comme deux corbeaux affamés, ils eurent un débat et grognèrent sur le cadavre encore chaud.

« Si vous voulez achever de souper, capitaine,
vous êtes libre de venir avec moi », dit le marquis à Merle, qu'il voulut garder pour faire des
échanges.

Le capitaine rentra machinalement avec le marquis, en disant à voix basse, comme s'il s'adressait
un reproche : « C'est cette diablesse de fille qui
est cause de ça. Que dira Hulot?

— Cette fille! s'écria le marquis d'un ton sourd.
C'est donc bien décidément une fille! »

Le capitaine semblait avoir tué Montauran, qui
le suivait tout pâle, défait, morne, et d'un pas chan-
celant. Il s'était passé dans la salle à manger une
autre scène qui, par l'absence du marquis, prit un
caractère tellement sinistre, que Marie, se trouvant
sans son protecteur, put croire à l'arrêt de mort
écrit dans les yeux de sa rivale. Au bruit de la décharge, tous les convives s'étaient levés, moins
Mme du Gua.

« Rasseyez-vous, dit-elle, ce n'est rien, nos gens
tuent les Bleus. » Lorsqu'elle vit le marquis dehors,
elle se leva. « Mademoiselle que voici, s'écria-t-elle
avec le calme d'une sourde rage, venait nous enlever
le Gars! Elle venait essayer de le livrer à la République.

— Depuis ce matin je l'aurais pu livrer vingt
fois, et je lui ai sauvé la vie », répliqua Mlle de Verneuil.

Mme du Gua s'élança sur sa rivale avec la rapidité de l'éclair; elle brisa, dans son aveugle empor-

tement, les faibles brandebourgs du spencer de la
jeune fille surprise par cette soudaine irruption,
viola d'une main brutale l'asile sacré où la lettre
était cachée, déchira l'étoffe, les broderies, le corset,
la chemise, puis elle profita de cette recherche pour
assouvir sa jalousie, et sut froisser avec tant
d'adresse et de fureur la gorge palpitante de sa
rivale, qu'elle y laissa les traces sanglantes de ses
ongles, en éprouvant un sombre plaisir à lui faire
subir une si odieuse prostitution. Dans la faible
lutte que Marie opposa à cette femme furieuse, sa
capote dénouée tomba, ses cheveux rompirent leurs
liens et s'échappèrent en boucles ondoyantes; son
visage rayonna de pudeur, puis deux larmes tra-
cèrent un chemin humide et brûlant le long de ses
joues et rendirent le feu de ses yeux plus vif; enfin,
le tressaillement de la honte la livra frémissante
aux regards des convives. Des juges même
endurcis auraient cru à son innocence en voyant
sa douleur.

La haine calcule si mal, que Mme du Gua ne
s'aperçut pas qu'elle n'était écoutée de personne
pendant que, triomphante, elle s'écriait : « Voyez,
messieurs, ai-je donc calomnié cette horrible créature?

— Pas si horrible, dit à voix basse le gros
convive auteur du désastre. J'aime prodigieusement
ces horreurs-là, moi.

— Voici, reprit la cruelle Vendéenne, un ordre
signé Laplace et contresigné Dubois. » A ces noms

quelques personnes levèrent la tête. « Et en voici
la teneur, dit en continuant Mme du Gua :

« Les citoyens commandants militaires de tout
« grade, administrateurs de district, les procureurs-
« syndics, etc., des départements insurgés, et parti-
« culièrement ceux des localités où se trouvera le
« ci-devant marquis de Montauran, chef de bri-
« gands et surnommé le Gars, devront prêter se-
« cours et assistance à la citoyenne Marie Verneuil
« et se conformer aux ordres qu'elle pourra leur
« donner, chacun en ce qui le concerne, etc. »

« Une fille d'Opéra prendre un nom illustre pour
le souiller de cette infamie! » ajouta-t-elle.

Un mouvement de surprise se manifesta dans
l'assemblée.

« La partie n'est pas égale si la République
emploie de si jolies femmes contre nous, dit le
baron du Guénic.

— Surtout des filles qui ne mettent rien au jeu,
répliqua Mme du Gua.

— Rien? dit le chevalier du Vissard, mademoiselle a cependant un domaine qui doit lui rapporter
de bien grosses rentes!

— La République aime donc bien à rire, pour
nous envoyer des filles de joie en ambassade, s'écria
l'abbé Gudin.

— Mais mademoiselle recherche malheureusement des plaisirs qui tuent, reprit Mme du Gua

avec une horrible expression de joie qui indiquait
le terme de ces plaisanteries.

— Comment donc vivez-vous encore, madame? »
dit la victime en se relevant après avoir réparé le
désordre de sa toilette.

Cette sanglante épigramme imprima une sorte de
respect pour une si fière victime et imposa silence
à l'assemblée. Mme du Gua vit errer sur les lèvres
des chefs un sourire dont l'ironie la mit en fureur;
et alors, sans apercevoir le marquis ni le capitaine
qui survinrent : « Pille-miche, emporte-la, dit-elle
au Chouan en lui désignant Mlle de Verneuil, c'est
ma part du butin, je te la donne, fais-en tout ce
que tu voudras. »

A ce mot *tout* prononcé par cette femme, l'assemblée entière frissonna, car les têtes hideuses de
Marche-à-terre et de Pille-miche se montrèrent derrière le marquis, et le supplice apparut dans toute
son horreur.

Francine debout, les mains jointes, les yeux pleins
de larmes, restait comme frappée de la foudre.
Mlle de Verneuil, qui recouvra dans le danger toute
sa présence d'esprit, jeta sur l'assemblée un regard
de mépris, ressaisit la lettre que tenait Mme du
Gua, leva la tête, et l'œil sec, mais fulgurant, elle
s'élança vers la porte où l'épée de Merle était restée.
Là elle rencontra le marquis froid et immobile
comme une statue. Rien ne plaidait pour elle sur
ce visage dont tous les traits étaient fixes et fermes.
Blessée dans son cœur, la vie lui devint odieuse.

L'homme qui lui avait témoigné tant d'amour avait
donc entendu les plaisanteries dont elle venait
d'être accablée, et restait le témoin glacé de la prostitution qu'elle venait d'endurer lorsque les beautés
qu'une femme réserve à l'amour essuyèrent tous les
regards! Peut-être aurait-elle pardonné à Montauran ses sentiments de mépris, mais elle s'indigna
d'avoir été vue par lui dans une infâme situation;
elle lui lança un regard stupide et plein de haine,
car elle sentit naître dans son cœur d'effroyables
désirs de vengeance. En voyant la mort derrière elle,
son impuissance l'étouffa. Il s'éleva dans sa tête
comme un tourbillon de folie; son sang bouillon-
nant lui fit voir le monde comme un incendie; alors,
au lieu de se tuer, elle saisit l'épée, la brandit sur
le marquis, la lui enfonça jusqu'à la garde; mais
l'épée ayant glissé entre le bras et le flanc, le Gars
arrêta Marie par le poignet et l'entraîna hors de la
salle, aidé par Pille-miche, qui se jeta sur cette créature furieuse au moment où elle essaya de tuer le
marquis. A ce spectacle, Francine jeta des cris perçants. « Pierre! Pierre! Pierre! » s'écria-t-elle avec
des accents lamentables. Et tout en criant elle suivit
sa maîtresse.

Le marquis laissa l'assemblée stupéfaite, et sortit
en fermant la porte de la salle. Quand il arriva sur
le perron, il tenait encore le poignet de cette femme
et le serrait par un mouvement convulsif, tandis
que les doigts nerveux de Pille-miche en brisaient
presque l'os du bras; mais elle ne sentait que la

main brûlante du jeune chef, qu'elle regarda froidement.

« Monsieur, vous me faites mal! »

Pour toute réponse, le marquis contempla pendant un moment sa maîtresse.

« Avez-vous donc quelque chose à venger bassement comme cette femme a fait? » dit-elle. Puis, apercevant les cadavres étendus sur la paille, elle s'écria en frissonnant : « La foi d'un gentilhomme! ah! ah! ah! » — Après ce rire, qui fut affreux, elle ajouta : « La belle journée!

— Oui, belle, répéta-t-il, et sans lendemain. »

Il abandonna la main de Mlle de Verneuil, après avoir contemplé d'un dernier, d'un long regard, cette ravissante créature à laquelle il lui était presque impossible de renoncer. Aucun de ces deux esprits altiers ne voulut fléchir. Le marquis attendait peut-être une larme; mais les yeux de la jeune fille restèrent secs et fiers. Il se retourna vivement en laissant à Pille-miche sa victime.

« Dieu m'entendra, marquis, je lui demanderai pour vous une belle journée sans lendemain! »

Pille-miche, embarrassée d'une si belle proie, l'entraîna avec une douceur mêlée de respect et d'ironie. Le marquis poussa un soupir, rentra dans la salle, et offrit à ses hôtes un visage semblable à celui d'un mort dont les yeux n'auraient pas été fermés.

La présence du capitaine Merle était inexplicable pour les acteurs de cette tragédie; aussi tous le contemplèrent-ils avec surprise en s'interrogeant du regard. Merle s'aperçut de l'étonnement des Chouans, et, sans sortir de son caractère, il leur dit en souriant tristement : « Je ne crois pas, messieurs, que vous refusiez un verre de vin à un homme qui va faire sa dernière étape. »

Ce fut au moment où l'assemblée était calmée par ces paroles prononcées avec une étourderie française qui devait plaire aux Vendéens, que Montauran reparut, et sa figure pâle, son regard fixe, glacèrent tous les convives.

« Vous allez voir, dit le capitaine, que le mort va mettre les vivants en train.

— Ah! dit le marquis en laissant échapper le geste d'un homme qui s'éveille, vous voilà, mon cher conseil de guerre! »

Et il lui tendit une bouteille de vin de Grave, comme pour lui verser à boire.

« Oh! merci, citoyen marquis, je pourrais m'étourdir, voyez-vous. »

A cette saillie, Mme du Gua dit aux convives en souriant : « Allons, épargnons-lui le dessert.

— Vous êtes bien cruelle dans vos vengeances, madame, répondit le capitaine. Vous oubliez mon ami assassiné, qui m'attend, et je ne manque pas à mes rendez-vous.

— Capitaine, dit alors le marquis en lui jetant son gant, vous êtes libre! Tenez, voilà un passeport. Les Chasseurs du Roi savent qu'on ne doit pas tuer tout le gibier.

— Va pour la vie! répondit Merle, mais vous

avez tort, je vous réponds de jouer serré avec vous,
je ne vous ferai pas de grâce. Vous pouvez être très
habile, mais vous ne valez pas Gérard. Quoique
votre tête ne puisse jamais me payer de la sienne, il
me la faudra et je l'aurai.

— Il était donc bien pressé, reprit le marquis.

— Adieu! je pouvais trinquer avec mes bourreaux, je ne reste pas avec les assassins de mon ami,
dit le capitaine qui disparut en laissant les convives
étonnés.

— Hé bien, messieurs, que dites-vous des éche-
vins, des chirurgiens et des avocats qui dirigent la
République? demanda froidement le Gars.

— Par la mort-dieu, marquis, répondit le comte
de Bauvan, ils sont en tout cas bien mal élevés.
Celui-ci nous a fait, je crois, une impertinence »

La brusque retraite du capitaine avait un secret
motif. La créature si dédaignée, si humiliée, et qui
succombait peut-être en ce moment, lui avait offert
dans cette scène des beautés si difficiles à oublier
qu'il se disait en sortant : « Si c'est une fille, ce
n'est pas une fille ordinaire, et j'en ferai certes bien
ma femme... » Il désespérait si peu de la sauver des
mains de ces sauvages, que sa première pensée, en
ayant la vie sauve, avait été de la prendre désormais
sous sa protection. Malheureusement en arrivant
sur le perron, le capitaine trouva la cour déserte.
Il jeta les yeux autour de lui, écouta le silence et
n'entendit rien que les rires bruyants et lointains
des Chouans qui buvaient dans les jardins, en par-

tageant leur butin. Il se hasarda à tourner l'aile
fatale devant laquelle ses soldats avaient été fusillés;
et, de ce coin, à la faible lueur de quelques chandelles, il distingua les différents groupes que formaient les Chasseurs du Roi. Ni Pille-miche, ni
Marche-à-terre, ni la jeune fille ne s'y trouvaient;
mais en ce moment, il se sentit doucement tiré par
le pan de son uniforme, se retourna et vit Francine
à genoux.

« Où est-elle? demanda-t-il.

— Je ne sais pas, Pierre m'a chassée en m'ordon-
nant de ne pas bouger.

— Par où sont-ils allés?

— Par là », répondit-elle en montrant la
chaussée.

Le capitaine et Francine aperçurent alors dans
cette direction quelques ombres projetées sur les
eaux du lac par la lumière de la lune, et reconnurent des formes féminines dont la finesse quoique
indistincte leur fit battre le cœur.

« Oh! c'est elle », dit la Bretonne.

Mlle de Verneuil paraissait être debout, et rési-
gnée au milieu de quelques figures dont les mouvements accusaient un débat.

« Ils sont plusieurs, s'écria le capitaine. C'est
égal, marchons!

— Vous allez vous faire tuer inutilement, dit
Francine.

— Je suis déjà mort une fois aujourd'hui », répondit-il gaiement.

Et tous deux s'acheminèrent vers le portail sombre derrière lequel la scène se passait. Au milieu de la route, Francine s'arrêta.

« Non, je n'irai pas plus loin! s'écria-t-elle doucement. Pierre m'a dit de ne pas m'en mêler; je le connais, nous allons tout gâter. Faites ce que vous voudrez, monsieur l'officier, mais éloignez-vous. Si Pierre vous voyait auprès de moi, il vous tuerait. »

En ce moment, Pille-miche se montra hors du portail, appela le postillon resté dans l'écurie, aperçut le capitaine et s'écria en dirigeant son fusil sur lui : « Sainte-Anne d'Auray! le recteur d'Antrain avait bien raison de nous dire que les Bleus signent des pactes avec le diable. Attends, attends, je m'en vais te faire ressusciter, moi!

— Hé! j'ai la vie sauve, lui cria Merle en se voyant menacé. Voici le gant de ton chef.

— Oui, voilà bien les esprits, reprit le Chouan. Je ne te la donne pas, moi, la vie, *Ave Maria!* »

Il tira. Le coup de feu atteignit à la tête le capitaine, qui tomba. Quand Francine s'approcha de Merle, elle l'entendit prononcer indistinctement ces paroles : « J'aime encore mieux rester avec eux que de revenir sans eux. »

Le Chouan s'élança sur le Bleu pour le dépouiller en disant : « Il y a cela de bon chez ces revenants, qu'ils ressuscitent avec leurs habits. » En voyant dans la main du capitaine qui avait fait le geste de montrer le gant du Gars, cette sauvegarde sacrée, il resta stupéfait. « Je ne voudrais pas être dans la peau du fils de ma mère », s'écria-t-il. Puis il disparut avec la rapidité d'un oiseau.

Pour comprendre cette rencontre si fatale au capitaine. il est nécessaire de suivre Mlle de Verneuil quand le marquis, en proie au désespoir et à la rage, l'eut quittée en l'abandonnant à Pillemiche. Francine saisit alors, par un mouvement convulsif, le bras de Marche-à-terre, et réclama, les yeux pleins de larmes, la promesse qu'il lui avait faite. A quelques pas d'eux, Pille-miche entraînait sa victime comme s'il eût tiré après lui quelque fardeau grossier. Marie, les cheveux épars, la tête penchée, tourna les yeux vers le lac; mais, retenue par un poignet d'acier, elle fut forcée de suivre lentement le Chouan, qui se retourna plusieurs fois pour la regarder ou pour lui faire hâter sa marche, et chaque fois une pensée joviale dessina sur cette figure un épouvantable sourire.

« Est-elle godaine!... » s'écria-t-il avec une grossière emphase.

En entendant ces mots. Francine recouvra la parole.

« Pierre?

— Hé bien.

— Il va donc tuer mademoiselle?

— Pas tout de suite, répondit Marche-à-terre.

— Mais elle ne se laissera pas faire, et si elle meurt je mourrai.

— Ha! *ben*, tu l'aimes trop, qu'elle meure! dit Marche-à-terre.

— Si nous sommes riches et heureux, c'est à elle que nous devrons notre bonheur; mais qu'importe, n'as-tu pas promis de la sauver de tout malheur?

— Je vais essayer, mais reste là, ne bouge pas. »

Sur-le-champ le bras de Marche-à-terre resta libre, et Francine, en proie à la plus horrible inquiétude, attendit dans la cour. Marche-à-terre rejoignit son camarade au moment où ce dernier, après être entré dans la grange, avait contraint sa victime à monter en voiture. Pille-miche réclama le secours de son compagnon pour sortir la calèche.

« Que veux-tu faire de tout cela? lui demanda Marche-à-terre.

— *Ben!*·la grande garce m'a donné la femme et tout ce qui est à elle est à *mé*.

— Bon pour la voiture, tu en feras des sous; mais la femme? elle te sautera au visage comme un chat. »

Pille-miche partit d'un éclat de rire bruyant et répondit : « Quien, je l'emporte *itou* chez *mé*, je l'attacherai.

— Hé *ben*, attelons les chevaux », dit Marche-à-terre.

Un moment après, Marche-à-terre, qui avait laissé son camarade gardant sa proie, mena la calèche hors du portail, sur la chaussée, et Pille-miche monta près de Mlle de Verneuil, sans s'apercevoir qu'elle prenait son élan pour se précipiter dans l'étang.

« Ho! Pille-miche, cria Marche-à-terre.

— Quoi?

— Je t'achète tout ton butin.

— Gausses-tu? demanda le Chouan en tirant sa prisonnière par les jupons comme un boucher ferait d'un veau qui s'échappe.

— Laisse-la moi voir, je te dirai un prix. »

L'infortunée fut contrainte de descendre et demeura entre les deux Chouans, qui la tinrent chacun par une main, en la contemplant comme les deux vieillards durent regarder Suzanne dans son bain.

« Veux-tu, dit Marche-à-terre en poussant un soupir, veux-tu trente livres de bonne rente?

— *Ben* vrai.

— Tope, lui dit Marche-à-terre en lui tendant la main.

— Oh! je tope, il y a de quoi avoir des Bretonnes avec ça, et des godaines! Mais la voiture, à qui *qué* sera? reprit Pille-miche en se ravisant.

— A moi, s'écria Marche-à-terre d'un son de voix terrible qui annonça l'espèce de supériorité que son caractère féroce lui donnait sur tous ses compagnons.

— Mais s'il y avait de l'or dans la voiture?

— N'as-tu pas topé?

— Oui, j'ai topé.

— Eh bien, va chercher le postillon qui est garrotté dans l'écurie.

— Mais s'il y avait de l'or dans...

— Y en a-t-il? demanda brutalement Marche-à-
terre à Marie en lui secouant le bras.

— J'ai une centaine d'écus », répondit Mlle de
Verneuil.

A ces mots les deux Chouans se regardèrent.

« Eh! mon bon ami, ne nous brouillons pas pour
une Bleue, dit Pille-miche à l'oreille de Marche-à-
terre, *boutons-la* dans l'étang avec une pierre au
cou, et partageons les cent écus.

— Je te donne les cent écus dans ma part de la
rançon de d'Orgemont », s'écria Marche-à-terre en
étouffant un grognement causé par ce sacrifice.

Pille-miche poussa une espèce de cri rauque, alla
chercher le postillon, et sa joie porta malheur au
capitaine qu'il rencontra. En entendant le coup de
feu, Marche-à-terre s'élança vivement à l'endroit où
Francine, encore épouvantée, priait à genoux, les
mains jointes auprès du pauvre capitaine, tant le
spectacle d'un meurtre l'avait vivement frappée.

« Cours à ta maîtresse, lui dit brusquement le
Chouan, elle est sauvée! »

Il courut chercher lui-même le postillon, revint
avec la rapidité de l'éclair, et, en passant de nouveau
devant le corps de Merle, il aperçut le gant du Gars
que la main morte serrait convulsivement encore.

« Oh! oh! s'écria-t-il, Pille-miche a fait là un
traître coup! Il n'est pas sûr de vivre de ses rentes! »

Il arracha le gant et dit à Mlle de Verneuil, qui
s'était déjà placée dans la calèche avec Francine :

« Tenez, prenez ce gant. Si dans la route nos

hommes vous attaquaient, criez : « Oh! le Gars! »
Montrez ce passeport-là, rien de mal ne vous arrivera.

— Francine, dit-il en se tournant vers elle et lui
saisissant fortement la main, nous sommes quittes
avec cette femme-là, viens avec moi et que le diable
l'emporte.

— Tu veux que je l'abandonne en ce moment! »
répondit Francine d'une voix douloureuse.

Marche-à-terre se gratta l'oreille et le front;
puis, il leva la tête, et fit voir des yeux armés d'une
expression féroce : « C'est juste, dit-il. Je te laisse
à elle huit jours; si passé ce terme, tu ne viens pas
avec moi... » Il n'acheva pas, mais il donna un
violent coup du plat de sa main sur l'embouchure
de sa carabine. Après avoir fait le geste d'ajuster sa
maîtresse, il s'échappa sans vouloir entendre de
réponse.

Aussitôt que le Chouan fut parti, une voix qui
semblait sortir de l'étang cria sourdement : « Madame, madame. »

Le postillon et les deux femmes tressaillirent
d'horreur, car quelques cadavres avaient flotté jusque-là. Un Bleu caché derrière un arbre se montra.

« Laissez-moi monter sur la giberne de votre
fourgon, ou je suis un homme mort. Le damné
verre de cidre que La-clef-des-cœurs a voulu boire
a coûté plus d'une pinte de sang! s'il m'avait imité
et fait sa ronde, les pauvres camarades ne seraient
pas là, flottant comme des galiotes. »

Pendant que ces événements se passaient au-dehors, les chefs envoyés de la Vendée et ceux des Chouans délibéraient, le verre à la main, sous la présidence du marquis de Montauran. De fréquentes libations de vin de Bordeaux animèrent cette discussion, qui devint importante et grave à la fin du repas. Au dessert, au moment où la ligne commune des opérations militaires était décidée, les royalistes portèrent une santé aux Bourbons. Là, le coup de feu de Pille-miche retentit comme un écho de la guerre désastreuse que ces gais et ces nobles conspirateurs voulaient faire à la République. Mme du Gua tressaillit; et, au mouvement que lui causa le plaisir de se savoir débarrassée de sa rivale, les convives se regardèrent en silence. Le marquis se leva de table et sortit.

« Il l'aimait pourtant! dit ironiquement Mme du Gua. Allez donc lui tenir compagnie, monsieur de Fontaine, il sera ennuyeux comme les mouches, si on lui laisse broyer du noir. »

Elle alla à la fenêtre qui donnait sur la cour, pour tâcher de voir le cadavre de Marie. De là, elle put distinguer, aux derniers rayons de la lune qui se couchait, la calèche gravissant l'avenue des pommiers avec une célérité incroyable. Le voile de Mlle de Verneuil, emporté par le vent, flottait hors de la calèche. A cet aspect, Mme du Gua furieuse quitta l'assemblée. Le marquis, appuyé sur le perron et plongé dans une sombre méditation, contemplait cent cinquante Chouans environ qui, après

avoir procédé dans les jardins au partage du butin,
étaient revenus achever la pièce de cidre et le pain
promis aux Bleus. Ces soldats de nouvelle espèce et
sur lesquels se fondaient les espérances de la
monarchie, buvaient par groupes, tandis que, sur
la berge qui faisait face au perron, sept ou huit
d'entre eux s'amusaient à lancer dans les eaux les
cadavres des Bleus auxquels ils attachaient des
pierres. Ce spectacle, joint aux différents tableaux
que présentaient les bizarres costumes et les sauvages expressions de ces gars insouciants et barbares, était si extraordinaire et si nouveau pour
M. de Fontaine, à qui les troupes vendéennes
avaient offert quelque chose de noble et de régulier, qu'il saisit cette occasion pour dire au marquis
de Montauran :

« Qu'espérez-vous pouvoir faire avec de semblables bêtes?

— Pas grand-chose, n'est-ce pas, cher comte? répondit le Gars.

— Sauront-ils jamais manœuvrer en présence des
Républicains?

— Jamais.

— Pourront-ils seulement comprendre et exécuter
vos ordres?

— Jamais.

— A quoi donc vous seront-ils bons?

— A plonger mon épée dans le ventre de la
République, reprit le marquis d'une voix tonnante,
à me donner Fougères en trois jours et toute la

Bretagne en dix. Allez, monsieur, dit-il d'une voix
plus douce, partez pour la Vendée; que d'Auti-
champ, Suzannet, l'abbé Bernier marchent seulement aussi rapidement que moi; qu'ils ne traitent
pas avec le Premier Consul, comme on me le fait
craindre (là il serra fortement la main du Vendéen),
nous serons alors dans les vingt jours à trente lieues
de Paris.

— Mais la République envoie contre nous
soixante mille hommes et le général Brune.

— Soixante mille hommes! vraiment? reprit le
marquis avec un rire moqueur. Et avec quoi Bonaparte ferait-il la campagne d'Italie? Quant au général Brune, il ne viendra pas, Bonaparte l'a dirigé
contre les Anglais en Hollande, et le général Hédou-
ville, l'ami de notre ami Barras, le remplace ici.
Me comprenez-vous?

En l'entendant parler ainsi, M. de Fontaine regarda le marquis de Montauran d'un air fin et
spirituel qui semblait lui reprocher de ne pas comprendre lui-même le sens des paroles mystérieuses
qui lui étaient adressées. Les deux gentilshommes
s'entendirent alors parfaitement, mais le jeune chef
répondit avec un indéfinissable sourire aux pensées
qu'ils s'exprimèrent des yeux : « Monsieur de Fontaine, connaissez-vous mes armes? ma devise est :
Persévérer jusqu'à la mort. »

Le comte de Fontaine prit la main de Montauran
et la lui serra en disant : « J'ai été laissé pour mort
aux Quatre-Chemins, ainsi vous ne doutez pas de

moi; mais croyez à mon expérience, les temps sont
changés.

— Oh! oui, dit La Billardière qui survint.
Vous êtes jeune, marquis. Ecoutez-moi! vos biens
n'ont pas tous été vendus...

— Ah! concevez-vous le dévouement sans sacrifice? dit Montauran.

— Connaissez-vous bien le Roi? dit La Billardière.

— Oui!

— Je vous admire.

— Le Roi, répondit le jeune chef, c'est le prêtre,
et je me bats pour la Foi! »

Ils se séparèrent, le Vendéen convaincu de la
nécessité de se résigner aux événements en gardant
sa foi dans son cœur, La Billardière pour retourner
en Angleterre, Montauran pour combattre avec
acharnement et forcer par les triomphes qu'il rêvait
les Vendéens à coopérer à son entreprise.

Ces événements avaient excité tant d'émotions
dans l'âme de Mlle de Verneuil, qu'elle se pencha
tout abattue, et comme morte, au fond de la voiture, en donnant l'ordre d'aller à Fougères. Francine imita le silence de sa maîtresse. Le postillon,
qui craignit quelque nouvelle aventure, se hâta de
gagner la grande route, et arriva bientôt au sommet
de la Pèlerine.

Marie de Verneuil traversa, dans le brouillard
épais et blanchâtre du matin, la belle et large vallée
du Couesnon, où cette histoire a commencé, et

entrevit à peine, du haut de la Pèlerine, le rocher
de schiste sur lequel est bâtie la ville de Fougères.
Les trois voyageurs en étaient encore séparés d'environ deux lieues. En se sentant transie de froid,
Mlle de Verneuil pensa au pauvre fantassin qui se
trouvait derrière la voiture, et voulut absolument,
malgré ses refus, qu'il montât près de Francine. La
vue de Fougères la tira pour un moment de ses
réflexions. D'ailleurs, le poste placé à la porte Saint-
Léonard ayant refusé l'entrée de la ville à des
inconnus, elle fut obligée d'exhiber sa lettre ministérielle; elle se vit alors à l'abri de toute entreprise
hostile en entrant dans cette place, dont, pour le
moment, les habitants étaient les seuls défenseurs.
Le postillon ne lui trouva pas d'autre asile que
l'auberge de la Poste.

« Madame, dit le Bleu qu'elle avait sauvé, si
vous avez jamais besoin d'administrer un coup de
sabre à un particulier, ma vie est à vous. Je suis
bon là. Je me nomme Jean Falcon, dit Beau-pied,
sergent à la première compagnie des lapins de
Hulot, soixante douzième demi-brigade, surnommée
la *Mayençaise*. Faites excuse de ma condescendance
et de ma vanité; mais je ne puis vous offrir que
l'âme d'un sergent, je n'ai que ça, pour le quart
d'heure, à votre service. »

Il tourna sur ses talons et s'en alla en sifflant.

« Plus bas on descend dans la société, dit amèrement Marie, plus on y trouve de sentiments généreux sans ostentation. Un marquis me donne la

mort pour la vie, et un sergent... Enfin, laissons cela. »

Lorsque la belle Parisienne fut couchée dans un lit bien chaud, sa fidèle Francine attendit en vain le mot affectueux auquel elle était habituée; mais en la voyant inquiète et debout, sa maîtresse fit un signe empreint de tristesse.

« On nomme cela une journée, Francine, dit-elle. Je suis de dix ans plus vieille. »

Le lendemain matin à son lever, Corentin se présenta pour voir Marie, qui lui permit d'entrer.

« Francine, dit-elle, mon malheur est donc immense, la vue de Corentin ne m'est pas trop désagréable. »

Néanmoins, en revoyant cet homme, elle éprouva pour la millième fois une répugnance instinctive que deux ans de connaissance n'avaient pu adoucir.

« Eh bien, dit-il en souriant, j'ai cru à la réussite. Ce n'était donc pas lui que vous teniez?

— Corentin, répondit-elle avec une lente expression de douleur, ne me parlez de cette affaire que quand j'en parlerai moi-même. »

Cet homme se promena dans la chambre et jeta sur Mlle de Verneuil des regards obliques, en essayant de deviner les pensées secrètes de cette singulière fille, dont le coup d'œil avait assez de portée pour déconcerter, par instants, les hommes les plus habiles.

« J'ai prévu cet échec, reprit-il après un moment

de silence. S'il vous plaisait d'établir votre quartier général dans cette ville, j'ai déjà pris des informations. Nous sommes au cœur de la chouannerie. Voulez-vous y rester? » Elle répondit par un signe de tête affirmatif qui donna lieu à Corentin d'établir des conjectures, en partie vraies, sur les événements de la veille. « J'ai loué pour vous une maison nationale invendue. Ils sont bien peu avancés dans ce pays-ci. Personne n'a osé acheter cette baraque, parce qu'elle appartient à un émigré qui passe pour brutal. Elle est située auprès de l'église Saint-Léonard; et *ma paole d'hôneur,* on y jouit d'une vue ravissante. On peut tirer parti de ce chenil, il est logeable, voulez-vous y venir?

— A l'instant, s'écria-t-elle.

— Mais il me faut encore quelques heures pour y mettre de l'ordre et de la propreté, afin que vous y trouviez tout à votre goût.

— Qu'importe, dit-elle, j'habiterais un cloître, une prison sans peine. Néanmoins, faites en sorte que, ce soir, je puisse y reposer dans la plus profonde solitude. Allez, laissez-moi. Votre présence m'est insupportable. Je veux rester seule avec Francine, je m'entendrai mieux avec elle qu'avec moi-même peut-être... Adieu. Allez! allez donc. »

Ces paroles, prononcées avec volubilité, et tour à tour empreintes de coquetterie, de despotisme ou de passion, annoncèrent en elle une tranquillité parfaite. Le sommeil avait sans doute lentement classé les impressions de la journée précédente, et la réflexion lui avait conseillé la vengeance. Si quelques sombres expressions se peignaient encore parfois sur son visage, elles semblaient attester la faculté que possèdent certaines femmes d'ensevelir dans leur âme les sentiments les plus exaltés, et cette dissimulation qui leur permet de sourire avec grâce en calculant la perte de leur victime. Elle demeura seule occupée à chercher comment elle pourrait amener entre ses mains le marquis tout vivant. Pour la première fois, cette femme avait vécu selon ses désirs; mais, de cette vie, il ne lui restait qu'un sentiment, celui de la vengeance, d'une vengeance infinie, complète. C'était sa seule pensée, son unique passion. Les paroles et les attentions de Francine trouvèrent Marie muette, elle sembla dormir les yeux ouverts; et cette longue journée s'écoula sans qu'un geste ou une action indiquassent cette vie extérieure qui rend témoignage de nos pensées. Elle resta couchée sur une ottomane qu'elle avait faite avec des chaises et des oreillers. Le soir, seulement, elle laissa tomber négligemment ces mots, en regardant Francine.

« Mon enfant, j'ai compris hier qu'on vécût pour aimer, et je comprends aujourd'hui qu'on puisse mourir pour se venger. Oui, pour l'aller chercher là où il sera, pour de nouveau le rencontrer, le séduire et l'avoir à moi, je donnerais ma vie; mais si je n'ai pas, dans peu de jours, sous mes pieds, humble et soumis, cet homme qui m'a méprisée, si je n'en fais pas mon valet, mais je serai au-dessous de tout, je ne serai plus une femme, je ne serai plus moi!... »

La maison que Corentin avait proposée à Mlle de Verneuil lui offrit assez de ressources pour satisfaire le goût de luxe et d'élégance inné dans cette fille; il rassembla tout ce qu'il savait devoir lui plaire avec l'empressement d'un amant pour sa maîtresse, ou mieux encore avec la servilité d'un homme puissant qui cherche à courtiser quelque subalterne dont il a besoin. Le lendemain, il vint proposer à Mlle de Verneuil de se rendre à cet hôtel improvisé.

Bien qu'elle ne fît que passer de sa mauvaise ottomane sur un antique sofa que Corentin avait su lui trouver, la fantasque Parisienne prit possession de cette maison comme d'une chose qui lui aurait appartenu. Ce fut une insouciance royale pour tout ce qu'elle y vit, une sympathie soudaine pour les moindres meubles qu'elle s'appropria tout à coup comme s'ils lui eussent été connus depuis longtemps; détails vulgaires, mais qui ne sont pas indifférents à la peinture de ces caractères exceptionnels. Il semblait qu'un rêve l'eût familiarisée par avance avec cette demeure où elle vécut de sa haine comme elle y aurait vécu de son amour.

« Je n'ai pas du moins, se disait-elle, excité en lui cette insultante pitié qui tue, je ne lui dois pas la vie. O mon premier, mon seul et mon dernier amour, quel dénouement! » Elle s'élança d'un bond sur Francine effrayée : « Aimes-tu? Oh! oui, tu aimes, je m'en souviens Ah! je suis bien heureuse

d'avoir auprès de moi une femme qui me com-
prenne. Eh bien, ma pauvre Francette, l'homme ne
te semble-t-il pas une effroyable créature? Hein, il
disait m'aimer, et il n'a pas résisté à la plus légère
des épreuves. Mais si le monde entier l'avait re-
poussé, pour lui mon âme eût été un asile; si l'univers l'avait accusé, je l'aurais défendu. Autrefois, je
voyais le monde rempli d'êtres qui allaient et venaient, ils ne m'étaient qu'indifférents; le monde
était triste et non pas horrible; mais maintenant,
qu'est le monde sans lui? Il va donc vivre sans que
je sois près de lui, sans que je le voie, que je lui
parle, que je le sente, que je le tienne, que je le
serre!... Ah! je l'égorgerai plutôt moi-même dans
son sommeil. »

Francine, épouvantée, la contempla un moment
en silence.

« Tuer celui qu'on aime?... dit-elle d'une voix
douce.

— Ah! certes, quand il n'aime plus. »

Mais après ces épouvantables paroles elle se cacha
le visage dans ses mains, se rassit et garda le silence.

Le lendemain, un homme se présenta brusquement devant elle sans être annoncé. Il avait un
visage sévère. C'était Hulot. Elle leva les yeux et
frémit.

« Vous venez, dit-elle, me demander compte de
vos amis? Ils sont morts.

— Je le sais, répondit-il. Ce n'est pas au service
de la République.

— Pour moi et par moi, reprit-elle. Vous allez me parler de la patrie! La patrie rend-elle la vie à ceux qui meurent pour elle, les venge-t-elle seulement? Moi, je les vengerai », s'écria-t-elle. Les lugubres images de la catastrophe dont elle avait été la victime s'étant tout à coup développées à son imagination, cet être gracieux qui mettait la pudeur en premier dans les artifices de la femme, eut un mouvement de folie et marcha d'un pas saccadé vers le commandant stupéfait.

« Pour quelques soldats égorgés, j'amènerai sous la hache de vos échafauds une tête qui vaut des milliers de têtes, dit-elle. Les femmes font rarement la guerre, mais vous pourrez, quelque vieux que vous soyez, apprendre à mon école de bons stratagèmes. Je livrerai à vos baïonnettes une famille entière : ses aïeux et lui, son avenir, son passé. Autant j'ai été bonne et vraie pour lui, autant je serai perfide et fausse. Oui, commandant, je veux amener ce petit gentilhomme dans mon lit et il en sortira pour marcher à la mort. C'est cela, je n'aurai jamais de rivale... Le misérable a prononcé lui-même son arrêt : *un jour sans lendemain!* Votre République et moi nous serons vengées. La République! reprit-elle d'une voix dont les intonations bizarres effrayèrent Hulot, mais le rebelle mourra donc pour avoir porté les armes contre son pays? La France me volerait donc ma vengeance! Ah! qu'une vie est peu de chose, une mort n'expie qu'un crime! Mais si ce monsieur n'a qu'une tête à donner, j'aurai une nuit pour lui faire penser qu'il perd plus d'une vie. Sur toute chose, commandant, vous qui le tuerez (elle laissa échapper un soupir), faites en sorte que rien ne trahisse ma trahison, et qu'il meure convaincu de ma fidélité. Je ne vous demande que cela. Qu'il ne voie que moi, moi et mes caresses! »

Là, elle se tut; mais à travers la pourpre de son visage, Hulot et Corentin s'aperçurent que la colère et le délire n'étouffaient pas entièrement la pudeur. Marie frissonna violemment en disant les derniers mots; elle les écouta de nouveau comme si elle eût douté de les avoir prononcés, et tressaillit naïvement en faisant les gestes involontaires d'une femme à laquelle un voile échappe.

« Mais vous l'avez eu entre les mains, dit Corentin.

— Probablement, répondit-elle avec amertume.

— Pourquoi m'avoir arrêté quand je le tenais? reprit Hulot.

— Eh! commandant, nous ne savions pas que ce serait *lui*. » Tout à coup, cette femme agitée, qui se promenait à pas précipités en jetant des regards dévorants aux deux spectateurs de cet orage, se calma. « Je ne me reconnais pas, dit-elle d'un ton d'homme. Pourquoi parler, il faut l'aller chercher!

— L'aller chercher, dit Hulot; mais, ma chère enfant, prenez-y garde, nous ne sommes pas maîtres des campagnes, et, si vous vous hasardiez à sortir de la ville, vous seriez prise ou tuée à cent pas.

— Il n'y a jamais de dangers pour ceux qui veulent se venger, répondit-elle en faisant un geste de dédain pour bannir de sa présence ces deux hommes qu'elle avait honte de voir.

— Quelle femme! s'écria Hulot en se retirant avec Corentin. Quelle idée ils ont eue à Paris, ces gens de police! Mais elle ne nous le livrera jamais, ajouta-t-il en hochant la tête.

— Oh! si! répliqua Corentin.

— Ne voyez-vous pas qu'elle l'aime? reprit Hulot.

— C'est précisément pour cela. D'ailleurs, dit Corentin en regardant le commandant étonné, je suis là pour l'empêcher de faire des sottises, car, selon moi, camarade, il n'y a pas d'amour qui vaille trois cent mille francs. »

Quand ce diplomate de l'intérieur quitta le soldat, ce dernier le suivit des yeux; et, lorsqu'il n'entendit plus le bruit de ses pas, il poussa un soupir en se disant à lui-même : « Il y a donc quelquefois du bonheur à n'être qu'une bête comme moi! Tonnerre de Dieu, si je rencontre le Gars, nous nous battrons corps à corps, ou je ne me nomme pas Hulot, car si ce renard-là me l'amenait à juger, maintenant qu'ils ont créé des conseils de guerre, je croirais ma conscience aussi sale que la chemise d'un jeune troupier qui entend le feu pour la première fois. »

Le massacre de la Vivetière et le désir de venger ses deux amis avaient autant contribué à faire reprendre à Hulot le commandement de sa demi-bri

gade, que la réponse par laquelle un nouveau
ministre, Berthier, lui déclarait que sa démission
n'était pas acceptable dans les circonstances présentes. A la dépêche ministérielle était jointe une
lettre confidentielle où, sans l'instruire de la mission
dont était chargée Mlle de Verneuil, il lui écrivait
que cet incident, complètement en dehors de la
guerre, n'en devait pas arrêter les opérations. La
participation des chefs militaires devait, disait-il, se
borner, dans cette affaire, à *seconder cette honorable citoyenne, s'il y avait lieu*. En apprenant par
ses rapports que les mouvements des Chouans annonçaient une concentration de leurs forces vers
Fougères, Hulot avait secrètement ramené, par une
marche forcée, deux bataillons de sa demi-brigade
sur cette place importante. Le danger de la patrie,
la haine de l'aristocratie, dont les partisans mena-
çaient une étendue de pays considérable, l'amitié,
tout avait contribué à rendre au vieux militaire le
feu de sa jeunesse.

« Voilà donc cette vie que je désirais, s'écria
Mlle de Verneuil quand elle se trouva seule avec
Francine, quelque rapides que soient les heures,
elles sont pour moi comme des siècles de pensées. »

Elle prit tout à coup la main de Francine, et sa
voix, comme celle du premier rouge-gorge qui
chante après l'orage, laissa échapper lentement ces
paroles.

« J'ai beau faire, mon enfant, je vois toujours ces
deux lèvres délicieuses, ce menton court et légère

ment relevé, ces yeux de feu, et j'entends encore le
« hue! » du postillon. Enfin, je rêve... et pourquoi
donc tant de haine au réveil? »

Elle poussa un long soupir, se leva; puis, pour la
première fois, elle se mit à regarder le pays livré à
la guerre civile par ce cruel gentilhomme qu'elle
voulait attaquer, à elle seule. Séduite par la vue du
paysage, elle sortit pour respirer plus à l'aise sous
le ciel, et si elle suivit son chemin à l'aventure, elle
fut certes conduite vers *la Promenade* de la ville
par ce maléfice de notre âme qui nous fait chercher
des espérances dans l'absurde. Les pensées conçues
sous l'empire de ce charme se réalisent souvent;
mais on en attribue alors la prévision à cette puissance appelée le pressentiment; pouvoir inexpliqué,
mais réel, que les passions trouvent toujours
complaisant comme un flatteur qui, à travers ses
mensonges, dit parfois la vérité.

CHAPITRE III

LES derniers événements de cette histoire ayant dé-
pendu de la disposition des lieux où ils se passèrent,
il est indispensable d'en donner ici une minutieuse
description sans laquelle le dénouement serait
d'une compréhension difficile.

La ville de Fougères est assise en partie sur un
rocher de schiste que l'on dirait tombé en avant des
montagnes qui ferment au couchant la grande vallée
du Couesnon, et prennent différents noms suivant
les localités. A cette exposition, la ville est séparée
de ces montagnes par une gorge au fond de laquelle
coule une petite rivière appelée le Nançon. La portion du rocher qui regarde l'est a pour point de
vue le paysage dont on jouit au sommet de la Pèlerine, et celle qui regarde l'ouest a pour toute vue
la tortueuse vallée du Nançon; mais il existe un
endroit d'où l'on peut embrasser à la fois un seg-
ment du cercle formé par la grande vallée, et les
jolis détours de la petite qui vient s'y fondre. Ce

lieu, choisi par les habitants pour leur promenade, et où allait se rendre Mlle de Verneuil, fut précisément le théâtre où devait se dénouer le drame commencé à la Vivetière. Ainsi, quelque pittoresques que soient les autres parties de Fougères, l'attention doit être exclusivement portée sur les accidents du pays que l'on découvre en haut de la Promenade.

Pour donner une idée de l'aspect que présente le rocher de Fougères vu de ce côté, on peut le comparer à l'une de ces immenses tours en dehors desquelles les architectes sarrasins ont fait tourner d'étage en étage de larges balcons joints entre eux par des escaliers en spirale. En effet, cette roche est terminée par une église gothique dont les petites flèches, le clocher, les arcs-boutants en rendent presque parfaite sa forme en pain de sucre. Devant la porte de cette église, dédiée à saint Léonard, se trouve une petite place irrégulière dont les terres sont soutenues par un mur exhaussé en forme de balustrade, et qui communique par une rampe à la Promenade. Semblable à une seconde corniche, cette esplanade se développe circulairement autour du rocher, à quelques toises en dessous de la place Saint-Léonard, et offre un large terrain planté d'arbres, qui vient aboutir aux fortifications de la ville. Puis, à dix toises des murailles et des roches qui supportent cette terrasse due à une heureuse disposition des schistes et à une patiente industrie, il existe un chemin tournant nommé *l'Escalier de la*

Reine, pratiqué dans le roc, et qui conduit à un pont bâti sur le Nançon par Anne de Bretagne. Enfin, sous ce chemin, qui figure une troisième corniche, des jardins descendent de terrasse en terrasse jusqu'à la rivière, et ressemblent à des gradins chargés de fleurs.

Parallèlement à la Promenade, de hautes roches qui prennent le nom du faubourg de la ville où elles s'élèvent, et qu'on appelle les montagnes de Saint-Sulpice, s'étendent le long de la rivière et s'abaissent en pentes douces dans la grande vallée, où elles décrivent un brusque contour vers le nord. Ces roches droites, incultes et sombres, semblent toucher aux schistes de la Promenade; en quelques endroits, elles en sont à une portée de fusil, et garantissent contre les vents du nord une étroite vallée, profonde de cent toises, où le Nançon se partage en trois bras qui arrosent une prairie chargée de fabriques et délicieusement plantée.

Vers le sud, à l'endroit où finit la ville proprement dite, et où commence le faubourg Saint-Léonard, le rocher de Fougères fait un pli, s'adoucit, diminue de hauteur et tourne dans la grande vallée en suivant la rivière, qu'il serre ainsi contre les montagnes de Saint-Sulpice, en formant un col d'où elle s'échappe en deux ruisseaux vers le Couesnon, où elle va se jeter. Ce joli groupe de collines rocailleuses est appelé le *Nid-aux-crocs,* la vallée qu'elles dessinent se nomme *le val de Gibarry,* et ses grasses prairies fournissent une grande partie du beurre connu des gourmets sous le nom de beurre de la Prée-Valaye.

A l'endroit où la Promenade aboutit aux fortifications s'élève une tour nommée *la tour du Papegaut*. A partir de cette construction carrée, sur laquelle était bâtie la maison où logeait Mlle de Verneuil, règne tantôt une muraille, tantôt le roc quand il offre des tables droites; et la partie de la ville assise sur cette haute base inexpugnable, décrit une vaste demi-lune, au bout de laquelle les roches s'inclinent et se creusent pour laisser passage au Nançon. Là, est située la porte qui mène au faubourg de Saint-Sulpice, dont le nom est commun à la porte et au faubourg. Puis, sur un mamelon de granit qui domine trois vallons dans lesquels se réunissent plusieurs routes, surgissent les vieux créneaux et les tours féodales du château de Fougères, l'une des plus immenses constructions faites par les ducs de Bretagne, murailles hautes de quinze toises, épaisses de quinze pieds; fortifiée à l'est par un étang d'où sort le Nançon qui coule dans ses fossés et fait tourner des moulins entre la porte Saint-Sulpice et les ponts-levis de la forteresse; défendue à l'ouest par la roideur des blocs de granit sur lesquels elle repose.

Ainsi, depuis la Promenade jusqu'à ce magnifique débris du Moyen Age, enveloppé de ses manteaux de lierre, paré de ses tours carrées ou rondes, où peut se loger dans chacune un régiment entier, le château, la ville et son rocher, protégés par des

murailles à pans droits, ou par des escarpements
taillés à pic, forment un vaste fer à cheval garni de
précipices sur lesquels, à l'aide du temps, les Bretons
ont tracé quelques étroits sentiers. Çà et là, des blocs
s'avancent comme des ornements. Ici, les eaux suin-
tent par des cassures d'où sortent des arbres rachi-
tiques. Plus loin, quelques tables de granit moins
droites que les autres nourrissent de la verdure qui
attire les chèvres. Puis, partout des bruyères, venues
entre plusieurs fentes humides, tapissent de leurs
guirlandes roses de noires anfractuosités. Au fond de
cet immense entonnoir, la petite rivière serpente
dans une prairie toujours fraîche et mollement
posée comme un tapis.

Au pied du château et entre plusieurs masses de
granit, s'élève l'église dédiée à saint Sulpice, qui
donne son nom à un faubourg situé par-delà le
Nançon. Ce faubourg, comme jeté au fond d'un
abîme, et son église dont le clocher pointu n'arrive
pas à la hauteur des roches qui semblent près de
tomber sur elle et sur les chaumières qui l'entourent, sont pittoresquement baignés par quelques
affluents du Nançon, ombragés par des arbres et
décorés par des jardins; ils coupent irrégulièrement
la demi-lune que décrivent la Promenade, la ville
et le château, et produisent, par leurs détails, de
naïves oppositions avec les graves spectacles de l'amphithéâtre, auquel ils font face. Enfin Fougères
tout entier, ses faubourgs et ses églises, les montagnes même de Saint-Sulpice, sont encadrés par les

hauteurs de Rillé, qui font partie de l'enceinte générale de la grande vallée du Couesnon.

Tels sont les traits les plus saillants de cette nature dont le principal caractère est une âpreté sauvage, adoucie par de riants motifs, par un heureux mélange des travaux les plus magnifiques de l'homme, avec les caprices d'un sol tourmenté par des oppositions inattendues, par je ne sais quoi d'imprévu qui surprend, étonne et confond. Nulle part en France, le voyageur ne rencontre de contrastes aussi grandioses que ceux offerts par le grand bassin du Couesnon et par les vallées perdues entre les rochers de Fougères et les hauteurs de Rillé. C'est de ces beautés inouïes où le hasard triomphe, et auxquelles ne manquent aucune des harmonies de la nature. Là, des eaux claires, limpides, courantes; des montagnes vêtues par la puissante végétation de ces contrées; des rochers sombres et des fabriques élégantes; des fortifications élevées par la nature et des tours de granit bâties par les hommes; puis, tous les artifices de la lumière et de l'ombre, toutes les oppositions entre les différents feuillages, tant prisées par les dessinateurs; des groupes de maisons où foisonne une population active, et des places désertes, où le granit ne souffre pas même les mousses blanches qui s'accrochent aux pierres; enfin toutes les idées qu'on demande à un paysage : de la grâce et de l'horreur, un poème plein de renaissantes magies, de tableaux sublimes, de délicieuses rusticités! La Bretagne est là dans sa fleur.

La tour dite du Papegaut, sur laquelle est bâtie la maison occupée par Mlle de Verneuil, a sa base au fond même du précipice, et s'élève jusqu'à l'esplanade pratiquée en corniche devant l'église de Saint-Léonard. De cette maison isolée sur trois côtés, on embrasse à la fois le grand fer à cheval qui commence à la tour même, la vallée tortueuse du Nançon, et la place Saint-Léonard. Elle fait partie d'une rangée de logis trois fois séculaires, et construits en bois situés sur une ligne parallèle au flanc septentrional de l'église avec laquelle ils forment une impasse dont la sortie donne dans une rue en pente qui longe l'église et mène à la porte Saint-Léonard, vers laquelle descendait Mlle de Verneuil.

Marie négligea naturellement d'entrer sur la place de l'église au-dessous de laquelle elle était, et se dirigea vers la Promenade. Lorsqu'elle eut franchi la petite barrière peinte en vert qui se trouvait devant le poste alors établi dans la tour de la porte Saint-Léonard, la magnificence du spectacle rendit un instant ses passions muettes. Elle admira la vaste portion de la grande vallée du Couesnon que ses yeux embrassaient depuis le sommet de la Pèlerine jusqu'au plateau par où passe le chemin de Vitré; puis ses yeux se reposèrent sur le Nid-aux-crocs et sur les sinuosités du val de Gibarry, dont les crêtes étaient baignées par les lueurs vaporeuses du soleil couchant. Elle fut presque effrayée par la profondeur de la vallée du Nançon dont les plus hauts peupliers atteignaient à peine aux murs des jardins

situés au-dessous de l'Escalier de la Reine. Enfin,
elle marcha de surprise en surprise jusqu'au point
d'où elle put apercevoir et la grande vallée, à travers
le val de Gibarry, et le délicieux paysage encadré
par le fer à cheval de la ville, par les rochers de
Saint-Sulpice et par les hauteurs de Rillé. A cette
heure du jour, la fumée des maisons du faubourg et
des vallées formait dans les airs un nuage qui ne
laissait poindre les objets qu'à travers un dais bleuâtre; les teintes trop vives du jour commençaient à
s'abolir; le firmament prenait un ton gris de perle;
la lune jetait ses voiles de lumière sur ce bel abîme;
tout enfin tendait à plonger l'âme dans la rêverie et
l'aider à évoquer les êtres chers. Tout à coup, ni les
toits en bardeau du faubourg Saint-Sulpice, ni son
église, dont la flèche audacieuse se perd dans la
profondeur de la vallée, ni les manteaux séculaires
de lierre et de clématite dont s'enveloppent les murailles de la vieille forteresse à travers laquelle le
Nançon bouillonne sous la roue des moulins, enfin
rien dans ce paysage ne l'intéressa plus. En vain le
soleil couchant jeta-t-il sa poussière d'or et ses
nappes rouges sur les gracieuses habitations semées
dans les rochers, au fond des eaux et sur les prés,
elle resta immobile devant les roches de Saint-Sulpice. L'espérance insensée qui l'avait amenée sur la
Promenade s'était miraculeusement réalisée. A travers les ajoncs et les genêts qui croissent sur les sommets opposés, elle crut reconnaître, malgré la peau
de bique dont ils étaient vêtus, plusieurs convives

de la Vivetière, parmi lesquels se distinguait le Gars,
dont les moindres mouvements se dessinèrent dans la
lumière adoucie du soleil couchant. A quelques pas
en arrière du groupe principal, elle vit sa redoutable ennemie, Mme du Gua. Pendant un moment
Mlle de Verneuil put penser qu'elle rêvait; mais
la haine de sa rivale lui prouva bientôt que tout
vivait dans ce rêve. L'attention profonde qu'excitait
en elle le plus petit geste du marquis l'empêcha de
remarquer le soin avec lequel Mme du Gua la
mirait avec un long fusil. Bientôt un coup de feu
réveilla les échos des montagnes, et la balle qui
siffla près de Marie lui révéla l'adresse de sa rivale.
« Elle m'envoie sa carte! » se dit-elle en souriant. A
l'instant de nombreux *qui vive* retentirent, de sentinelle en sentinelle, depuis le château jusqu'à la
porte Saint-Léonard, et trahirent aux Chouans la
prudence des Fougerais, puisque la partie la moins
vulnérable de leurs remparts était si bien gardée.
« C'est elle et c'est lui », se dit Marie.

Aller à la recherche du marquis, le suivre, le surprendre, fut une idée conçue avec la rapidité de
l'éclair. « Je suis sans arme », s'écria-t-elle. Elle songea qu'au moment de son départ à Paris, elle avait
jeté, dans un de ses cartons, un élégant poignard,
jadis porté par une sultane et dont elle voulut se
munir en venant sur le théâtre de la guerre, comme
ces plaisants qui s'approvisionnent d'albums pour
les idées qu'ils auront en voyage; mais elle fut alors
moins séduite par la perspective d'avoir du sang à

répandre, que par le plaisir de porter un joli *can-
giar* orné de pierreries, et de jouer avec cette lame
pure comme un regard. Trois jours auparavant elle
avait bien vivement regretté d'avoir laissé cette arme
dans ses cartons, quand, pour se soustraire à
l'odieux supplice que lui réservait sa rivale, elle
avait souhaité de se tuer. En un instant elle retourna chez elle, trouva le poignard, le mit à sa
ceinture, serra autour de ses épaules et de sa taille
un grand châle, enveloppa ses cheveux d'une dentelle noire, se couvrit la tête d'un de ces chapeaux
à larges bords que portaient les Chouans et qui
appartenait à un domestique de sa maison, et avec
cette présence d'esprit que prêtent parfois les passions, elle prit le gant du marquis donné par Marche-à-terre comme un passeport; puis, après avoir
répondu à Francine effrayée : « Que veux-tu? j'irais
le chercher dans l'enfer! » elle revint sur la Promenade.

Le Gars était encore à la même place, mais seul.
D'après la direction de sa longue vue, il paraissait
examiner, avec l'attention scrupuleuse d'un homme
de guerre, les différents passages du Nançon, l'Escalier de la Reine, et le chemin qui, de la porte Saint-
Sulpice, tourne entre cette église et va rejoindre les
grandes routes sous le feu du château. Mlle de Verneuil s'élança dans les petits sentiers tracés par les
chèvres et leurs pâtres sur le versant de la Promenade, gagna l'Escalier de la Reine, arriva au fond
du précipice, passa le Nançon, traversa le faubourg,

devina, comme l'oiseau dans le désert, sa route au
milieu des dangereux escarpements des roches de
Saint-Sulpice, atteignit bientôt une route glissante
tracée sur des blocs de granit, et, malgré les genêts,
les ajoncs piquants, les rocailles qui la hérissaient,
elle se mit à la gravir avec ce degré d'énergie inconnu peut-être à l'homme, mais que la femme en-
traînée par la passion possède momentanément. La
nuit surprit Marie à l'instant où, parvenue sur les
sommets, elle tâchait de reconnaître, à la faveur des
pâles rayons de la lune, le chemin qu'avait dû
prendre le marquis; une recherche obstinée faite
sans aucun succès, et le silence qui régnait dans la
campagne, lui apprirent la retraite des Chouans et
de leur chef. Cet effort de passion tomba tout à
coup avec l'espoir qui l'avait inspiré. En se trouvant seule, pendant la nuit, au milieu d'un pays
inconnu, en proie à la guerre, elle se mit à réfléchir,
et les recommandations de Hulot, le coup de feu
de Mme du Gua, la firent frissonner de peur. Le
calme de la nuit, si profond sur les montagnes, lui
permit d'entendre la moindre feuille errante, même
à de grandes distances, et ces bruits légers vi-
braient dans les airs comme pour donner une triste
mesure de la solitude ou du silence. Le vent agissait
sur la haute région et emportait les nuages avec
violence, en produisant des alternatives d'ombre et
de lumière dont les effets augmentèrent sa terreur,
en donnant des apparences fantastiques et terribles
aux objets les plus inoffensifs. Elle tourna les yeux

vers les maisons de Fougères dont les lueurs domes-
tiques brillaient comme autant d'étoiles terrestres,
et tout à coup, elle vit distinctement la tour du
Papegaut. Elle n'avait qu'une faible distance à par-
courir pour retourner chez elle, mais cette distance
était un précipice. Elle se souvenait assez des abîmes
qui bordaient l'étroit sentier par où elle était venue,
pour savoir qu'elle courait plus de risques en voulant revenir à Fougères qu'en poursuivant son entreprise. Elle pensa que le gant du marquis écarterait
tous les périls de sa promenade nocturne, si les
Chouans tenaient la campagne. Mme du Gua seule
pouvait être redoutable. A cette idée, Marie pressa
son poignard et tâcha de se diriger vers une maison
de campagne dont elle avait entrevu les toits en
arrivant sur les rochers de Saint-Sulpice; mais elle
marcha lentement, car elle avait jusqu'alors ignoré
la sombre majesté qui pèse sur un être solitaire pendant la nuit, au milieu d'un site sauvage où de
toutes parts de hautes montagnes penchent leurs
têtes comme des géants assemblés. Le frôlement de
sa robe, arrêtée par des ajoncs, la fit tressaillir plus
d'une fois, et plus d'une fois elle hâta le pas pour
le ralentir encore en croyant sa dernière heure
venue. Mais bientôt les circonstances prirent un
caractère auquel les hommes les plus intrépides
n'eussent peut-être pas résisté, et plongèrent Mlle de
Verneuil dans une de ces terreurs qui pressent tellement les ressorts de la vie, qu'alors tout est extrême
chez les individus, la force comme la faiblesse. Les

êtres les plus faibles font alors des actes d'une force inouïe, et les plus forts deviennent fous de peur. Marie entendit à une faible distance des bruits étranges; distincts et vagues tout à la fois, comme la nuit était tour à tour sombre et lumineuse, ils annonçaient de la confusion, du tumulte, et l'oreille se fatiguait à les percevoir; ils sortaient du sein de la terre, qui semblait ébranlée sous les pieds d'une immense multitude d'hommes en marche. Un moment de clarté permit à Mlle de Verneuil d'apercevoir à quelques pas d'elle une longue file de hideuses figures qui s'agitaient comme les épis d'un champ et glissaient à la manière des fantômes; mais elle les vit à peine, car aussitôt l'obscurité retomba comme un rideau noir, et lui déroba cet épouvantable tableau plein d'yeux jaunes et brillants. Elle se recula vivement et courut sur le haut d'un talus, pour échapper à trois de ces horribles figures qui venaient à elle.

« L'as-tu vu? demanda l'un.

— J'ai senti un vent froid quand il a passé près de moi, répondit une voix rauque.

— Et moi j'ai respiré l'air humide et l'odeur des cimetières, dit le troisième.

— Est-il blanc? reprit le premier.

— Pourquoi, dit le second, est-il *revenu* seul de tous ceux qui sont morts à la Pèlerine?

— Ah! pourquoi, répondit le troisième. Pourquoi fait-on des préférences à ceux qui sont du *Sacré-Cœur*? Au surplus, j'aime mieux mourir sans confession, que d'errer comme lui, sans boire ni manger, sans avoir ni sang dans les veines, ni chair sur les os.

— Ah!... »

Cette exclamation, ou plutôt ce cri terrible partit du groupe, quand un des trois Chouans montra du doigt les formes sveltes et le visage pâle de Mlle de Verneuil qui se sauvait avec une effrayante rapidité, sans qu'ils entendissent le moindre bruit.

« Le voilà. — Le voici. — Où est-il? — Là. — Ici. — *Il est parti.* — Non. — Si. — Le vois-tu? »

Ces phrases retentirent comme le murmure monotone des vagues sur la grève.

Mlle de Verneuil marcha courageusement dans la direction de la maison, et vit les figures indistinctes d'une multitude qui fuyait à son approche en donnant les signes d'une frayeur panique. Elle était comme emportée par une puissance inconnue dont l'influence la matait; la légèreté de son corps, qui lui semblait inexplicable, devenait un nouveau sujet d'effroi pour elle-même. Ces figures, qui se levaient par masses à son approche et comme de dessous terre où elles lui paraissaient couchées, laissaient échapper des gémissements qui n'avaient rien d'humain. Enfin elle arriva, non sans peine, dans un jardin dévasté dont les haies et les barrières étaient brisées. Arrêtée par une sentinelle, elle lui montra son gant. La lune ayant alors éclairé sa figure, la carabine échappa des mains du Chouan, qui déjà mettait Marie en joue, mais qui à son aspect, jeta le cri rauque dont retentissait la campagne. Elle aperçut de grands bâtiments où quelques lueurs indiquaient des pièces habitées, et parvint auprès des murs sans rencontrer d'obstacles. Par la première fenêtre vers laquelle elle se dirigea, elle vit Mme du Gua avec les chefs convoqués à la Vivetière. Etourdie et par cet aspect et par le sentiment de son danger, elle se rejeta violemment sur une petite ouverture défendue par de gros barreaux de fer, et distingua, dans une longue salle voûtée, le marquis seul et triste, à deux pas d'elle. Les reflets du feu, devant lequel il occupait une chaise grossière, illuminaient son visage de teintes rougeâtres et vacillantes qui imprimaient à cette scène le caractère d'une vision; immobile et tremblante, la pauvre fille se colla aux barreaux, et, par le silence profond qui régnait, elle espéra l'entendre s'il parlait; en le voyant abattu, découragé, pâle, elle se flatta d'être une des causes de sa tristesse; puis sa colère se changea en commisération, sa commisération en tendresse, et elle sentit soudain qu'elle n'avait pas été amenée jusque-là par la vengeance seulement. Le marquis se leva, tourna la tête, et resta stupéfait en apercevant, comme dans un nuage, la figure de Mlle de Verneuil; il laissa échapper un geste d'impatience et de dédain en s'écriant : « Je vois donc partout cette diablesse, même quand je veille! » Ce profond mépris, conçu pour elle, arracha à la pauvre fille un rire d'égarement qui fit tressaillir le jeune chef, et il s'élança vers la croisée. Mlle de Verneuil se sauva. Elle entendit près d'elle les pas d'un homme qu'elle crut être Montauran; et, pour le fuir, elle ne connut plus d'obstacles, elle eût traversé les murs et volé dans les airs, elle aurait trouvé le chemin de l'enfer pour éviter de relire en traits de flamme ces mots : *Il te méprise!* écrits sur le front de cet homme, et qu'une voix intérieure lui criait alors avec l'éclat d'une trompette. Après avoir marché sans savoir par où elle passait, elle s'arrêta en se sentant pénétrée par un air humide. Effrayée par le bruit des pas de plusieurs personnes, et poussée par la peur, elle descendit un escalier qui la mena au fond d'une cave. Arrivée à la dernière marche, elle prêta l'oreille pour tâcher de reconnaître la direction que prenaient ceux qui la poursuivaient; mais, malgré des rumeurs extérieures assez vives, elle entendit les lugubres gémissements d'une voix humaine qui ajoutèrent à son horreur. Un jet de lumière parti du haut de l'escalier lui fit craindre que sa retraite ne fût connue de ses persécuteurs; et, pour leur échapper, elle trouva de nouvelles forces. Il lui fut très difficile de s'expliquer, quelques instants après et quand elle recueillit ses idées, par quels moyens elle avait pu grimper sur le petit mur où elle s'était cachée. Elle ne s'aperçut même pas d'abord de la gêne que la position de son corps lui fit éprouver; mais cette gêne finit par devenir intolérable, car elle ressemblait, sous l'arceau d'une voûte, à la Vénus accroupie qu'un amateur aurait placée dans une niche trop étroite. Ce mur assez large et construit en granit formait une séparation entre le passage d'un escalier et un caveau d'où partaient les gémissements. Elle vit bientôt un inconnu couvert de peaux de chèvre descendant au-dessous d'elle et tournant sous la voûte sans faire le moindre mouvement qui annonçât une recherche empressée. Impatiente de savoir s'il se présenterait quelque chance de salut pour elle, Mlle de Verneuil attendit avec anxiété que la lumière portée par l'inconnu éclairât le caveau où elle apercevait à terre une masse informe, mais animée, qui essayait d'atteindre à une certaine partie de la muraille par des mouvements violents et répétés, semblables aux brusques contorsions d'une carpe mise hors de l'eau sur la rive.

Une petite torche de résine répandit bientôt sa lueur bleuâtre et incertaine dans le caveau. Malgré la sombre poésie que l'imagination de Mlle de Verneuil répandait sur ces voûtes qui répercutaient les sons d'une prière douloureuse, elle fut obligée de reconnaître qu'elle se trouvait dans une cuisine souterraine, abandonnée depuis longtemps. Eclairée, la masse informe devint un petit homme très gros dont tous les membres avaient été attachés avec précaution, mais qui semblait avoir été laissé sur les dalles humides sans aucun soin par ceux qui s'en étaient emparés. A l'aspect de l'étranger tenant d'une main la torche, et de l'autre un fagot, le captif poussa un gémissement profond qui attaqua si vivement la sensibilité de Mlle de Verneuil, qu'elle oublia sa propre terreur, son désespoir, la gêne horrible de tous ses membres pliés qui s'engourdissaient; elle tâcha de rester immobile. Le Chouan jeta son fagot dans la cheminée après s'être assuré de la solidité d'une vieille crémaillère qui pendait le long d'une haute plaque en fonte, et mit le feu au bois avec sa torche. Mlle de Verneuil ne reconnut pas alors sans effroi ce rusé Pille-miche auquel sa rivale l'avait livrée et dont la figure, illuminée par la flamme, ressemblait à celle de ces petits hommes de buis, grotesquement sculptés en Allemagne. La plainte échappée à son prisonnier produisit un rire immense sur ce visage sillonné de rides et brûlé par le soleil.

« Tu vois, dit-il au patient, que nous autres chrétiens nous ne manquons pas comme toi à notre parole. Ce feu-là va te dégourdir les jambes, la langue et les mains. Quien! quien! je ne vois point de lèchefrite à te mettre sous les pieds, ils sont si dodus, que la graisse pourrait éteindre le feu. Ta maison est donc bien mal montée qu'on y trouve pas de quoi donner au maître toutes ses aises quand il se chauffe. »

La victime jeta un cri aigu, comme si elle eût espéré se faire entendre par-delà les voûtes et attirer un libérateur.

« Oh! vous pouvez chanter à gogo, monsieur d'Orgemont! ils sont tous couchés là-haut, et Marche-à-terre me suit, il fermera la porte de la cave. »

Tout en parlant, Pille-miche sondait, du bout de sa carabine, le manteau de la cheminée, les dalles

qui pavaient la cuisine, les murs et les fourneaux,
pour essayer de découvrir la cachette où l'avare
avait mis son or. Cette recherche se faisait avec une
telle habileté que d'Orgemont demeura silencieux,
comme s'il eût craint d'avoir été trahi par quelque
serviteur effrayé; car, quoiqu'il ne se fût confié à
personne, ses habitudes auraient pu donner lieu à
des inductions vraies. Pille-miche se retournait parfois brusquement en regardant sa victime comme
dans ce jeu où les enfants essaient de deviner, par
l'expression naïve de celui qui a caché un objet
convenu, s'ils s'en approchent ou s'ils s'en éloignent.
D'Orgemont feignit quelque terreur en voyant le
Chouan frappant les fourneaux qui rendirent un
son creux, et parut vouloir amuser ainsi pendant
quelque temps l'avide crédulité de Pille-miche. En
ce moment, trois autres Chouans, qui se précipitèrent dans l'escalier, entrèrent tout à coup dans la
cuisine. A l'aspect de Marche-à-terre, Pille-miche
discontinua sa recherche, après avoir jeté sur d'Orgemont un regard empreint de toute la férocité que
réveillait son avarice trompée.

« Marie Lambrequin est ressuscité, dit Marche-à-
terre en gardant une attitude qui annonçait que
tout autre intérêt pâlissait devant une si grave
nouvelle.

— Ça ne m'étonne pas, répondit Pille-miche, il
communiait si souvent! le bon Dieu semblait n'être
qu'à lui.

— Ah! ah! reprit Mène-à-bien, ça lui a servi

comme des souliers à un mort. Voilà-t-il pas qu'il n'avait pas reçu l'absolution avant cette affaire de la Pèlerine; il a margaudé la fille à Goguelu, et s'est trouvé sous le coup d'un péché mortel. Donc l'abbé Gudin dit comme ça qu'il va rester deux mois comme un esprit avant de revenir tout à fait! Nous l'avons vu *tretous* passer devant nous, il est pâle, il est froid, il est léger, il sent le cimetière.

— Et Sa Révérence a bien dit que si l'esprit pouvait s'emparer de quelqu'un, il s'en ferait un compagnon », reprit le quatrième Chouan.

La figure grotesque de ce dernier interlocuteur tira Marche-à-terre de la rêverie religieuse où l'avait plongé l'accomplissement d'un miracle que la ferveur pouvait, selon l'abbé Gudin, renouveler chez tout pieux défenseur de la Religion et du Roi.

« Tu vois, Galope-chopine, dit-il au néophyte avec une certaine gravité, à quoi nous mènent les plus légères omissions des devoirs commandés par notre sainte religion. C'est un avis que nous donne sainte Anne d'Auray, d'être inexorables entre nous pour les moindres fautes. Ton cousin Pille-miche a demandé pour toi la *surveillance* de Fougères, le Gars consent à te la confier, et tu seras bien payé; mais tu sais de quelle farine nous pétrissons la galette des traîtres?

— Oui, monsieur Marche-à-terre.

— Tu sais pourquoi je te dis cela. Quelques-uns

prétendent que tu aimes le cidre et les gros sous;
mais il ne s'agit pas ici de tondre sur les œufs, il
faut n'être qu'à nous.

— Révérence parler, monsieur Marche-à-terre, le
cidre et les sous sont deux bonnes *chouses* qui n'em-
pêchent point le salut.

— Si le cousin fait quelque sottise, dit Pille-
miche, ce sera par ignorance.

— De quelque manière qu'un malheur vienne,
s'écria Marche-à-terre d'un son de voix qui fit trembler la voûte, je ne le manquerai pas. — Tu m'en
réponds, ajouta-t-il en se tournant vers Pille-miche,
car s'il tombe en faute, je m'en prendrai à ce qui
double ta peau de bique.

— Mais, sous votre respect, monsieur Marche-à-
terre, reprit Galope-chopine, est-ce qu'il ne vous est
pas souvent arrivé de croire que les *contre-chuins*
étaient des *chuins*.

— Mon ami, répliqua Marche-à-terre d'un ton
sec, que ça ne t'arrive plus, ou je te couperais en
deux comme un navet. Quant aux envoyés du Gars,
ils auront son gant. Mais, depuis cette affaire de la
Vivetière, la Grande Garce y boute un ruban
vert. »

Pille-miche poussa vivement le coude de son
camarade en lui montrant d'Orgemont qui feignait
de dormir; mais Marche-à-terre et Pille-miche savaient par expérience que personne n'avait encore
sommeillé au coin de leur feu; et, quoique les dernières paroles dites à Galope-chopine eussent été

prononcées à voix basse, comme elles pouvaient
avoir été comprises par le patient, les quatre
Chouans le regardèrent tous pendant un moment et
pensèrent sans doute que la peur lui avait ôté
l'usage de ses sens. Tout à coup, sur un léger signe
de Marche-à-terre, Pille-miche ôta les souliers et les
bas de d'Orgemont, Mène-à-bien et Galope-chopine
le saisirent à bras-le-corps, le portèrent au feu; puis
Marche-à-terre prit un des liens du fagot, et attacha
les pieds de l'avare à la crémaillère. L'ensemble de
ces mouvements et leur incroyable célérité firent
pousser à la victime des cris qui devinrent déchi-
rants quand Pille-miche eut rassemblé des charbons
sous les jambes.

« Mes amis, mes bons amis, s'écria d'Orgemont,
vous allez me faire mal, je suis chrétien comme
vous.

— Tu mens par ta gorge, lui répondit Marche-à-
terre. Ton frère a renié Dieu. Quant à toi, tu as
acheté l'abbaye de Juvigny. L'abbé Gudin dit que
l'on peut, sans scrupule, rôtir les apostats.

— Mais, mes frères en Dieu, je ne refuse pas de
vous payer.

— Nous t'avions donné quinze jours, deux mois
se sont passés, et voilà Galope-chopine qui n'a rien
reçu.

— Tu n'as donc rien reçu, Galope-chopine? demanda l'avare avec désespoir.

— Rin! monsieur d'Orgemont », répondit Galope-chopine effrayé.

Les cris qui s'étaient convertis en un grognement, continu comme le râle d'un mourant, recommencèrent avec une violence inouïe. Aussi habitués à ce spectacle qu'à voir marcher leurs chiens sans sabots, les quatre Chouans contemplaient si froidement d'Orgemont qui se tortillait et hurlait, qu'ils ressemblaient à des voyageurs attendant devant la cheminée d'une auberge si le rôt est assez cuit pour être mangé.

— Je meurs! je meurs! cria la victime... et vous n'aurez pas mon argent! »

Malgré la violence de ces cris, Pille-miche s'aperçut que le feu ne mordait pas encore la peau; l'on attisa donc très artistement les charbons de manière à faire légèrement flamber le feu, d'Orgemont dit alors d'une voix abattue : « Mes amis, déliez-moi. Que voulez-vous? cent écus, mille écus, dix mille écus, cent mille écus, je vous offre deux cents écus... »

Cette voix était si lamentable que Mlle de Verneuil laissa échapper une exclamation.

« Qui a parlé? » demanda Marche-à-terre.

Les Chouans jetèrent autour d'eux des regards effarés. Ces hommes, si braves sous la bouche meurtrière des canons, ne tenaient pas devant un *esprit*. Pille-miche seul écoutait sans distraction la confession que des douleurs croissantes arrachaient à sa victime.

« Cinq cents écus, oui, je les donne, disait l'avare.

— Bah! Où sont-ils? lui répondit tranquillement Pille-miche.

— Hein, ils sont sous le premier pommier. Sainte Vierge! au fond du jardin à gauche... Vous êtes des brigands... des voleurs... Ah! je meurs... il y a là dix mille francs.

— Je ne veux pas des francs, reprit Marche-à-terre, il nous faut des livres. Les écus de ta République ont des figures païennes qui n'auront jamais cours.

— Ils sont en livres, en bons louis d'or. Mais déliez-moi, déliez-moi... vous savez où est ma vie... mon trésor. »

Les quatre Chouans se regardèrent en cherchant celui d'entre eux auquel ils pouvaient se fier pour l'envoyer déterrer la somme. En ce moment, cette cruauté de cannibales fit tellement horreur à Mlle de Verneuil, que, sans savoir si le rôle que lui assignait sa figure pâle la préserverait encore de tout danger, elle s'écria courageusement d'un son de voix grave : « Ne craignez-vous pas la colère de Dieu? Détachez-le, barbares! »

Les Chouans levèrent la tête, ils aperçurent dans les airs des yeux qui brillaient comme deux étoiles, et s'enfuirent épouvantés. Mlle de Verneuil sauta dans la cuisine, courut à d'Orgemont, le tira si violemment du feu, que les liens du fagot cédèrent; puis, du tranchant de son poignard, elle coupa les cordes avec lesquelles il avait été garrotté. Quand l'avare fut libre et debout, la première expression de son visage fut un rire douloureux, mais sardonique.

« Allez, allez au pommier, brigands! dit-il. Oh!
oh! voilà deux fois que je les leurre; aussi ne me
reprendront-ils pas une troisième! »

En ce moment, une voix de femme retentit au-
dehors.

« *Un esprit! un esprit!* criait Mme du Gua,
imbéciles, c'est *elle*. Mille écus à qui m'apportera
la tête de cette catin! »

Mlle de Verneuil pâlit; mais l'avare sourit, lui
prit la main, l'attira sous le manteau de la cheminée, l'empêcha de laisser les traces de son passage
en la conduisant de manière à ne pas déranger le
feu qui n'occupait qu'un très petit espace; il fit
partir un ressort, la plaque de fonte s'enleva; et
quand leurs ennemis communs rentrèrent dans le
caveau, la lourde porte de la cachette était déjà
retombée sans bruit. La Parisienne comprit alors
le but des mouvements de carpe qu'elle avait vu
faire au malheureux banquier.

« Voyez-vous, madame, s'écria Marche-à-terre,
l'esprit a pris le Bleu pour compagnon. »

L'effroi dut être grand, car ces paroles furent
suivies d'un si profond silence, que d'Orgemont et
sa compagne entendirent les Chouans prononçant à
voix basse : « *Ave Sancta Anna* Auriaca *gratiâ
plena, Dominus tecum,* etc.

— Ils prient, les imbéciles, s'écria d'Orgemont.

— N'avez-vous pas peur, dit Mlle de Verneuil en
interrompant son compagnon, de faire découvrir
notre... »

Un rire du vieil avare dissipa les craintes de la jeune Parisienne.

« La plaque est dans une table de granit qui a dix pouces de profondeur. Nous les entendons, et ils ne nous entendent pas. »

Puis il prit doucement la main de sa libératrice, la plaça vers une fissure par où sortaient des bouffées de vent frais, et elle devina que cette ouverture avait été pratiquée dans le tuyau de la cheminée.

« Ah! ah! reprit d'Orgemont. Diable! les jambes me cuisent un peu! Cette *Jument de Charette,* comme on l'appelle à Nantes, n'est pas assez sotte pour contredire ses fidèles : elle sait bien que, s'ils n'étaient pas si brutes, ils ne se battraient pas contre leurs intérêts. La voilà qui prie aussi. Elle doit être bonne à voir en disant son *Ave* à sainte Anne d'Auray. Elle ferait mieux de détrousser quelque diligence pour me rembourser les quatre mille francs qu'elle me doit. Avec les intérêts, les frais, ça va bien à quatre mille sept cent quatre-vingts francs et des centimes... »

La prière finie, les Chouans se levèrent et partirent. Le vieux d'Orgemont serra la main de Mlle de Verneuil, comme pour la prévenir que néanmoins le danger existait toujours.

« Non, madame, s'écria Pille-miche après quelques minutes de silence, vous resteriez là dix ans, ils ne reviendront pas.

— Mais elle n'est pas sortie, elle doit être

ici, dit obstinément la *Jument de Charette*.

— Non, madame, non, ils se sont envolés à travers les murs. Le diable n'a-t-il pas déjà emporté là, devant nous, un assermenté?

— Comment! toi, Pille-miche, avare comme lui, ne devines-tu pas que le vieux cancre aura bien pu dépenser quelques milliers de livres pour construire dans les fondations de cette voûte un réduit dont l'entrée est cachée par un secret? »

L'avare et la jeune fille entendirent un gros rire échappé à Pille-miche.

« Ben vrai, dit-il.

— Reste ici, reprit Mme du Gua. Attends-les à la sortie. Pour un seul coup de fusil je te donnerai tout ce que tu trouveras dans le trésor de notre usurier. Si tu veux que je te pardonne d'avoir vendu cette fille quand je t'avais dit de la tuer, obéis-moi.

— Usurier! dit le vieux d'Orgemont, je ne lui ai pourtant prêté qu'à neuf pour cent. Il est vrai que j'ai une caution hypothécaire! Mais enfin, voyez comme elle est reconnaissante! Allez, madame, si Dieu nous punit du mal, le diable est là pour nous punir du bien, et l'homme placé entre ces deux termes-là, sans rien savoir de l'avenir, m'a toujours fait l'effet d'une règle de trois dont l'X est introuvable. »

Il laissa échapper un soupir creux qui lui était particulier, car, en passant par son larynx, l'air semblait y rencontrer et attaquer deux vieilles cordes

détendues. Le bruit que firent Pille-miche et
Mme du Gua en sondant de nouveau les murs, les
voûtes et les dalles, parut rassurer d'Orgemont, qui
saisit la main de sa libératrice pour l'aider à monter une étroite vis saint-gilles, pratiquée dans
l'épaisseur d'un mur en granit. Après avoir gravi
une vingtaine de marches, la lueur d'une lampe
éclaira faiblement leurs têtes. L'avare s'arrêta, se
tourna vers sa compagne, en examina le visage
comme s'il eût regardé, manié et remanié une lettre
de change douteuse à escompter, et poussa son
terrible soupir.

« En vous mettant ici, dit-il après un moment de
silence, je vous ai remboursé intégralement le service que vous m'avez rendu; donc je ne vois pas
pourquoi je vous donnerais...

— Monsieur, laissez-moi là, je ne vous demande
rien », dit-elle.

Ces derniers mots, et peut-être le dédain qu'exprima cette belle figure, rassurèrent le petit vieillard, car il répondit, non sans un soupir : « Ah! en
vous conduisant ici, j'en ai trop fait pour ne pas
continuer... »

Il aida poliment Marie à monter quelques
marches assez singulièrement disposées, et l'introduisit moitié de bonne grâce, moitié rechignant,
dans un petit cabinet de quatre pieds carrés, éclairé
par une lampe suspendue à la voûte. Il était facile
de voir que l'avare avait pris toutes ses précautions
pour passer plus d'un jour dans cette retraite, si les

événements de la guerre civile l'eussent contraint
à y rester longtemps.

« N'approchez pas du mur, vous pourriez vous
blanchir », dit tout à coup d'Orgemont.

Et il mit avec assez de précipitation sa main
entre le châle de la jeune fille et la muraille, qui
semblait fraîchement recrépie. Le geste du vieil
avare produisit un effet tout contraire à celui qu'il
en attendait. Mlle de Verneuil regarda soudain
devant elle, et vit dans un angle une sorte de construction dont la forme lui arracha un cri de terreur.
car elle devina qu'une créature humaine avait été
enduite de mortier et placée là debout; d'Orgemont
lui fit un signe effrayant pour l'engager à se taire,
et ses petits yeux d'un bleu de faïence annoncèrent
autant d'effroi que ceux de sa compagne.

« Sotte, croyez-vous que je l'aie assassiné?... C'est
mon frère, dit-il en variant son soupir d'une manière lugubre. C'est le premier recteur qui se soit
assermenté. Voilà le seul asile où il ait été en
sûreté contre la fureur des Chouans et des autres
prêtres. Poursuivre un digne homme qui avait tant
d'ordre! C'était mon aîné, lui seul a eu la patience
de m'apprendre le calcul décimal. Oh! c'était un
bon prêtre! Il avait de l'économie et savait amasser.
Il y a quatre ans qu'il est mort, je ne sais pas de
quelle maladie; mais voyez-vous, ces prêtres, ça a
l'habitude de s'agenouiller de temps en temps pour
prier, et il n'a peut-être pas pu s'accoutumer à
rester ici debout comme moi... Je l'ai mis là, autre

part *ils* l'auraient déterré. Un jour je pourrai l'ensevelir en terre sainte, comme disait ce pauvre homme, qui ne s'est assermenté que par peur. »

Une larme roula dans les yeux secs du petit vieillard, dont alors la perruque rousse parut moins laide à la jeune fille, qui détourna les yeux par un secret respect pour cette douleur; mais, malgré cet attendrissement, d'Orgemont lui dit encore : « N'approchez pas du mur, vous... »

Et ses yeux ne quittèrent pas ceux de Mlle de Verneuil, en espérant ainsi l'empêcher d'examiner plus attentivemnt les parois de ce cabinet, où l'air trop raréfié ne suffisait pas au jeu des poumons. Cependant Marie réussit à dérober un coup d'œil à son argus, et, d'après les bizarres proéminences des murs, elle supposa que l'avare les avait bâtis lui-même avec des sacs d'argent ou d'or. Depuis un moment, d'Orgemont était plongé dans un ravissement grotesque. La douleur que la cuisson lui faisait souffrir aux jambes, et sa terreur en voyant un être humain au milieu de ses trésors, se lisaient dans chacune de ses rides; mais en même temps ses yeux arides exprimaient, par un feu inaccoutumé, la généreuse émotion qu'excitait en lui le périlleux voisinage de sa libératrice, dont la joue rose et blanche attirait le baiser, dont le regard noir et velouté lui amenait au cœur des vagues de sang si chaudes, qu'il ne savait plus si c'était signe de vie ou de mort.

« Etes-vous mariée? lui demanda-t-il d'une voix tremblante.

— Non, dit-elle en souriant.

— J'ai quelque chose, reprit-il en poussant son soupir, quoique je ne sois pas aussi riche qu'ils le disent tous. Une jeune fille comme vous doit aimer les diamants, les bijoux, les équipages, l'or, ajouta-t-il en regardant d'un air effaré autour de lui. J'ai tout cela à donner, après ma mort. Hé! si vous vouliez... »

L'œil du vieillard décelait tant de calcul, même dans cet amour éphémère, qu'en agitant sa tête par un mouvement négatif, Mlle de Verneuil ne put s'empêcher de penser que l'avare ne songeait à l'épouser que pour enterrer son secret dans le cœur d'un autre lui-même.

« L'argent, dit-elle en jetant à d'Orgemont un regard plein d'ironie qui le rendit à la fois heureux et fâché, l'argent n'est rien pour moi. Vous seriez trois fois plus riche que vous ne l'êtes, si tout l'or que j'ai refusé était là.

— N'approchez pas du m...

— Et l'on ne me demandait cependant qu'un regard, ajouta-t-elle avec une incroyable fierté.

— Vous avez eu tort, c'était une excellente spéculation. Mais songez donc...

— Songez, reprit Mlle de Verneuil, que je viens d'entendre retentir là une voix dont un seul accent a pour moi plus de prix que toutes vos richesses.

— Vous ne les connaissez pas... »

Avant que l'avare n'eût pu l'en empêcher, Marie fit mouvoir, en la touchant du doigt, une petite gravure enluminée qui représentait Louis XV à cheval, et vit tout à coup au-dessous d'elle le marquis occupé à charger un tromblon. L'ouverture cachée par le petit panneau sur lequel l'estampe était collée semblait répondre à quelque ornement dans le plafond de la chambre voisine, où sans doute couchait le général royaliste. D'Orgemont repoussa avec la plus grande précaution la vieille estampe, et regarda la jeune fille d'un air sévère.

« Ne dites pas un mot, si vous aimez la vie. Vous n'avez pas jeté, lui dit-il à l'oreille après une pause, votre grappin sur un petit bâtiment. Savez-vous que le marquis de Montauran possède pour cent mille livres de revenus en terres affermées qui n'ont pas encore été vendues. Or, un décret des Consuls, que j'ai lu dans *Le Primidi de l'Ille-et-Vilaine*, vient d'arrêter les séquestres. Ah! ah! vous trouvez ce gars-là maintenant plus joli homme, n'est-ce pas? Vos yeux brillent comme deux louis d'or tout neufs. »

Les regards de Mlle de Verneuil s'étaient fortement animés en entendant résonner de nouveau une voix bien connue. Depuis qu'elle était là, debout, comme enfouie dans une mine d'argent, le ressort de son âme courbée sous ces événements s'était redressé. Elle semblait avoir pris une résolution sinistre et entrevoir les moyens de la mettre à exécution.

« On ne revient pas d'un tel mépris, se dit-elle,
et s'il ne doit plus m'aimer, je veux le tuer, aucune
femme ne l'aura. »

« Non, l'abbé, non, s'écriait le jeune chef dont la
voix se fit entendre, il faut que cela soit ainsi.

— Monsieur le marquis, reprit l'abbé Gudin
avec hauteur, vous scandaliserez toute la Bretagne
en donnant ce bal à Saint-James. C'est des prédica-
teurs, et non des danseurs qui remueront nos
villages. Ayez des fusils et non des violons.

— L'abbé, vous avez assez d'esprit pour savoir
que ce n'est que dans une assemblée générale de
tous nos partisans que je verrai ce que je puis
entreprendre avec eux. Un dîner me semble plus
favorable pour examiner leurs physionomies et
connaître leurs intentions que tous les espionnages
possibles, dont, au surplus, j'ai horreur; nous les
ferons causer le verre en main. »

Marie tressaillit en entendant ces paroles, car
elle conçut le projet d'aller à ce bal, et de s'y
venger.

« Me prenez-vous pour un idiot avec votre ser-
mon sur la danse, reprit Montauran. Ne figureriez-
vous pas de bon cœur dans une chaconne pour vous
retrouver rétablis sous votre nouveau nom de Pères
de la Foi!... Ignorez-vous que les Bretons sortent
de la messe pour aller danser! Ignorez-vous aussi
que MM. Hyde de Neuville et d'Andigné ont eu
il y a cinq jours une conférence avec le Premier
Consul sur la question de rétablir Sa Majesté

Louis XVIII. Si je m'apprête en ce moment pour aller risquer un coup de main si téméraire, c'est uniquement pour ajouter à ces négociations le poids de nos souliers ferrés. Ignorez-vous que tous les chefs de la Vendée et même Fontaine parlent de se soumettre. Ah! monsieur, l'on a évidemment trompé les princes sur l'état de la France. Les dévouements dont on les entretient sont des dévouements de position. L'abbé, si j'ai mis le pied dans le sang, je ne veux m'y mettre jusqu'à la ceinture qu'à bon escient. Je me suis dévoué au Roi et non pas à quatre cerveaux brûlés, à des hommes perdus de dettes comme Rifoël, à des chauffeurs, à...

— Dites tout de suite, monsieur, à des abbés qui perçoivent des contributions sur le grand chemin pour soutenir la guerre, reprit l'abbé Gudin.

— Pourquoi ne le dirais-je pas? répondit aigrement le marquis. Je dirai plus, les temps héroïques de la Vendée sont passés...

— Monsieur le marquis, nous saurons faire des miracles sans vous.

— Oui, comme celui de Marie Lambrequin, répondit en riant le marquis. Allons, sans rancune, l'abbé! Je sais que vous payez de votre personne, et tirez un Bleu aussi bien que vous dites un *oremus*. Dieu aidant, j'espère vous faire assister, une mitre en tête, au sacre du Roi. »

Cette dernière phrase eut sans doute un pouvoir magique sur l'abbé, car on entendit sonner une carabine, et il s'écria : « J'ai cinquante cartouches dans mes poches, monsieur le marquis, et ma vie est au Roi. »

« Voilà encore un de mes débiteurs, dit l'avare à Mlle de Verneuil. Je ne parle pas de cinq à six cents malheureux écus qu'il m'a empruntés, mais d'une dette de sang qui, j'espère, s'acquittera. Il ne lui arrivera jamais autant de mal que je lui en souhaite, à ce sacré jésuite; il avait juré la mort de mon frère, et soulevait le pays contre lui. Pourquoi? parce que le pauvre homme avait eu peur des nouvelles lois. » Après avoir appliqué son oreille à un certain endroit de sa cachette : « Les voilà qui décampent, tous ces brigands-là, dit-il. Ils vont faire encore quelque miracle! Pourvu qu'ils n'essaient pas de me dire adieu comme la dernière fois, en mettant le feu à la maison. »

Après environ une demi-heure, pendant laquelle Mlle de Verneuil et d'Orgemont se regardèrent comme si chacun d'eux eût regardé un tableau, la voix rude et grossière de Galope-chopine cria doucement : « Il n'y a plus de danger, monsieur d'Orgemont. Mais cette fois-ci, j'ai ben gagné mes trente écus.

— Mon enfant, dit l'avare, jurez-moi de fermer les yeux. »

Mlle de Verneuil plaça une de ses mains sur ses paupières; mais, pour plus de secret, le vieillard souffla la lampe, prit sa libératrice par la main, l'aida à faire sept ou huit pas dans un passage difficile; au bout de quelques minutes, il lui dérangea

doucement la main, elle se vit dans la chambre que
le marquis de Montauran venait de quitter et qui
était celle de l'avare.

« Ma chère enfant, lui dit le vieillard, vous pouvez partir. Ne regardez pas ainsi autour de vous.
Vous n'avez sans doute pas d'argent. Tenez, voici
dix écus; il y en a de rognés, mais ils passeront. En
sortant du jardin, vous trouverez un sentier qui
conduit à la ville, ou, comme on dit maintenant, au
District. Mais les Chouans sont à Fougères, il n'est
pas présumable que vous puissiez y rentrer de sitôt;
ainsi vous pourrez avoir besoin d'un sûr asile. Rete-
nez bien ce que je vais vous dire, et n'en profitez
que dans un extrême danger. Vous verrez sur le
chemin qui mène au Nid-aux-crocs par le val de
Gibarry une ferme où demeure le Grand-Cibot, dit
Galope-chopine, entrez-y en disant à sa femme :
Bonjour, Bécanière! Et Barbette vous cachera. Si
Galope-chopine vous découvrait, ou il vous prendra
pour l'esprit, s'il fait nuit; ou dix écus l'attendri-
ront, s'il fait jour. Adieu! nos comptes sont soldés.
Si vous vouliez, dit-il en montrant par un geste les
champs qui entouraient sa maison, tout cela serait
à vous! »

Mlle de Verneuil jeta un regard de remerciement
à cet être singulier, et réussit à lui arracher un
soupir dont les tons furent très variés.

« Vous me rendrez sans doute mes dix écus, remarquez bien que je ne parle pas d'intérêts, vous
les remettrez à mon crédit chez maître Patrat, le

notaire de Fougères qui, si vous le vouliez, ferait notre contrat, beau trésor. Adieu.

— Adieu, dit-elle en souriant et le saluant de la main.

— S'il vous faut de l'argent, lui cria-t-il, je vous en prêterai à cinq! Oui, à cinq seulement. Ai-je dit cinq? » Elle était partie. « Ça m'a l'air d'être une bonne fille; cependant, je changerai le secret de ma cheminée. » Puis il prit un pain de douze livres, un jambon et rentra dans sa cachette.

Lorsque Mlle de Verneuil marcha dans la campagne, elle crut renaître, la fraîcheur du matin ranima son visage qui depuis quelques heures lui semblait frappé par une atmosphère brûlante. Elle essaya de trouver le sentier indiqué par l'avare; mais, depuis le coucher de la lune, l'obscurité était devenue si forte, qu'elle fut forcée d'aller au hasard. Bientôt la crainte de tomber dans les précipices la prit au cœur, et lui sauva la vie; car elle s'arrêta tout à coup en pressentant que la terre lui manquerait si elle faisait un pas de plus. Un vent plus frais qui caressait ses cheveux, le murmure des eaux, l'instinct, tout servit à lui indiquer qu'elle se trouvait au bout des rochers de Saint-Sulpice. Elle passa les bras autour d'un arbre, et attendit l'aurore en de vives anxiétés, car elle entendait un bruit d'armes, de chevaux et de voix humaines. Elle rendit grâces à la nuit qui la préservait du danger de tomber entre les mains des Chouans, si, comme le lui avait dit l'avare, ils entouraient Fougères.

Semblables à des feux nuitamment allumés pour
un signal de liberté, quelques lueurs légèrement
pourprées passèrent par-dessus les montagnes dont
les bases conservèrent des teintes bleuâtres qui
contrastèrent avec les nuages de rosée flottant sur
les vallons. Bientôt un disque de rubis s'éleva lentement à l'horizon; les cieux le reconnurent; les
accidents du paysage, le clocher de Saint-Léonard,
les rochers, les prés ensevelis dans l'ombre reparurent insensiblement, et les arbres situés sur les
cimes se dessinèrent dans ses feux naissants. Le
soleil se dégagea par un gracieux élan du milieu
de ses rubans de feu, d'ocre et de saphir. Sa vive
lumière s'harmonia par lignes égales, de colline en
colline, déborda de vallons en vallons. Les ténèbres
se dissipèrent, le jour accabla la nature. Une brise
piquante frissonna dans l'air, les oiseaux chantèrent, la vie se réveilla partout. Mais à peine la
jeune fille avait-elle eu le temps d'abaisser ses
regards sur les masses de ce paysage si curieux, que,
par un phénomène assez fréquent dans ces fraîches
contrées, des vapeurs s'étendirent en nappes, com-
blèrent les vallées, montèrent jusqu'aux plus hautes
collines, ensevelirent ce riche bassin sous un manteau de neige. Bientôt Mlle de Verneuil crut revoir
une de ces mers de glace qui meublent les Alpes.
Puis cette nuageuse atmosphère roula des vagues
comme l'Océan, souleva des lames impénétrables
qui se balancèrent avec mollesse, ondoyèrent, tour-
billonnèrent violemment, contractèrent aux rayons

du soleil des teintes d'un rose vif, en offrant çà et
là les transparences d'un lac d'argent fluide. Tout
à coup le vent du nord souffla sur cette fantasmagorie et dissipa les brouillards qui déposèrent une
rosée pleine d'oxyde sur les gazons. Mlle de Verneuil put alors apercevoir une immense masse
brune placée sur les rochers de Fougères. Sept à
huit cents Chouans armés s'agitaient dans le faubourg Saint-Sulpice comme des fourmis dans une
fourmilière. Les environs du château, occupés par
trois mille hommes arrivés comme par magie, furent
attaqués avec fureur. Cette ville endormie, malgré
ses remparts verdoyants et ses vieilles tours grises,
aurait succombé, si Hulot n'eût pas veillé. Une batterie cachée sur une éminence qui se trouve au
fond de la cuvette que forment les remparts, répondit au premier feu des Chouans en les prenant en
écharpe sur le chemin du château. La mitraille
nettoya la route, et la balaya. Puis, une compagnie
sortit de la porte Saint-Sulpice, profita de l'étonnement des Chouans, se mit en bataille sur le chemin
et commença sur eux un feu meurtrier. Les Chouans
n'essayèrent pas de résister, en voyant les remparts
du château se couvrir de soldats comme si l'art du
machiniste y eût appliqué des lignes bleues, et le
feu de la forteresse protéger celui des tirailleurs
républicains. Cependant d'autres Chouans, maîtres
de la petite vallée du Nançon, avaient gravi les
galeries du rocher et parvenaient à la Promenade,
où ils montèrent; elle fut couverte de peaux de

bique qui lui donnèrent l'apparence d'un toit de
chaume bruni par le temps. Au même moment, de
violentes détonations se firent entendre dans la partie de la ville qui regardait la vallée du Couesnon.
Evidemment Fougères, attaqué sur tous les points,
était entièrement cerné. Le feu qui se manifesta sur
le revers oriental du rocher prouvait même que les
Chouans incendiaient les faubourgs. Cependant les
flammèches qui s'élevaient des toits de genêt ou de
bardeau cessèrent bientôt, et quelques colonnes de
fumée noire indiquèrent que l'incendie s'éteignait.
Des nuages blancs et bruns dérobèrent encore une
fois cette scène à Mlle de Verneuil, mais le vent
dissipa bientôt ce brouillard de poudre. Déjà, le
commandant républicain avait fait changer la direction de sa batterie de manière à pouvoir prendre
successivement en file la vallée du Nançon, le sentier de la Reine et le rocher, quand du haut de la
Promenade, il vit ses premiers ordres admirablement bien exécutés. Deux pièces placées au poste
de la porte Saint-Léonard abattirent la fourmilière
de Chouans qui s'étaient emparés de cette position;
tandis que les gardes nationaux de Fougères, accou-
rus en hâte sur la place de l'Eglise, achevèrent de
chasser l'ennemi. Ce combat ne dura pas une demi-
heure et ne coûta pas cent hommes aux Bleus. Déjà,
dans toutes les directions, les Chouans battus et
écrasés se retiraient d'après les ordres réitérés du
Gars, dont le hardi coup de main échouait, sans
qu'il le sût, par suite de l'affaire de la Vivetière

qui avait si secrètement ramené Hulot à Fougères.
L'artillerie n'y était arrivée que pendant cette
nuit, car la seule nouvelle d'un transport de muni-
tions aurait suffi pour faire abandonner par Montauran cette entreprise qui, éventée, ne pouvait
avoir qu'une mauvaise issue. En effet, Hulot désirait autant donner une leçon sévère au Gars, que le
Gars pouvait souhaiter de réussir dans sa pointe
pour influer sur les déterminations du Premier
Consul. Au premier coup de canon, le marquis comprit donc qu'il y aurait de la folie à poursuivre par
amour-propre une surprise manquée. Aussi, pour
ne pas faire tuer inutilement ses Chouans, se hâta-
t-il d'envoyer sept ou huit émissaires porter des
instructions pour opérer promptement la retraite
sur tous les points. Le commandant, ayant aperçu
son adversaire entouré d'un nombreux conseil au
milieu duquel était Mme du Gua, essaya de tirer
sur eux une volée sur le rocher de Saint-Sulpice;
mais la place avait été trop habilement choisie
pour que le jeune chef n'y fût pas en sûreté. Hulot
changea de rôle tout à coup, et d'attaqué devint
agresseur. Aux premiers mouvements qui indiquèrent les intentions du marquis, la compagnie
placée sous les murs du château se mit en devoir de
couper la retraite aux Chouans en s'emparant des
issues supérieures de la vallée du Nançon.

Malgré sa haine, Mlle de Verneuil épousa la
cause des hommes que commandait son amant, et
se tourna vivement vers l'autre issue pour voir si

elle était libre; mais elle aperçut les Bleus, sans
doute vainqueurs de l'autre côté de Fougères, qui
revenaient de la vallée du Couesnon par le val de
Gibarry pour s'emparer du Nid-aux-crocs et de la
partie des rochers de Saint-Sulpice où se trouvaient
les issues inférieures de la vallée du Nançon. Ainsi
les Chouans, renfermés dans l'étroite prairie de
cette gorge, semblaient devoir périr jusqu'au derniers, tant les prévisions du vieux commandant
républicain avaient été justes et ses mesures habilement prises. Mais sur ces deux points, les canons
qui avaient si bien servi Hulot furent impuissants,
il s'y établit des luttes acharnées, et la ville de Fougères une fois préservée, l'affaire prit le caractère
d'un engagement auquel les Chouans étaient habitués. Mlle de Verneuil comprit alors la présence
des masses d'hommes qu'elle avait aperçues dans
la campagne, la réunion des chefs chez d'Orgemont
et tous les événements de cette nuit, sans savoir
comment elle avait pu échapper à tant de dangers.
Cette entreprise, dictée par le désespoir, l'intéressa
si vivement qu'elle resta immobile à contempler les
tableaux animés qui s'offrirent à ses regards. Bientôt, le combat qui avait lieu au bas des montagnes
de Saint-Sulpice eut, pour elle, un intérêt de plus.
En voyant les Bleus presque maîtres des Chouans,
le marquis et ses amis s'élancèrent dans la vallée du
Nançon afin de leur porter secours. Le pied des
roches fut couvert d'une multitude de groupes
furieux où se décidèrent des questions de vie et de

mort sur un terrain et avec des armes plus favorables aux Peaux de bique. Insensiblement, cette
arène mouvante s'étendit dans l'espace. Les
Chouans, en s'égaillant, envahirent les rochers à
l'aide des arbustes qui y croissent çà et là. Mlle de
Verneuil eut un moment d'effroi en voyant un peu
tard ses ennemis remontés sur les sommets, où
ils défendirent avec fureur les sentiers dangereux
par lesquels on y arrivait. Toutes les issues de cette
montagne étant occupées par les deux partis, elle
eut peur de se trouver au milieu d'eux, elle quitta
le gros arbre derrière lequel elle s'était tenue, et se
mit à fuir en pensant à mettre à profit les recommandations du vieil avare. Après avoir couru pendant longtemps sur le versant des montagnes de
Saint-Sulpice qui regarde la grande vallée du Couesnon, elle aperçut de loin une étable et jugea qu'elle
dépendait de la maison de Galope-chopine, qui
devait avoir laissé sa femme toute seule pendant le
combat. Encouragée par ces suppositions, Mlle de
Verneuil espéra être bien reçue dans cette habitation, et pouvoir y passer quelques heures, jusqu'à
ce qu'il lui fût possible de retourner sans danger à
Fougères. Selon toute apparence, Hulot allait
triompher. Les Chouans fuyaient si rapidement
qu'elle entendit des coups de feu tout autour d'elle,
et la peur d'être atteinte par quelques balles lui fit
promptement gagner la chaumière dont la cheminée lui servait de jalon. Le sentier qu'elle avait
suivi aboutissait à une espèce de hangar dont le

toit, couvert en genêt, était soutenu par quatre gros
arbres encore garnis de leurs écorces. Un mur en
torchis formait le fond de ce hangar, sous lequel se
trouvaient un pressoir à cidre, une aire à battre le
sarrasin, et quelques instruments aratoires. Elle s'arrêta contre l'un de ces poteaux sans se décider à
franchir le marais fangeux qui servait de cour à
cette maison que, de loin, en véritable Parisienne,
elle avait prise pour une étable.

Cette cabane, garantie des vents du nord par une
éminence qui s'élevait au-dessus du toit et à laquelle elle s'appuyait, ne manquait pas de poésie,
car des pousses d'ormes, des bruyères et les fleurs
du rocher la couronnaient de leurs guirlandes. Un
escalier champêtre pratiqué entre le hangar et la
maison permettait aux habitants d'aller respirer un
air pur sur le haut de cette roche. A gauche de la
cabane, l'éminence s'abaissait brusquement, et laissait voir une suite de champs dont le premier
dépendait sans doute de cette ferme. Ces champs
dessinaient de gracieux bocages séparés par des
haies en terre, plantées d'arbres, et dont la première achevait l'enceinte de la cour. Le chemin qui
conduisait à ces champs était fermé par un gros
tronc d'arbre à moitié pourri, clôture bretonne
dont le nom fournira plus tard une digression qui
achèvera de caractériser ce pays. Entre l'escalier
creusé dans les schistes et le sentier fermé par ce
gros arbre, devant le marais et sous cette roche pen-
dante, quelques pierres de granit grossièrement

taillées, superposées les unes aux autres, formaient les quatre angles de cette chaumière, et maintenaient le mauvais pisé, les planches et les cailloux dont étaient bâties les murailles. Une moitié du toit couverte de genêt en guise de paille, et l'autre en bardeau, espèce de merrain taillé en forme d'ardoise annonçaient deux divisions; et, en effet, l'une close par une méchante claie servait d'étable, et les maîtres habitaient l'autre. Quoique cette cabane dût au voisinage de la ville quelques améliorations complètement perdues à deux lieues plus loin, elle expliquait bien l'instabilité de la vie à laquelle les guerres et les usages de la Féodalité avaient si fortement subordonné les mœurs du serf, qu'aujourd'hui beaucoup de paysans appellent encore en ces contrées une *demeure*, le château habité par leurs seigneurs. Enfin, en examinant ces lieux avec un étonnement assez facile à concevoir, Mlle de Verneuil remarqua çà et là, dans la fange de la cour, des fragments de granit disposés de manière à tracer vers l'habitation un chemin qui présentait plus d'un danger; mais en entendant le bruit de la mousqueterie qui se rapprochait sensiblement, elle sauta de pierre en pierre, comme si elle traversait un ruisseau, pour demander un asile. Cette maison était fermée par une de ces portes qui se composent de deux parties séparées, dont l'inférieure est en bois plein et massif, et dont la supérieure est défendue par un volet qui sert de fenêtre. Dans plusieurs boutiques de certaines petites villes en

France, on voit le type de cette porte, mais beaucoup plus orné et armé à la partie inférieure d'une
sonnette d'alarme; celle-ci s'ouvrait au moyen d'un
loquet de bois digne de l'âge d'or, et la partie supérieure ne se fermait que pendant la nuit, car le jour
ne pouvait pénétrer dans la chambre que par cette
ouverture. Il existait bien une grossière croisée,
mais ses vitres ressemblaient à des fonds de bouteille, et les massives branches de plomb qui les re-
tenaient prenaient tant de place qu'elle semblait
plutôt destinée à intercepter qu'à laisser passer la
lumière. Quand Mlle de Verneuil fit tourner la
porte sur ses gonds criards, elle sentit d'effroyables
vapeurs alcalines sorties par bouffées de cette chaumière, et vit que les quadrupèdes avaient ruiné
à coups de pied le mur intérieur qui les séparait
de la chambre. Ainsi l'intérieur de la ferme, car
c'était une ferme, n'en démentait pas l'extérieur.
Mlle de Verneuil se demandait s'il était possible
que des êtres humains vécussent dans cette fange
organisée, quand un petit gars en haillons et qui
paraissait avoir huit ou neuf ans, lui présenta tout
à coup sa figure fraîche, blanche et rose, des joues
bouffies, des yeux vifs, des dents d'ivoire et une
chevelure blonde qui tombait par écheveaux
sur ses épaules demi-nues; ses membres étaient
vigoureux, et son attitude avait cette grâce d'étonnement, cette naïveté sauvage qui agrandit les
yeux des enfants. Ce petit gars était sublime de
beauté.

« Où est ta mère? » dit Marie d'une voix douce et
en se baissant pour lui baiser les yeux.

Après avoir reçu le baiser, l'enfant glissa comme
une anguille, et disparut derrière un tas de fumier
qui se trouvait entre le sentier et la maison, sur la
croupe de l'éminence. En effet, comme beaucoup de
cultivateurs bretons, Galope-chopine mettait, par
un système d'agriculture qui leur est particulier,
ses engrais dans des lieux élevés, en sorte que quand
ils s'en servent, les eaux pluviales les ont dépouillés
de toutes leurs qualités. Maîtresse du logis pour
quelques instants, Marie en eut promptement fait
l'inventaire. La chambre où elle attendait Barbette
composait toute la maison. L'objet le plus apparent
et le plus pompeux était une immense cheminée
dont le *manteau* était formé par une pierre de
granit bleu. L'étymologie de ce mot avait sa preuve
dans un lambeau de serge verte bordée d'un ruban
vert pâle, découpée en rond, qui pendait le long
de cette tablette au milieu de laquelle s'élevait une
bonne Vierge en plâtre colorié. Sur le socle de la
statue, Mlle de Verneuil lut deux vers d'une poésie
religieuse fort répandue dans le pays :

> Je suis la Mère de Dieu,
> Protectrice de ce lieu.

Derrière la Vierge une effroyable image tachée de
rouge et de bleu, sous prétexte de peinture, représentait saint Labre. Un lit de serge verte, dit en

tombeau, une informe couchette d'enfant, un rouet, des chaises grossières, un bahut sculpté garni de quelques ustensiles complétaient à peu de chose près, le mobilier de Galope-chopine. Devant la croisée. se trouvait une longue table de châtaignier accompagnée de deux bancs en même bois, auxquels le jour des vitres donnait les sombres teintes de l'acajou vieux. Une immense pièce de cidre, sous le bondon de laquelle Mlle de Verneuil remarqua une boue jaunâtre dont l'humidité décomposait le plancher quoiqu'il fût formé de morceaux de granit assemblés par un argile roux, prouvait que le maître du logis n'avait pas volé son surnom de Chouan. Mlle de Verneuil leva les yeux comme pour fuir ce spectacle, et alors, il lui sembla avoir vu toutes les chauves-souris de la terre, tant étaient nombreuses les toiles d'araignées qui pendaient au plancher. Deux énormes *pichés,* pleins de cidre, se trouvaient sur la longue table. Ces ustensiles sont des espèces de cruches en terre brune, dont le modèle existe dans plusieurs pays de la France et qu'un Parisien peut se figurer en supposant aux pots dans lesquels les gourmets servent le beurre de Bretagne, un ventre plus arrondi, verni par places inégales et nuancé de taches fauves comme celles de quelques coquillages. Cette cruche est terminée par une espèce de gueule, assez semblable à la tête d'une grenouille prenant l'air hors de l'eau. L'attention de Marie avait fini par se porter sur ces deux pichés; mais le bruit du combat, qui devint tout à coup plus distinct, la força de chercher un endroit propre à se cacher sans attendre Barbette, quand cette femme se montra tout à coup.

« Bonjour, Bécanière, lui dit-elle en retenant un sourire involontaire à l'aspect d'une figure qui ressemblait assez aux têtes que les architectes placent comme ornement aux clefs des croisées.

— Ah! ah! vous venez d'Orgemont, répondit Barbette d'un air peu empressé.

— Où allez-vous me mettre? car voici les Chouans...

— Là, reprit Barbette, aussi stupéfaite de la beauté que de l'étrange accoutrement d'une créature qu'elle n'osait comprendre parmi celles de son sexe. Là! dans la cachette du prêtre. »

Elle la conduisit à la tête de son lit, la fit entrer dans la ruelle; mais elles furent tout interdites, en croyant entendre un inconnu qui sauta dans le marais. Barbette eut à peine le temps de détacher un rideau du lit et d'y envelopper Marie, qu'elle se trouva face à face avec un Chouan fugitif.

« La vieille, où peut-on se cacher ici? Je suis le comte de Bauvan. »

Mlle de Verneuil tressaillit en reconnaissant la voix du convive dont quelques paroles, restées un secret pour elle, avaient causé la catastrophe de la Vivetière.

« Hélas! vous voyez, monseigneur. Il n'y a *rin* ici! Ce que je peux faire de mieux est de sortir, je veillerai. Si les Bleus viennent, j'avertirai. Si je

restais et qu'ils me trouvassent avec vous, ils brûle-
raient ma maison. »

Et Barbette sortit, car elle n'avait pas assez d'intelligence pour concilier les intérêts de deux ennemis ayant un droit égal à la cachette, en vertu du
double rôle que jouait son mari.

« J'ai deux coups à tirer, dit le comte avec désespoir; mais ils m'ont déjà dépassé. Bah! j'aurais bien
du malheur si, en revenant par ici, il leur prenait
fantaisie de regarder sous le lit. »

Il déposa légèrement son fusil auprès de la
colonne où Marie se tenait debout enveloppée dans
la serge verte, et il se baissa pour s'assurer s'il pouvait passer sous le lit. Il allait infailliblement voir
les pieds de la réfugiée, qui, dans ce moment désespéré, saisit le fusil, sauta vivement dans la chaumière, et menaça le comte; mais il partit d'un éclat
de rire en la reconnaissant; car, pour se cacher,
Marie avait quitté son vaste chapeau de Chouan, et
ses cheveux s'échappaient en grosses touffes de dessous une espèce de résille en dentelle.

« Ne riez pas, comte, vous êtes mon prisonnier.
Si vous faites un geste, vous saurez ce dont est capable une femme offensée. »

Au moment où le comte et Marie se regardaient
avec de bien diverses émotions, des voix confuses
criaient dans les rochers : « Sauvez le Gars! Egaillez-vous! Sauvez le Gars! Egaillez-vous!... »

La voix de Barbette domina le tumulte extérieur
et fut entendue dans la chaumière avec des sensa-

tions bien différentes par les deux ennemis, car elle parlait moins à son fils qu'à eux.

« Ne vois-tu pas les Bleus? s'écriait aigrement Barbette. Viens-tu ici, petit méchant gars, ou je vais à toi! Veux-tu donc attraper des coups de fusil? Allons, sauve-toi vitement! »

Pendant tous ces petits événements qui se passèrent rapidement, un Bleu sauta dans le marais.

« Beau-pied! » lui cria Mlle de Verneuil,

Beau-pied accourut à cette voix et ajusta le comte un peu mieux que ne le faisait sa libératrice.

« Aristocrate, dit le malin soldat, ne bouge pas ou je te démolis comme la Bastille, en deux temps.

— Monsieur Beau-pied, reprit Mlle de Verneuil d'une voix caressante, vous me répondez de ce prisonnier. Faites comme vous voudrez, mais il faudra me le rendre sain et sauf à Fougères.

— Suffit, madame.

— La route jusqu'à Fougères est-elle libre, maintenant?

— Elle est sûre, à moins que les Chouans ne ressuscitent. »

Mlle de Verneuil s'arma gaiement du léger fusil de chasse, sourit avec ironie en disant à son prisonnier : « Adieu, monsieur le comte, au revoir! » et s'élança dans le sentier après avoir repris son large chapeau.

« J'apprends un peu trop tard, dit amèrement le comte de Bauvan, qu'il ne faut jamais plaisanter avec l'honneur de celles qui n'en ont plus.

— Aristocrate, s'écria durement Beau-pied, si tu ne veux pas que je t'envoie dans ton ci-devant paradis, ne dis rien contre cette belle dame. »

Mlle de Verneuil revint à Fougères par les sentiers qui joignent les roches de Saint-Sulpice au Nid-aux-crocs. Quand elle atteignit cette dernière éminence et qu'elle courut à travers le chemin tortueux pratiqué sur les aspérités du granit, elle admira cette jolie petite vallée du Nançon naguère si turbulente, alors parfaitement tranquille. Vu de là, le vallon ressemblait à une rue de verdure. Mlle de Verneuil rentra par la porte Saint-Léonard, à laquelle aboutissait ce petit sentier. Les habitants, encore inquiets du combat qui, d'après les coups de fusil entendus dans le lointain, semblait devoir durer pendant la journée, y attendaient le retour de la garde nationale pour reconnaître l'étendue de leurs pertes. En voyant cette fille dans son bizarre costume, les cheveux en désordre, un fusil à la main, son châle et sa robe frottés contre les murs, souillés par la boue et mouillés de rosée, la curiosité des Fougerais fut d'autant plus vivement excitée, que le pouvoir, la beauté, la singularité de cette Parisienne, défrayaient déjà toutes leurs conversations.

Francine, en proie à d'horribles inquiétudes, avait attendu sa maîtresse pendant toute la nuit; et quand elle la revit, elle voulut parler, mais un geste amical lui imposa silence.

« Je ne suis pas morte, mon enfant, dit Marie.

LES CHOUANS

327

Ah! je voulais des émotions en partant de Paris?.
J'en ai eu », ajouta-t-elle après une pause.

Francine voulut sortir pour commander un repas,
en faisant observer à sa maîtresse qu'elle devait en
avoir grand besoin.

« Oh! dit Mlle de Verneuil, un bain, un bain!
La toilette avant tout. »

Francine ne fut pas médiocrement surprise d'entendre sa maîtresse lui demandant les modes les plus
élégantes de celles qu'elle avait emballées. Après
avoir déjeuné, Marie fit sa toilette avec la recherche
et les soins minutieux qu'une femme met à cette
œuvre capitale, quand elle doit se montrer aux
yeux d'une personne chère, au milieu d'un bal.
Francine ne s'expliquait point la gaieté moqueuse
de sa maîtresse. Ce n'était pas la joie de l'amour,
une femme ne se trompe pas à cette expression, c'était
une malice concentrée d'assez mauvais augure. Marie drapa elle-même les rideaux de la fenêtre par
où les yeux plongeaient sur un riche panorama,
puis elle approcha le canapé de la cheminée, le mit
dans un jour favorable à sa figure, et dit à Francine
de se procurer des fleurs, afin de donner à sa
chambre un air de fête. Lorsque Francine eut
apporté des fleurs, Marie en dirigea l'emploi de la
manière la plus pittoresque. Quand elle eut jeté un
dernier regard de satisfaction sur son appartement,
elle dit à Francine d'envoyer réclamer son prisonnier chez le commandant. Elle se coucha voluptueusement sur le canapé, autant pour se reposer que

pour prendre une attitude de grâce et de faiblesse
dont le pouvoir est irrésistible chez certaines
femmes. Une molle langueur, la pose provocante de
ses pieds, dont la pointe perçait à peine sous les
plis de la robe, l'abandon du corps, la courbure du
col, tout, jusqu'à l'inclinaison des doigts effilés de sa
main, qui pendait d'un oreiller comme les clochettes
d'une touffe de jasmin, tout s'accordait avec son
regard pour exciter des séductions. Elle brûla des
parfums afin de répandre dans l'air ces douces éma-
nations qui attaquent si puissamment les fibres de
l'homme, et préparent souvent les triomphes que les
femmes veulent obtenir sans les solliciter. Quelques
instants après, les pas pesants du vieux militaire
retentirent dans le salon qui précédait la chambre.

« Eh bien, commandant, où est mon captif?

— Je viens de commander un piquet de douze
hommes pour le fusiller comme pris les armes à la
main.

— Vous avez disposé de mon prisonnier! dit-elle.
Ecoutez, commandant. La mort d'un homme ne
doit pas être, après le combat, quelque chose de
bien satisfaisant pour vous, si j'en crois votre physionomie. Eh bien, rendez-moi mon Chouan, et
mettez à sa mort un sursis que je prends sur mon
compte. Je vous déclare que cet aristocrate m'est
devenu très essentiel, et va coopérer à l'accomplissement de nos projets. Au surplus, fusiller cet amateur de chouannerie serait commettre un acte aussi
absurde que de tirer sur un ballon quand il ne faut

qu'un coup d'épingle pour le désenfler. Pour Dieu, laissez les cruautés à l'aristocratie. Les républiques dcivent être générèuses. N'auriez-vous pas pardonné, vous, aux victimes de Quiberon et à tant d'autres. Allons, envoyez vos douze hommes faire une ronde, et venez dîner chez moi avec mon prisonnier. Il n'y a plus qu'une heure de jour, et voyez-vous, ajouta-t-elle en souriant, si vous tardiez, ma toilette manquerait tout son effet.

— Mais, mademoiselle, dit le commandant surpris...

— Eh bien, quoi? Je vous entends. Allez, le comte ne vous échappera point. Tôt ou tard, ce gros papillon-là viendra se brûler à vos feux de peloton. »

Le commandant haussa légèrement les épaules ccmme un homme forcé d'obéir, malgré tout, aux désirs d'une jolie femme, et il revint une demi-heure après, suivi du comte de Bauvan.

Mlle de Verneuil feignit d'être surprise par ses deux convives, et parut confuse d'avoir été vue par le comte si négligemment couchée; mais après avoir lu dans les yeux du gentilhomme que le premier effet était produit, elle se leva et s'occupa d'eux avec une grâce, avec une politesse parfaites. Rien d'étudié ni de forcé dans les poses, le sourire, la démarche ou la voix, ne trahissait sa préméditation ou ses desseins. Tout était en harmonie, et aucun trait trop saillant ne donnait à penser qu'elle affectât les manières d'un monde où elle n'eût pas vécu.

Quand le Royaliste et le Républicain furent assis, elle regarda le comte d'un air sévère. Le gentil-homme connaissait assez les femmes pour savoir que l'offense commise envers celle-ci lui vaudrait un arrêt de mort. Malgré ce soupçon, sans être ni gai, ni triste, il eut l'air d'un homme qui ne comptait pas sur de si brusques dénouements. Bientôt, il lui sembla ridicule d'avoir peur de la mort devant une jolie femme. Enfin l'air sévère de Marie lui donna *des idées.*

« Et qui sait, pensait-il, si une couronne de comte à prendre ne lui plaira pas mieux qu'une couronne de marquis perdue? Montauran est sec comme un clou, et moi... » Il se regarda d'un air satisfait. « Or, le moins qui puisse m'arriver est de sauver ma tête. »

Ces réflexions diplomatiques furent bien inutiles. Le désir que le comte se promettait de feindre pour Mlle de Verneuil devint un violent caprice que cette dangereuse créature se plut à entretenir.

« Monsieur le comte, dit-elle, vous êtes mon pri-sonnier, et j'ai le droit de disposer de vous. Votre exécution n'aura lieu que de mon consentement et j'ai trop de curiosité pour vous laisser fusiller main-tenant.

— Et si j'allais m'entêter à garder le silence? ré-pondit-il gaiement.

— Avec une femme honnête, peut-être, mais avec une fille! allons donc, monsieur le comte, impos-sible. » Ces mots, remplis d'une ironie amère, furent

sifflés, comme dit Sully en parlant de la duchesse de
Beaufort, d'un bec si affilé, que le gentilhomme,
étonné, se contenta de regarder sa cruelle antagoniste. « Tenez, reprit-elle d'un air moqueur, pour
ne pas vous démentir, je vais être comme ces créa-
tures-là, *bonne fille*. Voici d'abord votre carabine. »
Et elle lui présenta son arme par un geste doucement moqueur.

« Foi de gentilhomme, vous agissez, mademoiselle...

— Ah! dit-elle en l'interrompant, j'ai assez de la
foi des gentilshommes. C'est sur cette parole que je
suis entrée à la Vivetière. Votre chef m'avait juré
que moi et mes gens nous y serions en sûreté.

— Quelle infamie! s'écria Hulot en fronçant les
sourcils.

— La faute en est à M. le comte, reprit-elle en
montrant le gentilhomme à Hulot. Certes, le Gars
avait bonne envie de tenir sa parole; mais monsieur
a répandu sur moi je ne sais quelle calomnie qui a
confirmé toutes celles qu'il avait plu à la *Jument de
Charette* de supposer...

— Mademoiselle, dit le comte tout troublé, la
tête sous la hache, j'affirmerais n'avoir dit que la
vérité...

— En disant quoi?

— Que vous aviez été la...

— Dites le mot, la maîtresse...

— Du marquis de Lenoncourt, aujourd'hui le
duc, l'un de mes amis, répondit le comte.

— Maintenant je pourrais vous laisser aller au supplice, reprit-elle sans paraître émue de l'accusation consciencieuse du comte, qui resta stupéfait de l'insouciance apparente ou feinte qu'elle montrait pour ce reproche. Mais, reprit-elle en riant, écartez pour toujours la sinistre image de ces morceaux de plomb, car vous ne m'avez pas plus offensée que cet ami de qui vous voulez que j'aie été... fi donc! Ecoutez, monsieur le comte, n'êtes-vous pas venu chez mon père, le duc de Verneuil? Eh bien? »

Jugeant sans doute que Hulot était de trop pour une confidence aussi importante que celle qu'elle avait à faire, Mlle de Verneuil attira le comte à elle par un geste, et lui dit quelques mots à l'oreille. M. de Bauvan laissa échapper une sourde exclamation de surprise, et regarda d'un air hébété Marie, qui tout à coup compléta le souvenir qu'elle venait d'évoquer en s'appuyant à la cheminée dans l'attitude d'innocence et de naïveté d'un enfant. Le comte fléchit un genou.

« Mademoiselle, s'écria-t-il, je vous supplie de m'accorder mon pardon, quelque indigne que j'en suis.

— Je n'ai rien à pardonner, dit-elle. Vous n'avez pas plus raison maintenant dans votre repentir que dans votre insolente supposition à la Vivetière. Mais ces mystères sont au-dessus de votre intelligence. Sachez seulement, monsieur le comte, reprit-elle gravement, que la fille du duc de Verneuil a trop

d'élévation dans l'âme pour ne pas vivement s'inté-
resser à vous.

— Même après une insulte? dit le comte avec
une sorte de regret.

— Certaines personnes ne sont-elles pas trop haut
situées pour que l'insulte les atteigne? Monsieur le
comte, je suis du nombre. »

En prononçant ces paroles, la jeune fille prit une
attitude de noblesse et de fierté qui imposa au prisonnier et rendit toute cette intrigue beaucoup
moins claire pour Hulot. Le commandant mit la
main à sa moustache pour la retrousser, et regarda
d'un air inquiet Mlle de Verneuil, qui lui fit un
signe d'intelligence comme pour avertir qu'elle ne
s'écartait pas de son plan.

« Maintenant, reprit-elle après une pause, cau-
sons. Francine, donne-nous des lumières, ma fille. »

Elle amena fort adroitement la conversation sur
le temps qui était, en si peu d'années, devenu *l'ancien régime*. Elle reporta si bien le comte à cette
époque par la vivacité de ses observations et de ses
tableaux; elle donna tant d'occasions au gentilhomme d'avoir de l'esprit, par la complaisante
finesse avec laquelle elle lui ménagea des reparties,
que le comte finit par trouver qu'il n'avait jamais
été si aimable, et cette idée l'ayant rejeuni, il essaya
de faire partager à cette séduisante personne la
bonne opinion qu'il avait de lui-même. Cette mali-
cieuse fille se plut à essayer sur le comte tous les
ressorts de sa coquetterie, elle put y mettre d'autant

plus d'adresse que c'était un jeu pour elle. Ainsi,
tantôt elle laissait croire à de rapides progrès, et
tantôt, comme étonnée de la vivacité du sentiment
qu'elle éprouvait, elle manifestait une froideur qui
charmait le comte, et qui servait à augmenter insensiblement cette passion impromptu. Elle ressemblait parfaitement à un pêcheur qui de temps en
temps lève sa ligne pour reconnaître si le poisson
mord à l'appât. Le pauvre comte se laissa prendre
à la manière innocente dont sa libératrice avait
accepté deux ou trois compliments assez bien tour-
nés. L'émigration, la République, la Bretagne et les
Chouans se trouvèrent alors à mille lieues de sa pensée. Hulot se tenait droit, immobile et silencieux
comme le dieu Terme. Son défaut d'instruction le
rendait tout à fait inhabile à ce genre de conversation, il se doutait bien que les deux interlocuteurs
devaient être très spirituels; mais tous les efforts de
son intelligence ne tendaient qu'à les comprendre,
afin de savoir s'ils ne complotaient pas à mots couverts contre la République.

« Montauran, mademoiselle, disait le comte, a de
la naissance, il est bien élevé, joli garçon; mais il
ne connaît pas du tout la galanterie. Il est trop
jeune pour avoir vu Versailles. Son éducation a été
manquée, et, au lieu de faire des noirceurs, il donnera des coups de couteau. Il peut aimer violemment, mais il n'aura jamais cette fine fleur de manières qui distinguait Lauzun, Adhémar, Coigny,
comme tant d'autres!... Il n'a point l'art aimable de

dire aux femmes de ces jolis riens qui, après tout,
leur conviennent mieux que ces élans de passion
par lesquels on les a bientôt fatiguées. Oui, quoique
ce soit un homme à bonnes fortunes, il n'en a ni le
laisser-aller, ni la grâce.

— Je m'en suis bien aperçue », répondit Marie.

« Ah! se dit le comte, elle a eu une inflexion de
voix et un regard qui prouvent que je ne tarderai
pas à être *du dernier bien* avec elle; et ma foi, pour
lui appartenir, je croirai tout ce qu'elle voudra que
je croie. »

Il lui offrit la main, le dîner était servi. Mlle de
Verneuil fit les honneurs du repas avec une politesse
et un tact qui ne pouvaient avoir été acquis que
par l'éducation et dans la vie recherchée de la cour.

« Allez-vous-en, dit-elle à Hulot en sortant de
table, vous lui feriez peur, tandis que si je suis seule
avec lui, je saurai bientôt tout ce que j'ai besoin
d'apprendre; il en est au point où un homme me dit
tout ce qu'il pense et ne voit plus que par mes
yeux.

— Et après? demanda le commandant en ayant
l'air de réclamer le prisonnier.

— Oh! libre, répondit-elle, il sera libre comme
l'air.

— Il a cependant été pris les armes à la main.

— Non, dit-elle par une de ces plaisanteries
sophistiques que les femmes se plaisent à opposer à
une raison péremptoire, je l'avais désarmé. —
Comte, dit-elle au gentilhomme en rentrant, je viens

d'obtenir votre liberté; mais rien pour rien, ajouta-
t-elle en souriant et mettant sa tête de côté comme
pour l'interroger.

— Demandez-moi tout, même mon nom et mon
honneur! s'écria-t-il dans son ivresse, je mets tout à
vos pieds. »

Et il s'avança pour lui saisir la main, en essayant
de lui faire prendre ses désirs pour de la reconnaissance; mais Mlle de Verneuil n'était pas fille à s'y
méprendre. Aussi, tout en souriant de manière à
donner quelque espérance à ce nouvel amant :
« Me feriez-vous repentir de ma confiance? dit-elle
en se reculant de quelques pas.

— L'imagination d'une jeune fille va plus vite
que celle d'une femme, répondit-il en riant.

— Une jeune fille a plus à perdre que la femme.

— C'est vrai, l'on doit être défiant quand on
porte un trésor.

— Quittons ce langage-là, reprit-elle, et parlons
sérieusement. Vous donnez un bal à Saint-James.
J'ai entendu dire que vous aviez établi là vos maga-
sins, vos arsenaux et le siège de votre gouvernement.
A quand le bal?

— A demain soir.

— Vous ne vous étonnerez pas, monsieur, qu'une
femme calomniée veuille, avec l'obstination d'une
femme, obtenir une éclatante réparation des injures
qu'elle a subies en présence de ceux qui en furent
les témoins. J'irai donc à votre bal. Je vous demande
de m'accorder votre protection du moment où j'y

paraîtrai jusqu'au moment où j'en sortirai. — Je ne veux pas de votre parole, dit-elle en lui voyant se mettre la main sur le cœur. J'abhorre les serments, ils ont trop l'air d'une précaution. Dites-moi simplement que vous vous engagez à garantir ma personne de toute entreprise criminelle ou honteuse. Promettez-moi de réparer votre tort en proclamant que je suis bien la fille du duc de Verneuil, mais en taisant tous les malheurs que j'ai dus à un défaut de protection paternelle : nous serons quittes. Hé! deux heures de protection accordées à une femme au milieu d'un bal, est-ce une rançon chère?... Allez, vous ne valez pas une obole de plus... » Et, par un sourire, elle ôta toute amertume à ces paroles.

« Que demanderez-vous pour la carabine? dit le comte en riant.

— Oh! plus que pour vous.

— Quoi?

— Le secret. Croyez-moi, Bauvan, la femme ne peut être devinée que par une femme. Je suis certaine que si vous dites un mot, je puis périr en chemin. Hier, quelques balles m'ont avertie des dangers que j'ai à courir sur la route. Oh! cette dame est aussi habile à la chasse que leste à la toilette. Jamais femme de chambre ne m'a si promptement déshabillée. Ah! de grâce, dit-elle, faites en sorte que je n'aie rien de semblable à craindre au bal...

— Vous y serez sous ma protection, répondit le comte avec orgueil. Mais viendrez-vous donc à Saint-

James pour Montauran? demanda-t-il d'un air
triste.

— Vous voulez être plus instruit que je ne le
suis, dit-elle en riant. Maintenant, sortez, ajouta-
t-elle après une pause. Je vais vous conduire moi-
même hors de la ville, car vous vous faites ici une
guerre de cannibales.

— Vous vous intéressez donc un peu à moi?
s'écria le comte. Ah! mademoiselle, permettez-moi
d'espérer que vous ne serez pas insensible à mon
amitié; car il faut se contenter de ce sentiment,
n'est-ce pas? ajouta-t-il d'un air de fatuité.

— Allez, devin! » dit-elle avec cette joyeuse expression que prend une femme pour faire un aveu
qui ne compromet ni sa dignité ni son secret.

Puis, elle mit une pelisse et accompagna le comte
jusqu'au Nid-aux-crocs. Arrivée au bout du sentier,
elle lui dit : « Monsieur, soyez absolument discret,
même avec le marquis. » Et elle mit un doigt sur
ses deux lèvres.

Le comte, enhardi par l'air de bonté de Mlle de
Verneuil, lui prit la main, elle la lui laissa prendre
comme une grande faveur, et il la lui baisa tendrement.

« Oh! mademoiselle, comptez sur moi à la vie, à
la mort! s'écria-t-il en se voyant hors de tout danger. Quoique je vous doive une reconnaissance
presque égale à celle que je dois à ma mère, il me
sera bien difficile de n'avoir pour vous que du
respect... »

Il s'élança dans le sentier; après l'avoir vu ga-
gnant les rochers de Saint-Sulpice, Marie remua la
tête en signe de satisfaction et se dit à elle-même à
voix basse : « Ce gros garçon-là m'a livré plus que
sa vie pour sa vie! j'en ferais ma créature à bien peu
de frais! Une créature ou un créateur, voilà donc
toute la différence qui existe entre un homme et
un autre! »

Elle n'acheva pas, jeta un regard de désespoir vers
le ciel, et regagna lentement la porte Saint-Léonard,
où l'attendaient Hulot et Corentin.

« Encore deux jours, s'écria-t-elle et... » Elle s'arrêta en voyant qu'ils n'étaient pas seuls, « et il
tombera sous vos fusils », dit-elle à l'oreille de
Hulot.

Le commandant recula d'un pas et regarda d'un
air de goguenarderie difficile à rendre cette fille
dont la contenance et le visage n'accusaient aucun
remords. Il y a cela d'admirable chez les femmes
qu'elles ne raisonnent jamais leurs actions les plus
blâmables, le sentiment les entraîne; il y a du naturel même dans leur dissimulation, et c'est chez elles
seules que le crime se rencontre sans bassesse, la
plupart du temps *elles ne savent pas comment cela
s'est fait.*

« Je vais à Saint-James, au bal donné par les
Chouans, et...

— Mais dit Corentin en interrompant, il y a cinq
lieues, voulez-vous que je vous y accompagne?

— Vous vous occupez beaucoup, lui dit-elle.

d'une chose à laquelle je ne pense jamais... de vous. »

Le mépris que Marie témoignait à Corentin plut singulièrement à Hulot, qui fit sa grimace en la voyant disparaître vers Saint-Léonard; Corentin la suivit des yeux en laissant éclater sur sa figure une sourde conscience de la fatale supériorité qu'il croyait pouvoir exercer sur cette charmante créature, en en gouvernant les passions sur lesquelles il comptait pour la trouver un jour à lui. Mlle de Verneuil, de retour chez elle, s'empressa de délibérer sur ses parures de bal. Francine, habituée à obéir sans jamais comprendre les fins de sa maîtresse, fouilla les cartons et proposa une parure grecque. Tout subissait alors le système grec. La toilette agréée par Marie put tenir dans un carton facile à porter.

« Francine, mon enfant, je vais courir les champs; vois si tu veux rester ici ou me suivre.

— Rester! s'écria Francine. Et qui vous habillerait?

— Où as-tu mis le gant que je t'ai rendu ce matin?

— Le voici.

— Couds à ce gant-là un ruban vert, et surtout prends de l'argent. » En s'apercevant que Francine tenait des pièces nouvellement frappées, elle s'écria : « Il ne faut que cela pour nous faire assassiner. Envoie Jérémie éveiller Corentin. Non, le misérable nous suivrait! Envoie plutôt chez le commandant demander de ma part des écus de six francs. »

Avec cette sagacité féminine qui embrasse les plus petits détails, elle pensait à tout. Pendant que Francine achevait les préparatifs de son inconcevable départ, elle se mit à essayer de contrefaire le cri de la chouette, et parvint à imiter le signal de Marche-à-terre de manière à pouvoir faire illusion. A l'heure de minuit, elle sortit par la porte Saint-Léonard, gagna le petit sentier du Nid-aux-crocs, et s'aventura suivie de Francine à travers le val de Gibarry, en allant d'un pas ferme, car elle était animée par cette volonté forte qui donne à la démarche et au corps je ne sais quel caractère de puissance. Sortir d'un bal de manière à éviter un rhume, est pour les femmes une affaire importante; mais qu'elles aient une passion dans le cœur, leur corps devient de bronze. Cette entreprise aurait longtemps flotté dans l'âme d'un homme audacieux; et à peine avait-elle souri à Mlle de Verneuil que les dangers devenaient pour elle autant d'attraits.

« Vous partez sans vous recommander à Dieu », dit Francine qui s'était retournée pour contempler le clocher de Saint-Léonard.

La pieuse Bretonne s'arrêta, joignit les mains, et dit un *Ave* à sainte Anne d'Auray, en la suppliant de rendre ce voyage heureux, tandis que sa maîtresse resta pensive en regardant tour à tour et la pose naïve de sa femme de chambre qui priait avec ferveur, et les effets de la nuageuse lumière de la

lune qui, en se glissant à travers les découpures de
l'église, donnait au granit la légèreté d'un ouvrage
en filigrane. Les deux voyageuses arrivèrent promptement à la chaumière de Galope-chopine. Quelque
léger que fût le bruit de leurs pas, il éveilla l'un de
ces gros chiens à la fidélité desquels les Bretons
confient la garde du simple loquet de bois qui
ferme leurs portes. Le chien accourut vers les deux
étrangères, et ses aboiements devinrent si menaçants qu'elles furent forcées d'appeler au secours en
rétrogradant de quelques pas; mais rien ne bougea.
Mlle de Verneuil siffla le cri de la chouette, aussitôt
les gonds rouillés de la porte du logis rendirent un
son aigu, et Galope-chopine, levé en toute hâte,
montra sa mine ténébreuse.

« Il faut, dit Marie en présentant au surveillant
de Fougères le gant du marquis de Montauran, que
je me rende promptement à Saint-James. M. le
comte de Bauvan m'a dit que ce serait toi qui m'y
conduirais et qui me servirais de défenseur. Ainsi,
mon cher Galope-chopine, procure-nous deux ânes
pour monture, et prépare-toi à nous accompagner.
Le temps est précieux, car si nous n'arrivons pas
avant demain soir à Saint-James, nous ne verrons
ni le Gars, ni le bal. »

Galope-chopine, tout ébaubi, prit le gant, le
tourna, le retourna, et alluma une chandelle en
résine, grosse comme le petit doigt et de la couleur
du pain d'épice. Cette marchandise importée en
Bretagne du nord de l'Europe accuse, comme tout

ce qui se présente aux regards dans ce singulier pays,
une ignorance de tous les principes commerciaux,
même les plus vulgaires. Après avoir vu le ruban
vert, et regardé Mlle de Verneuil, s'être gratté
l'oreille, avoir bu un piché de cidre en en offrant
un verre à la belle dame, Galope-chopine la laissa
devant la table sur le banc de châtaignier poli, et
alla chercher deux ânes. La lueur violette que jetait
la chandelle exotique, n'était pas assez forte pour
dominer les jets capricieux de la lune qui nuan-
çaient par des points lumineux les tons noirs du
plancher et des meubles de la chaumière enfumée.
Le petit gars avait levé sa jolie tête étonnée, et au-
dessus de ses beaux cheveux, deux vaches montraient, à travers les trous du mur de l'étable, leurs
mufles roses et leurs gros yeux brillants. Le grand
chien, dont la physionomie n'était pas la moins
intelligente de la famille, semblait examiner les
deux étrangères avec autant de curiosité qu'en
annonçait l'enfant. Un peintre aurait admiré longtemps les effets de nuit de ce tableau; mais, peu
curieuse d'entrer en conversation avec Barbette, qui
se dressait sur son séant comme un spectre et commençait à ouvrir de grands yeux en la reconnaissant, Marie sortit pour échapper à l'air empesté de
ce taudis et aux questions que la Bécanière allait
lui faire. Elle monta lestement l'escalier du rocher
qui abritait la hutte de Galope-chopine, et y admira
les immenses détails de ce paysage, dont les points
de vue subissaient autant de changements que l'on

faisait de pas en avant ou en arrière, vers le haut des sommets ou le bas des vallées. La lumière de la lune enveloppait alors, comme d'une brume lumineuse, la vallée du Couesnon. Certes, une femme qui portait en son cœur un amour méconnu devait savourer la mélancolie que cette lueur douce fait naître dans l'âme, par les apparences fantastiques imprimées aux masses, et par les couleurs dont elle nuance les eaux. En ce moment, le silence fut troublé par le cri des ânes; Marie redescendit promptement à la cabane du Chouan, et ils partirent aussitôt. Galope-chopine, armé d'un fusil de chasse à deux coups, portait une longue peau de bique qui lui donnait l'air de Robinson Crusoé. Son visage bourgeonné et plein de rides se voyait à peine sous le large chapeau que les paysans conservent encore comme une tradition des anciens temps, orgueilleux d'avoir conquis à travers leur servitude l'antique ornement des têtes seigneuriales. Cette nocturne caravane, protégée par ce guide dont le costume, l'attitude et la figure avaient quelque chose de patriarcal, ressemblait à cette scène de la fuite en Egypte due aux sombres pinceaux de Rembrandt. Galope-chopine évita soigneusement la grande route et guida les deux étrangères à travers l'immense dédale de chemins de traverse de la Bretagne.

Mlle de Verneuil comprit alors la guerre des Chouans. En parcourant ces routes elle put mieux apprécier l'état de ces campagnes qui, vues d'un point élevé, lui avaient paru si ravissantes; mais

dans lesquelles il faut s'enfoncer pour en concevoir
et les dangers et les inextricables difficultés. Autour
de chaque champ, et depuis un temps immémorial,
les paysans ont élevé un mur en terre, haut de six
pieds, de forme prismatique, sur le faîte duquel
croissent des châtaigniers, des chênes, ou des hêtres.
Ce mur, ainsi planté, s'appelle une *haie* (la haie
normande), et les longues branches des arbres qui
la couronnent, presque toujours rejetées sur le chemin, décrivent au-dessus un immense berceau. Les
chemins tristement encaissés par ces murs tirés d'un
sol argileux, ressemblent aux fossés des places fortes,
et lorsque le granit qui, dans ces contrées, arrive
presque toujours à fleur de terre, n'y fait pas une
espèce de pavé raboteux, ils deviennent alors tellement impraticables que la moindre charrette ne
peut y rouler qu'à l'aide de deux paires de bœufs
et de deux chevaux petits, mais généralement vigoureux. Ces chemins sont si habituellement marécageux, que l'usage a forcément établi pour les pié-
tons dans le champ et le long de la haie un sentier
nommé une *rote*, qui commence et finit avec chaque
pièce de terre. Pour passer d'un champ dans un
autre, il faut donc remonter la haie au moyen de
plusieurs marches que la pluie rend souvent glis-
santes.

Les voyageurs avaient encore bien d'autres obstacles à vaincre dans ces routes tortueuses. Ainsi forti-
fié, chaque morceau de terre a son entrée qui, large
de dix pieds environ, est fermée par ce qu'on

nomme dans l'Ouest un *échalier*. L'échalier est un
tronc ou une forte branche d'arbre dont un des
bouts, percé de part en part, s'emmanche dans une
autre pièce de bois informe qui lui sert de pivot.
L'extrémité de l'échalier se prolonge un peu au-
delà de ce pivot, de manière à recevoir une charge
assez pesante pour former un contrepoids et permettre à un enfant de manœuvrer cette singulière
fermeture champêtre dont l'autre extrémité repose
dans un trou fait à la partie intérieure de la haie.
Quelquefois les paysans économisent la pierre du
contrepoids en laissant dépasser le gros bout du
tronc de l'arbre ou de la branche. Cette clôture
varie suivant le génie de chaque propriétaire. Souvent l'échalier consiste en une seule branche d'arbre
dont les deux bouts sont scellés par de la terre dans
la haie. Souvent il a l'apparence d'une porte carrée,
composée de plusieurs menues branches d'arbres
placées de distance en distance, comme les bâtons
d'une échelle mise en travers. Cette porte tourne
alors comme un échalier et roule à l'autre bout sur
une petite roue pleine. Ces haies et ces échaliers
donnent au sol la physionomie d'un immense échiquier dont chaque champ forme une case parfaitement isolée des autres, close comme une forteresse,
protégée comme elle par des remparts. La porte,
facile à défendre, offre à des assaillants la plus
périlleuse de toutes les conquêtes. En effet, le paysan breton croit engraisser la terre qui se repose,
en y encourageant la venue des genêts immenses,

arbuste si bien traité dans ces contrées qu'il y arrive
en peu de temps à hauteur d'homme. Ce préjugé,
digne de gens qui placent leurs fumiers dans la
partie la plus élevée de leurs cours, entretient sur
le sol et dans la proportion d'un champ sur quatre,
des forêts de genêts au milieu desquelles on peut
dresser mille embûches. Enfin il n'existe peut-être
pas de champ où il ne se trouve quelques vieux
pommiers à cidre qui y abaissent leurs branches
basses et par conséquent mortelles aux productions
du sol qu'elles couvrent; or, si vous venez à songer
au peu d'étendue des champs dont toutes les haies
supportent d'immenses arbres à racines gourmandes qui prennent le quart du terrain, vous
aurez une idée de la culture et de la physionomie
du pays que parcourait alors Mlle de Verneuil.

On ne sait si le besoin d'éviter les contestations a,
plus que l'usage si favorable à la paresse d'enfermer
les bestiaux sans les garder, conseillé de construire
ces clôtures formidables dont les permanents obsta
cles rendent le pays imprenable, et la guerre des
masses impossible. Quand on a, pas à pas, analysé
cette disposition du terrain, alors se révèle l'insuc-
cès nécessaire d'une lutte entre des troupes régulières et des partisans; car cinq cents hommes
peuvent défier les troupes d'un royaume. Là était
tout le secret de la guerre des Chouans. Mlle de
Verneuil comprit alors la nécessité où se trouvait la
République d'étouffer la discorde plutôt par des
moyens de police et de diplomatie, que par l'inutile

emploi de la force militaire. Que faire en effet
contre des gens assez habiles pour mépriser la possession des villes et s'assurer celle de ces campagnes
à fortifications indestructibles. Comment ne pas
négocier lorsque toute la force de ces paysans aveu-
glés résidait dans un chef habile et entreprenant?
Elle admira le génie du ministre qui devinait du
fond d'un cabinet le secret de la paix. Elle crut entrevoir les considérations qui agissent sur les
hommes assez puissants pour voir tout un empire
d'un regard, et dont les actions, criminelles aux
yeux de la foule, ne sont que les jeux d'une pensée
immense. Il y a chez ces âmes terribles, on ne sait
quel partage entre le pouvoir de la fatalité et celui
du destin, on ne sait quelle prescience dont les
signes les élèvent tout à coup; la foule les cherche
un moment parmi elle, elle lève les yeux et les voit
planant. Ces pensées semblaient justifier et même
ennoblir les désirs de vengeance formés par Mlle de
Verneuil; puis, ce travail de son âme et ses espérances lui communiquaient assez d'énergie pour lui
faire supporter les étranges fatigues de son voyage.
Au bout de chaque héritage, Galope-chopine était
forcé de faire descendre les deux voyageuses pour
les aider à gravir les passages difficiles, et lorsque
les rotes cessaient, elles étaient obligées de reprendre
leurs montures et de se hasarder dans ces chemins
fangeux qui se ressentaient de l'approche de l'hiver.
La combinaison de ces grands arbres, des chemins
creux et des clôtures, entretenait dans les bas-fonds

une humidité qui souvent enveloppait les trois voyageurs d'un manteau de glace. Après de pénibles
fatigues, ils atteignirent, au lever du soleil, les bois
de Marignay. Le voyage devint alors moins difficile
dans le large sentier de la forêt. La voûte formée
par les branches, l'épaisseur des arbres, mirent les
voyageurs à l'abri de l'inclémence du ciel, et les
difficultés multipliées qu'ils avaient eu à surmonter
d'abord ne se représentèrent plus.

A peine avaient-ils fait une lieue environ à travers ces bois, qu'ils entendirent dans le lointain un
murmure confus de voix et le bruit d'une sonnette
dont les sons argentins n'avaient pas cette monotonie que leur imprime la marche des bestiaux.
Tout en cheminant, Galope-chopine écouta cette
mélodie avec beaucoup d'attention, bientôt une
bouffée de vent lui apporta quelques mots psalmo-
diés dont l'harmonie parut agir fortement sur lui,
car il dirigea les montures fatiguées dans un sentier qui devait écarter les voyageurs du chemin de
Saint-James, et il fit la sourde oreille aux représen-
tations de Mlle de Verneuil, dont les appréhensions
s'accrurent en raison de la sombre disposition des
lieux. A droite et à gauche, d'énormes rochers de
granit, posés les uns sur les autres, offraient de
bizarres configurations. A travers ces blocs, d'immenses racines semblables à de gros serpents se
glissaient pour aller chercher au loin les sucs nour-
riciers de quelques hêtres séculaires. Les deux côtés
de la route ressemblaient à ces grottes souterraines.

célèbres par leur stalactites. D'énormes festons de
pierre où la sombre verdure du houx et des fougères s'alliait aux taches verdâtres ou blanchâtres
des mousses, cachaient des précipices et l'entrée de
quelques profondes cavernes. Quand les trois voyageurs eurent fait quelques pas dans un étroit sentier, le plus étonnant des spectacles vint tout à
coup s'offrir aux regards de Mlle de Verneuil, et
lui fit concevoir l'obstination de Galope-chopine.

Un bassin demi-circulaire, entièrement composé
de quartiers de granit, formait un amphithéâtre
dans les informes gradins duquel de hauts sapins
noirs et des châtaigniers jaunis s'élevaient les uns
sur les autres en présentant l'aspect d'un grand
cirque où le soleil de l'hiver semblait plutôt verser
de pâles couleurs qu'épancher sa lumière et où
l'automne avait partout jeté le tapis fauve de ses
feuilles séchées. Au centre de cette salle qui semblait avoir eu le déluge pour architecte, s'élevaient
trois énormes pierres druidiques, vaste autel sur
lequel était fixée une ancienne bannière d'église.
Une centaine d'hommes agenouillés, et la tête nue,
priaient avec ferveur dans cette enceinte où un
prêtre, assisté de deux autres ecclésiastiques, disait
la messe. La pauvreté des vêtements sacerdotaux,
la faible voix du prêtre qui retentissait comme un
murmure dans l'espace, ces hommes pleins de
conviction, unis par un même sentiment et pro-
sternés devant un autel sans pompe, la nudité de la
croix, l'agreste énergie du temple, l'heure, le lieu,

tout donnait à cette scène le caractère de naïveté
qui distingua les premières époques du christia-
nisme. Mlle de Verneuil resta frappée d'admiration.
Cette messe dite au fond des bois, ce culte renvoyé
par la persécution vers sa source, la poésie des anciens temps hardiment jetée au milieu d'une nature
capricieuse et bizarre, ces Chouans armés et désar-
més, cruels et priant, à la fois hommes et enfants,
tout cela ne ressemblait à rien de ce qu'elle avait
encore vu ou imaginé. Elle se souvenait bien
d'avoir admiré dans son enfance les pompes de
cette église romaine si flatteuse pour les sens; mais
elle ne connaissait pas encore Dieu tout seul, sa
croix sur l'autel, son autel sur la terre; au lieu des
feuillages découpés qui dans les cathédrales couronnent les arceaux gothiques, les arbres de l'automne soutenant le dôme du ciel; au lieu des mille
couleurs projetées par les vitraux, le soleil glissant
à peine ses rayons rougeâtres et ses reflets assombris
sur l'autel, sur le prêtre et sur les assistants. Les
hommes n'étaient plus là qu'un fait et non un système, c'était une prière et non une religion. Mais
les passions humaines, dont la compression momentanée laissait à ce tableau toutes ses harmonies,
apparurent bientôt dans cette scène mystérieuse et
l'animèrent puissamment.

A l'arrivée de Mlle de Verneuil, l'évangile s'achevait. Elle reconnut en l'officiant, non sans quelque
effroi, l'abbé Gudin, et se déroba précipitamment à
ses regards en profitant d'un immense fragment de

granit qui lui fit une cachette où elle attira vivement Francine; mais elle essaya vainement d'arracher Galope-chopine de la place qu'il avait choisie
pour participer aux bienfaits de cette cérémonie. Elle
espéra pouvoir échapper au danger qui la menaçait
en remarquant que la nature du terrain lui permet-
trait de se retirer avant tous les assistants. A la
faveur d'une large fissure du rocher, elle vit l'abbé
Gudin montant sur son quartier de granit qui lui
servit de chaire, et il y commença son prône en ces
termes : *In nomine Patris et Filii, et Spiritus Sancti.*

A ces mots, les assistants firent tous et pieuse-
ment le signe de la croix.

« Mes chers frères, reprit l'abbé d'une voix forte,
nous prierons d'abord pour les trépassés : Jean
Cochegrue, Nicolas Laferté, Joseph Brouet, Fran-
çois Parquoi, Sulpice Coupiau, tous de cette paroisse et morts des blessures qu'ils ont reçues au
combat de la Pèlerine et au siège de Fougères. *De
profundis,* etc. »

Ce psaume fut récité, suivant l'usage, par les
assistants et par les prêtres, qui disaient alternativement un verset avec une ferveur de bon augure
pour le succès de la prédication. Lorsque le psaume
des morts fut achevé, l'abbé Gudin continua d'une
voix dont la violence allait toujours en croissant,
car l'ancien jésuite n'ignorait pas que la véhémence
du débit était le plus puissant des arguments pour
persuader ses sauvages auditeurs.

« Ces défenseurs de Dieu, chrétiens, vous ont

donné l'exemple du devoir, dit-il. N'êtes-vous pas
honteux de ce qu'on peut dire de vous dans le
paradis? Sans ces bienheureux qui ont dû y être
reçus à bras ouverts par tous les saints, Notre-Sei-
gneur pourrait croire que votre paroisse est habitée
par des *Mahumétisches*!... Savez-vous, mes gars, ce
qu'on dit de vous dans la Bretagne, et chez le Roi?...
Vous ne le savez point, n'est-ce pas? Je vais vous
le dire : — « Comment! les Bleus ont renversé les
« autels, ils ont tué les recteurs, ils ont assassiné le
« Roi et la Reine, ils veulent prendre tous les pa-
« roissiens de Bretagne pour en faire des Bleus
« comme eux et les envoyer se battre hors de leurs
« paroisses, dans des pays bien éloignés où l'on
« court risque de mourir sans confession et d'aller
« ainsi pour l'éternité dans l'enfer, et les gars de
« Marignay, à qui l'on a brûlé leur église, sont
« restés les bras ballants? Oh! oh! Cette Répu-
« blique de damnés a vendu à l'encan les biens de
« Dieu et ceux des seigneurs, elle en a partagé le
« prix entre ses bleus; puis, pour se nourrir d'argent
« comme elle se nourrit de sang, elle vient de dé-
« créter de prendre trois livres sur les écus de six
« francs, comme elle veut emmener trois hommes
« sur six, et les gars de Marignay n'ont pas pris
« leurs fusils pour chasser les Bleus de Bretagne?
« Ah! ah!... le paradis leur sera refusé, et ils ne
« pourront jamais faire leur salut! » Voilà ce qu'on
dit de vous. C'est donc de votre salut, chrétiens,
qu'il s'agit. C'est votre âme que vous sauverez en

combattant pour la religion et pour le roi. Sainte
Anne d'Auray elle-même m'est apparue avant-hier
à deux heures et demie. Elle m'a dit comme je vous
le dis : — « Tu es un prêtre de Marignay? —
« Oui, madame, prêt à vous servir. — Eh bien, je
« suis sainte Anne d'Auray, tante de Dieu, à la
« mode de Bretagne. Je suis toujours à Auray et
« encore ici, parce que je suis venue pour que tu
« dises aux gars de Marignay qu'il n'y a pas de
« salut à espérer pour eux s'ils ne s'arment pas.
« Aussi, leur refuseras-tu l'absolution de leurs pé-
« chés, à moins qu'ils ne servent Dieu. Tu béniras
« leurs fusils, et les gars qui seront sans péché ne
« manqueront pas les Bleus, parce que leurs fusils
« seront consacrés!... » Elle a disparu en laissant sous
le chêne de la Patte-d'Oie, une odeur d'encens. J'ai
marqué l'endroit. Une belle vierge de bois y a été
placée par M. le recteur de Saint-James. Or, la mère
de Pierre Leroi, dit Marche-à-terre, y étant venue
prier le soir, a été guérie de ses douleurs, à cause
des bonnes œuvres de son fils. La voilà au milieu
de vous et vous la verrez de vos yeux marchant
toute seule. C'est un miracle fait, comme la résur-
rection du bienheureux Marie Lambrequin, pour
vous prouver que Dieu n'abandonnera jamais la
cause des Bretons quand ils combattront pour ses
serviteurs et pour le roi. Ainsi, mes chers frères, si
vous voulez faire votre salut et vous montrer les
défenseurs du Roi notre seigneur, vous devez obéir
à tout ce que vous commandera celui que le roi a

envoyé et que nous nommons le Gars. Alors vous
ne serez plus comme des Mahumétisches, et vous
vous trouverez avec tous les gars de toute la Bretagne, sous la bannière de Dieu. Vous pourrez reprendre dans les poches des Bleus tout l'argent
qu'ils auront volé; car, si pendant que vous faites la
guerre vos champs ne sont pas semés, le Seigneur
et le Roi vous abandonnent les dépouilles de ses
ennemis. Voulez-vous, chrétiens, qu'il soit dit que
les gars du Marignay sont en arrière des gars du
Morbihan, des gars de Saint-Georges, de ceux de
Vitré, d'Antrain, qui tous sont au service de Dieu
et du Roi? Leur laisserez-vous tout prendre? Reste-
rez-vous comme des hérétiques, les bras croisés,
quand tant de Bretons font leur salut en sauvant
leur Roi? — Vous abandonnerez tout pour moi! a
dit l'Evangile. N'avons-nous pas déjà abandonné les
dîmes, nous autres! Abandonnez donc tout pour
faire cette guerre sainte! Vous serez comme les Mac-
chabées. Enfin tout vous sera pardonné. Vous trouverez au milieu de vous les recteurs et leurs curés,
et vous triompherez! Faites attention à ceci, chrétiens, dit-il en terminant, pour aujourd'hui seulement nous avons le pouvoir de bénir vos fusils.
Ceux qui ne profiteront pas de cette faveur ne
retrouveront plus la sainte d'Auray aussi miséricor-
dieuse, et elle ne les écouterait plus comme elle l'a
fait dans la guerre précédente. »

Cette prédication soutenue par l'éclat d'un or-
gane emphatique et par des gestes multipliés qui

mirent l'orateur tout en eau, produisit en apparence peu d'effet. Les paysans immobiles et debout, les yeux attachés sur l'orateur, ressemblaient à des statues; mais Mlle de Verneuil remarqua bientôt que cette attitude générale était le résultat d'un charme jeté par l'abbé sur cette route. Il avait, à la manière de grands acteurs, manié tout son public comme un seul homme, en parlant aux intérêts et aux passions. N'avait-il pas absous d'avance les excès, et délié les seuls liens qui retinssent ces hommes grossiers dans l'observation des préceptes religieux et sociaux. Il avait prostitué le sacerdoce aux intérêts politiques; mais, dans ces temps de révolution, chacun faisait, au profit de son parti, une arme de ce qu'il possédait, et la croix pacifique de Jésus devenait un instrument de guerre aussi bien que le soc nourricier des charrues. Ne rencontrant aucun être avec lequel elle pût s'entendre, Mlle de Verneuil se retourna pour regarder Francine, et ne fut pas médiocrement surprise de lui voir partager cet enthousiasme, car elle disait dévotieusement son chapelet sur celui de Galope-chopine qui le lui avait sans doute abandonné pendant la prédication.

« Francine! lui dit-elle à voix basse, tu as donc peur d'être une Mahumétische?

— Oh! mademoiselle, répliqua la Bretonne, voyez donc là-bas la mère de Pierre qui marche... »

L'attitude de Francine annonçait une conviction si profonde, que Marie comprit alors tout le secret de ce prône, l'influence du clergé sur les campagnes, et les prodigieux effets de la scène qui commença. Les paysans les plus voisins de l'autel s'avancèrent un à un, et s'agenouillèrent en offrant leurs fusils au prédicateur qui les remettait sur l'autel. Galope-chopine se hâta d'aller présenter sa vieille canar-dière. Les trois prêtres chantèrent l'hymne du *Veni Creator* tandis que le célébrant enveloppait ces ins-truments de mort dans un nuage de fumée bleuâtre, en décrivant des dessins qui semblaient s'entrelacer. Lorsque la brise eut dissipé la vapeur de l'encens, les fusils furent distribués par ordre. Chaque homme reçut le sien à genoux, de la main des prêtres qui récitaient une prière latine en les leur rendant. Lorsque les hommes armés revinrent à leurs places, le profond enthousiasme de l'assis-tance, jusque-là muette, éclata d'une manière formi-dable, mais attendrissante.

« *Domine, salvum fac regem!...* »

Telle était la prière que le prédicateur entonna d'une voix retentissante et qui fut par deux fois violemment chantée. Ces cris eurent quelque chose de sauvage et de guerrier. Les deux notes du mot *regem,* facilement traduit par ces paysans, furent attaquées avec tant d'énergie, que Mlle de Verneuil ne put s'empêcher de reporter ses pensées avec at-tendrissement sur la famille des Bourbons exilés. Ces souvenirs éveillèrent ceux de sa vie passée. Sa mémoire lui retraça les fêtes de cette Cour mainte-nant dispersée, et au sein desquelles elle avait

brillé. La figure du marquis s'introduisit dans cette
rêverie. Avec cette mobilité naturelle à l'esprit
d'une femme, elle oublia le tableau qui s'offrait à
ses regards, et revint alors à ses projets de vengeance où il s'en allait de sa vie, mais qui pouvaient échouer devant un regard. En pensant à
paraître belle, dans ce moment le plus décisif de
son existence, elle songea qu'elle n'avait pas d'ornements pour parer sa tête au bal, et fut séduite par
l'idée de se coiffer avec une branche de houx, dont
les feuilles crispées et les baies rouges attiraient en
ce moment son attention.

« Oh! oh! mon fusil pourra rater si je tire sur
des oiseaux, mais sur des Bleus... jamais! » dit
Galope-chopine en hochant la tête en signe de
satisfaction.

Marie examina plus attentivement le visage de
son guide, et y trouva le type de tous ceux qu'elle
venait de voir. Ce vieux Chouan ne trahissait certes
pas autant d'idées qu'il y en aurait eu chez un
enfant. Une joie naïve ridait ses joues et son front
quand il regardait son fusil; mais une religieuse
conviction jetait alors dans l'expression de sa joie
une teinte de fanatisme qui, pour un moment, laissait éclater sur cette sauvage figure les vices de la
civilisation. Ils atteignirent bientôt un village,
c'est-à-dire la réunion de quatre ou cinq habitations semblables à celle de Galope-chopine, où les
Chouans nouvellement recrutés arrivèrent, pendant
que Mlle de Verneuil achevait un repas dont le

beurre, le pain et le laitage firent tous les frais.
Cette troupe irrégulière était conduite par le recteur, qui tenait à la main une croix grossière trans-
formée en drapeau, et que suivait un gars tout fier
de porter la bannière de la paroisse. Mlle de Verneuil se trouva forcément réunie à ce détachement
qui se rendait comme elle à Saint-James, et qui la
protégea naturellement contre toute espèce de danger, du moment où Galope-chopine eut fait l'heureuse indiscrétion de dire au chef de cette troupe,
que la belle garce à laquelle il servait de guide
était la bonne amie du Gars.

Vers le coucher du soleil, les trois voyageurs arrivèrent à Saint-James, petite ville qui doit son nom
aux Anglais, par lesquels elle fut bâtie au
XIVe siècle, pendant leur domination en Bretagne.
Avant d'y entrer, Mlle de Verneuil fut témoin
d'une étrange scène de guerre à laquelle elle ne
donna pas beaucoup d'attention, elle craignit d'être
reconnue par quelques-uns de ses ennemis, et cette
peur lui fit hâter sa marche. Cinq à six mille
paysans étaient campés dans un champ. Leurs costumes, assez semblables à ceux des réquisitionnaires
de la Pèlerine, excluaient toute idée de guerre.
Cette tumultueuse réunion d'hommes ressemblait à
celle d'une grande foire. Il fallait même quelque
attention pour découvrir que ces Bretons étaient
armés, car leurs peaux de bique si diversement
façonnées cachaient presque leurs fusils, et l'arme la
plus visible était la faux par laquelle quelques-uns

remplaçaient les fusils qu'on devait leur distribuer. Les uns buvaient et mangeaient, les autres se battaient ou se disputaient à haute voix; mais la plupart dormaient couchés par terre. Il n'y avait aucune apparence d'ordre et de discipline. Un officier, portant un uniforme rouge, attira l'attention de Mlle de Verneuil, elle le supposa devoir être au service d'Angleterre. Plus loin, deux autres officiers paraissaient vouloir apprendre à quelques Chouans, plus intelligents que les autres, à manœuvrer deux pièces de canon qui semblaient former toute l'artillerie de la future armée royaliste. Des hurlements accueillirent l'arrivée des gars de Marignay qui furent reconnus à leur bannière. A la faveur du mouvement que cette troupe et les recteurs excitèrent dans le camp, Mlle de Verneuil put le traverser sans danger et s'introduisit dans la ville. Elle atteignit une auberge de peu d'apparence et qui n'était pas très éloignée de la maison où se donnait le bal. La ville était envahie par tant de monde, qu'après toutes les peines imaginables, elle n'obtint qu'une mauvaise petite chambre. Lorsqu'elle y fut installée, et que Galope-chopine eut remis à Francine les cartons qui contenaient les toilettes de sa maîtresse, il resta debout dans une attitude d'attente et d'irrésolution indescriptible. En tout autre moment, Mlle de Verneuil se serait amusée à voir ce qu'est un paysan breton sorti de sa paroisse; mais elle rompit le charme en tirant de sa bourse quatre écus de six francs qu'elle lui présenta.

« Prends donc! dit-elle à Galope-chopine; et, si tu veux m'obliger, tu retourneras sur-le-champ à Fougères, sans passer par le camp et sans goûter au cidre. »

Le Chouan, étonné d'une telle libéralité, regardait tour à tour les quatre écus qu'il avait pris et Mlle de Verneuil; mais elle fit un geste de main, et il disparut.

« Comment pouvez-vous le renvoyer, mademoiselle! demanda Francine. N'avez-vous pas vu comme la ville est entourée, comment la quitterons-nous, et qui vous protégera ici?...

— N'as-tu pas ton protecteur? » dit Mlle de Verneuil en sifflant sourdement d'une manière moqueuse à la manière de Marche-à-terre, de qui elle essaya de contrefaire l'attitude.

Francine rougit et sourit tristement de la gaieté de sa maîtresse.

« Mais où est le vôtre? » demanda-t-elle.

Mlle de Verneuil tira brusquement son poignard et le montra à la Bretonne effrayée qui se laissa aller sur une chaise, en joignant les mains.

« Qu'êtes-vous donc venue chercher ici, Marie! » s'écria-t-elle d'une voix suppliante qui ne demandait pas de réponse.

Mlle de Verneuil était occupée à contourner les branches de houx qu'elle avait cueillies, et disait : « Je ne sais pas si ce houx sera bien joli dans les cheveux. Un visage aussi éclatant que le mien peut

seul supporter une si sombre coiffure, qu'en dis-tu,
Francine? »

Plusieurs propos semblables annoncèrent la plus
grande liberté d'esprit chez cette singulière fille
pendant qu'elle fit sa toilette. Qui l'eût écoutée,
aurait difficilement cru à la gravité de ce moment
où elle jouait sa vie. Une robe de mousseline des
Indes, assez courte et semblable à un linge mouillé,
révéla les contours délicats de ses formes; puis elle
mit un pardessus rouge dont les plis nombreux et
graduellement plus allongés à mesure qu'ils tombaient sur le côté, dessinèrent le cintre gracieux des
tuniques grecques. Ce voluptueux vêtement des
prêtresses païennes rendit moins indécent ce costume que la mode de cette époque permettait aux
femmes de porter. Pour atténuer l'impudeur de la
mode, Marie couvrit d'une gaze ses blanches épaules
que la tunique laissait à nu beaucoup trop bas. Elle
tourna les longues nattes de ses cheveux de manière à leur faire former derrière la tête ce cône
imparfait et aplati qui donne tant de grâce à la
figure de quelques statues antiques par une prolon-
gation factice de la tête, et quelques boucles réservées au-dessus du front retombèrent de chaque côté
de son visage en longs rouleaux brillants. Ainsi
vêtue, ainsi coiffée, elle offrit une ressemblance parfaite avec les plus illustres chefs-d'œuvre du ciseau
grec. Quand elle eut, par un sourire, donné son
approbation à cette coiffure dont les moindres
dispositions faisaient ressortir les beautés de son

visage, elle y posa la couronne de houx qu'elle
avait préparée et dont les nombreuses baies rouges
répétèrent heureusement **dans** ses cheveux la couleur de la tunique. **Tout en** tortillant quelques
feuilles pour produire des oppositions capricieuses
entre leur sens et leur revers, Mlle de Verneuil regarda dans une glace l'ensemble de sa toilette pour
juger de son effet.

« Je suis horrible ce soir! dit-elle comme si elle
eût été entourée de flatteurs. J'ai l'air d'une statue
de la Liberté. »

Elle plaça soigneusement son poignard au milieu
de son corset en laissant passer les rubis qui en
ornaient le bout et dont les reflets rougeâtres devaient attirer les yeux sur les trésors que sa rivale
avait si indignement prostitués. Francine ne put se
résoudre à quitter sa maîtresse. Quand elle la vit
près de partir, elle sut trouver, pour l'accompagner,
des prétextes dans tous les obstacles que les femmes
ont à surmonter en allant à une fête dans une
petite ville de la Basse-Bretagne. Ne fallait-il pas
qu'elle débarrassât Mlle de Verneuil de son manteau, de la double chaussure que la boue et le
fumier de la rue l'avaient obligée à mettre, quoiqu'on l'eût fait sabler, et du voile de gaze sous
lequel elle cachait sa tête aux regards des Chouans
que la curiosité attirait autour de la maison où la
fête avait lieu. La foule était si nombreuse, qu'elles
marchèrent entre deux haies de Chouans. Francine
n'essaya plus de retenir sa maîtresse, mais après lui

avoir rendu les derniers services exigés par une toilette dont le mérite consistait dans une extrême fraîcheur, elle resta dans la cour pour ne pas l'abandonner aux hasards de sa destinée sans être à même de voler à son secours, car la pauvre Bretonne ne prévoyait que des malheurs.

Une scène assez étrange avait lieu dans l'appartement de Montauran, au moment où Marie de Verneuil se rendait à la fête. Le jeune marquis achevait sa toilette et passait le large ruban rouge qui devait servir à le faire reconnaître comme le premier personnage de cette assemblée, lorsque l'abbé Gudin entra d'un air inquiet.

« Monsieur le marquis, venez vite, lui dit-il. Vous seul pourrez calmer l'orage qui s'est élevé, je ne sais à quel propos, entre les chefs. Ils parlent de quitter le service du Roi. Je crois que ce diable de Rifoël est cause de tout le tumulte. Ces querelles-là sont toujours causées par une niaiserie. Mme du Gua lui a reproché, m'a-t-on dit, d'arriver très mal mis au bal.

— Il faut que cette femme soit folle, s'écria le marquis, pour vouloir...

— Le chevalier du Vissard, reprit l'abbé en interrompant le chef, a répliqué que si vous lui aviez donné l'argent promis au nom du Roi...

— Assez, assez, monsieur l'abbé. Je comprends tout, maintenant. Cette scène a été convenue, n'est-ce pas, et vous êtes l'ambassadeur...

— Moi, monsieur le marquis! reprit l'abbé en

interrompant encore, je vais vous appuyer vigoureusement, et vous me rendrez, j'espère, la justice de croire que le rétablissement de nos autels en France, celui du Roi sur le trône de ses pères, sont pour mes humbles travaux de bien plus puissants attraits que cet évêché de Rennes que vous... »

L'abbé n'osa poursuivre, car à ces mots le marquis s'était mis à sourire avec amertume. Mais le jeune chef réprima aussitôt la tristesse des réflexions qu'il faisait, son front prit une expression sévère, et il suivit l'abbé Gudin dans une salle où retentissaient de violentes clameurs.

« Je ne reconnais ici l'autorité de personne, s'écriait Rifoël en jetant des regards enflammés à tous ceux qui l'entouraient et en portant la main à la poignée de son sabre.

— Reconnaissez-vous celle du bon sens? » lui demanda froidement le marquis.

Le jeune chevalier du Vissard, plus connu sous son nom patronymique de Rifoël, garda le silence devant le général des armées catholiques.

« Qu'y a-t-il donc, messieurs? dit le jeune chef en examinant tous les visages.

— Il y a, monsieur le marquis », reprit un célèbre contrebandier embarrassé comme un homme du peuple qui reste d'abord sous le joug du préjugé devant un grand seigneur, mais qui ne connaît plus de bornes aussitôt qu'il a franchi la barrière qui l'en sépare, parce qu'il ne voit alors en lui qu'un égal; « il y a, dit-il, que vous venez fort à

propos. Je ne sais pas dire des paroles dorées, aussi
m'expliquerai-je rondement. J'ai commandé cinq
cents hommes pendant tout le temps de la dernière guerre. Depuis que nous avons repris les
armes, j'ai su trouver pour le service du Roi mille
têtes aussi dures que la mienne. Voici sept ans que
je risque ma vie pour la bonne cause, je ne vous
le reproche pas, mais toute peine mérite salaire.
Or, pour commencer, je veux qu'on m'appelle
monsieur de Cottereau. Je veux que le grade de
colonel me soit reconnu, sinon je traite de ma soumission avec le Premier Consul. Voyez-vous, monsieur le marquis, mes hommes et moi nous avons
un créancier diablement importun et qu'il faut
toujours satisfaire! — Le voilà! ajouta-t-il en se
frappant le ventre.

— Les violons sont-ils venus? » demanda le marquis à Mme du Gua avec un accent moqueur.

Mais le contrebandier avait traité brutalement
un sujet trop important, et ces esprits aussi calculateurs qu'ambitieux étaient depuis trop longtemps
en suspens sur ce qu'ils avaient à espérer du Roi,
pour que le dédain du jeune chef pût mettre un
terme à cette scène. Le jeune et ardent chevalier
du Vissard se plaça vivement devant Montauran, et
lui prit la main pour l'obliger à rester.

« Prenez garde, monsieur le marquis, lui dit-il,
vous traitez trop légèrement des hommes qui ont
quelque droit à la reconnaissance de celui que vous
représentez ici. Nous savons que Sa Majesté vous

a donné tout pouvoir pour attester nos services, qui doivent trouver leur récompense dans ce monde ou dans l'autre, car chaque jour l'échafaud est dressé pour nous. Je sais, quant à moi, que le grade de maréchal de camp...

— Vous voulez dire colonel...

— Non, monsieur le marquis, Charette m'a nommé colonel. Le grade dont je parle ne pouvant pas m'être contesté, je ne plaide point en ce moment pour moi, mais pour tous mes intrépides frères d'armes dont les services ont besoin d'être constatés. Votre signature et vos promesses leur suffiront aujourd'hui, et, dit-il tout bas, j'avoue qu'ils se contentent de peu de chose. Mais, reprit-il, en haussant la voix, quand le soleil se lèvera dans le château de Versailles pour éclairer les jours heureux de la monarchie, alors les fidèles qui auront aidé le Roi à conquérir la France, en France, pourront-ils facilement obtenir des grâces pour leurs familles, des pensions pour les veuves, et la restitution des biens qu'on leur a si mal à propos confisqués. J'en doute. Aussi, monsieur le marquis, les preuves des services rendus ne seront-elles pas alors inutiles. Je ne me défierai jamais du Roi, mais bien de ces cormorans de ministres et de courtisans qui lui corneront aux oreilles des considérations sur le bien public, l'honneur de la France, les intérêts de la couronne, et mille autre billevesées. Puis l'on se moquera d'un loyal Vendéen ou d'un brave Chouan, parce qu'il sera vieux, et que la brette

qu'il aura tirée pour la bonne cause lui battra dans
des jambes amaigries par les souffrances... Trouvez-
vous que nous ayons tort?

— Vous parlez admirablement bien, monsieur du
Vissard, mais un peu trop tôt, répondit le marquis.

— Ecoutez donc, marquis, lui dit le comte de
Bauvan à voix basse. Rifoël a, par ma foi, débité de
fort bonnes choses. Vous êtes sûr, vous, de toujours
avoir l'oreille du Roi; mais nous autres, nous n'irons
voir le maître que de loin en loin; et je vous avoue
que si vous ne me donniez pas votre parole de
gentilhomme de me faire obtenir en temps et lieu
la charge de grand-maître des Eaux-et-Forêts de
France, du diable si je risquerais mon cou. Conquérir la Normandie au Roi, ce n'est pas une petite
tâche, aussi, espéré-je bien avoir l'Ordre. — Mais,
ajouta-t-il en rougissant, nous avons le temps de
penser à cela. Dieu me préserve d'imiter ces pauvres
hères et de vous harceler. Vous parlerez de moi au
Roi, et tout sera dit. »

Chacun des chefs trouva le moyen de faire savoir
au marquis, d'une manière plus ou moins ingé-
nieuse, le prix exagéré qu'il attendait de ses services. L'un demandait modestement le gouvernement de Bretagne, l'autre une baronnie, celui-ci
un grade, celui-là un commandement; tous voulaient des pensions.

« Eh bien, baron, dit le marquis à M. du Guénic, vous ne voulez donc rien?

— Ma foi, marquis, ces messieurs ne me laissent

que la couronne de France, mais je pourrais bien
m'en accommoder...

— Eh! messieurs, dit l'abbé Gudin d'une voix
tonnante, songez donc que si vous êtes si empressés,
vous gâterez tout au jour de la victoire. Le Roi
ne sera-t-il pas obligé de faire des concessions aux
révolutionnaires?

— Aux jacobins! s'écria le contrebandier. Ah!
que le Roi me laisse faire, je réponds d'employer
mes mille hommes à les pendre, et nous en serons
bientôt débarrassés.

— Monsieur *de* Cottereau, reprit le marquis, je
vois entrer quelques personnes invitées à se rendre
ici. Nous devons rivaliser de zèle et de soins pour
les décider à coopérer à notre sainte entreprise, et
vous comprenez que ce n'est pas le moment de nous
occuper de vos demandes, fussent-elles justes. »

En parlant ainsi, le marquis s'avançait vers la
porte, comme pour aller au-devant de quelques
nobles des pays voisins qu'il avait entrevus; mais le
hardi contrebandier lui barra le passage d'un air
soumis et respectueux.

« Non, non, monsieur le marquis, excusez-moi;
mais les jacobins nous ont trop bien appris, en
1793, que ce n'est pas celui qui fait la moisson qui
mange la galette. Signez-moi ce chiffon de papier,
et demain je vous amène quinze cents gars; sinon,
je traite avec le Premier Consul. »

Après avoir regardé fièrement autour de lui, le
marquis vit que la hardiesse du vieux partisan et

son air résolu ne déplaisaient à aucun des spectateurs de ce débat. Un seul homme assis dans un
coin semblait ne prendre aucune part à la scène, et
s'occupait à charger de tabac une pipe en terre
blanche. L'air de mépris qu'il témoignait pour les
orateurs, son attitude modeste, et le regard compa-
tissant que le marquis rencontra dans ses yeux, lui
firent examiner ce serviteur généreux, dans lequel
il reconnut le major Brigaut; le chef alla brusquement à lui.

« Et toi, lui dit-il, que demandes-tu?

— Oh! monsieur le marquis, si le Roi revient,
je suis content.

— Mais toi?

— Oh! moi... Monseigneur veut rire. »

Le marquis serra la main calleuse du Breton, et
dit à Mme du Gua, dont il s'était rapproché :
« Madame, je puis périr dans mon entreprise avant
d'avoir eu le temps de faire parvenir au Roi un
rapport fidèle sur les armées catholiques de la Bretagne. Si vous voyez la Restauration, n'oubliez ni ce
brave homme ni le baron du Guénic. Il y a plus
de dévouement en eux que dans tous ces gens-là. »

Et il montra les chefs qui attendaient avec une
certaine impatience que le jeune marquis fît droit
à leurs demandes. Tous tenaient à la main des
papiers déployés, où leurs services avaient sans
doute été constatés par les généraux royalistes des
guerres précédentes, et tous commençaient à mur-
murer. Au milieu d'eux, l'abbé Gudin, le comte de

Bauvan, le baron de Guénic se consultaient pour aider le marquis à repousser des prétentions si exagérées, car ils trouvaient la position du jeune chef très délicate.

Tout à coup, le marquis promena ses yeux bleus brillants d'ironie, sur cette assemblée, et dit d'une voix claire : « Messieurs, je ne sais pas si les pouvoirs que le Roi a daigné me confier sont assez étendus pour que je puisse satisfaire à vos demandes. Il n'a peut-être pas prévu tant de zèle, ni tant de dévouement. Vous allez juger vous-même de mes devoirs, et peut-être saurai-je les accomplir. »

Il disparut et revint promptement en tenant à la main une lettre déployée, revêtue du sceau et de la signature royale.

« Voici les lettres patentes en vertu desquelles vous devez m'obéir, dit-il. Elles m'autorisent à gouverner les provinces de Bretagne, de Normandie, du Maine et de l'Anjou, au nom du Roi, et à reconnaître les services des officiers qui se seront distingués dans ses armées. »

Un mouvement de satisfaction éclata dans l'assemblée. Les Chouans s'avancèrent vers le marquis, en décrivant autour de lui un cercle respectueux. Tous les yeux étaient attachés sur la signature du Roi. Le jeune chef, qui se tenait debout devant la cheminée, jeta les lettres dans le feu, où elles furent consumées en un clin d'œil.

« Je ne veux plus commander, s'écria le jeune

homme, qu'à ceux qui verront un Roi dans le Roi, et non une proie à dévorer. Vous êtes libres, messieurs, de m'abandonner... »

Mme du Gua, l'abbé Gudin, le major Brigaut, le chevalier du Vissard, le baron du Guénic, le comte de Beauvan, enthousiasmés, firent entendre le cri de *vive le Roi!* Si d'abord les autres chefs hésitèrent un moment à répéter ce cri, bientôt entraînés par la noble action du marquis, ils le prièrent d'oublier ce qui venait de se passer, en l'assurant que, sans lettres patentes, il serait toujours leur chef.

« Allons danser, s'écria le comte de Bauvan, et advienne que pourra! Après tout, ajouta-t-il gaiement, il vaut mieux, mes amis, s'adresser à Dieu qu'à ses saints. Battons-nous d'abord, et nous verrons après.

— Ah! c'est vrai, ça. Sauf votre respect, monsieur le baron, dit Brigaut à voix basse, en s'adressant au loyal du Guénic, je n'ai jamais vu réclamer dès le matin le prix de la journée. »

L'assemblée se dispersa dans les salons où quelques personnes étaient déjà réunies. Le marquis essaya vainement de quitter l'air sombre qui altéra son visage, les chefs aperçurent aisément les impressions défavorables que cette scène avait produites sur un homme dont le dévouement était encore accompagné des belles illusions de la jeunesse, et ils en furent honteux.

Une joie enivrante éclatait dans cette réunion

composée des personnes les plus exaltées du parti
royaliste, qui, n'ayant jamais pu juger, du fond
d'une province insoumise, les événements de la
Révolution, devaient prendre les espérances les
plus hypothétiques pour des réalités. Les opérations
hardies commencées par Montauran, son nom, sa
fortune, sa capacité, relevaient tous les courages, et
causaient cette ivresse politique, la plus dangereuse
de toutes, en ce qu'elle ne se refroidit que dans des
torrents de sang presque toujours inutilement ver-
sés. Pour toutes les personnes présentes, la Révolution n'était qu'un trouble passager dans le
royaume de France, où, pour elles, rien ne paraissait changé. Ces campagnes appartenaient toujours
à la maison de Bourbon. Les royalistes y régnaient
si complètement que quatre années auparavant,
Hoche y obtint moins la paix qu'un armistice. Les
nobles traitaient donc fort légèrement les Révolutionnaires : pour eux, Bonaparte était un Marceau
plus heureux que son devancier. Aussi les femmes
se disposaient-elles fort gaiement à danser.
Quelques-uns des chefs qui s'étaient battus avec les
Bleus connaissaient seuls la gravité de la crise ac-
tuelle, et sachant que s'ils parlaient du Premier
Consul et de sa puissance à leurs compatriotes arrié-
rés, ils n'en seraient pas compris, tous... causaient
entre eux en regardant les femmes avec une insouciance dont elles se vengeaient en se critiquant
entre elles. Mme du Gua, qui semblait faire les
honneurs du bal, essayait de tromper l'impatience
.

des danseuses en adressant successivement à chacune d'elles les flatteries d'usage. Déjà l'on entendait les sons criards des instruments que l'on mettait
d'accord, lorsque Mme du Gua aperçut le marquis
dont la figure conservait encore une expression de
tristesse; elle alla brusquement à lui.

« Ce n'est pas, j'ose l'espérer, la scène très ordinaire que vous avez eue avec ces manants qui peut
vous accabler », lui dit-elle.

Elle n'obtint pas de réponse, le marquis absorbé
dans sa rêverie croyait entendre quelques-unes des
raisons que, d'une voix prophétique, Marie lui
avait données au milieu de ces mêmes chefs à la
Vivetière, pour l'engager à abandonner la lutte des
rois contre les peuples. Mais ce jeune homme avait
trop d'élévation dans l'âme, trop d'orgueil, trop de
conviction peut-être pour délaisser l'œuvre commencée, et il se décidait en ce moment à la poursuivre courageusement malgré les obstacles. Il releva
la tête avec fierté, et alors il comprit ce que lui
disait Mme du Gua.

« Vous êtes sans doute à Fougères, disait-elle
avec une amertume qui révélait l'inutilité des
efforts qu'elle avait tentés pour distraire le marquis. Ah! monsieur, je donnerais mon sang pour
vous *la* mettre entre les mains et vous voir heureux
avec elle.

— Pourquoi donc avoir tiré sur elle avec tant
d'adresse?

— Parce que je la voudrais morte ou dans vos

bras. Oui, monsieur, j'ai pu aimer le marquis de
Montauran le jour où j'ai cru voir en lui un héros.
Maintenant je n'ai plus pour lui qu'une douloureuse amitié, je le vois séparé de la gloire par le
cœur nomade d'une fille d'Opéra.

— Pour de l'amour, reprit le marquis avec l'accent de l'ironie, vous me jugez bien mal! Si j'aimais
cette fille-là, madame, je la désirerais moins... et,
sans vous, peut-être, n'y penserais-je déjà plus.

— La voici! » dit brusquement Mme du Gua.

La précipitation que mit le marquis à tourner la
tête fit un mal affreux à cette pauvre femme; mais
la vive lumière des bougies lui permettant de bien
apercevoir les plus légers changements qui se firent
dans les traits de cet homme si violemment aimé,
elle crut y découvrir quelques espérances de retour,
lorsqu'il ramena sa tête vers elle, en souriant de
cette ruse de femme.

« De quoi riez-vous donc? demanda le comte de
Bauvan.

— D'une bulle de savon qui s'évapore! répondit
Mme du Gua joyeuse. Le marquis, s'il faut l'en
croire, s'étonne aujourd'hui d'avoir senti son cœur
battre un instant pour cette fille qui se disait
Mlle de Verneuil. Vous savez?

— Cette fille?... reprit le comte avec un accent
de reproche. Madame, c'est à l'auteur du mal à le
réparer, et je vous donne ma parole d'honneur
qu'elle est bien réellement la fille du duc de Verneuil.

— Monsieur le comte, dit le marquis d'une voix profondément altérée, laquelle de vos deux paroles croire, celle de la Vivetière ou celle de Saint-James? »

Une voix éclatante annonça Mlle de Verneuil. Le comte s'élança vers la porte, offrit la main à la belle inconnue avec les marques du plus profond respect; et, la présentant à travers la foule curieuse au marquis et à Mme du Gua : « Ne croire que celle d'aujourd'hui », répondit-il au jeune chef stupéfait.

Mme du Gua pâlit à l'aspect de cette malencontreuse fille, qui resta debout un moment en jetant des regards orgueilleux sur cette assemblée où elle chercha les convives de la Vivetière. Elle attendit la salutation forcée de sa rivale, et, sans regarder le marquis, se laissa conduire à une place d'honneur par le comte qui la fit asseoir près de Mme du Gua, à laquelle elle rendit un léger salut de protection, mais qui, par un instinct de femme, ne s'en fâcha point et prit aussitôt un air riant et amical. La mise extraordinaire et la beauté de Mlle de Verneuil excitèrent un moment les murmures de l'assemblée. Lorsque le marquis et Mme du Gua tournèrent leurs regards sur les convives de la Vivetière, ils les trouvèrent dans une attitude de respect qui ne paraissait pas être jouée, chacun d'eux semblait chercher les moyens de rentrer en grâce auprès de la jeune Parisienne méconnue. Les ennemis étaient donc en présence.

« Mais c'est une magie, mademoiselle! Il n'y a
que vous au monde pour surprendre ainsi les gens.
Comment, venir toute seule? disait Mme du Gua.

— Toute seule, répéta Mlle de Verneuil, ainsi,
madame, vous n'aurez que moi, ce soir, à tuer.

— Soyez indulgente, reprit Mme du Gua. Je ne
puis vous exprimer combien j'éprouve de plaisir à
vous revoir. Vraiment j'étais accablée par le souvenir de mes torts envers vous, et je cherchais une
occasion qui me permît de les réparer.

— Quant à vos torts, madame, je vous pardonne
facilement ceux que vous avez eus envers moi; mais
j'ai sur le cœur la mort des Bleus que vous avez
assassinés. Je pourrais peut-être encore me plaindre
de la roideur de votre correspondance... Hé bien,
j'excuse tout, grâce au service que vous m'avez
rendu. »

Mme du Gua perdit contenance en se sentant
presser la main par sa belle rivale qui lui souriait
avec une grâce insultante. Le marquis était resté
immobile, mais en ce moment il saisit fortement le
bras du comte.

« Vous m'avez indignement trompé, lui dit-il, et
vous avez compromis jusqu'à mon honneur; je ne
suis pas un Géronte de comédie, et il me faut votre
vie ou vous aurez la mienne.

— Marquis, reprit le comte avec hauteur, je suis
prêt à vous donner toutes les explications que vous
désirerez. »

Et ils se dirigèrent vers la pièce voisine. Les per-

sonnes les moins initiées au secret de cette scène
commençaient à en comprendre l'intérêt, en sorte
que quand les violons donnèrent le signal de la
danse, personne ne bougea.

« Mademoiselle, quel service assez important ai-je
donc eu l'honneur de vous rendre, pour mériter...
reprit Mme du Gua en se pinçant les lèvres avec
une sorte de rage.

— Madame, ne m'avez-vous pas éclairée sur le
vrai caractère du marquis de Montauran. Avec
quelle impassibilité cet homme affreux me laissait
périr, je vous l'abandonne volontiers.

— Que venez-vous donc chercher ici? dit vivement Mme du Gua.

— L'estime et la considération que vous m'aviez
enlevées à la Vivetière, madame. Quant au reste,
soyez bien tranquille. Si le marquis revenait à moi,
vous devez savoir qu'un retour n'est jamais de
l'amour. »

Mme du Gua prit alors la main de Mlle de Verneuil avec cette affectueuse gentillesse de mouvement
que les femmes déploient volontiers entre elles, surtout en présence des hommes.

« Eh bien, ma pauvre petite, je suis enchantée
de vous voir si raisonnable. Si le service que je
vous ai rendu a été d'abord bien rude, dit-elle en
pressant la main qu'elle tenait quoiqu'elle éprou-
vât l'envie de la déchirer lorsque ses doigts lui en
révélèrent la moelleuse finesse, il sera du moins
complet. Ecoutez, je connais le caractère du Gars,

dit-elle avec un sourire perfide, eh bien, il vous
aurait trompée, il ne veut et ne peut épouser personne.

— Ah!...

— Oui, mademoiselle, il n'a accepté sa dangereuse mission que pour mériter la main de
Mlle d'Uxelles, alliance pour laquelle Sa Majesté
lui a promis tout son appui.

— Ah! ah!... »

Mlle de Verneuil n'ajouta pas un mot à cette
railleuse exclamation. Le jeune et beau chevalier du
Vissard, impatient de se faire pardonner la plaisanterie qui avait donné le signal des injures à la
Vivetière, s'avança vers elle en l'invitant respec-
tueuseusement à danser; elle lui tendit la main et
s'élança pour prendre place au quadrille où figurait
Mme du Gua. La mise de ces femmes dont les toilettes rappelaient les modes de la Cour exilée, qui
toutes avaient de la poudre ou les cheveux crêpés,
sembla ridicule aussitôt qu'on put la comparer au
costume à la fois élégant, riche et sévère que la
mode autorisait Mlle de Verneuil à porter, qui
fut proscrit à haute voix, mais envié *in petto* par
les femmes. Les hommes ne se lassaient pas d'admirer la beauté d'une chevelure naturelle, et les détails
d'un ajustement dont la grâce était toute dans celle
des proportions qu'il révélait.

En ce moment le marquis et le comte rentrèrent
dans la salle de bal et arrivèrent derrière Mlle de
Verneuil qui ne se retourna pas. Si une glace, pla-

cée vis-à-vis d'elle, ne lui eût pas appris la présence
du marquis, elle l'eût devinée par la contenance de
Mme du Gua qui cachait mal, sous un air indifférent en apparence, l'impatience avec laquelle elle
attendait la lutte, qui tôt ou tard, devait se déclarer
entre les deux amants. Quoique le marquis s'entre-
tînt avec le comte et deux autres personnes, il put
néanmoins entendre les propos des cavaliers et des
danseuses qui, selon les caprices de la contredanse,
venaient occuper momentanément la place de
Mlle de Verneuil et de ses voisins.

« Oh! mon Dieu, oui, madame, elle est venue
seule, disait l'un.

— Il faut être bien hardie, répondit la danseuse.

— Mais si j'étais habillée ainsi, je me croirais
nue, dit une autre dame.

— Oh! ce n'est pas un costume décent, répliquait
le cavalier, mais elle est si belle, et il lui va si bien!

— Voyez, je suis honteuse pour elle de la perfection de sa danse. Ne trouvez-vous pas qu'elle a
tout à fait l'air d'une fille d'Opéra? répliqua la
dame jalouse.

— Croyez-vous qu'elle vienne ici pour traiter au
nom du Premier Consul? demandait une troisième
dame.

— Quelle plaisanterie, répondit le cavalier.

— Elle n'apportera guère d'innocence en dot »,
dit en riant la danseuse.

Le Gars se retourna brusquement pour voir la
femme qui se permettait cette épigramme, et alors

Mme du Gua le regarda d'un air qui disait évidemment : « Vous voyez ce qu'on en pense! »

« Madame, dit en riant le comte à l'ennemie de
Marie, il n'y a encore que les dames qui la lui ont
ôtée... »

Le marquis pardonna intérieurement au comte
tous ses torts. Lorsqu'il se hasarda à jeter un regard
sur sa maîtresse dont les grâces étaient, comme celles
de presque toutes les femmes, mises en relief par
la lumière des bougies, elle lui tourna le dos en
revenant à sa place, et s'entretint avec son cavalier
en laissant parvenir à l'oreille du marquis les sons
les plus caressants de sa voix.

« Le Premier Consul nous envoie des ambassa-
deurs bien dangereux, lui disait son danseur.

— Monsieur, reprit-elle, on a déjà dit cela à la
Vivetière.

— Mais vous avez autant de mémoire que le
Roi, repartit le gentilhomme mécontent de sa mala-
dresse.

— Pour pardonner les injures, il faut bien s'en
souvenir, reprit-elle vivement en le tirant d'embarras par un sourire.

— Sommes-nous tous compris dans cette amnis-
tie? » lui demanda le marquis.

Mais elle s'élança pour danser avec une ivresse
enfantine en le laissant interdit et sans réponse; il
la contempla avec une froide mélancolie, elle s'en
aperçut, et alors elle pencha la tête par une de ces
coquettes attitudes que lui permettait la gracieuse

proportion de son col, et n'oublia certes aucun des
mouvements qui pouvaient attester la rare perfection de son corps. Marie attirait comme l'espoir, elle
échappait comme un souvenir. La voir ainsi, c'était
vouloir la posséder à tout prix. Elle le savait, et la
conscience qu'elle eut alors de sa beauté répandit
sur sa figure un charme inexprimable. Le marquis
sentit s'élever dans son cœur un tourbillon d'amour,
de rage et de folie, il serra violemment la main du
comte et s'éloigna.

« Eh bien, il est donc parti? » demanda Mlle de
Verneuil en revenant à sa place.

Le comte s'élança dans la salle voisine, et fit à sa
protégée un signe d'intelligence en lui ramenant le
Gars.

« Il est à moi », se dit-elle en examinant dans la
glace le marquis dont la figure doucement agitée
rayonnait d'espérance.

Elle reçut le jeune chef en boudant et sans mot
dire, mais elle le quitta en souriant; elle le voyait
si supérieur, qu'elle se sentit fière de pouvoir le
tyranniser, et voulut lui faire acheter chèrement
quelques douces paroles pour lui en apprendre tout
le prix, suivant un instinct de femme auquel toutes
obéissent plus ou moins. La contredanse finie, tous
les gentilshommes de la Vivetière vinrent entourer
Marie, et chacun d'eux sollicita le pardon de son
erreur par des flatteries plus ou moins bien débitées;
mais celui qu'elle aurait voulu voir à ses pieds
n'approcha pas du groupe où elle régnait.

« Il se croit encore aimé, se dit-elle, il ne veut pas être confondu avec les indifférents. »

Elle refusa de danser. Puis, comme si cette fête eût été donnée pour elle, elle alla de quadrille en quadrille, appuyée sur le bras du comte de Bauvan, auquel elle se plut à témoigner quelque familiarité. L'aventure de la Vivetière était alors connue de toute l'assemblée dans ses moindres détails, grâce aux soins de Mme du Gua qui espérait, en affichant ainsi Mlle de Verneuil et le marquis, mettre un obstacle de plus à leur réunion; aussi les deux amants brouillés étaient-ils devenus l'objet de l'attention générale. Montauran n'osait aborder sa maîtresse, car le sentiment de ses torts et la violence de ses désirs rallumés la lui rendaient presque terrible; et, de son côté, la jeune fille en épiait la figure faussement calme tout en paraissant contempler le bal.

« Il fait horriblement chaud ici, dit-elle à son cavalier. Je vois le front de M. de Montauran tout humide. Menez-moi de l'autre côté, que je puisse respirer, j'étouffe. »

Et, d'un geste de tête, elle désigna au comte le salon voisin où se trouvaient quelques joueurs. Le marquis y suivit sa maîtresse, dont les paroles avaient été devinées au seul mouvement des lèvres. Il osa espérer qu'elle ne s'éloignait de la foule que pour le revoir, et cette faveur supposée rendit à sa passion une violence inconnue; car son amour avait grandi de toutes les résistances qu'il croyait devoir lui opposer depuis quelques jours. Mlle de Ver-

neuil se plut à tourmenter le jeune chef, son regard,
si doux, si velouté pour le comte, devenait sec et
sombre quand par hasard il rencontrait les yeux du
marquis. Montauran parut faire un effort pénible,
et dit d'une voix sourde : « Ne me pardonnerez-
vous donc pas?

— L'amour, lui répondit-elle avec froideur, ne
pardonne rien, ou pardonne tout. Mais, reprit-elle,
en lui voyant faire un mouvement de joie, il faut
aimer. »

Elle avait repris le bras du comte et s'était élancée dans une espèce de boudoir attenant à la salle
de jeu. Le marquis y suivit Marie.

« Vous m'écouterez! s'écria-t-il.

— Vous feriez croire, monsieur, répondit-elle,
que je suis venue ici pour vous et non par respect
pour moi-même. Si vous ne cessez cette odieuse
poursuite, je me retire.

— Eh bien, dit-il en se souvenant d'une des plus
folles actions du dernier duc de Lorraine, laissez-
moi vous parler seulement pendant le temps que
je pourrai garder dans la main ce charbon. »

Il se baissa vers le foyer, saisit un bout de tison et
le serra violemment. Mlle de Verneuil rougit, dégagea vivement son bras de celui du comte et regarda
le marquis avec étonnement. Le comte s'éloigna
doucement et laissa les deux amants seuls. Une si
folle action avait ébranlé le cœur de Marie, car, en
amour, il n'y a rien de plus persuasif qu'une coura-
geuse bêtise.

« Vous me prouvez là, dit-elle en essayant de lui faire jeter le charbon, que vous me livreriez au plus cruel de tous les supplices. Vous êtes extrême en tout. Sur la foi d'un sot et les calomnies d'une femme, vous avez soupçonné celle qui venait de vous sauver la vie d'être capable de vous vendre.

— Oui, dit-il en souriant, j'ai été cruel envers vous; mais oubliez-le toujours, je ne l'oublierai jamais. Ecoutez-moi. J'ai été indignement trompé, mais tant de circonstances dans cette fatale journée se sont trouvées contre vous.

— Et ces circonstances suffisaient pour éteindre votre amour? »

Il hésitait à répondre, elle fit un geste de dédain, et se leva.

« Oh! Marie, maintenant je ne veux plus croire que vous...

— Mais jetez donc ce feu! Vous êtes fou. Ouvrez votre main, je le veux. »

Il se plut à opposer une molle résistance aux doux efforts de sa maîtresse, pour prolonger le plaisir aigu qu'il éprouvait à être fortement pressé par ses doigts mignons et caressants; mais elle réussit enfin à ouvrir cette main qu'elle aurait voulu pouvoir baiser. Le sang avait éteint le charbon.

« Eh bien, à quoi cela vous a-t-il servi?... » dit-elle.

Elle fit de la charpie avec son mouchoir, et en garnit une plaie peu profonde que le marquis couvrit bientôt de son gant. Mme du Gua arriva sur

la pointe du pied dans le salon de jeu, et jeta de
furtifs regards sur les deux amants, aux yeux desquels elle échappa avec adresse en se penchant en
arrière à leurs moindres mouvements; mais il lui
était certes difficile de s'expliquer les propos des
deux amants par ce qu'elle leur voyait faire.

« Si tout ce qu'on vous a dit de moi était vrai,
avouez qu'en ce moment je serais bien vengée, dit
Marie avec une expression de malignité qui fit pâlir
le marquis.

— Et par quel sentiment avez-vous donc été amenée ici?

— Mais, mon cher enfant, vous êtes un bien
grand fat. Vous croyez donc pouvoir impunément
mépriser une femme comme moi? — Je venais et
pour vous et pour moi », reprit-elle après une pause
en mettant la main sur la touffe de rubis qui se
trouvait au milieu de sa poitrine, et lui montrant
la lame de son poignard.

« Qu'est-ce que tout cela signifie? » pensait
Mme du Gua.

« Mais, dit-elle en continuant, vous m'aimez encore! Vous me désirez toujours du moins, et la sottise que vous venez de faire, ajouta-t-elle en lui prenant la main, m'en a donné la preuve. Je suis
redevenue ce que je voulais être, et je pars heureuse. Qui nous aime est toujours absous. Quant à
moi, je suis aimée, j'ai reconquis l'estime de
l'homme qui représente à mes yeux le monde
entier, je puis mourir.

— Vous m'aimez donc encore? dit le marquis.

— Ai-je dit cela? répondit-elle d'un air moqueur en suivant avec joie les progrès de l'affreuse torture que dès son arrivée elle avait commencé à faire subir au marquis. N'ai-je pas dû faire des sacrifices pour venir ici! J'ai sauvé M. de Bauvan de la mort, et, plus reconnaissant, il m'a offert, en échange de ma protection, sa fortune et son nom. Vous n'avez jamais eu cette pensée. »

Le marquis, étourdi par ces derniers mots, réprima la plus violente colère à laquelle il eût encore été en proie, en se croyant joué par le comte, et il ne répondit pas.

« Ha!... vous réfléchissez! reprit-elle avec un sourire amer.

— Mademoiselle, reprit le jeune homme, votre doute justifie le mien.

— Monsieur, sortons d'ici », s'écria Mlle de Verneuil en apercevant un coin de la robe de Mme du Gua, et elle se leva; mais le désir de désespérer sa rivale la fit hésiter à s'en aller.

« Voulez-vous donc me plonger dans l'enfer? reprit le marquis en lui prenant la main et la pressant avec force.

— Ne m'y avez-vous pas jetée depuis cinq jours? En ce moment même, ne me laissez-vous pas dans la plus cruelle incertitude sur la sincérité de votre amour?

— Mais sais-je si vous ne poussez pas votre vengeance jusqu'à vous emparer de toute ma vie, pour la ternir, au lieu de vouloir ma mort...

— Ah! vous ne m'aimez pas, vous pensez à vous et non à moi », dit-elle avec rage en versant quelques larmes.

La coquette connaissait bien la puissance de ses yeux quand ils étaient noyés de pleurs.

« Eh bien, dit-il hors de lui, prends ma vie, mais sèche tes larmes!

— Oh! mon amour, s'écria-t-elle d'une voix étouffée, voici les paroles, l'accent et le regard que j'attendais, pour préférer ton bonheur au mien! Mais, monsieur, reprit-elle, je vous demande une dernière preuve de votre affection, que vous dites si grande. Je ne veux rester ici que le temps nécessaire pour y bien faire savoir que vous êtes à moi. Je ne prendrais même pas un verre d'eau dans la maison où demeure une femme qui deux fois a tenté de me tuer, qui complote peut-être encore quelque trahison contre nous, et qui dans ce moment nous écoute », ajouta-t-elle en montrant du doigt au marquis les plis flottants de la robe de Mme du Gua. Puis, elle essuya ses larmes, se pencha jusqu'à l'oreille du jeune chef qui tressaillit en se sentant caressée par la douce moiteur de son haleine. « Préparez tout pour notre départ, dit-elle, vous me reconduirez à Fougères, et là seulement, vous, vous saurez bien si je vous aime! Pour la seconde fois, je me fie à vous. Vous fierez-vous une seconde fois à moi?

— Ah! Marie, vous m'avez amené au point de ne

plus savoir ce que je fais! je suis enivré par vos
paroles, par vos regards, par vous enfin, et suis prêt
à vous satisfaire.

— Hé bien, rendez-moi, pendant un moment,
bien heureuse! Faites-moi jouir du seul triomphe
que j'aie désiré. Je veux respirer en plein air, dans
la vie que j'ai rêvée, et me repaître de mes illusions
avant qu'elles ne se dissipent. Allons, venez, et
dansez avec moi. »

Ils revinrent ensemble dans la salle de bal, et
quoique Mlle de Verneuil fût aussi complètement
flattée dans son cœur et dans sa vanité que puisse
l'être une femme, l'impénétrable douceur de ses
yeux, le fin sourire de ses lèvres, la rapidité des
mouvements d'une danse animée, gardèrent le secret
de ses pensées, comme la mer celui du criminel qui
lui confie un pesant cadavre. Néanmoins l'assemblée
laissa échapper un murmure d'admiration quand
elle se roula dans les bras de son amant pour valser,
et que, l'œil sous le sien, tous deux voluptueusement entrelacés, les yeux mourants, la tête lourde,
ils tournoyèrent en se serrant l'un l'autre avec une
sorte de frénésie, et révélant ainsi tous les plaisirs
qu'ils espéraient d'une plus intime union.

« Comte, dit Mme du Gua à M. de Bauvan, allez
savoir si Pille-miche est au camp, amenez-le-moi; et
soyez certain d'obtenir de moi, pour ce léger
service, tout ce que vous voudrez, même ma
main. »

« Ma vengeance me coûtera cher, dit-elle en le

voyant s'éloigner; mais, pour cette fois, je ne la manquerai pas. »

Quelques moments après cette scène, Mlle de Verneuil et le marquis étaient au fond d'une berline attelée de quatre chevaux vigoureux. Surprise de voir ces deux prétendus ennemis les mains entrelacées et de les trouver en si bon accord, Francine restait muette, sans oser se demander si, chez sa maîtresse, c'était de la perfidie ou de l'amour. Grâce au silence et à l'obscurité de la nuit, le marquis ne put remarquer l'agitation de Mlle de Verneuil à mesure qu'elle approchait de Fougères. Les faibles teintes du crépuscule permirent d'apercevoir dans le lointain le clocher de Saint-Léonard. En ce moment Marie se dit : « Je vais mourir! » A la première montagne, les deux amants eurent à la fois la même pensée, ils descendirent de voiture et gravirent à pied la colline, comme en souvenir de leur première rencontre. Lorsque Marie eut pris le bras du marquis et fait quelques pas, elle remercia le jeune homme par un sourire, de ce qu'il avait respecté son silence; puis, en arrivant sur le sommet du plateau, d'où l'on découvrait Fougères, elle sortit tout à fait de sa rêverie.

« N'allez pas plus avant, dit-elle, mon pouvoir ne vous sauverait plus des Bleus aujourd'hui. »

Montauran lui marqua quelque surprise, elle sourit tristement, lui montra du doigt un quartier de roche, comme pour lui ordonner de s'asseoir, et resta debout dans une attitude de mélancolie. Les déchirantes émotions de son âme ne lui permettaient plus de déployer ces artifices qu'elle avait prodigués. En ce moment, elle se serait agenouillée sur des charbons ardents, sans les plus sentir que le marquis n'avait senti le tison dont il s'était saisi pour attester la violence de sa passion. Ce fut après avoir contemplé son amant par un regard empreint de la plus profonde douleur, qu'elle lui dit ces affreuses paroles : « Tout ce que vous avez soupçonné de moi est vrai! » Le marquis laissa échapper un geste. « Ah! par grâce, dit-elle en joignant les mains, écoutez-moi sans m'interrompre. — Je suis réellement, reprit-elle d'une voix émue, la fille du duc de Verneuil, mais sa fille naturelle. Ma mère, une demoiselle de Casteran, qui s'est faite religieuse pour échapper aux tortures qu'on lui préparait dans sa famille, expia sa faute par quinze années de larmes et mourut à Séez. A son lit de mort seulement, cette chère abbesse implora pour moi l'homme qui l'avait abandonnée, car elle me savait sans amis, sans fortune, sans avenir... Cet homme, toujours présent sous le toit de la mère de Francine, aux soins de qui je fus remise, avait oublié son enfant. Néanmoins le duc m'accueillit avec plaisir, et me reconnut parce que j'étais belle, et que peut-être il se revoyait jeune en moi. C'était un de ces seigneurs qui, sous le règne précédent, mirent leur gloire à montrer comment on pouvait se faire pardonner un crime en le commettant avec grâce. Je n'ajouterai rien, il fut mon père! Cependant laissez-

moi vous expliquer comment mon séjour à Paris a
dû me gâter l'âme. La société du duc de Verneuil
et celle où il m'introduisit étaient engouées de cette
philosophie moqueuse dont s'enthousiasmait la
France, parce qu'on l'y professait partout avec
esprit. Les brillantes conversations qui flattèrent
mon oreille se recommandaient par la finesse des
aperçus, ou par un mépris spirituellement formulé
pour ce qui était religieux et vrai. Les hommes, en
se moquant des sentiments, les peignaient d'autant
mieux qu'ils ne les éprouvaient pas; et ils sédui-
saient autant par leurs expressions épigrammatiques
que par la bonhomie avec laquelle ils savaient
mettre toute une aventure dans un mot; mais souvent ils péchaient par trop d'esprit, et fatiguaient
les femmes en faisant de l'amour un art plutôt
qu'une affaire de cœur. J'ai faiblement résisté à ce
torrent. Cependant mon âme, pardonnez-moi cet
orgueil, était assez passionnée pour sentir que l'esprit avait desséché tous les cœurs; mais la vie que
j'ai menée alors a eu pour résultat d'établir une
lutte perpétuelle entre mes sentiments naturels et
les habitudes vicieuses que j'y ai contractées. Quelques gens supérieurs s'étaient plu à développer en
moi cette liberté de pensée, ce mépris de l'opinion
publique qui ravissent à la femme une certaine
modestie d'âme sans laquelle elle perd de son
charme. Hélas! le malheur n'a pas eu le pouvoir
de détruire les défauts que me donna l'opulence.
— Mon père, poursuivit-elle après avoir laissé

échapper un soupir, le duc de Verneuil, mourut
après m'avoir reconnue et avantagée par un testament qui diminuait considérablement la fortune de
mon frère, son fils légitime. Je me trouvai un matin
sans asile ni protecteur. Mon frère attaquait le testament qui me faisait riche. Trois années passées
auprès d'une famille opulente avaient développé ma
vanité. En satisfaisant à toutes mes fantaisies, mon
père m'avait créé des besoins de luxe, des habitudes desquelles mon âme encore jeune et naïve ne
s'expliquait ni les dangers, ni la tyrannie. Un ami
de mon père, le maréchal duc de Lenoncourt, âgé
de soixante-dix ans, s'offrit à me servir de tuteur.
J'acceptai; je me retrouvai, quelques jours après le
commencement de cet odieux procès, dans une maison brillante où je jouissais de tous les avantages
que la cruauté d'un frère me refusait sur le cer-
cueil de notre père. Tous les soirs, le vieux maréchal venait passer auprès de moi quelques heures,
pendant lesquelles ce vieillard ne me faisait entendre que des paroles douces et consolantes. Ses
cheveux blancs, et toutes les preuves touchantes
qu'il me donnait d'une tendresse paternelle, m'en-
gageaient à reporter sur son cœur les sentiments du
mien, et je me plus à me croire sa fille. J'acceptais
les parures qu'il m'offrait, et je ne lui cachais aucun
de mes caprices, en le voyant si heureux de les
satisfaire. Un soir, j'appris que tout Paris me
croyait la maîtresse de ce pauvre vieillard. On me
prouva qu'il était hors de mon pouvoir de recon-

quérir une innocence de laquelle chacun me dépouillait gratuitement. L'homme qui avait abusé de mon inexpérience ne pouvait pas être un amant, et ne voulait pas être mon mari. Dans la semaine où je fis cette horrible découverte, la veille du jour fixé pour mon union avec celui de qui je sus exiger le nom, seule réparation qu'il me pût offrir, il partit pour Coblentz. Je fus honteusement chassée de la petite maison où le maréchal m'avait mise et qui ne lui appartenait pas. Jusqu'à présent, je vous ai dit la vérité comme si j'étais devant Dieu; mais maintenant, ne demandez pas à une infortunée le compte des souffrances ensevelies dans sa mémoire. Un jour, monsieur, je me trouvai mariée à Danton. Quelques jours plus tard, l'ouragan renversait le chêne immense autour duquel j'avais tourné mes bras. En me revoyant plongée dans la plus profonde misère, je résolus cette fois de mourir. Je ne sais si l'amour de la vie, si l'espoir de fatiguer le malheur et de trouver au fond de cet abîme sans fin un bonheur qui me fuyait, furent à mon insu mes conseillers, ou si je fus séduite par les raisonnements d'un jeune homme de Vendôme qui, depuis deux ans, s'est attaché à moi comme un serpent à un arbre, en croyant sans doute qu'un extrême malheur peut me donner à lui; enfin, j'ignore comment j'ai accepté l'odieuse mission d'aller, pour trois cent mille francs, me faire aimer d'un inconnu que je devais livrer. Je vous ai vu, monsieur, et vous ai reconnu tout d'abord par un de ces pressentiments qui ne

nous trompent jamais; cependant je me plaisais à
douter, car plus je vous aimais, plus la certitude
m'était affreuse. En vous sauvant des mains du
commandant Hulot, j'abjurai donc mon rôle, et
résolus de tromper les bourreaux au lieu de tromper
leur victime. J'ai eu tort de me jouer ainsi des
hommes, de leur vie, de leur politique et de moi-
même avec l'insouciance d'une fille qui ne voit que
des sentiments dans le monde. Je me suis crue
aimée, et me suis laissée aller à l'espoir de recommencer ma vie; mais tout, et jusqu'à moi-même
peut-être, a trahi mes désordres passés, car vous avez
dû vous défier d'une femme aussi passionnée que
je le suis. Hélas! qui n'excuserait pas et mon amour
et ma dissimulation? Oui, monsieur, il me sembla
que j'avais fait un pénible sommeil, et qu'en me
réveillant je me retrouvais à seize ans. N'étais-je
pas dans Alençon, où mon enfance me livrait ses
chastes et purs souvenirs? J'ai eu la folle simplicité
de croire que l'amour me donnerait un baptême
d'innocence. Pendant un moment j'ai pensé que
j'étais vierge encore puisque je n'avais pas encore
aimé. Mais hier au soir, votre passion m'a paru
vraie, et une voix m'a crié : Pourquoi le tromper!
— Sachez-le donc, monsieur le marquis, reprit-elle
d'une voix gutturale qui sollicitait une réprobation
avec fierté, sachez-le bien, je ne suis qu'une créature
déshonorée, indigne de vous. Dès ce moment, je
reprends mon rôle de fille perdue, fatiguée que je
suis de jouer celui d'une femme que vous aviez

rendue à toutes les saintetés du cœur. La vertu me
pèse. Je vous mépriserais si vous aviez la faiblesse
de m'épouser. C'est une sottise que peut faire un
comte de Bauvan; mais vous, monsieur, soyez digne
de votre avenir, et quittez-moi sans regret. La courtisane. voyez-vous, serait trop exigeante, elle vous
aimerait tout autrement que la jeune enfant simple
et naïve qui s'est senti au cœur pendant un moment
la délicieuse espérance de pouvoir être votre compagne, de vous rendre toujours heureux, de vous
faire honneur, de devenir une noble, une grande
épouse, et qui a puisé dans ce sentiment le courage
de ranimer sa mauvaise nature de vice et d'infamie,
afin de mettre entre elle et vous une éternelle barrière. Je vous sacrifie honneur et fortune. L'orgueil
que me donne ce sacrifice me soutiendra dans ma
misère, et le destin peut disposer de mon sort à son
gré. Je ne vous livrerai jamais. Je retourne à Paris.
Là, votre nom sera pour moi tout un autre moi-
même, et la magnifique valeur que vous saurez lui
imprimer me consolera de tous mes chagrins. Quant
à vous, vous êtes homme, vous m'oublierez. Adieu. »

Elle s'élança dans la direction des vallées de Saint-
Sulpice, et disparut avant que le marquis se fût levé
pour la retenir; mais elle revint sur ses pas, profita
des cavités d'une roche pour se cacher, leva la tête,
examina le marquis avec une curiosité mêlée de
doute, et le vit marchant sans savoir où il allait,
comme un homme accablé. « Serait-ce donc une tête
faible?... se dit-elle lorsqu'il eut disparu et qu'elle

se sentit séparée de lui. Me comprendra-t-il? » Elle
tressaillit. Puis tout à coup elle se dirigea seule vers
Fougères à grands pas, comme si elle eût craint
d'être suivie par le marquis dans cette ville où il
aurait trouvé la mort.

« Eh bien, Francine, que t'a-t-il dit?... demanda-
t-elle à sa fidèle Bretonne lorsqu'elles furent réunies.

— Hélas! Marie, il m'a fait pitié. Vous autres
grandes dames, vous poignardez un homme à coups
de langue.

— Comment donc était-il en t'abordant?

— Est-ce qu'il m'a vue? Oh! Marie, il t'aime!

— Oh! il m'aime ou il ne m'aime pas! répondit-
elle, deux mots qui pour moi sont le paradis ou
l'enfer. Entre ces deux extrêmes, je ne trouve pas
une place où je puisse poser mon pied. »

Après avoir ainsi accompli son terrible destin,
Marie put s'abandonner à toute sa douleur, et sa
figure, jusque-là soutenue par tant de sentiments
divers, s'altéra si rapidement, qu'après une journée
pendant laquelle elle flotta sans cesse entre un pressentiment de bonheur et le désespoir, elle perdit
l'éclat de sa beauté et cette fraîcheur dont le principe est dans l'absence de toute passion ou dans
l'ivresse de la félicité. Curieux de connaître le résultat de sa folle entreprise, Hulot et Corentin
étaient venus voir Marie peu de temps après son
arrivée; elle les reçut d'un air riant.

« Eh bien, dit-elle au commandant, dont la figure
soucieuse avait une expression très interrogative, le

renard revient à portée de vos fusils, et vous allez
bientôt remporter une bien glorieuse victoire.

— Qu'est-il donc arrivé? demanda négligemment
Corentin en jetant à Mlle de Verneuil un de ces
regards obliques par lesquels ces espèces de diplomates espionnent la pensée.

— Ah! répondit-elle, le Gars est plus que jamais
épris de ma personne, et je l'ai contraint à nous
accompagner jusqu'aux portes de Fougères.

— Il paraît que votre pouvoir a cessé là, reprit
Corentin, et que la peur du ci-devant surpasse encore l'amour que vous lui inspirez. »

Mlle de Verneuil jeta un regard de mépris à
Corentin.

« Vous le jugez d'après vous-même, lui répondit-elle.

— Eh bien, dit-il sans s'émouvoir, pourquoi ne
l'avez-vous pas amené jusque chez vous?

— S'il m'aimait véritablement, commandant, dit-
elle à Hulot en lui jetant un regard plein de malice,
m'en voudriez-vous beaucoup de le sauver, en l'emmenant hors de France? »

Le vieux soldat s'avança vivement vers elle et lui
prit la main pour la baiser avec une sorte d'enthousiasme; puis il la regarda fixement et lui dit d'un air
sombre :

« Vous oubliez mes deux amis et mes soixante-
trois hommes.

— Ah! commandant, dit-elle avec toute la naïveté
de la passion, il n'en est pas comptable, il a été

joué par une mauvaise femme, la maîtresse de Charette, qui boirait, je crois, le sang des Bleus...

— Allons, Marie, reprit Corentin, ne vous mo-
quez pas du commandant, il n'est pas encore au fait
de vos plaisanteries.

— Taisez-vous, lui répondit-elle, et sachez que le
jour où vous m'aurez un peu trop déplu, n'aura pas
de lendemain pour vous.

— Je vois, mademoiselle, dit Hulot sans amertume, que je dois m'apprêter à combattre.

— Vous n'êtes pas en mesure, cher colonel. Je
leur ai vu plus de six mille hommes à Saint-James,
des troupes régulières, de l'artillerie et des officiers
anglais. Mais que deviendraient ces gens-là sans lui?
Je pense comme Fouché, sa tête est tout.

— Eh bien, l'aurons-nous? demanda Corentin
impatienté.

— Je ne sais pas, répondit-elle avec insouciance.

— Des Anglais!... cria Hulot en colère, il ne lui
manquait plus que ça pour être un brigand fini!
Ah! je vais t'en donner, moi, des Anglais!...

— Il paraît, citoyen diplomate, que tu te laisses
périodiquement mettre en déroute par cette fille-là,
dit Hulot à Corentin quand ils se trouvèrent à
quelques pas de la maison.

— Il est tout naturel, citoyen commandant, répliqua Corentin d'un air pensif, que dans tout ce
qu'elle nous a dit, tu n'aies vu que du feu. Vous
autres troupiers, vous ne savez pas qu'il existe plusieurs manières de guerroyer. Employer habilement

les passions des hommes ou des femmes comme des ressorts que l'on fait mouvoir au profit de l'Etat, mettre les rouages à leur place dans cette grande machine que nous appelons un gouvernement, et se plaire à y renfermer les plus indomptables senti-ment comme des détentes que l'on s'amuse à sur-veiller, n'est-ce pas créer, et, comme Dieu, se placer au centre de l'univers?...

— Tu me permettras de préférer mon métier au tien, répliqua sèchement le militaire. Ainsi, vous ferez tout ce que vous voudrez avec vos rouages; mais je ne connais d'autre supérieur que le ministre de la Guerre, j'ai mes ordres, je vais me mettre en campagne avec des lapins qui ne boudent pas, et prendre en face l'ennemi que tu veux saisir par-derrière.

— Oh! tu peux te préparer à marcher, reprit Corentin. D'après ce que cette fille m'a laissé devi-ner, quelque impénétrable qu'elle te semble, tu vas avoir à t'escarmoucher, et je te procurerai avant peu le plaisir d'un tête-à-tête avec le chef de ces bri-gands.

— Comment ça? demanda Hulot en reculant pour mieux regarder cet étrange personnage.

— Mlle de Verneuil aime le Gars, reprit Coren-tin d'une voix sourde, et peut-être en est-elle aimée! Un marquis, cordon rouge, jeune et spirituel, qui sait même s'il n'est pas riche encore, combien de tentations! Elle serait bien sotte de ne pas agir pour son compte, en tâchant de l'épouser plutôt que de nous le livrer! Elle cherche à nous amuser! Mais j'ai lu dans les yeux de cette fille quelque incertitude. Les deux amants auront vraisemblablement un rendez-vous, et peut-être est-il déjà donné. Eh bien, demain je tiendrai mon homme par les deux oreilles. Jusqu'à présent, il n'était que l'ennemi de la République, mais il est devenu le mien depuis quelques instants; or, ceux qui se sont avisés de se mettre entre cette fille et moi sont tous morts sur l'échafaud. »

En achevant ces paroles, Corentin retomba dans des réflexions qui ne lui permirent pas de voir le profond dégoût qui se peignit sur le visage du loyal militaire au moment où il découvrit la profondeur de cette intrigue et le mécanisme des ressorts employés par Fouché. Aussi Hulot résolut-il de contrarier Corentin en tout ce qui ne nuirait pas essentiellement aux succès et aux vœux du gouvernement, et de laisser à l'ennemi de la République les moyens de périr avec honneur les armes à la main, avant d'être la proie du bourreau de qui ce sbire de la haute police s'avouait être le pourvoyeur.

« Si le Premier Consul m'écoutait, dit-il en tournant le dos à Corentin, il laisserait ces renards-là combattre les aristocrates, ils sont dignes les uns des autres, et il emploierait les soldats à tout autre chose. »

Corentin regarda froidement le militaire, dont la pensée avait éclairé le visage, et alors ses yeux repri-

rent une expression sardonique qui révéla la supériorité de ce Machiavel subalternè.

« Donnez trois aunes de drap bleu à ces animaux-
là, et mettez-leur un morceau de fer au côté, se
dit-il, ils s'imaginent qu'en politique on ne doit tuer
les hommes que d'une façon. » Puis, il se promena
lentement pendant quelques minutes, et se dit tout
à coup : « Oui, le moment est venu, cette femme
sera donc à moi! depuis cinq ans le cercle que je
trace autour d'elle s'est insensiblement rétréci, je la
tiens, et avec elle j'arriverai dans le gouvernement
aussi haut que Fouché. — Oui, si elle perd le seul
homme qu'elle ait aimé, la douleur me la livrera
corps et âme. Il ne s'agit plus que de veiller nuit
et jour pour surprendre son secret. »

Un moment après, un observateur aurait distingué la figure pâle de cet homme, à travers la fenêtre
d'une maison d'où il pouvait apercevoir tout ce
qui entrait dans l'impasse formée par la rangée de
maisons parallèle à Saint-Léonard. Avec la patience
du chat qui guette la souris, Corentin était encore,
le lendemain matin, attentif au moindre bruit et
occupé à soumettre chaque passant au plus sévère
examen. La journée qui commençait était un jour
de marché. Quoique, dans ce temps calamiteux, les
paysans se hasardassent difficilement à venir en
ville, Corentin vit un petit homme à figure ténébreuse, couvert d'une peau de bique, et qui portait
à son bras un petit panier rond de forme écrasée,
se dirigeant vers la maison de Mlle de Verneuil,

après avoir jeté autour de lui des regards assez insouciants. Corentin descendit dans l'intention d'attendre le paysan à sa sortie; mais, tout à coup, il
sentit que s'il pouvait arriver à l'improviste chez
Mlle de Verneuil, il surprendrait peut-être d'un
seul regard les secrets cachés dans le panier de cet
émissaire. D'ailleurs la renommée lui avait appris
qu'il était presque impossible de lutter avec succès
contre les impénétrables réponses des Bretons et des
Normands.

« Galope-chopine! » s'écria Mlle de Verneuil
lorsque Francine introduisit le Chouan. « Serais-je
donc aimée? » se dit-elle à voix basse.

Un espoir instinctif répandit les plus brillantes
couleurs sur son teint et la joie dans son cœur. Galope-chopine regarda alternativement la maîtresse
du logis et Francine, en jetant sur cette dernière des
yeux de méfiance; mais un signe de Mlle de Verneuil le rassura.

« Madame, dit-il, approchant deux heures, *il* sera
chez moi, et vous y attendra. »

L'émotion ne permit pas à Mlle de Verneuil de
faire d'autre réponse qu'un signe de tête; mais un
Samoïède en eût compris toute la portée. En ce
moment, les pas de Corentin retentirent dans le
salon. Galope-chopine ne se troubla pas le moins du
monde lorsque le regard autant que le tressaillement de Mlle de Verneuil lui indiquèrent un danger, et dès que l'espion montra sa face rusée, le
Chouan éleva la voix de manière à fendre la tête.

« Ah! ah! disait-il à Francine, il y a beurre de
Bretagne et beurre de Bretagne. Vous voulez du
Gibarry et vous ne donnez que onze sous de la livre?
il ne fallait pas m'envoyer querir! C'est de bon
beurre ça, dit-il en découvrant son panier pour
montrer deux petites mottes de beurre façonnées
par Barbette. — Faut être juste, ma bonne dame,
allons, mettez un sou de plus. »

Sa voix caverneuse ne trahit aucune émotion, et
ses yeux verts, ombragés de gros sourcils grison-
nants, soutinrent sans faiblir le regard perçant de
Corentin.

« Allons, tais-toi, bon homme, tu n'es pas venu ici
vendre du beurre, car tu as affaire à une femme qui
n'a jamais rien marchandé de sa vie. Le métier que
tu fais, mon vieux, te rendra quelque jour plus
court de la tête. » Et Corentin le frappant amicale-
ment sur l'épaule, ajouta : « On ne peut pas être
longtemps à la fois l'homme des Chouans et
l'homme des Bleus. »

Galope-chopine eut besoin de toute sa présence
d'esprit pour dévorer sa rage et ne pas repousser
cette accusation que son avarice rendait juste. Il se
contenta de répondre : « Monsieur veut se gausser
de moi. »

Corentin avait tourné le dos au Chouan; mais,
tout en saluant Mlle de Verneuil dont le cœur se
serra, il pouvait facilement l'examiner dans la glace.
Galope-chopine, qui ne se crut plus vu par l'espion,
consulta par un regard Francine, et Francine lui

indiqua la porte en disant : « Venez avec moi, mon bon homme, nous nous arrangerons toujours bien. »

Rien n'avait échappé à Corentin, ni la contraction que le sourire de Mlle de Verneuil déguisait mal, ni sa rougeur et le changement de ses traits, ni l'inquiétude du Chouan, ni le geste de Francine, il avait tout aperçu. Convaincu que Galope-chopine était un émissaire du marquis, il l'arrêta par les longs poils de sa peau de chèvre au moment où il sortait, le ramena devant lui, et le regarda fixement en lui disant : « Où demeures-tu, mon cher ami? j'ai besoin de beurre...

— Mon bon monsieur, répondait le Chouan, tout Fougères sait où je demeure, je suis quasiment de...

— Corentin! s'écria Mlle de Verneuil en interrompant la réponse de Galope-chopine, vous êtes bien hardi de venir chez moi à cette heure, et de me surprendre ainsi? A peine suis-je habillée... Laissez ce paysan tranquille, il ne comprend pas plus vos ruses que je n'en conçois les motifs. Allez, brave homme! »

Galope-chopine hésita un instant à partir. L'indécision naturelle ou jouée d'un pauvre diable qui ne savait à qui obéir, trompait déjà Corentin, lorsque le Chouan, sur un geste impératif de la jeune fille, s'éloigna à pas pesants. En ce moment, Mlle de Verneuil et Corentin se contemplèrent en silence. Cette fois, les yeux limpides de Marie ne purent soutenir l'éclat du feu sec que distillait le regard de cet homme. L'air résolu avec lequel l'espion pé-

nétra dans la chambre, une expression de visage
que Marie ne lui connaissait pas, le son mat de sa
voix grêle, sa démarche, tout l'effraya; elle comprit
qu'une lutte secrète commençait entre eux, et qu'il
déployait contre elle tous les pouvoirs de sa sinistre
influence; mais si elle eut en ce moment une vue
distincte et complète de l'abîme au fond duquel elle
se précipitait, elle puisa des forces dans son amour
pour secouer le froid glacial de ses pressentiments.

« Corentin, reprit-elle avec une sorte de gaieté,
j'espère que vous allez me laisser faire ma toilette.

— Marie, dit-il, oui, permettez-moi de vous nommer ainsi. Vous ne me connaissez pas encore! Ecoutez, un homme moins perspicace que je ne le suis
aurait déjà découvert votre amour pour le marquis
de Montauran. Je vous ai à plusieurs reprises offert
et mon cœur et ma main. Vous ne m'avez pas
trouvé digne de vous; et peut-être avez-vous raison;
mais si vous vous trouvez trop haut placée, trop
belle, ou trop grande pour moi, je saurai bien
vous faire descendre jusqu'à moi. Mon ambition
et mes maximes vous ont donné peu d'estime pour
moi; et, franchement, vous avez tort. Les hommes
ne valent que ce que je les estime, presque rien.
J'arriverai certes à une haute position dont les honneurs vous flatteront. Qui pourra mieux vous aimer,
qui vous laissera plus souverainement maîtresse de
lui, si ce n'est l'homme par qui vous êtes aimée
depuis cinq ans? Quoique je risque de vous voir
prendre de moi une idée qui me sera défavorable,

car vous ne concevez pas qu'on puisse renoncer par
excès d'amour à la personne qu'on idolâtre, je vais
vous donner la mesure du désintéressement avec
lequel je vous adore. N'agitez pas ainsi votre jolie
tête. Si le marquis vous aime, épousez-le; mais auparavant, assurez-vous bien de sa sincérité. Je serais au
désespoir de vous savoir trompée, car je préfère
votre bonheur au mien. Ma résolution peut vous
étonner, mais ne l'attribuez qu'à la prudence d'un
homme qui n'est pas assez niais pour vouloir posséder une femme malgré elle. Aussi est-ce moi et non
vous que j'accuse de l'inutilité de mes efforts. J'ai
espéré vous conquérir, à force de soumission et de
dévouement, car depuis longtemps, vous le savez,
je cherche à vous rendre heureuse suivant mes principes; mais vous n'avez voulu me récompenser de
rien.

— Je vous ai souffert près de moi, dit-elle avec
hauteur.

Ajoutez que vous vous en repentez...

— Après l'infâme entreprise dans laquelle vous
m'avez engagée, dois-je encore vous remercier...

— En vous proposant une entreprise qui n'était
pas exempte de blâme pour des esprits timorés,
reprit-il audacieusement, je n'avais que votre fortune en vue. Pour moi, que je réussisse ou que
j'échoue, je saurai faire servir maintenant toute
espèce de résultat au succès de mes desseins. Si
vous épousiez Montauran, je serais charmé de servir
utilement la cause des Bourbons, à Paris, où je suis

membre du club de Clichy. Or, une circonstance
qui me mettrait en correspondance avec les princes,
me déciderait à abandonner les intérêts d'une République qui marche à sa décadence. Le général
Bonaparte est trop habile pour ne pas sentir qu'il
lui est impossible d'être à la fois en Allemagne, en
Italie, et ici où la Révolution succombe. Il n'a fait
sans doute le Dix-Huit Brumaire que pour obtenir
des Bourbons de plus forts avantages en traitant de
la France avec eux, car c'est un garçon très spirituel
et qui ne manque pas de portée; mais les hommes
politiques doivent le devancer dans la voie où il
s'engage. Trahir la France est encore un de ces scrupules que, nous autres gens supérieurs, laissons aux
sots. Je ne vous cache pas que j'ai les pouvoirs nécessaires pour entamer des négociations avec les
chefs des Chouans, aussi bien que pour les faire
périr; car Fouché, mon protecteur, est un homme
assez profond, il a toujours joué un double jeu;
pendant la terreur il était à la fois pour Robespierre et pour Danton.

— Que vous avez lâchement abandonné, dit-elle.

— Niaiserie, répondit Corentin; il est mort, oubliez-le. Allons, parlez-moi à cœur ouvert, je vous
en donne l'exemple. Ce chef de demi-brigade est
plus rusé qu'il ne le paraît, et, si vous vouliez tromper sa surveillance, je ne vous serais pas inutile.
Songez qu'il a infesté les vallées de Contre-Chouans
et surprendrait bien promptement vos rendez-vous!
En restant ici, sous ses yeux, vous êtes à la merci de

sa police. Voyez avec quelle rapidité il a su que ce Chouan était chez vous! Sa sagacité militaire ne doit-elle pas lui faire comprendre que vos moindres mouvements lui indiqueront ceux du marquis, si vous en êtes aimée? »

Mlle de Verneuil n'avait jamais entendu de voix si doucement affectueuse, Corentin était tout bonne foi, et paraissait plein de confiance. Le cœur de la pauvre fille recevait si facilement des impressions généreuses qu'elle allait livrer son secret au serpent qui l'enveloppait dans ses replis; cependant, elle pensa que rien ne prouvait la sincérité de cet artificieux langage, elle ne se fit donc aucun scrupule de tromper son surveillant.

« Eh bien, répondit-elle, vous avez deviné, Corentin. Oui, j'aime le marquis; mais je n'en suis pas aimée! du moins je le crains; aussi, le rendez-vous qu'il me donne me semble-t-il cacher quelque piège.

— Mais, répliqua Corentin, vous nous avez dit hier qu'il vous avait accompagnée jusqu'à Fougères... S'il eût voulu exercer des violences contre vous, vous ne seriez pas ici.

— Vous avez le cœur sec, Corentin. Vous pouvez établir de savantes combinaisons sur les événements de la vie humaine, et non sur ceux d'une passion. Voilà peut-être d'où vient la constante répugnance que vous m'inspirez. Puisque vous êtes si clairvoyant, cherchez à comprendre comment un homme de qui je me suis séparée violemment avant-hier, m'attend avec impatience aujourd'hui, sur la route de Mayenne, dans une maison de Florigny, vers le soir... »

A cet aveu qui semblait échappé dans un emportement assez naturel à cette créature franche et passionnée, Corentin rougit, car il était encore jeune; mais il jeta sur elle et à la dérobée un de ces regards perçants qui vont chercher l'âme. La naïveté de Mlle de Verneuil était si bien jouée qu'elle trompa l'espion, et il répondit avec une bonhomie factice : « Voulez-vous que je vous accompagne de loin? j'aurais avec moi des soldats déguisés, et nous serions prêts à vous obéir.

— J'y consens, dit-elle; mais promettez-moi, sur votre honneur... oh! non, je n'y crois pas! par votre salut, mais vous ne croyez pas en Dieu! par votre âme, vous n'en avez peut-être pas. Quelle assurance pouvez-vous donc me donner de votre fidélité? Et je me fie à vous, cependant, et je remets en vos mains plus que ma vie, ou mon amour ou ma vengeance! »

Le léger sourire qui apparut sur la figure blafarde de Corentin fit connaître à Mlle de Verneuil le danger qu'elle venait d'éviter. Le sbire, dont les narines se contractaient au lieu de se dilater, prit la main de sa victime, la baisa avec les marques du respect le plus profond, et la quitta en lui faisant un salut qui n'était pas dénué de grâce.

Trois heures après cette scène, Mlle de Verneuil, qui craignait le retour de Corentin, sortit furtivement par la porte Saint-Léonard, et gagna le petit sentier du Nid-aux-crocs qui conduisait dans la vallée du Nançon. Elle se crut sauvée en marchant sans témoins à travers le dédale des sentiers qui menaient à la cabane de Galope-chopine où elle allait gaiement, conduite par l'espoir de trouver enfin le bonheur, et par le désir de soustraire son amant au sort qui le menaçait. Pendant ce temps, Corentin était à la recherche du commandant. Il eut de la peine à reconnaître Hulot, en le trouvant sur une petite place où il s'occupait de quelques préparatifs militaires. En effet, le brave vétéran avait fait un sacrifice dont le mérite sera difficilement apprécié. Sa queue et ses moustaches étaient coupées, et ses cheveux, soumis au régime ecclésiastique, avaient un œil de poudre. Chaussé de gros souliers ferrés, ayant troqué son vieil uniforme bleu et son épée contre une peau de bique, armé d'une ceinture de pistolets et d'une lourde carabine, il passait en revue deux cents habitants de Fougères, dont les costumes auraient pu tromper l'œil du Chouan le plus exercé. L'esprit belliqueux de cette petite ville et le caractère breton se déployaient dans cette scène, qui n'était pas nouvelle. Çà et là, quelques mères, quelques sœurs, apportaient à leurs fils, à leurs frères, une gourde d'eau-de-vie ou des pistolets oubliés. Plusieurs vieillards s'enquéraient du nombre et de la bonté des cartouches de ces gardes nationaux déguisés en Contre-Chouans, et dont la gaieté annonçait plutôt une partie de chasse qu'une expédition dangereuse. Pour eux, les ren-

contres de la chouannerie, où les Bretons des villes
se battaient avec les Bretons des campagnes, semblaient avoir remplacé les tournois de la chevalerie.
Cet enthousiasme patriotique avait peut-être pour
principe quelques acquisitions de biens nationaux.
Néanmoins les bienfaits de la Révolution mieux
appréciés dans les villes, l'esprit de parti, un certain amour national pour la guerre entraient aussi
pour beaucoup dans cette ardeur. Hulot émerveillé
parcourait les rangs en demandant des renseignements à Gudin, sur lequel il avait reporté tous les
sentiments d'amitié jadis voués à Merle et à Gérard. Un grand nombre d'habitants examinaient les
préparatifs de l'expédition, en comparant la tenue
de leurs tumultueux compatriotes à celle d'un bataillon de la demi-brigade de Hulot. Tous immobiles et silencieusement alignés, les Bleus attendaient sous la conduite de leurs officiers, les ordres
du commandant, que les yeux de chaque soldat suivaient de groupe en groupe. En parvenant auprès
du vieux chef de demi-brigade, Corentin ne put
s'empêcher de sourire du changement opéré sur la
figure de Hulot. Il avait l'air d'un portrait qui ne
ressemble plus à l'original.

« Qu'y a-t-il donc de nouveau? lui demanda Corentin.

— Viens faire avec nous le coup de fusil et tu le
sauras, lui répondit le commandant.

— Oh! je ne suis pas de Fougères, répliqua
Corentin.

-- Cela se voit bien, citoyen », lui dit Gudin.

Quelques rires moqueurs partirent de tous les groupes voisins.

« Crois-tu, reprit Corentin, qu'on ne puisse servir la France qu'avec des baïonnettes?... »

Puis il tourna le dos aux rieurs, et s'adressa à une femme pour apprendre le but et la destination de cette expédition.

« Hélas! mon bon homme, les Chouans sont déjà à Florigny! On dit qu'ils sont plus de trois mille et s'avancent pour prendre Fougères.

— Florigny, s'écria Corentin pâlissant. Le rendez-vous n'est pas là! Est-ce bien, reprit-il, Florigny sur la route de Mayenne?

— Il n'y a pas deux Florigny, lui répondit la femme en lui montrant le chemin terminé par le sommet de la Pèlerine.

— Est-ce le marquis de Montauran que vous cherchez? demanda Corentin au commandant.

— Un peu, répondit brusquement Hulot.

— Il n'est pas à Florigny, répliqua Corentin. Dirigez sur ce point votre bataillon et la garde nationale, mais gardez avec vous quelques-uns de vos Contre-Chouans et attendez-moi.

— Il est trop malin pour être fou, s'écria le commandant en voyant Corentin s'éloigner à grands pas. C'est bien le roi des espions! »

En ce moment, Hulot donna l'ordre du départ à son bataillon. Les soldats républicains marchèrent sans tambour et silencieusement le long du faubourg étroit qui mène à la route de Mayenne, en dessinant une longue ligne bleue et rouge à travers les arbres et les maisons; les gardes nationaux déguisés les suivaient; mais Hulot resta sur la petite place avec Gudin et une vingtaine des plus adroits jeunes gens de la ville, en attendant Corentin dont l'air mystérieux avait piqué sa curiosité. Francine apprit elle-même le départ de Mlle de Verneuil à cet espion sagace, dont tous les soupçons se changèrent en certitude, et qui sortit aussitôt pour recueillir des lumières sur une fuite à bon droit suspecte. Instruit par les soldats de garde au poste Saint-Léonard, du passage de la belle inconnue par le Nid-aux-crocs. Corentin courut sur la promenade, et y arriva malheureusement assez à propos pour apercevoir de là les moindres mouvements de Marie. Quoiqu'elle eût mis une robe et une capote vertes pour être vue moins facilement, les soubresauts de sa marche presque folle faisaient reconnaître, à travers les haies dépouillées de feuilles et blanches de givre, le point vers lequel ses pas se dirigeaient.

« Ah! s'écria-t-il, tu dois aller à Florigny et tu descends dans le val de Gibarry! Je ne suis qu'un sot, elle m'a joué. Mais patience, j'allume ma lampe le jour aussi bien que la nuit. »

Corentin, devinant alors à peu près le lieu du rendez-vous des deux amants, accourut sur la place au moment où Hulot allait la quitter et rejoindre ses troupes.

« Halte, mon général! » cria-t-il au commandant qui se retourna.

En un instant, Corentin instruisit le soldat des événements dont la trame, quoique cachée, laissait voir quelques-uns de ses fils, et Hulot, frappé par la perspicacité du diplomate, lui saisit vivement le bras.

« Mille tonnerres! citoyen curieux, tu as raison. Les brigands font là-bas une fausse attaque! Les deux colonnes mobiles que j'ai envoyées inspecter les environs, entre la route d'Antrain et de Vitré, ne sont pas encore revenues; ainsi, nous trouverons dans la campagne des renforts qui ne nous seront sans doute pas inutiles, car le Gars n'est pas assez niais pour se risquer sans avoir avec lui ses sacrées chouettes.

« Gudin, dit-il au jeune Fougerais, cours avertir le capitaine Lebrun qu'il peut se passer de moi à Florigny pour y frotter les brigands, et reviens plus vite que ça. Tu connais les sentiers, je t'attends pour aller à la chasse du ci-devant et venger les assassinats de la Vivetière.

« Tonnerre de Dieu, comme il court! reprit-il en voyant partir Gudin qui disparut comme par enchantement. Gérard aurait-il aimé ce garçon-là! »

A son retour, Gudin trouva la petite troupe de Hulot augmentée de quelques soldats pris aux différents postes de la ville. Le commandant dit au jeune Fougerais de choisir une douzaine de ses compatriotes les mieux dressés au difficile métier

de Contre-Chouan, et lui ordonna de se diriger par
la porte Saint-Léonard, afin de longer le revers des
montagnes de Saint-Sulpice qui regardait la grande
vallée du Couesnon, et sur lequel était située la
cabane de Galope-chopine; puis il se mit lui-même
à la tête du reste de la troupe, et sortit par la porte
Saint-Sulpice pour aborder les montagnes à leur
sommet, où, suivant ses calculs, il devait rencontrer
les gens de Beau-pied qu'il se proposait d'employer
à renforcer un cordon de sentinelles chargées de
garder les rochers, depuis le faubourg Saint-Sulpice
jusqu'au Nid-aux-crocs. Corentin, certain d'avoir
remis la destinée du chef des Chouans entre les
mains de ses plus implacables ennemis, se rendit
promptement sur la Promenade pour mieux saisir
l'ensemble des dispositions militaires de Hulot. Il
ne tarda pas à voir la petite escouade de Gudin
débouchant par la vallée du Nançon et suivant
les rochers du côté de la grande vallée du Couesnon, tandis que Hulot, débusquant le long du château de Fougères, gravissait le sentier périlleux qui
conduisait au sommet des montagnes de Saint-Sulpice. Ainsi les deux troupes se déployaient sur deux
lignes parallèles. Tous les arbres et les buissons,
décorés par le givre de riches arabesques, jetaient
sur la campagne un reflet blanchâtre qui permettait
de bien voir, comme des lignes grises, ces deux
petits corps d'armée en mouvement. Arrivé sur le
plateau des rochers, Hulot détacha de sa troupe
tous les soldats qui étaient en uniforme, et Coren-

tin les vit établissant, par les ordres de l'habile commandant, une ligne de sentinelles ambulantes séparées chacune par un espace convenable, dont la première devait correspondre avec Gudin et la dernière avec Hulot, de manière qu'aucun buisson ne devait échapper aux baïonnettes de ces trois lignes mouvantes qui allaient traquer le Gars à travers les montagnes et les champs.

« Il est rusé, ce vieux loup de guérite, s'écria Corentin en perdant de vue les dernières pointes de fusil qui brillèrent dans les ajoncs, le Gars est cuit. Si Marie avait livré ce damné marquis, nous eussions, elle et moi, été unis par le plus fort des liens, une infamie... Mais elle sera bien à moi!... »

Les douze jeunes Fougerais conduits par le sous-lieutenant Gudin atteignirent bientôt le versant que forment les rochers de Saint-Sulpice, en s'abaissant par petites collines dans la vallée de Gibarry. Gudin, lui, quitta les chemins, sauta lestement l'échalier du premier champ de genêts qu'il rencontra, et où il fut suivi par six de ses compatriotes; les six autres se dirigèrent, d'après ses ordres, dans les champs de droite, afin d'opérer les recherches de chaque côté des chemins. Gudin s'élança vivement vers un pommier qui se trouvait au milieu du genêt. Au bruissement produit par la marche des six Contre-Chouans qu'il conduisait à travers cette forêt de genêts en tâchant de ne pas en agiter les touffes givrées, sept ou huit hommes à la tête desquels était Beau-pied se cachèrent derrière quelques

châtaigniers par lesquels la haie de ce champ était
couronnée. Malgré le reflet blanc qui éclairait la
campagne et malgré leur vue exercée, les Fougerais
n'aperçurent pas d'abord leurs adversaires qui
s'étaient fait un rempart des arbres.

« Chut! les voici, dit Beau-pied qui le premier
leva la tête. Les brigands nous ont excédés, mais,
puisque nous les avons au bout de nos fusils, ne
les manquons pas, ou, nom d'une pipe! nous ne
serions pas susceptibles d'être soldats du pape! »

Cependant les yeux perçants de Gudin avaient
fini par découvrir quelques canons de fusil dirigés
vers sa petite escouade. En ce moment, par une
amère dérision, huit grosses voix crièrent *qui vive!*
et huit coups de fusil partirent aussitôt. Les balles
sifflèrent autour des Contre-Chouans. L'un d'eux en
reçut une dans le bras et un autre tomba. Les cinq
Fougerais qui restaient sains et saufs ripostèrent
par une décharge en répondant : « Amis! » Puis,
ils marchèrent rapidement sur les ennemis, afin de
les atteindre avant qu'ils n'eussent rechargé leurs
armes.

« Nous ne savions pas si bien dire, s'écria le
jeune sous-lieutenant en reconnaissant les uniformes et les vieux chapeaux de sa demi-brigade.
Nous avons agi en vrais Bretons, nous nous sommes
battus avant de nous expliquer. »

Les huit soldats restèrent stupéfaits en reconnaissant Gudin.

« Dame! mon officier, qui diable ne vous prendrait pas pour des brigands sous vos peaux de bique, s'écria douloureusement Beau-pied.

— C'est un malheur, et nous en sommes tous innocents, puisque vous n'étiez pas prévenus de la sortie de nos Contre-Chouans. Mais où en êtes-vous? lui demanda Gudin.

— Mon officier, nous sommes à la recherche d'une douzaine de Chouans qui s'amusent à nous échiner. Nous courons comme des rats empoisonnés; mais, à force de sauter ces échaliers et ces haies que le tonnerre confonde, nos compas s'étaient rouillés et nous nous reposions. Je crois que les brigands doivent être maintenant dans les environs de cette grande baraque d'où vous voyez sortir de la fumée.

— Bon! s'écria Gudin. Vous autres, dit-il aux huit soldats et à Beau-pied, vous allez vous replier sur les rochers de Saint-Sulpice, à travers les champs, et vous y appuierez la ligne de sentinelles que le commandant y a établie. Il ne faut pas que vous restiez avec nous autres, puisque vous êtes en uniforme. Nous voulons, mille cartouches! venir à bout de ces chiens-là, le Gars est avec eux! Les camarades vous en diront plus long que je ne vous en dis. Filez sur la droite, et n'administrez pas de coups de fusil à six de nos peaux de bique que vous pourrez rencontrer. Vous reconnaîtrez nos Contre-Chouans à leurs cravates qui sont roulées en corde sans nœud. »

Gudin laissa ses deux blessés sous le pommier, en

se dirigeant vers la maison de Galope-chopine, que
Beau-pied venait de lui indiquer et dont la fumée
lui servit de boussole. Pendant que le jeune officier
était mis sur la piste des Chouans par une rencontre assez commune dans cette guerre, mais qui
aurait pu devenir meurtrière, le petit détachement
que commandait Hulot avait atteint sur sa ligne
d'opérations un point parallèle à celui où Gudin
était parvenu sur la sienne. Le vieux militaire, à la
tête de ses Contre-Chouans, se glissait silencieusement le long des haies avec toute l'ardeur d'un
jeune homme, il sautait les échaliers encore assez
légèrement en jetant ses yeux fauves sur toutes les
hauteurs, et prêtant, comme un chasseur, l'oreille
au moindre bruit. Au troisième champ dans lequel
il entra, il aperçut une femme d'une trentaine
d'années, occupée à labourer la terre à la houe, et
qui, toute courbée, travaillait avec courage; tandis
qu'un petit garçon âgé d'environ sept à huit ans,
armé d'une serpe, secouait le givre de quelques
ajoncs qui avaient poussé çà et là, les coupait et
les mettait en tas. Au bruit que fit Hulot en retom-
bant lourdement de l'autre côté de l'échalier, le
petit gars et sa mère levèrent la tête. Hulot prit
facilement cette jeune femme pour une vieille. Des
rides venues avant le temps sillonnaient le front et la
peau du cou de la Bretonne, elle était si grotesquement vêtue d'une peau de bique usée, que sans une
robe de toile jaune et sale, marque distinctive de
son sexe, Hulot n'aurait su à quel sexe la paysanne

appartenait, car les longues mèches de ses cheveux
noirs étaient cachées sous un bonnet de laine rouge.
Les haillons dont le petit gars était à peine couvert
en laissaient voir la peau.

« Ho! la vieille, cria Hulot d'un ton bas à cette
femme en s'approchant d'elle, où est le Gars? »

En ce moment les vingt Contre-Chouans qui suivaient Hulot franchirent les enceintes du champ.

« Ah! pour aller au Gars, faut que vous retour-
niez d'où vous venez, répondit la femme après
avoir jeté un regard de défiance sur la troupe.

— Est-ce que je te demande le chemin du faubourg du Gars à Fougères, vieille carcasse? répliqua
brutalement Hulot. Par sainte Anne d'Auray, as-tu
vu passer le Gars?

— Je ne sais pas ce que vous voulez dire, répondit la femme en se courbant pour reprendre son
travail.

— Garce damnée, veux-tu donc nous faire avaler
par les Bleus qui nous poursuivent? » s'écria Hulot.

A ces paroles la femme releva la tête et jeta un
nouveau regard de méfiance sur les Contre-Chouans
en leur répondant : « Comment les Bleus peuvent-
ils être à vos trousses? j'en viens de voir passer sept
à huit qui regagnent Fougères par le chemin d'en
bas.

— Ne dirait-on pas qu'elle va nous mordre avec
son nez? reprit Hulot. Tiens, regarde, vieille
bique.

Et le commandant lui montra du doigt, à une

cinquantaine de pas en arrière, trois ou quatre de
ses sentinelles dont les chapeaux, les uniformes et
les fusils étaient faciles à reconnaître.

« Veux-tu laisser égorger ceux que Marche-à-terre
envoie au secours du Gars que les Fougerais veulent
prendre? reprit-il avec colère.

— Ah! excusez, reprit la femme; mais il est si
facile d'être trompé! De quelle paroisse êtes-vous
donc? demanda-t-elle.

— De Saint-Georges, s'écrièrent deux ou trois
Fougerais en bas breton, et nous mourons de faim.

— Eh bien, tenez, répondit la femme, voyez-vous
cette fumée, là-bas? c'est ma maison. En suivant
les routins de droite, vous y arriverez par en haut.
Vous trouverez peut-être mon homme en route.
Galope-chopine doit faire le guet pour avertir le
Gars, puisque vous savez qu'il vient aujourd'hui
chez nous, ajouta-t-elle avec orgueil.

— Merci, bonne femme, répondit Hulot. — En
avant, vous autres, tonnerre de Dieu! ajouta-t-il en
parlant à ses hommes, nous le tenons! »

A ces mots, le détachement suivit au pas de
course le commandant, qui s'engagea dans les sentiers indiqués. En entendant le juron si peu catho-
lique du soi-disant Chouan, la femme de Galope-
chopine pâlit. Elle regarda les guêtres et les peaux
de bique des jeunes Fougerais, s'assit par terre,
serra son enfant dans ses bras et dit : « Que la
sainte vierge d'Auray et le bienheureux saint Labre
aient pitié de nous! Je ne crois pas que ce soient

nos gens, leurs souliers sont sans clous. Cours par
le chemin d'en bas prévenir ton père, il s'agit de sa
tête », dit-elle au petit garçon, qui disparut comme
un daim à travers les genêts et les ajoncs.

Cependant Mlle de Verneuil n'avait rencontré
sur sa route aucun des partis Bleus ou Chouans
qui se pourchassaient les uns les autres dans le laby-
rinthe des champs situés autour de la cabane de
Galope-chopine. En apercevant une colonne
bleuâtre s'élevant du tuyau à demi détruit de la
cheminée de cette triste habitation, son cœur
éprouva une de ces violentes palpitations dont les
coups précipités et sonores semblent monter dans le
cou comme par flots. Elle s'arrêta, s'appuya de la
main sur une branche d'arbre, et contempla cette
fumée qui devait également servir de fanal aux
amis et aux ennemis du jeune chef. Jamais elle
n'avait ressenti d'émotion si écrasante. « Ah! je
l'aime trop, se dit-elle avec une sorte de désespoir;
aujourd'hui je ne serai peut-être plus maîtresse de
moi... » Tout à coup elle franchit l'espace qui la
séparait de la chaumière, et se trouva dans la cour,
dont la fange avait été durcie par la gelée. Le gros
chien s'élança encore contre elle en aboyant; mais,
sur un seul mot prononcé par Galope-chopine, il
remua la queue et se tut. En entrant dans la chau-
mine, Mlle de Verneuil y jeta un de ces regards qui
embrassent tout. Le marquis n'y était pas. Marie
respira plus librement. Elle reconnut avec plaisir
que le Chouan s'était efforcé de restituer quelque

propreté à la sale et unique chambre de sa tanière.
Galope-chopine saisit sa canardière, salua silencieusement son hôtesse et sortit avec son chien; elle
le suivit jusque sur le seuil, et le vit s'en allant
par le sentier qui commençait à droite de sa cabane,
et dont l'entrée était défendue par un gros arbre
pourri en y formant un échalier presque ruiné. De
là, elle put apercevoir une suite de champs dont
les échaliers présentaient à l'œil comme une enfilade de portes, car la nudité des arbres et des haies
permettait de bien voir les moindres accidents du
paysage. Quand le large chapeau de Galope-chopine
eut tout à fait disparu, Mlle de Verneuil se retourna vers la gauche pour voir l'église de Fougères;
mais le hangar la lui cachait entièrement. Elle jeta
les yeux sur la vallée du Couesnon qui s'offrait à
ses regards, comme une vaste nappe de mousseline
dont la blancheur rendait plus terne encore un
ciel gris et chargé de neige. C'était une de ces jour-
nées où la nature semble muette, et où les bruits
sont absorbés par l'atmosphère. Aussi, quoique les
Bleus et leurs Contre-Chouans marchassent dans la
campagne sur trois lignes, en formant un triangle
qu'ils resserraient en s'approchant de la cabane, le
silence était si profond que Mlle de Verneuil se
sentit émue par des circonstances qui ajoutaient
à ses angoisses une sorte de tristesse physique. Il y
avait du malheur dans l'air. Enfin, à l'endroit où
un petit rideau de bois terminait l'enfilade d'échaliers, elle vit un jeune homme sautant les barrières

comme un écureuil, et courant avec une étonnante
rapidité. « C'est lui », se dit-elle. Simplement vêtu
comme un Chouan, le Gars portait son tromblon
en bandoulière derrière sa peau de bique, et, sans
la grâce de ses mouvements, il aurait été mécon-
naissable. Marie se retira précipitamment dans la
cabane, en obéissant à l'une de ces déterminations
instinctives aussi peu explicables que l'est la peur;
mais bientôt le jeune chef fut à deux pas d'elle
devant la cheminée, où brillait un feu clair et
animé. Tous deux se trouvèrent sans voix, craignirent de se regarder, ou de faire un mouvement.
Une même espérance unissait leur pensée, un même
doute les séparait, c'était une angoisse, c'était une
volupté.

« Monsieur, dit enfin Mlle de Verneuil d'une
voix émue, le soin de votre sûreté m'a seul amenée
ici.

— Ma sûreté! reprit-il avec amertume.

— Oui, répondit-elle, tant que je resterai à Fougères, votre vie est compromise, et je vous aime trop
pour n'en pas partir ce soir; ne m'y cherchez donc
plus.

— Partir, cher ange! je vous suivrai.

— Me suivre? y pensez-vous? et les Bleus?

— Eh! ma chère Marie, qu'y a-t-il de commun
entre les Bleus et notre amour?

— Mais il me semble qu'il est difficile que vous
restiez en France, près de moi, et plus difficile encore que vous la quittiez avec moi.

— Y a-t-il donc quelque chose d'impossible à qui aime bien?

— Ah! oui, je crois que tout est possible. N'ai-je pas eu le courage de renoncer à vous, pour vous!

— Quoi! vous vous êtes donnée à cet être affreux que vous n'aimiez pas, et vous ne voulez pas faire le bonheur d'un homme qui vous adore, de qui vous remplirez la vie, et qui jure de n'être jamais qu'à vous? Écoute-moi, Marie, m'aimes-tu?

— Oui, dit-elle.

— Eh bien, sois à moi.

— Avez-vous oublié que j'ai repris le rôle infâme d'une courtisane, et que c'est vous qui devez être à moi? Si je veux vous fuir, c'est pour ne pas laisser retomber sur votre tête le mépris que je pourrais encourir; sans cette crainte, peut-être...

— Mais si je ne redoute rien...

— Et qui m'en assurera? Je suis défiante. Dans ma situation, qui ne le serait pas?... Si l'amour que nous inspirons ne dure pas, au moins doit-il être complet, et nous faire supporter avec joie l'injustice du monde. Qu'avez-vous fait pour moi?... Vous me désirez. Croyez-vous vous être élevé par là bien au-dessus de ceux qui m'ont vue jusqu'à présent? Avez-vous risqué, pour une heure de plaisir, vos Chouans, sans plus vous en soucier que je ne m'inquiétais des Bleus massacrés quand tout fut perdu pour moi? Et si je vous ordonnais de renoncer à toutes vos idées, à vos espérances, à votre Roi

qui m'offusque et qui peut-être se moquera de vous
quand vous périrez pour lui; tandis que je saurais
mourir pour vous avec un saint respect! Enfin, si
je voulais que vous envoyassiez votre soumission au
Premier Consul pour que vous pussiez me suivre
à Paris?... si j'exigeais que nous allassions en Amérique y vivre loin d'un monde où tout est vanité,
afin de savoir si vous m'aimez bien pour moi-même,
comme en ce moment je vous aime! Pour tout dire
en un mot, si je voulais, au lieu de m'élever à
vous, que vous tombassiez jusqu'à moi, que feriez-
vous?

— Tais-toi, Marie, ne te calomnie pas. Pauvre
enfant, je t'ai devinée! Va, si mon premier désir
est devenu de la passion, ma passion est maintenant de l'amour. Chère âme de mon âme, je le sais,
tu es aussi noble que ton nom, aussi grande que
belle; je suis assez noble et me sens assez grand
moi-même pour t'imposer au monde. Est-ce parce
que je pressens en toi des voluptés inouïes et inces-
santes?... est-ce parce que je crois rencontrer en
ton âme ces précieuses qualités qui nous font toujours aimer la même femme? j'en ignore la cause,
mais mon amour est sans bornes, et il me semble
que je ne puis plus me passer de toi. Oui, ma vie
serait pleine de dégoût si tu n'étais toujours près
de moi...

— Comment près de vous?

— Oh! Marie, tu ne veux donc pas deviner ton
Alphonse?

— Ah! croiriez-vous me flatter beaucoup en m'offrant votre nom, votre main? dit-elle avec un apparent dédain mais en regardant fixement le marquis pour en surprendre les moindres pensées. Et savez-vous si vous m'aimerez dans six mois, et alors quel serait mon avenir?... Non, non, une maîtresse est la seule femme qui soit sûre des sentiments qu'un homme lui témoigne; car le devoir, les lois, le monde, l'intérêt des enfants, n'en sont pas les tristes auxiliaires, et si son pouvoir est durable, elle y trouve des flatteries et un bonheur qui font accepter les plus grands chagrins du monde. Etre votre femme et avoir la chance de vous peser un jour!... A cette crainte je préfère un amour passager, mais vrai, quand même la mort et la misère en seraient la fin. Oui, je pourrais être, mieux que toute autre, une mère vertueuse, une épouse dévouée; mais pour entretenir de tels sentiments dans l'âme d'une femme, il ne faut pas qu'un homme l'épouse dans un accès de passion. D'ailleurs, sais-je moi-même si vous me plairez demain? Non, je ne veux pas faire votre malheur, je quitte la Bretagne, dit-elle en apercevant de l'hésitation dans son regard, je retourne à Fougères, et vous ne viendrez pas me chercher là...

— Eh bien, après-demain, si dès le matin tu vois de la fumée sur les roches de Saint-Sulpice, le soir je serai chez toi, amant, époux, ce que tu voudras que je sois, j'aurai tout bravé!

— Mais, Alphonse, tu m'aimes donc bien, dit-elle avec ivresse, pour risquer ainsi ta vie avant de me la donner?... »

Il ne répondit pas, il la regarda, elle baissa les yeux; mais il lut sur l'ardent visage de sa maîtresse un délire égal au sien, et alors il lui tendit les bras. Une sorte de folie entraîna Marie, qui alla tomber mollement sur le sein du marquis, décidée à s'abandonner à lui pour faire de cette faute le plus grand des bonheurs, en y risquant tout son avenir, qu'elle rendrait plus certain si elle sortait victorieuse de cette dernière épreuve. Mais à peine sa tête s'était-elle posée sur l'épaule de son amant, qu'un léger bruit retentit au-dehors. Elle s'arracha de ses bras comme si elle se fût réveillée, et s'élança hors de la chaumière. Elle put alors recouvrer un peu de sang-froid et penser à sa situation.

« Il m'aurait acceptée et se serait moqué de moi, peut-être, se dit-elle. Ah! si je pouvais le croire, je le tuerais. » « Ah! pas encore cependant », reprit-elle en apercevant Beau-pied, à qui elle fit un signe que le soldat comprit à merveille.

Le pauvre garçon tourna brusquement sur ses talons, en feignant de n'avoir rien vu. Tout à coup, Mlle de Verneuil rentra dans la chambre en invitant le jeune chef à garder le plus profond silence, par la manière dont elle se pressa les lèvres sous l'index de sa main droite.

« Ils sont là, dit-elle avec terreur et d'une voix sourde.

— Qui?

— Les Bleus.

— Ah! je ne mourrai pas sans avoir...

— Oui, prends... »

Il la saisit froide et sans défense, et cueillit sur ses lèvres un baiser plein d'horreur et de plaisir, car il pouvait être à la fois le premier et le dernier. Puis ils allèrent ensemble sur le seuil de la porte, en y plaçant leurs têtes de manière à tout examiner sans être vus. Le marquis aperçut Gudin à la tête d'une douzaine d'hommes qui tenaient le bas de la vallée du Couesnon. Il se tourna vers l'enfilade des échaliers, le gros tronc d'arbre pourri était gardé par sept soldats. Il monta sur la pièce de cidre, enfonça le toit de bardeau pour sauter sur l'éminence; mais il retira précipitamment sa tête du trou qu'il venait de faire : Hulot couronnait la hauteur et lui coupait le chemin de Fougères. En ce moment, il regarda sa maîtresse qui jeta un cri de désespoir : elle entendait les trépignements des trois détachements réunis autour de la maison.

« Sors la première, lui dit-il, tu me préserveras. »

En entendant ce mot, pour elle sublime, elle se plaça tout heureuse en face de la porte, pendant que le marquis armait son tromblon. Après avoir mesuré l'espace qui existait entre le seuil de la cabane et le gros tronc d'arbre, le Gars se jeta devant les sept Bleus, les cribla de sa mitraille et se fit un passage au milieu d'eux. Les trois troupes se précipitèrent autour de l'échalier que le chef avait sauté, et le virent alors courant dans le champ avec une incroyable célérité.

« Feu, feu, mille noms d'un diable! Vous n'êtes pas Français! Feu donc, mâtins! » cria Hulot d'une voix tonnante.

Au moment où il prononçait ces paroles du haut de l'éminence, ses hommes et ceux de Gudin firent une décharge générale qui heureusement fut mal dirigée. Déjà le marquis arrivait à l'échalier qui terminait le premier champ; mais au moment où il passait dans le second, il faillit être atteint par Gudin qui s'était élancé sur ses pas avec violence. En entendant ce redoutable adversaire à quelques toises, le Gars redoubla de vitesse. Néanmoins, Gudin et le marquis arrivèrent presque en même temps à l'échalier; mais Montauran lança si adroitement son tromblon à la tête de Gudin, qu'il le frappa et en retarda la marche. Il est impossible de dépeindre l'anxiété de Marie et l'intérêt que manifestaient à ce spectacle Hulot et sa troupe. Tous, ils répétaient silencieusement, à leur insu, les gestes des deux coureurs. Le Gars et Gudin parvinrent ensemble au rideau blanc de givre formé par le petit bois; mais l'officier rétrograda tout à coup et s'effaça derrière un pommier. Une vingtaine de Chouans, qui n'avaient pas tiré de peur de tuer leur chef, se montrèrent et criblèrent l'arbre de balles. Toute la petite troupe de Hulot s'avança au pas de course, pour sauver Gudin, qui, se trou-

vant sans armes, revenait de pommier en pommier,
en saisissant, pour courir, le moment où les Chasseurs du Roi chargeaient leurs armes. Son danger
dura peu. Les Contre-Chouans mêlés aux Bleus, et
Hulot à leur tête, vinrent soutenir le jeune officier
à la place où le marquis avait jeté son tromblon.
En ce moment, Gudin aperçut son adversaire tout
épuisé, assis sous un des arbres du petit bouquet de
bois; il laissa ses camarades se canardant avec les
Chouans retranchés derrière une haie latérale du
champ, il les tourna et se dirigea vers le marquis
avec la vivacité d'une bête fauve. En voyant cette
manœuvre, les Chasseurs du Roi poussèrent d'effroyables cris pour avertir leur chef; puis, après
avoir tiré sur les Contre-Chouans avec le bonheur
qu'ont les braconniers, ils essayèrent de leur tenir
tête; mais ceux-ci gravirent courageusement la haie
qui servait de rempart à leurs ennemis, et y prirent
une sanglante revanche. Les Chouans gagnèrent
alors le chemin qui longeait le champ dans l'enceinte duquel cette scène avait lieu, et s'emparèrent
des hauteurs que Hulot avait commis la faute
d'abandonner. Avant que les Bleus eussent eu le
temps de se reconnaître, les Chouans avaient pris
pour retranchements les brisures que formaient les
arêtes de ces rochers à l'abri desquels ils pouvaient
tirer sans danger sur les soldats de Hulot, si ceux-ci
faisaient quelque démonstration de vouloir venir
les y combattre. Pendant que Hulot, suivi de
quelques soldats, allait lentement vers le petit bois

pour y chercher Gudin, les Fougerais demeurèrent
pour dépouiller les Chouans morts et achever les
vivants. Dans cette épouvantable guerre, les deux
partis ne faisaient pas de prisonniers. Le marquis
sauvé, les Chouans et les Bleus reconnurent mutuellement la force de leurs positions respectives et
l'inutilité de la lutte, en sorte que chacun ne songea
plus qu'à se retirer.

« Si je perds ce jeune homme-là, s'écria Hulot
en regardant le bois avec attention, je ne veux
plus faire d'amis!

— Ah! ah! dit un des jeunes gens de Fougères
occupé à dépouiller les morts, voilà un oiseau qui a
des plumes jaunes. »

Et il montrait à ses compatriotes une bourse
pleine de pièces d'or qu'il venait de trouver dans
la poche d'un gros homme vêtu de noir.

« Mais qu'a-t-il donc là? reprit un autre qui
tira un bréviaire de la redingote du défunt.

— C'est pain bénit, c'est un prêtre! s'écria-t-il en
jetant le bréviaire à terre.

— Le voleur, il nous fait banqueroute, dit un
troisième en ne trouvant que deux écus de six
francs dans les poches du Chouan qu'il désha-
billait.

— Oui, mais il a une fameuse paire de souliers,
répondit un soldat qui se mit en devoir de les
prendre.

— Tu les auras s'ils tombent dans ton lot », lui
répliqua l'un des Fougerais, en les arrachant des

pieds du mort et les lançant au tas des effets déjà
rassemblés.

Un quatrième Contre-Chouan recevait l'argent,
afin de faire les parts lorsque tous les soldats de
l'expédition seraient réunis. Quand Hulot revint
avec le jeune officier, dont la dernière entreprise
pour joindre le Gars avait été aussi périlleuse
qu'inutile, il trouva une vingtaine de ses soldats et
une trentaine de Contre-Chouans devant onze ennemis morts dont les corps avaient été jetés dans un
sillon tracé au bas de la haie.

« Soldats, s'écria Hulot d'une voix sévère, je vous
défends de partager ces haillons. Formez vos rangs,
et plus vite que ça.

— Mon commandant, dit un soldat en montrant
à Hulot ses souliers, au bout desquels les cinq
doigts de ses pieds se voyaient à nu, bon pour l'argent; mais cette chaussure-là, ajouta-t-il en montrant
avec la crosse de son fusil la paire de souliers ferrés,
cette chaussure-là, mon commandant, m'irait comme
un gant.

— Tu veux à tes pieds des souliers anglais! lui
répliqua Hulot.

— Commandant, dit respectueusement un des
Fougerais, nous avons, depuis la guerre, toujours
partagé le butin.

— Je ne vous empêche pas, vous autres, de suivre
vos usages, répliqua durement Hulot en l'interrompant.

— Tiens, Gudin, voilà une bourse là qui contient

trois louis, tu as eu de la peine, ton chef ne s'opposera pas à ce que tu la prennes », dit à l'officier l'un de ses anciens camarades.

Hulot regarda Gudin de travers, et le vit pâlissant.

« C'est la bourse de mon oncle », s'écria le jeune homme.

Tout épuisé qu'il était par la fatigue, il fit quelques pas vers le monceau de cadavres, et le premier corps qui s'offrit à ses regards fut précisément celui de son oncle; mais à peine en vit-il le visage rubicond sillonné de bandes bleuâtres, les bras roidis, et la plaie faite par le coup de feu, qu'il jeta un cri étouffé et s'écria : « Marchons, mon commandant. »

La troupe de Bleus se mit en route. Hulot soutenait son jeune ami en lui donnant le bras.

« Tonnerre de Dieu, cela ne sera rien, lui disait le vieux soldat.

— Mais il est mort, répondit Gudin, mort! C'était mon seul parent, et, malgré ses malédictions, il m'aimait. Le Roi revenu, tout le pays aurait voulu ma tête, le bonhomme m'aurait caché sous sa soutane.

— Est-il bête! disaient les gardes nationaux restés à se partager les dépouilles; le bonhomme est riche, et comme ça, il n'a pas eu le temps de faire un testament par lequel il l'aurait déshérité. »

Le partage fait, les Contre-Chouans rejoignirent le petit bataillon de Bleus et le suivirent de loin.

Une horrible inquiétude se glissa, vers la nuit,

dans la chaumière de Galope-chopine, où jusqu'alors la vie avait été si naïvement insoucieuse. Barbette et son petit gars portant tous deux sur leur dos, l'une sa pesante charge d'ajoncs, l'autre une provision d'herbes pour les bestiaux, revinrent à l'heure où la famille prenait le repas du soir. En entrant au logis, la mère et le fils cherchèrent en vain Galope-chopine; et jamais cette misérable chambre ne leur parut si grande, tant elle était vide. Le foyer sans feu, l'obscurité, le silence, tout leur prédisait quelque malheur. Quand la nuit fut venue, Barbette s'empressa d'allumer un feu clair et deux *oribus,* nom donné aux chandelles de résine dans le pays compris entre les rivages de l'Armorique jusqu'en haut de la Loire, et encore usité en deçà d'Amboise dans les campagnes du Vendômois. Barbette mettait à ces apprêts la lenteur dont sont frappées les actions quand un sentiment profond les domine; elle écoutait le moindre bruit; mais souvent trompée par le sifflement des rafales, elle allait sur la porte de sa misérable hutte et en revenait toute triste. Elle nettoya deux pichés, les remplit de cidre et les posa sur la longue table de noyer. A plusieurs reprises, elle regarda son garçon qui surveillait la cuisson des galettes de sarrasin, mais sans pouvoir lui parler. Un instant les yeux du petit gars s'arrêtèrent sur les deux clous qui servaient à supporter la canardière de son père, et Barbette frissonna en voyant comme lui cette place vide. Le silence n'était interrompu que par les mugissements

des vaches, ou par les gouttes de cidre qui tombaient périodiquement de la bonde du tonneau. La
pauvre femme soupira en apprêtant dans trois
écuelles de terre brune une espèce de soupe composée de lait, de galette coupée par petits morceaux
et de châtaignes cuites.

« Ils se sont battus dans la pièce qui dépend de
la Béraudière, dit le petit gars.

— Vas-y donc voir », répondit la mère.

Le gars y courut, reconnut au clair de la lune le
monceau de cadavres, n'y trouva point son père, et
revint tout joyeux en sifflant; il avait ramassé quelques pièces de cent sous foulées aux pieds par les
vainqueurs et oubliés dans la boue. Il trouva sa
mère assise sur une escabelle et occupée à filer du
chanvre au coin du feu. Il fit un signe négatif à
Barbette, qui n'osa croire à quelque chose d'heureux; puis, dix heures ayant sonné à Saint-Léonard,
le petit gars se coucha après avoir marmotté une
prière à la sainte vierge d'Auray. Au jour, Barbette,
qui n'avait pas dormi, poussa un cri de joie, en
entendant retentir dans le lointain un bruit de gros
souliers ferrés qu'elle reconnut, et Galope-chopine
montra bientôt sa mine renfrognée.

« Grâces à saint Labre à qui j'ai promis un beau
cierge, le Gars a été sauvé! N'oublie pas que nous
devons maintenant trois cierges au saint. »

Puis, Galope-chopine saisit un piché et l'avala
tout entier sans reprendre haleine. Lorsque sa
femme lui eut servi sa soupe, l'eut débarrassé de sa

canardière et qu'il se fut assis sur le banc de noyer, il dit en s'approchant du feu : « Comment les Bleus et les Contre-Chouans sont-ils donc venus ici? On se battait à Florigny. Quel diable a pu leur dire que le Gars était chez nous? car il n'y avait que lui, sa belle garce et nous qui le savions. »

La femme pâlit.

« Les Contre-Chouans m'ont persuadée qu'ils étaient des gars de Saint-Georges, répondit-elle en tremblant, et c'est moi qui leur ai dit où était le Gars. »

Galope-chopine pâlit à son tour, et laissa son écuelle sur le bord de la table.

« Je t'ai envoyé not' gars pour te prévenir, reprit Barbette effrayée, il ne t'a pas rencontré. »

Le Chouan se leva, et frappa si violemment sa femme qu'elle alla tomber, pâle comme un mort, sur le lit.

« Garce maudite, tu m'as tué », dit-il. Mais saisi d'épouvante, il prit sa femme dans ses bras : « Barbette? s'écria-t-il, Barbette? Sainte Vierge! j'ai eu la main trop lourde.

— Crois-tu, lui dit-elle en ouvrant les yeux, que Marche-à-terre vienne à le savoir?

— Le Gars, répondit le Chouan, a dit de s'enquérir d'où venait cette trahison.

— L'a-t-il dit à Marche-à-terre?

— Pille-miche et Marche-à-terre étaient à Florigny. »

Barbette respira plus librement.

« S'ils touchent à un seul cheveu de ta tête, dit-elle, je rincerai leurs verres avec du vinaigre.

— Ah! je n'ai plus faim », s'écria tristement Galope-chopine.

Sa femme poussa devant lui l'autre piché plein, il n'y fit pas même attention. Deux grosses larmes sillonnèrent alors les joues de Barbette et humectèrent les rides de son visage fané.

« Ecoute, ma femme, il faudra demain matin amasser des fagots au *dret* de Saint-Léonard sur les rochers de Saint-Sulpice et y mettre le feu. C'est le signal convenu entre le Gars et le vieux recteur de Saint-Georges qui viendra lui dire une messe.

— Il ira donc à Fougères?

— Oui, chez sa belle garce. J'ai à courir aujourd'hui à cause de ça! Je crois bien qu'il va l'épouser et l'enlever, car il m'a dit d'aller louer des chevaux et de les égailler sur la route de Saint-Malo. »

Là-dessus, Galope-chopine fatigué se coucha pour quelques heures et se remit en course. Le lendemain matin il rentra après s'être soigneusement acquitté des commissions que le marquis lui avait confiées. En apprenant que Marche-à-terre et Pille-miche ne s'étaient pas présentés, il dissipa les inquiétudes de sa femme, qui partit presque rassurée pour les roches de Saint-Sulpice, où la veille elle avait préparé sur le mamelon qui faisait face à Saint-Léonard quelques fagots couverts de givre. Elle emmena par la main son petit gars qui portait du feu dans un sabot cassé. A peine son fils et sa femme avaient-ils

disparu derrière le toit du hangar, que Galope-chopine entendit deux hommes sautant le dernier des
échaliers en enfilade, et insensiblement il vit à travers un brouillard assez épais des formes anguleuses
se dessinant comme des ombres indistinctes. « C'est
Pille-miche et Marche-à-terre », se dit-il mentale-
ment. Et il tressaillit. Les deux Chouans montrèrent
dans la petite cour leurs visages ténébreux qui ressemblaient assez, sous leurs grands chapeaux usés,
à ces figures que des graveurs ont faites avec des
paysages.

« Bonjour, Galope-chopine, dit gravement Marche-à-terre.

— Bonjour, monsieur Marche-à-terre, répondit
humblement le mari de Barbette. Voulez-vous entrer
ici et vider quelques pichés? J'ai de la galette froide
et du beurre fraîchement battu.

— Ce n'est pas de refus, mon cousin », dit Pille-
miche.

Les deux Chouans entrèrent. Ce début n'avait
rien d'effrayant pour le maître du logis, qui s'empressa d'aller à sa grosse tonne emplir trois pichés,
pendant que Marche-à-terre et Pille-miche, assis de
chaque côté de la longue table sur un des bancs luisants, se coupèrent des galettes et les garnirent d'un
beurre gras et jaunâtre qui, sous le couteau, laissait
jaillir de petites bulles de lait. Galope-chopine posa
les pichés pleins de cidre et couronnés de mousse
devant ses hôtes, et les trois Chouans se mirent à
manger; mais de temps en temps le maître du logis

jetait un regard de côté sur Marche-à-terre en s'empressant de satisfaire sa soif.

« Donne-moi ta chinchoire », dit Marche-à-terre à Pille-miche.

Et après en avoir secoué fortement plusieurs chinchées dans le creux de sa main, le Breton aspira son tabac en homme qui voulait se préparer à quelque action grave.

« Il fait froid », dit Pille-miche en se levant pour aller fermer la partie supérieure de la porte.

Le jour terni par le brouillard ne pénétra plus dans la chambre que par la petite fenêtre, et n'éclaira que faiblement la table et les deux bancs; mais le feu y répandit des lueurs rougeâtres. En ce moment, Galope-chopine, qui avait achevé de remplir une seconde fois les pichés de ses hôtes, les mettait devant eux; mais ils refusèrent de boire, jetèrent leurs larges chapeaux et prirent tout à coup un air solennel. Leurs gestes et le regard par lequel ils se consultèrent firent frissonner Galope-chopine, qui crut apercevoir du sang sous les bonnets de laine rouge dont ils étaient coiffés.

« Apporte-nous ton couperet, dit Marche-à-terre.

— Mais, monsieur Marche-à-terre, qu'en voulez-vous donc faire?

— Allons, cousin, tu le sais bien, dit Pille-miche en serrant sa chinchoire que lui rendit Marche-à-terre, tu es jugé. »

Les deux Chouans se levèrent ensemble en saisissant leurs carabines.

« Monsieur Marche-à-terre, je n'ai *rin* dit sur le Gars...

— Je te dis d'aller chercher ton couperet », répondit le Chouan.

Le malheureux Galope-chopine heurta le bois grossier de la couche de son garçon, et trois pièces de cent sous roulèrent sur le plancher; Pille-miche les ramassa.

« Oh! oh! les Bleus t'ont donné des pièces neuves, s'écria Marche-à-terre.

— Aussi vrai que voilà l'image de saint Labre, reprit Galope-chopine, je n'ai *rin* dit. Barbette a pris les Contre-Chouans pour les gars de Saint-Georges, voilà tout.

— Pourquoi parles-tu d'affaires à ta femme, répondit brutalement Marche-à-terre.

— D'ailleurs, cousin, nous ne te demandons pas de raisons, mais ton couperet. Tu es jugé. »

A un signe de son compagnon, Pille-miche l'aida à saisir la victime. En se trouvant entre les mains des deux Chouans, Galope-chopine perdit toute force, tomba sur ses genoux, et leva vers ses bourreaux des mains désespérées : « Mes bons amis, mon cousin, que voulez-vous que devienne mon petit gars?

— J'en prendrai soin, dit Marche-à-terre.

— Mes chers camarades, reprit Galope-chopine devenu blême, je ne suis pas en état de mourir. Me

laisserez-vous partir sans confession? Vous avez le
droit de prendre ma vie, mais non celui de me faire
perdre la bienheureuse éternité.

— C'est juste », dit Marche-à-terre en regardant
Pille-miche.

Les deux Chouans restèrent un moment dans le
plus grand embarras et sans pouvoir résoudre ce cas
de conscience. Galope-chopine écouta le moindre
bruit causé par le vent, comme s'il eût conservé
quelque espérance. Le son de la goutte de cidre qui
tombait périodiquement du tonneau lui fit jeter
un regard machinal sur la pièce et soupirer tristement. Tout à coup, Pille-miche prit le patient par
un bras, l'entraîna dans un coin et lui dit :
« Confesse-moi tous tes péchés, je les redirai à un
prêtre de la véritable Eglise, il me donnera l'absolution; et s'il y a des pénitences à faire, je les ferai
pour toi. »

Galope-chopine obtint quelque répit, par sa manière d'accuser ses péchés; mais, malgré le nombre
et les circonstances des crimes, il finit par atteindre
au bout de son chapelet.

« Hélas! dit-il en terminant, après tout, mon cousin, puisque je te parle comme à un confesseur, je
t'assure par le saint nom de Dieu, que je n'ai guère
à me reprocher que d'avoir, par-ci, par-là, un peu
trop beurré mon pain, et j'atteste saint Labre que
voici au-dessus de la cheminée, que je n'ai *rin* dit
sur le Gars. Non, mes bons amis, je n'ai pas
trahi.

— Allons, c'est bon, cousin, relève-toi, tu t'entendras sur tout cela avec le bon Dieu, dans le temps comme dans le temps.

— Mais laissez-moi dire un petit brin d'adieu à Barbe...

— Allons, répondit Marche-à-terre, si tu veux qu'on ne t'en veuille pas plus qu'il ne faut, comporte-toi en Breton, et finis proprement. »

Les deux Chouans saisirent de nouveau Galope-chopine, le couchèrent sur le banc, où il ne donna plus d'autres signes de résistance que ces mouvements convulsifs produits par l'instinct de l'animal; enfin il poussa quelques hurlements sourds qui cessèrent aussitôt que le son lourd du couperet eut retenti. La tête fut tranchée d'un seul coup. Marche-à-terre prit cette tête par une touffe de cheveux, sortit de la chaumière, chercha et trouva dans le grossier chambranle de la porte un grand clou autour duquel il tortilla les cheveux qu'il tenait, et y laissa pendre cette tête sanglante à laquelle il ne ferma seulement pas les yeux. Les deux Chouans se lavèrent les mains sans aucune précipitation, dans une grande terrine pleine d'eau, reprirent leurs chapeaux, leurs carabines, et franchirent l'échalier en sifflant l'air de la ballade du Capitaine. Pille-miche entonna d'une voix enrouée, au bout du champ, ces strophes prises au hasard dans cette naïve chanson dont les rustiques cadences furent emportées par le vent.

A la première ville,
Son amant l'habille
Tout en satin blanc;

A la seconde ville,
Son amant l'habille
En or, en argent.

Elle était si belle
Qu'on lui tendait les voiles
Dans tout le régiment.

Cette mélodie devint insensiblement confuse à
mesure que les deux Chouans s'éloignaient mais le
silence de la campagne était si profond, que plusieurs notes parvinrent à l'oreille de Barbette, qui
revenait alors au logis en tenant son petit gars par
la main. Une paysanne n'entend jamais froidement
ce chant, si populaire dans l'ouest de la France;
aussi Barbette commença-t-elle involontairement les
premières strophes de la ballade.

Allons, partons, belle,
Partons pour la guerre.
Partons, il est temps.

Brave capitaine,
Que ça ne te fasse pas de peine,
Ma fille n'est pas pour toi.

Tu ne l'auras sur terre,
Tu ne l'auras sur mer,
Si ce n'est par trahison.

Le père prend sa fille
Qui la déshabille
Et la jette à l'eau.

Capitaine plus sage,
Se jette à la nage,
La ramène à bord.

Allons, partons, belle,
Partons pour la guerre,
Partons, il est temps.

A la première ville, etc.

Au moment où Barbette se retrouvait en chantant à la reprise de la ballade par où avait commencé Pille-miche, elle était arrivée dans sa cour, sa langue se glaça, elle resta immobile, et un grand cri, soudain réprimé, sortit de sa bouche béante.

« Qu'as-tu donc, ma chère mère? demanda l'enfant.

— Marche tout seul, s'écria sourdement Barbette en lui retirant la main et le poussant avec une incroyable rudesse, tu n'as plus ni père ni mère. »

L'enfant, qui se frottait l'épaule en criant, vit la tête clouée, et son frais visage garda silencieusement la convulsion nerveuse que les pleurs donnent aux traits. Il ouvrit de grands yeux, regarda longtemps la tête de son père avec un air stupide qui ne trahissait aucune émotion; puis sa figure, abrutie par l'ignorance, arriva jusqu'à exprimer une curiosité sauvage. Tout à coup Barbette reprit la main de

son enfant, la serra violemment, et l'entraîna d'un
pas rapide dans la maison. Pendant que Pille-miche
et Marche-à-terre couchaient Galope-chopine sur le
banc, un de ses souliers était tombé sous son cou de
manière à se remplir de sang, et ce fut le premier
objet que vit sa veuve.

« Ote ton sabot, dit la mère à son fils. Mets ton
pied là-dedans. Bien. Souviens-toi toujours, s'écria-
t-elle d'un son de voix lugubre, du soulier de ton
père, et ne t'en mets jamais un aux pieds sans te
rappeler celui qui était plein du sang versé par les
Chuins, et tue les *Chuins.* »

En ce moment, elle agita sa tête par un mouvement si convulsif, que les mèches de ses cheveux
noirs retombèrent sur son cou et donnèrent à sa
figure une expression sinistre.

« J'atteste saint Labre, reprit-elle, que je te voue
aux Bleus. Tu seras soldat pour venger ton père.
tue, tue les *Chuins,* et fais comme moi. Ah! ils ont
pris la tête de mon homme, je vais donner celle du
Gars aux Bleus. »

Elle sauta d'un seul bond sur le lit, s'empara d'un
petit sac d'argent dans une cachette, reprit la main
de son fils étonné, l'entraîna violemment sans lui
laisser le temps de reprendre son sabot, et ils marchèrent tous deux d'un pas rapide vers Fougères,
sans que l'un ou l'autre retournât la tête vers la
chaumière qu'ils abandonnaient. Quand ils arrivèrent sur le sommet des rochers de Saint-Sulpice,
Barbette attisa le feu des fagots, et son gars l'aida

à les couvrir de genêts verts chargés de givre, afin d'en rendre la fumée plus forte.

« Ça durera plus que ton père, plus que moi et plus que le Gars », dit Barbette d'un air farouche en montrant le feu à son fils.

Au moment où la veuve de Galope-chopine et son fils au pied sanglant regardaient, avec une sombre expression de vengeance et de curiosité, tourbillonner la fumée, Mlle de Verneuil avait les yeux attachés sur cette roche, et tâchait, mais en vain, d'y découvrir le signal annoncé par le marquis. Le brouillard, qui s'était insensiblement accru, ensevelissait toute la région sous un voile dont les teintes grises cachaient les masses du paysage les plus près de la ville. Elle contemplait tour à tour, avec une douce anxiété, les rochers, le château, les édifices, qui ressemblaient dans ce brouillard à des brouillards plus noirs encore. Auprès de sa fenêtre, quelques arbres se détachaient de ce fond bleuâtre comme ces madrépores que la mer laisse entrevoir quand elle est calme. Le soleil donnait au ciel la couleur blafarde de l'argent terni, ses rayons coloraient d'une rougeur douteuse les branches nues des arbres, où se balançaient encore quelques dernières feuilles. Mais des sentiments trop délicieux agitaient l'âme de Marie, pour qu'elle vît de mauvais présages dans ce spectacle, en désaccord avec le bonheur dont elle se repaissait par avance. Depuis deux jours, ses idées s'étaient étrangement modifiées. L'âpreté, les éclats désordonnés de ses passions

avaient lentement subi l'influence de l'égale tempé-
rature que donne à la vie un véritable amour. La
certitude d'être aimée, qu'elle était allée chercher
à travers tant de périls, avait fait naître en elle le
désir de rentrer dans les conditions sociales qui
sanctionnent le bonheur, et d'où elle n'était sortie
que par désespoir. N'aimer que pendant un moment
lui sembla de l'impuissance. Puis elle se vit soudain
reportée, du fond de la société où le malheur l'avait
plongée, dans le haut rang où son père l'avait un
moment placée. Sa vanité, comprimée par les
cruelles alternatives d'une passion tour à tour heureuse ou méconnue, s'éveilla, lui fit voir tous les
bénéfices d'une grande position. En quelque sorte
née marquise, épouser Montauran, n'était-ce pas
pour elle agir et vivre dans la sphère qui lui était
propre. Après avoir connu les hasards d'une vie
tout aventureuse, elle pouvait mieux qu'une autre
femme apprécier la grandeur des sentiments qui
font la famille. Puis le mariage, la maternité et ses
soins, étaient pour elle moins une tâche qu'un
repos. Elle aimait cette vie vertueuse et calme entre-
vue à travers ce dernier orage, comme une femme
lasse de la vertu peut jeter un regard de convoitise
sur une passion illicite. La vertu était pour elle une
nouvelle séduction.

« Peut-être, dit-elle en revenant de la croisée sans
avoir vu de feu sur la roche de Saint-Sulpice, ai-je
été bien coquette avec lui? Mais aussi n'ai-je pas su
combien je suis aimée?... Francine, ce n'est plus un

songe! je serai ce soir la marquise de Montauran.
Qu'ai-je donc fait pour mériter un si complet bonheur. Oh! je l'aime, et l'amour seul peut payer
l'amour. Néanmoins, Dieu veut sans doute me récompenser d'avoir conservé tant de cœur malgré
tant de misères et me faire oublier mes souffrances;
car, tu le sais, mon enfant, j'ai bien souffert.

— Ce soir, marquise de Montauran, vous, Marie!
Ah! tant que ce ne sera pas fait, moi je croirai
rêver. Qui donc lui a dit tout ce que vous valez?

— Mais, ma chère enfant, il n'a pas seulement de
beaux yeux, il a aussi une âme. Si tu l'avais vu
comme moi dans le danger! Oh! il doit bien savoir
aimer, il est si courageux!

— Si vous l'aimez tant, pourquoi souffrez-vous
donc qu'il vienne à Fougères?

— Est-ce que nous avons eu le temps de nous dire
un mot quand nous avons été surpris. D'ailleurs,
n'est-ce pas une preuve d'amour? Et en a-t-on jamais
assez! En attendant coiffe-moi. »

Mais elle dérangea cent fois, par des mouvements
comme électriques, les heureuses combinaisons de
sa coiffure, en mêlant des pensées encore orageuses
à tous les soins de la coquetterie. En crêpant les
cheveux d'une boucle, ou en rendant ses nattes plus
brillantes, elle se demandait, par un reste de défiance, si le marquis ne la trompait pas, et alors elle
pensait qu'une semblable rouerie devait être impénétrable, puisqu'il s'exposait audacieusement à une
vengeance immédiate en venant la trouver à Fou-

gères. En étudiant malicieusement à son miroir les effets d'un regard oblique, d'un sourire, d'un léger pli du front, d'une attitude de colère, d'amour ou de dédain, elle cherchait une ruse de femme pour sonder jusqu'au dernier moment le cœur du jeune chef.

« Tu as raison! Francine, dit-elle, je voudrais comme toi que ce mariage fût fait. Ce jour est le dernier de mes jours nébuleux, il est gros de ma mort ou de notre bonheur. Le brouillard est odieux », ajouta-t-elle en regardant de nouveau vers les sommets de Saint-Sulpice toujours voilés.

Elle se mit à draper elle-même les rideaux de soie et de mousseline qui décoraient la fenêtre, en se plaisant à intercepter le jour de manière à produire dans la chambre un voluptueux clair-obscur.

« Francine, dit-elle, ôte ces babioles qui encombrent la cheminée, et n'y laisse que la pendule et les deux vases de Saxe dans lesquels j'arrangerai moi-même les fleurs d'hiver que Corentin m'a trouvées... Sors toutes les chaises, je ne veux voir ici que le canapé et un fauteuil. Quand tu auras fini, mon enfant, tu brosseras le tapis de manière à en ranimer les couleurs, puis tu garniras de bougies les bras de cheminée et les flambeaux... »

Marie regarda longtemps et avec attention la vieille tapisserie tendue sur les murs de cette chambre. Guidée par un goût inné, elle sut trouver, parmi les brillantes nuances de la haute lisse, les teintes qui pouvaient servir à lier cette antique

décoration aux meubles et aux accessoires de ce
boudoir par l'harmonie des couleurs ou par le
charme des oppositions. La même pensée dirigea
l'arrangement des fleurs dont elle chargea les vases
contournés qui ornaient la chambre. Le canapé fut
placé près du feu. De chaque côté du lit, qui occupait la paroi parallèle à celle où était la cheminée,
elle mit, sur deux petites tables dorées, de grands
vases de Saxe remplis de feuillages et de fleurs qui
exhalèrent les plus doux parfums. Elle tressaillit
plus d'une fois en disposant les plis onduleux du
lampas vert au-dessus du lit, et en étudiant les
sinuosités de la draperie à fleurs sous laquelle elle
le cacha. De semblables préparatifs ont toujours un
indéfinissable secret de bonheur, et amènent une
irritation si délicieuse, que souvent, au milieu de
ces voluptueux apprêts, une femme oublie tous ses
doutes, comme Mlle de Verneuil oubliait alors les
siens. N'existe-t-il pas un sentiment religieux dans
cette multitude de soins pris pour un être aimé qui
n'est pas là pour les voir et les récompenser, mais
qui doit les payer plus tard par ce sourire approba-
teur qu'obtiennent ces gracieux préparatifs, toujours
si bien compris. Les femmes se livrent alors pour
ainsi dire par avance à l'amour, et il n'en est pas
une seule qui ne se dise, comme Mlle de Verneuil
le pensait : « Ce soir je serai bien heureuse! » La
plus innocente d'entre elles inscrit alors cette suave
espérance dans les plis les moins saillants de la
soie ou de la mousseline; puis, insensiblement, l'har-

monie qu'elle établit autour d'elle imprime à tout
une physionomie où respire l'amour. Au sein de
cette sphère voluptueuse, pour elle, les choses deviennent des êtres, des témoins; et déjà elle en fait
les complices de toutes ses joies futures. A chaque
mouvement, à chaque pensée, elle s'enhardit à voler
l'avenir. Bientôt elle n'attend plus, elle n'espère pas,
mais elle accuse le silence, et le moindre bruit lui
dit un présage; enfin le doute vient poser sur son
cœur une main crochue, elle brûle, elle s'agite, elle
se sent tordue par une pensée qui se déploie comme
une force purement physique; c'est tour à tour un
triomphe et un supplice, que sans l'espoir du plaisir elle ne supporterait point. Vingt fois, Mlle de
Verneuil avait soulevé les rideaux, dans l'espérance
de voir une colonne de fumée s'élevant au-dessus
des rochers; mais le brouillard semblait de moment
en moment prendre de nouvelles teintes grises dans
lesquelles son imagination finit par lui montrer de
sinistres présages. Enfin, dans un moment d'impatience, elle laissa tomber le rideau, en se promet-
tant bien de ne plus venir le relever. Elle regarda
d'un air boudeur cette chambre à laquelle elle
avait donné une âme et une voix, se demanda si ce
serait en vain, et cette pensée la fit songer à tout.

« Ma petite, dit-elle à Francine en l'attirant dans
un cabinet de toilette contigu à sa chambre et qui
était éclairé par un œil-de-bœuf donnant sur l'angle
obscur où les fortifications de la ville se joignaient
aux rochers de la promenade, range-moi cela, que

tout soit propre! Quant au salon, tu le laisseras, si tu veux, en désordre », ajouta-t-elle en accompagnant ces mots d'un de ces sourires que les femmes réservent pour leur intimité, et dont jamais les hommes ne peuvent connaître la piquante finesse.

« Ah! combien vous êtes jolie! s'écria la petite Bretonne.

— Eh! folles que nous sommes toutes, notre amant ne sera-t-il pas toujours notre plus belle parure. »

Francine la laissa mollement couchée sur l'ottomane, et se retira pas à pas, en devinant que, aimée ou non, sa maîtresse ne livrerait jamais Montauran.

« Es-tu sûre de ce que tu me débites là, ma vieille? disait Hulot à Barbette qui l'avait reconnu en entrant à Fougères.

— Avez-vous des yeux? Tenez, regardez les rochers de Saint-Sulpice, là, mon bon homme, au dret de Saint-Léonard. »

Corentin tourna les yeux vers le sommet, dans la direction indiquée par le doigt de Barbette; et, comme le brouillard commençait à se dissiper, il put voir assez distinctement la colonne de fumée blanchâtre dont avait parlé la femme de Galopechopine.

« Mais quand viendra-t-il, hé! la vieille? Sera-ce ce soir ou cette nuit?

— Mon bon homme, reprit Barbette, je n'en sais *rin*.

— Pourquoi trahis-tu ton parti? dit vivement Hulot après avoir attiré la paysanne à quelques pas de Corentin.

— Ah! monseigneur le général, voyez le pied de mon gars! hé bien, il est trempé dans le sang de mon homme tué par les Chuins, sous votre respect, comme un veau, pour le punir des trois mots que vous m'avez arrachés, avant-hier, quand je labourais. Prenez mon gars, puisque vous lui avez ôté son père et sa mère, mais faites-en un vrai Bleu, mon bon homme, et qu'il puisse tuer beaucoup de Chuins. Tenez, voilà deux cents écus, gardez-les-lui; en les ménageant il ira loin avec ça, puisque son père a été douze ans à les amasser. »

Hulot regarda avec étonnement cette paysanne pâle et ridée dont les yeux étaient secs.

« Mais toi, dit-il, toi, la mère, que vas-tu devenir? Il vaut mieux que tu conserves cet argent.

— Moi, répondit-elle en branlant la tête avec tristesse, je n'ai plus besoin de rin! Vous me *clancheriez* au fin fond de la tour de Mélusine (et elle montra une des tours du château), que les Chuins sauraient ben m'y venir tuer! »

Elle embrassa son gars avec une sombre expression de douleur, le regarda, versa deux larmes, le regarda encore, et disparut.

« Commandant, dit Corentin, voici une de ces occasions qui, pour être mises à profit, demandent plutôt deux bonnes têtes qu'une. Nous savons tout et nous ne savons rien. Faire cerner, dès à présent,

la maison de Mlle de Verneuil, ce serait la mettre
contre nous. Nous ne sommes pas, toi, moi, tes
Contre-Chouans et tes deux bataillons, de force à
lutter contre cette fille-là, si elle se met en tête de
sauver son ci-devant. Ce garçon est homme de cour,
et par conséquent rusé; c'est un jeune homme, et il
a du cœur. Nous ne pourrons jamais nous en emparer à son entrée à Fougères. Il s'y trouve d'ailleurs
peut-être déjà. Faire des visites domiciliaires? Absur-
dité! Ça n'apprend rien, ça donne l'éveil, et ça tourmente les habitants.

— Je m'en vais, dit Hulot impatienté, donner au
factionnaire du poste Saint-Léonard la consigne
d'avancer sa promenade de trois pas de plus, et il
arrivera ainsi en face de la maison de Mlle de Verneuil. Je conviendrai d'un signe avec chaque sentinelle, je me tiendrai au corps de garde, et quand
on m'aura signalé l'entrée d'un jeune homme quel-
conque, je prends un caporal et quatre hommes, et...

— Et, reprit Corentin en interrompant l'impétueux soldat, si le jeune homme n'est pas le marquis, si le marquis n'entre pas par la porte, s'il est
déjà chez Mlle de Verneuil, si, si... »

Là, Corentin regarda le commandant avec un air
de supériorité qui avait quelque chose de si insultant, que le vieux militaire s'écria : « Mille tonnerres de Dieu! va te promener, citoyen de l'enfer.
Est-ce que tout cela me regarde! Si ce hanneton-là
vient tomber dans un de mes corps de garde, il faudra bien que je le fusille; si j'apprends qu'il est

dans une maison, il faudra bien aussi que j'aille le
cerner, le prendre et le fusiller! Mais, du diable si
je me creuse la cervelle pour mettre de la boue sur
mon uniforme.

— Commandant, la lettre des trois ministres t'or-
donne d'obéir à Mlle de Verneuil.

— Citoyen, qu'elle vienne elle-même, je verrai
ce que j'aurai à faire.

— Eh bien, citoyen, répliqua Corentin avec hauteur, elle ne tardera pas. Elle te dira, elle-même,
l'heure et le moment où le ci-devant sera entré.
Peut-être, même, ne sera-t-elle tranquille que quand
elle t'aura vu posant les sentinelles et cernant sa
maison. »

« Le diable s'est fait homme », se dit douloureusement le vieux chef de demi-brigade en voyant
Corentin qui remontait à grands pas l'escalier de la
Reine où cette scène avait eu lieu et qui regagnait
la porte Saint-Léonard. « Il me livrera le citoyen
Montauran, pieds et poings liés, reprit Hulot en se
parlant à lui-même, et je me trouverai embêté d'un
conseil de guerre à présider. — Après tout, dit-il en
haussant les épaules, le Gars est un ennemi de la
République, il m'a tué mon pauvre Gérard, et ce
sera toujours un noble de moins. Au diable! »

Il tourna lestement sur les talons de ses bottes, et
alla visiter tous les postes de la ville en sifflant la
Marseillaise.

Mlle de Verneuil était plongée dans une de ces
méditations dont les mystères restent comme ense-

velis dans les abîmes de l'âme, et dont les mille sentiments contradictoires ont souvent prouvé à ceux qui en ont été la proie qu'on peut avoir une vie orageuse et passionnée entre quatre murs, sans même quitter l'ottomane sur laquelle se consume alors l'existence. Arrivée au dénouement du drame qu'elle était venue chercher, cette fille en faisait tour à tour passer devant elle les scènes d'amour et de colère qui avaient si puissamment animé sa vie pendant les dix jours écoulés depuis sa première rencontre avec le marquis. En ce moment le bruit d'un pas d'homme retentit dans le salon qui précédait sa chambre, elle tressaillit; la porte s'ouvrit, elle tourna vivement la tête, et vit Corentin.

« Petite tricheuse! dit en riant l'agent supérieur de la police, l'envie de me tromper vous prendra-t-elle encore? Ah! Marie! Marie! vous jouez un jeu bien dangereux en ne m'intéressant pas à votre partie, en en décidant les coups sans me consulter. Si le marquis a échappé à son sort...

— Cela n'a pas été votre faute, n'est-ce pas? répondit Mlle de Verneuil avec une ironie profonde. Monsieur, reprit-elle d'une voix grave, de quel droit venez-vous encore chez moi?

— Chez vous? demanda-t-il d'un ton amer.

— Vous m'y faites songer, répliqua-t-elle avec noblesse, je ne suis pas chez moi. Vous avez peut-être sciemment choisi cette maison pour y commettre plus sûrement vos assassinats, je vais en sortir J'irais dans un désert pour ne plus voir des...

— Des espions, dites, reprit Corentin. Mais cette maison n'est ni à vous ni à moi, elle est au gouvernement; et, quant à en sortir, vous n'en feriez rien », ajouta-t-il en lui lançant un regard diabolique.

Mlle de Verneuil se leva par un mouvement d'indignation, s'avança de quelques pas; mais tout à coup elle s'arrêta en voyant Corentin qui releva le rideau de la fenêtre et se prit à sourire en l'invitant à venir près de lui.

« Voyez-vous cette colonne de fumée? dit-il avec le calme profond qu'il savait conserver sur sa figure blême quelque profondes que fussent ses émotions.

— Quel rapport peut-il exister entre mon départ et de mauvaises herbes auxquelles on a mis le feu? demanda-t-elle.

— Pourquoi votre voix est-elle si altérée? reprit Corentin. Pauvre petite! ajouta-t-il d'une voix douce, je sais tout. Le marquis vient aujourd'hui à Fougères, et ce n'est pas dans l'intention de nous le livrer que vous avez arrangé si voluptueusement ce boudoir, ces fleurs et ces bougies. »

Mlle de Verneuil pâlit en voyant la mort du marquis écrite dans les yeux de ce tigre à face humaine, et ressentit pour son amant un amour qui tenait du délire. Chacun de ses cheveux lui versa dans la tête une atroce douleur qu'elle ne put soutenir, et elle tomba sur l'ottomane. Corentin resta un moment les bras croisés sur la poitrine, moitié content d'une torture qui le vengeait de tous les sarcasmes et du dédain par lesquels cette

femme l'avait accablé, moitié chagrin de voir souffrir une créature dont le joug lui plaisait toujours,
quelque lourd qu'il fût.

« Elle l'aime, se dit-il d'une voix sourde.

— L'aimer, s'écria-t-elle, eh! qu'est-ce que signifie ce mot? Corentin, il est ma vie, mon âme, mon
souffle. » Elle se jeta aux pieds de cet homme dont
le calme l'épouvantait. « Ame de boue, lui dit-elle,
j'aime mieux m'avilir pour lui obtenir la vie, que
de m'avilir pour la lui ôter. Je veux le sauver au
prix de tout mon sang. Parle, que te faut-il? »

Corentin tressaillit.

« Je venais prendre vos ordres, Marie, dit-il d'un
son de voix plein de douceur et en la relevant avec
une gracieuse politesse. Oui, Marie, vos injures ne
m'empêcheront pas d'être tout à vous, pourvu que
vous ne me trompiez plus. Vous savez, Marie, qu'on
ne me dupe jamais impunément.

— Ah! si vous voulez que je vous aime, Corentin,
aidez-moi à le sauver.

— Eh bien, à quelle heure vient le marquis, dit-il
en s'efforçant de faire cette demande d'un ton
calme.

— Hélas! je n'en sais rien. »

Ils se regardèrent tous deux en silence.

« Je suis perdue », se disait Mlle de Verneuil.

« Elle me trompe », pensait Corentin. « Marie,
reprit-il, j'ai deux maximes. L'une, de ne jamais
croire un mot de ce que disent les femmes, c'est le
moyen de ne pas être leur dupe; l'autre, de toujours

chercher si elles n'ont pas quelque intérêt à faire
le contraire de ce qu'elles ont dit et à se conduire
en sens inverse des actions dont elles veulent bien
nous confier le secret. Je crois que nous nous entendons maintenant.

— A merveille, répliqua Mlle de Verneuil. Vous
voulez des preuves de ma bonne foi; mais je les
réserve pour le moment où vous m'en aurez donné
de la vôtre.

— Adieu mademoiselle, dit sèchement Corentin.

— Allons, reprit la jeune fille en souriant,
asseyez-vous, mettez-vous là et ne boudez pas, sinon
je saurais bien me passer de vous pour sauver le
marquis. Quant aux trois cent mille francs que vous
voyez toujours étalés devant vous, je puis vous les
mettre en or, là, sur cette cheminée, à l'instant où
le marquis sera en sûreté. »

Corentin se leva, recula de quelques pas et
regarda Mlle de Verneuil.

« Vous êtes devenue riche en peu de temps, dit-il
d'un ton dont l'amertume était mal déguisée.

— Montauran, reprit-elle en souriant de pitié,
pourra vous offrir lui-même bien davantage pour
sa rançon. Ainsi, prouvez-moi que vous avez les
moyens de le garantir de tout danger, et...

— Ne pouvez-vous pas, s'écria tout à coup Corentin, le faire évader au moment même de son arrivée
puisque Hulot en ignore l'heure et... » Il s'arrêta
comme s'il se reprochait à lui-même d'en trop dire.
« Mais est-ce bien vous qui me demandez une ruse?

reprit-il en souriant de la manière la plus naturelle.
Ecoutez, Marie, je suis certain de votre loyauté.
Promettez-moi de me dédommager de tout ce que
je perds en vous servant, et j'endormirai si bien
cette buse de commandant, que le marquis sera
libre à Fougères comme à Saint-James.

— Je vous le promets, répondit la jeune fille avec
une sorte de solennité.

— Non, pas ainsi, reprit-il, jurez-le-moi, par
votre mère. »

Mlle de Verneuil tressaillit; et, levant une main
tremblante, elle fit le serment demandé par cet
homme, dont les manières venaient de changer subi-
tement.

« Vous pouvez disposer de moi, dit Corentin. Ne
me trompez pas, et vous me bénirez ce soir.

— Je vous crois, Corentin », s'écria Mlle de Verneuil tout attendrie. Elle le salua par une douce
inclination de tête, et lui sourit avec une bonté
mêlée de surprise en lui voyant sur la figure une
expression de tendresse mélancolique.

« Quelle ravissante créature! s'écria Corentin en
s'éloignant. Ne l'aurai-je donc jamais, pour en faire
à la fois l'instrument de ma fortune et la source de
mes plaisirs? Se mettre à mes pieds, elle!... Oh! oui,
le marquis périra. Et si je ne puis obtenir cette
femme qu'en la plongeant dans un bourbier, je l'y
plongerai. — Enfin, se dit-il à lui-même en arrivant sur la place où ses pas le conduisirent à son
insu, elle ne se défie peut-être plus de moi. Cent

mille écus à l'instant! Elle me croit avare. C'est une ruse, ou elle l'a épousé. » Corentin, perdu dans ses pensées, n'osait prendre une résolution. Le brouillard, que le soleil avait dissipé vers le milieu du jour, reprenait insensiblement toute sa force et devint si épais que Corentin n'apercevait plus les arbres même à une faible distance. « Voilà un nouveau malheur, se dit-il en rentrant à pas lents chez lui. Il est impossible d'y voir à six pas. Le temps protège nos amants. Surveillez donc une maison gardée par un tel brouillard. » — « Qui vive! s'écria-t-il en saisissant le bras d'un inconnu qui semblait avoir grimpé sur la promenade à travers les roches les plus périlleuses.

— C'est moi, répondit naïvement une voix enfantine.

— Ah! c'est le petit gars au pied rouge. Ne veux-tu pas venger ton père, lui demanda Corentin.

— Oui! dit l'enfant.

— C'est bien. Connais-tu le Gars?

— Oui.

— C'est encore mieux. Eh bien, ne me quitte pas, sois exact à faire tout ce que je te dirai, tu achèveras l'ouvrage de ta mère, et tu gagneras des gros sous. Aimes-tu les gros sous?

— Oui.

— Tu aimes les gros sous et tu veux tuer le Gars, je prendrai soin de toi. » — « Allons, se dit en lui-même Corentin après une pause, Marie, tu nous le livreras toi-même! Elle est trop violente pour juger le coup que je m'en vais lui porter; d'ailleurs, la passion ne réfléchit jamais. Elle ne connaît pas l'écriture du marquis, voici donc le moment de tendre le piège dans lequel son caractère la fera donner tête baissée. Mais pour assurer le succès de ma ruse, Hulot m'est nécessaire, et je cours le voir. »

En ce moment, Mlle de Verneuil et Francine délibéraient sur les moyens de soustraire le marquis à la douteuse générosité de Corentin et aux baïonnettes de Hulot.

« Je vais aller le prévenir, s'écria la petite Bretonne.

— Folle, sais-tu où il est? Moi-même, aidée par tout l'instinct du cœur, je pourrais bien le chercher longtemps sans le rencontrer. »

Après avoir inventé bon nombre de ces projets insensés, si faciles à exécuter au coin du feu, Mlle de Verneuil s'écria : « Quand je le verrai, son danger m'inspirera. »

Puis elle se plut, comme tous les esprits ardents, à ne vouloir prendre son parti qu'au dernier moment, se fiant à son étoile ou à cet instinct d'adresse qui abandonne rarement les femmes. Jamais peut-être son cœur n'avait subi de si fortes contradictions. Tantôt elle restait comme stupide, les yeux fixes, et tantôt, au moindre bruit, elle tressaillait comme ces arbres presque déracinés que les bûcherons agitent fortement avec une corde pour en hâter la chute. Tout à coup une détonation violente, produite par la décharge d'une douzaine de

fusils, retentit dans le lointain. Mlle de Verneuil
pâlit, saisit la main de Francine, et lui dit : « Je
meurs, ils me l'ont tué. »

Le pas pesant d'un soldat se fit entendre dans
le salon. Francine épouvantée se leva et introduisit
un caporal. Le Républicain, après avoir fait un
salut militaire à Mlle de Verneuil, lui présenta des
lettres dont le papier n'était pas très propre. Le
soldat, ne recevant aucune réponse de la jeune
fille, lui dit en se retirant : « Madame, c'est de la
part du commandant. »

Mlle de Verneuil, en proie à de sinistres pressentiments, lisait une lettre écrite probablement à la
hâte par Hulot.

« Mademoiselle, mes Contre-Chouans viennent
de s'emparer d'un des messagers du Gars qui vient
d'être fusillé. Parmi les lettres interceptées, celle
que je vous transmets peut vous être de quelque
utilité, etc. »

« Grâce au Ciel, ce n'est pas lui qu'ils viennent
de tuer », s'écria-t-elle en jetant cette lettre au feu.

Elle respira plus librement et lut avec avidité le
billet qu'on venait de lui envoyer; il était du marquis et semblait adressé à Mme du Gua.

« Non, mon ange, je n'irai pas ce soir à la Vivetière. Ce soir, vous perdez votre gageure avec le
comte et je triomphe de la République en la per-

sonne de cette fille délicieuse, qui vaut certes bien une nuit, convenez-en. Ce sera le seul avantage réel que je remporterai dans cette campagne, car la Vendée se soumet. Il n'y a plus rien à faire en France, et nous repartirons sans doute ensemble pour l'Angleterre. Mais à demain, les affaires sérieuses. »

Le billet lui échappa des mains, elle ferma les yeux, garda un profond silence, et resta penchée en arrière, la tête appuyée sur un coussin. Après une longue pause, elle leva les yeux sur la pendule qui alors marquait quatre heures.

« Et monsieur se fait attendre, dit-elle avec une cruelle ironie.

— Oh! s'il pouvait ne pas venir, reprit Francine.

— S'il ne venait pas, dit Marie d'une voix sourde, j'irais au-devant de lui, moi! Mais non, il ne peut tarder maintenant. Francine, suis-je bien belle?

— Vous êtes bien pâle!

— Vois, reprit Mlle de Verneuil, cette chambre parfumée, ces fleurs, ces lumières, cette vapeur enivrante, tout ici pourra-t-il bien donner l'idée d'une vie céleste à celui que je veux plonger cette nuit dans les délices de l'amour?

— Qu'y a-t-il donc, mademoiselle?

— Je suis trahie, trompée, abusée, jouée, rouée, perdue, et je veux le tuer, le déchirer. Mais oui,

il y avait toujours dans ses manières un mépris
qu'il cachait mal, et que je ne voulais pas voir. Oh!
j'en mourrai! — Sotte que je suis, dit-elle en riant,
il vient, j'ai la nuit pour lui apprendre que, mariée
ou non, un homme qui m'a possédée ne peut plus
m'abandonner. Je lui mesurerai la vengeance à
l'offense, et il périra désespéré. Je lui croyais
quelque grandeur dans l'âme, mais c'est sans doute
le fils d'un laquais! Il m'a certes bien habilement
trompée, car j'ai peine à croire encore que l'homme
capable de me livrer à Pille-miche sans pitié puisse
descendre à des fourberies dignes de Scapin. Il est
si facile de se jouer d'une femme aimante, que c'est
la dernière des lâchetés. Qu'il me tue, bien; mais
mentir, lui que j'avais tant grandi! A l'échafaud!
à l'échafaud! Ah! je voudrais le voir guillo-
tiner. Suis-je donc si cruelle? Il ira mourir couvert
de caresses, de baisers qui lui auront valu vingt
ans de vie...

— Marie, reprit Francine, avec une douceur angélique, comme tant d'autres, soyez victime de votre
amant, mais ne vous faites ni sa maîtresse ni son
bourreau. Gardez son image au fond de votre cœur,
sans vous la rendre à vous-même cruelle. S'il n'y
avait aucune joie dans un amour sans espoir, que
deviendrions-nous, pauvres femmes que nous
sommes! Ce Dieu, Marie, auquel vous ne pensez
jamais, nous récompensera d'avoir obéi à notre vo-
cation sur la terre : aimer et souffrir!

— Petite chatte, répondit Mlle de Verneuil en

caressant la main de Francine, ta voix est bien
douce et bien séduisante! La raison a bien des
attraits sous ta forme! Je voudrais bien t'obéir...

— Vous lui pardonnez, vous ne le livrerez pas!

— Tais-toi, ne me parle plus de cet homme-là.
Comparé à lui, Corentin est une noble créature.
Me comprends-tu? »

Elle se leva en cachant, sous une figure horriblement calme, et l'égarement qui la saisit et une
soif inextinguible de vengeance. Sa démarche lente
et mesurée annonçait je ne sais quoi d'irrévocable
dans ses résolutions. En proie à ses pensées, dévorant son injure, et trop fière pour avouer le
moindre de ses tourments, elle alla au poste de la
porte Saint-Léonard pour y demander la demeure
du commandant. A peine était-elle sortie de sa
maison que Corentin y entra.

« Oh! monsieur Corentin, s'écria Francine, si
vous vous intéressez à ce jeune homme, sauvez-le,
mademoiselle va le livrer. Ce misérable papier a
tout détruit. »

Corentin prit négligemment la lettre en demandant : « Et où est-elle allée?

— Je ne sais.

— Je cours, dit-il, la sauver de son propre désespoir. »

Il disparut en emportant la lettre, franchit la
maison avec rapidité, et dit au petit gars qui jouait
devant la porte : « Par où s'est dirigée la dame
qui vient de sortir? »

Le fils de Galope-chopine fit quelques pas avec Corentin pour lui montrer la rue en pente qui menait à la porte Saint-Léonard.

« C'est par là », dit-il sans hésiter, en obéissant à la vengeance que sa mère lui avait soufflée au cœur.

En ce moment, quatre hommes déguisés entrèrent chez Mlle de Verneuil sans avoir été vus ni par le petit gars, ni par Corentin.

« Retourne à ton poste, répondit l'espion. Aie l'air de t'amuser à faire tourner le loqueteau des persiennes, mais veille bien, et regarde partout, même sur les toits. »

Corentin s'élança rapidement dans la direction indiquée par le petit gars, crut reconnaître Mlle de Verneuil au milieu du brouillard, et la rejoignit effectivement au moment où elle atteignait le poste Saint-Léonard.

« Où allez-vous? dit-il en lui offrant le bras, vous êtes pâle, qu'est-il donc arrivé? Est-il convenable de sortir ainsi toute seule, prenez mon bras.

— Où est le commandant? » lui demanda-t-elle.

A peine Mlle de Verneuil avait-elle achevé sa phrase qu'elle entendit le mouvement d'une reconnaissance militaire en dehors de la porte Saint-Léonard, et distingua bientôt la grosse voix de Hulot au milieu du tumulte.

« Tonnerre de Dieu! s'écria-t-il, jamais je n'ai vu moins clair qu'en ce moment à faire la ronde. Ce ci-devant a commandé le temps.

— De quoi vous plaignez-vous, répondit Mlle de
Verneuil en lui serrant fortement le bras, ce brouillard peut cacher la vengeance aussi bien que la perfidie. Commandant, ajouta-t-elle à voix basse, il
s'agit de prendre avec moi des mesures telles que le
Gars ne puisse pas échapper aujourd'hui.

— Est-il chez vous? lui demanda-t-il d'une voix
dont l'émotion accusait son étonnement.

— Non, répondit-elle, mais vous me donnerez
un homme sûr, et je l'enverrai vous avertir de
l'arrivée de ce marquis.

— Qu'allez-vous faire? dit Corentin avec empressement à Marie, un soldat chez vous l'effarouche-
rait, mais un enfant, et j'en trouverai un, n'inspirera pas de défiance...

— Commandant, reprit Mlle de Verneuil, grâce
à ce brouillard que vous maudissez, vous pouvez,
dès à présent, cerner ma maison. Mettez des soldats
partout. Placez un poste dans l'église Saint-Léonard pour vous assurer de l'esplanade sur laquelle
donnent les fenêtres de mon salon. Apostez des
hommes sur la Promenade; car, quoique la fenêtre
de ma chambre soit à vingt pieds du sol, le désespoir prête quelquefois la force de franchir les distances les plus périlleuses. Ecoutez! Je ferai probablement sortir ce monsieur par la porte de ma maison; ainsi, ne donnez qu'à un homme courageux la
mission de la surveiller; car, dit-elle en poussant
un soupir, on ne peut pas lui refuser de la bravoure, et il se défendra!

« — Gudin! » s'écria le commandant.

Aussitôt le jeune Fougerais s'élança du milieu de
la troupe revenue avec Hulot et qui avait gardé ses
rangs à une certaine distance.

« Ecoute, mon garçon, lui dit le vieux militaire
à voix basse, ce tonnerre de fille nous livre le Gars
sans que je sache pourquoi, c'est égal, ça n'est pas
notre affaire. Tu prendras dix hommes avec toi et
tu te placeras de manière à garder le cul-de-sac au
fond duquel est la maison de cette fille; mais
arrange-toi pour qu'on ne voie ni toi ni tes
hommes.

— Oui, mon commandant, je connais le terrain.

— Eh bien, mon enfant, reprit Hulot, Beau-
pied viendra t'avertir de ma part du moment où il
faudra jouer du bancal. Tâche de joindre toi-même
le marquis, et si tu peux le tuer, afin que je
n'aie pas à le fusiller juridiquement, tu seras lieutenant dans quinze jours, ou je ne me nomme pas
Hulot. — Tenez, mademoiselle, voici un lapin qui
ne boudera pas, dit-il à la jeune fille en lui montrant Gudin. Il fera bonne garde devant votre maison, et si le ci-devant en sort ou veut y entrer, il
ne le manquera pas. »

Gudin partit avec une dizaine de soldats.

« Savez-vous bien ce que vous faites? » disait
tout bas Corentin à Mlle de Verneuil.

Elle ne lui répondit pas, et vit partir avec une
sorte de contentement les hommes qui, sous les
ordres du sous-lieutenant, allèrent se placer sur la

Promenade, et ceux qui, suivant les instructions
de Hulot, se postèrent le long des flancs obscurs
de l'église Saint-Léonard.

« Il y a des maisons qui tiennent à la mienne,
dit-elle au commandant, cernez-les aussi. Ne nous
préparons pas de repentir en négligeant une seule
des précautions à prendre. »

« Elle est enragée », pensa Hulot.

« Ne suis-je pas prophète, lui dit Corentin à
l'oreille. Quant à celui que je vais mettre chez elle,
c'est le petit gars au pied sanglant; ainsi... »

Il n'acheva pas. Mlle de Verneuil s'était par un
mouvement soudain élancée vers sa maison, où il
la suivit en sifflant comme un homme heureux;
quand il la rejoignit, elle avait déjà atteint le seuil
de la porte où Corentin retrouva le fils de Galope-
chopine.

« Mademoiselle, lui dit-il, prenez avec vous ce
petit garçon, vous ne pouvez pas avoir d'émissaire
plus innocent ni plus actif que lui. — Quand tu
auras vu le Gars entrer, quelque chose qu'on te
dise, sauve-toi, viens me trouver au corps de garde,
je te donnerai de quoi manger de la galette pendant toute ta vie. »

A ces mots soufflés pour ainsi dire dans l'oreille
du petit gars, Corentin se sentit presser fortement
la main par le jeune Breton, qui suivit Mlle de
Verneuil.

« Maintenant, mes bons amis, expliquez-vous
quand vous voudrez! s'écria Corentin quand la

porte se ferma, si tu fais l'amour, mon petit marquis, ce sera sur ton suaire. »

Mais Corentin, qui ne put se résoudre à quitter
de vue cette maison fatale, se rendit sur la Promenade, où il trouva le commandant occupé à donner
quelques ordres. Bientôt la nuit vint. Deux heures
s'écoulèrent sans que les différentes sentinelles placées de distance en distance, eussent rien aperçu
qui pût faire soupçonner que le marquis avait
franchi la triple enceinte d'hommes attentifs et
cachés qui cernaient les trois côtés par lesquels la
tour du Papegaut était accessible. Vingt fois Corentin était allé de la Promenade au corps de garde,
vingt fois son attente avait été trompée, et son
jeune émissaire n'était pas encore venu le trouver.
Abîmé dans ses pensées, l'espion marchait lentement sur la Promenade en éprouvant le martyre
que lui faisaient subir trois passions terribles dans
leur choc : l'amour, l'avarice, l'ambition. Huit
heures sonnèrent à toutes les horloges. La lune se
levait fort tard. Le brouillard et la nuit envelop-
paient donc dans d'effroyables ténèbres les lieux
où le drame conçu par cet homme allait se dénouer. L'agent supérieur de la police sut imposer
silence à ses passions; il se croisa fortement les bras
sur la poitrine, et ne quitta pas des yeux la fenêtre
qui s'élevait comme un fantôme lumineux au-
dessus de cette tour. Quand sa marche le conduisait du côté des vallées au bord des précipices, il
épiait machinalement le brouillard sillonné par

les lueurs pâles de quelques lumières qui brillaient
çà et là dans les maisons de la ville ou des faubourgs, au-dessus et au-dessous du rempart. Le
silence profond qui régnait n'était troublé que
par le murmure du Nançon, par les coups lugubres
et périodiques du beffroi, par les pas lourds des sentinelles, ou par le bruit des armes, quand on venait
d'heure en heure relever les postes. Tout était
devenu solennel, les hommes et la Nature.

« Il fait noir comme dans la gueule d'un loup,
dit en ce moment Pille-miche.

— Va toujours, répondit Marche-à-terre, et ne
parle pas plus qu'un chien mort.

— J'ose à peine respirer, répliqua le Chouan.

— Si celui qui vient de laisser rouler une pierre
veut que son cœur serve de gaine à mon couteau,
il n'a qu'à recommencer, dit Marche-à-terre d'une
voix si basse qu'elle se confondait avec le frissonne-
ment des eaux du Nançon.

— Mais c'est moi, dit Pille-miche.

— Eh bien, vieux sac à sous, reprit le chef, glisse
sur ton ventre comme une anguille de haie, sinon
nous allons laisser là nos carcasses plus tôt qu'il ne
le faudra.

— Hé! Marche-à-terre », dit en continuant l'in-
corrigible Pille-miche, qui s'aida de ses mains pour
se hisser sur le ventre et arriva sur la ligne où se
trouvait son camarade à l'oreille duquel il parla
d'une voix si étouffée que les Chouans par lesquels
ils étaient suivis n'entendirent pas une syllabe.

« Hé! Marche-à-terre, s'il faut en croire notre
Grande Garce, il doit y avoir un fier butin là-haut.
Veux-tu faire part à nous deux?

— Ecoute, Pille-Miche », dit Marche-à-terre en
s'arrêtant à plat ventre.

Toute la troupe imita ce mouvement, tant les
Chouans étaient excédés par les difficultés que le
précipice opposait à leur marche.

« Je te connais, reprit Marche-à-terre, pour être
un de ces bons Jean-prend-tout, qui aiment autant
donner des coups que d'en recevoir, quand il n'y
a que cela à choisir. Nous ne venons pas ici pour
chausser les souliers des morts, nous sommes diables
contre diables, et, malheur à ceux qui auront les
griffes courtes. La Grande Garce nous envoie ici
pour sauver le gars. Il est là, tiens, lève ton nez
de chien et regarde cette fenêtre, au-dessus de la
tour? »

En ce moment minuit sonna. La lune se leva et
donna au brouillard l'apparence d'une fumée
blanche. Pille-miche serra violemment le bras de
Marche-à-terre et lui montra silencieusement, à dix
pieds au-dessus d'eux, le fer triangulaire de
quelques baïonnettes luisantes.

« Les Bleus y sont déjà, dit Pille-miche, nous
n'aurons rien de force.

— Patience, répondit Marche-à-terre, si j'ai bien
tout examiné ce matin, nous devons trouver au
bas de la tour du Papegaut, entre les remparts et
la Promenade, une petite place où l'on met tou-

jours du fumier, et l'on peut se laisser tomber là-dessus comme sur un lit.

Si saint Labre, dit Pille-miche, voulait changer en bon cidre le sang qui va couler, les Fougerais en trouveraient demain une bien bonne provision. »

Marche-à-terre couvrit de sa large main la bouche de son ami; puis, un avis sourdement donné par lui courut de rang en rang jusqu'au dernier des Chouans suspendus dans les airs sur les bruyères des schistes. En effet, Corentin avait une oreille trop exercée pour n'avoir pas entendu le froisse-ment de quelques arbustes tourmentés par les Chouans, ou le bruit léger des cailloux qui rou-lèrent au bas du précipice, et il était au bord de l'esplanade. Marche-à-terre, qui semblait posséder le don de voir dans l'obscurité, ou dont les sens continuellement en mouvement devaient avoir acquis la finesse de ceux des Sauvages, avait en-trevu Corentin; comme un chien bien dressé, peut-être l'avait-il senti. Le diplomate de la police eut beau écouter le silence et regarder le mur formé par les schistes, il n'y put rien découvrir. Si la lueur douteuse du brouillard lui permit d'apercevoir quelques Chouans, il les prit pour des fragments du rocher, tant ces corps humains gardèrent bien l'apparence d'une nature inerte. Le danger de la troupe dura peu. Corentin fut attiré par un bruit très distinct qui se fit entendre à l'autre extrémité de la Promenade, au point où cessait le mur de soutènement et où commençait la pente rapide du rocher. Un sentier tracé sur le bord des schistes et qui communiquait à l'escalier de la Reine aboutissait précisément à ce point d'intersection. Au moment où Corentin y arriva, il vit une figure s'élevant comme par enchantement, et quand il avança la main pour s'emparer de cet être fantastique ou réel auquel il ne supposait pas de bonnes intentions, il rencontra les formes rondes et moelleuses d'une femme.

« Que le diable vous emporte, ma bonne! dit-il en murmurant. Si vous n'aviez pas eu affaire à moi, vous auriez pu attraper une balle dans la tête... Mais d'où venez-vous et où allez-vous à cette heure-ci? Etes-vous muette? — « C'est cependant bien une femme », se dit-il à lui-même.

Le silence devenant suspect, l'inconnue répondit d'une voix qui annonçait un grand effroi : « Ah! mon bon homme, je revenons de la veillée. »

« C'est la prétendue mère du marquis, se dit Corentin. Voyons ce qu'elle va faire. »

« Eh bien, allez par là, la vieille, reprit-il à haute voix en feignant de ne pas la reconnaître. A gauche donc, si vous ne voulez pas être fusillée! »

Il resta immobile; mais en voyant Mme du Gua qui se dirigea vers la tour du Papegaut, il la suivit de loin avec une adresse diabolique. Pendant cette fatale rencontre, les Chouans s'étaient très habilement postés sur les tas de fumier vers lesquels Marche-à-terre les avait guidés.

« Voilà la Grande Garce! se dit tout bas

Marche-à-terre en se dressant sur ses pieds le long de la tour comme aurait pu faire un ours.

— Nous sommes là, dit-il à la dame.

— Bien! répondit Mme du Gua. Si tu peux trouver une échelle dans la maison dont le jardin aboutit à six pieds au-dessous du fumier, le Gars serait sauvé. Vois-tu cet œil-de-bœuf là-haut? il donne dans un cabinet de toilette attenant à la chambre à coucher, c'est là qu'il faut arriver. Ce pan de la tour au bas duquel vous êtes, est le seul qui ne soit pas cerné. Les chevaux sont prêts, et si tu as gardé le passage du Nançon, en un quart d'heure nous devons le mettre hors de danger malgré sa folie. Mais si cette catin veut le suivre, poignardez-la. »

Corentin, apercevant dans l'ombre quelques-unes des formes indistinctes qu'il avait d'abord prises pour des pierres, se mouvoir avec adresse, alla sur-le-champ au poste de la porte Saint-Léonard, où il trouva le commandant dormant tout habillé sur le lit de camp.

« Laissez-le donc, dit brutalement Beau-pied à Corentin, il ne fait que de se poser là.

— Les Chouans sont ici, cria Corentin dans l'oreille de Hulot.

— Impossible, mais tant mieux! s'écria le commandant tout endormi qu'il était; au moins l'on se battra. »

Lorsque Hulot arriva sur la Promenade, Corentin lui montra dans l'ombre la singulière position occupée par les Chouans.

« Ils auront trompé ou étouffé les sentinelles que j'ai placées entre l'escalier de la Reine et le château, s'écria le commandant. Ah! quel tonnerre de brouillard. Mais patience! je vais envoyer, au pied du rocher, une cinquantaine d'hommes, sous la conduite d'un lieutenant. Il ne faut pas les attaquer là, car ces animaux-là sont si durs qu'ils se laisseraient rouler jusqu'en bas du précipice comme des pierres, sans se casser un membre. »

La cloche fêlée du beffroi sonna deux heures lorsque le commandant revint sur la Promenade, après avoir pris les précautions militaires les plus sévères, afin de saisir les Chouans commandés par Marche-à-terre. En ce moment, tous les postes ayant été doublés, la maison de Mlle de Verneuil était devenue le centre d'une petite armée. Le commandant trouva Corentin absorbé dans la contemplation de la fenêtre qui dominait la tour du Papegaut.

« Citoyen, lui dit Hulot, je crois que le ci-devant nous embête, car rien n'a encore bougé.

— Il est là, s'écria Corentin en montrant la fenêtre. J'ai vu l'ombre d'un homme sur les rideaux. Je ne comprends pas ce qu'est devenu mon petit gars. Ils l'auront tué ou séduit. Tiens, commandant, vois-tu? voici un homme! marchons!

— Je n'irai pas le saisir au lit, tonnerre de Dieu! Il sortira, s'il est entré; Gudin ne le manquera pas, s'écria Hulot, qui avait ses raisons pour attendre.

— Allons, commandant, je t'enjoins, au nom de la loi, de marcher à l'instant sur cette maison.

— Tu es encore un joli coco pour vouloir me faire aller. »

Sans s'émouvoir de la colère du commandant, Corentin lui dit froidement : « Tu m'obéiras! Voici un ordre en bonne forme, signé du ministre de la Guerre, qui t'y forcera, reprit-il, en tirant de sa poche un papier. Est-ce que tu t'imagines que nous sommes assez simples pour laisser cette fille agir comme elle l'entend. C'est la guerre civile que nous étouffons, et la grandeur du résultat absout la petitesse des moyens.

— Je prends la liberté, citoyen, de t'envoyer faire... tu me comprends? Suffit. Pars du pied gauche, laisse-moi tranquille et plus vite que ça.

— Mais lis, dit Corentin.

— Ne m'embête pas de tes fonctions », s'écria Hulot indigné de recevoir des ordres d'un être qu'il trouvait si méprisable.

En ce moment, le fils de Galope-chopine se trouva au milieu d'eux comme un rat qui serait sorti de terre.

« Le Gars est en route, s'écria-t-il.

— Par où?...

— Par la rue Saint-Léonard.

— Beau-pied, dit Hulot à l'oreille du caporal qui se trouvait auprès de lui, cours prévenir ton lieutenant de s'avancer sur la maison et de faire un joli petit feu de file, tu m'entends! — Par file à gauche, en avant sur la tour, vous autres », cria le commandant.

Pour la parfaite intelligence du dénouement, il est nécessaire de rentrer dans la maison de Mlle de Verneuil avec elle.

Quand les passions arrivent à une catastrophe, elles nous soumettent à une puissance d'enivrement bien supérieure aux mesquines irritations du vin ou de l'opium. La lucidité que contractent alors les idées, la délicatesse des sens trop exaltés, produisent les effets les plus étranges et les plus inattendus. En se trouvant sous la tyrannie d'une même pensée, certaines personnes aperçoivent clairement les objets les moins perceptibles, tandis que les choses les plus palpables sont pour elles comme si elles n'existaient pas. Mlle de Verneuil était en proie à cette espèce d'ivresse qui fait de la vie réelle une vie semblable à celle des somnambules, lorsqu'après avoir lu la lettre du marquis elle s'empressa de tout ordonner pour qu'il ne pût échapper à sa vengeance, comme naguère elle avait tout préparé pour la première fête de son amour. Mais quand elle vit sa maison soigneusement entourée par ses ordres d'un triple rang de baïonnettes, une lueur soudaine brilla dans son âme. Elle jugea sa propre conduite et pensa avec une sorte d'horreur qu'elle venait de commettre un crime. Dans un premier mouvement d'anxiété, elle s'élança vivement vers le seuil de sa porte et y resta pendant un moment immobile en s'efforçant de réfléchir sans pouvoir achever un raisonnement. Elle doutait si complètement de ce qu'elle venait de faire, qu'elle chercha pourquoi elle se trouvait dans l'antichambre de sa maison, en tenant un enfant inconnu par la main. Devant elle, des milliers d'étincelles nageaient en l'air comme des langues de feu. Elle se mit à marcher pour secouer l'horrible torpeur dont elle était enveloppée; mais, semblable à une personne qui sommeille, aucun objet ne lui apparaissait avec sa forme ou ses couleurs vraies. Elle serrait la main du petit garçon avec une violence qui ne lui était pas ordinaire, et l'entraînait par une marche si précipitée, qu'elle semblait avoir l'activité d'une folle. Elle ne vit rien de tout ce qui était dans le salon quand elle le traversa, et cependant elle y fut saluée par trois hommes qui se séparèrent pour lui donner passage.

« La voici, dit l'un d'eux.

— Elle est bien belle, s'écria le prêtre.

— Oui, répondit le premier; mais comme elle est pâle et agitée...

— Et distraite, ajouta le troisième, elle ne nous voit pas. »

A la porte de sa chambre, Mlle de Verneuil aperçut la figure douce et joyeuse de Francine qui lui dit à l'oreille : « Il est là, Marie. »

Mlle de Verneuil se réveilla, put réfléchir, regarda l'enfant qu'elle tenait, le reconnut et répondit à Francine : « Enferme ce petit garçon, et, si tu veux que je vive, garde-toi bien de le laisser s'évader. »

En prononçant ces paroles avec lenteur, elle avait

fixé les yeux sur la porte de sa chambre, où ils
restèrent attachés avec une si effrayante immobilité,
qu'on eût dit qu'elle voyait sa victime à travers
l'épaisseur des panneaux. Elle poussa doucement la
porte, et la ferma sans se retourner, car elle aperçut le marquis debout devant la cheminée. Sans
être trop recherchée, la toilette du gentilhomme
avait un certain air de fête et de parure qui ajoutait encore à l'éclat que toutes les femmes trouvent
à leurs amants. A cet aspect, Mlle de Verneuil
retrouva toute sa présence d'esprit. Ses lèvres, fortement contractées quoique entrouvertes, laissèrent
voir l'émail de ses dents blanches et dessinèrent un
sourire arrêté dont l'expression était plus terrible
que voluptueuse. Elle marcha d'un pas lent vers
le jeune homme, et lui montrant du doigt la pendule :

« Un homme digne d'amour vaut bien la peine
qu'on l'attende », dit-elle avec une fausse gaieté.

Mais abattue par la violence de ses sentiments,
elle tomba sur le sopha qui se trouvait auprès de la
cheminée.

« Ma chère Marie, vous êtes bien séduisante
quand vous êtes en colère! dit le marquis en s'as-
seyant auprès d'elle, lui prenant une main qu'elle
laissa prendre et implorant un regard qu'elle refusait. J'espère, continua-t-il d'une voix tendre et caressante, que Marie sera dans un instant bien chagrine d'avoir dérobé sa tête à son heureux
mari. »

En entendant ces mots, elle se tourna brusquement et le regarda dans les yeux.

« Que signifie ce regard terrible? reprit-il en
riant. Mais ta main est brûlante! mon amour,
qu'as-tu?

— Mon amour! répondit-elle d'une voix sourde
et altérée.

— Oui, dit-il en se mettant à genoux devant elle
et lui prenant les deux mains qu'il couvrit de baisers, oui, mon amour, je suis à toi pour la vie. »

Elle le poussa violemment et se leva. Ses traits se
contractèrent, elle rit comme rient les fous et lui
dit :

« Tu n'en crois pas un mot, homme plus fourbe
que le plus ignoble scélérat. » Elle sauta vivement
sur le poignard qui se trouvait auprès d'un vase de
fleurs, et le fit briller à deux doigts de la poitrine
du jeune homme surpris. « Bah! dit-elle en jetant
cette arme, je ne t'estime pas assez pour te tuer!
Ton sang est même trop vil pour être versé par
des soldats, et je ne vois pour toi que le bourreau. »

Ces paroles furent péniblement prononcées d'un
ton bas, et elle trépignait des pieds comme un enfant gâté qui s'impatiente. Le marquis s'approcha
d'elle en cherchant à la saisir.

« Ne me touchez pas! s'écria-t-elle en se reculant par un mouvement d'horreur.

— Elle est folle, se dit le marquis au désespoir.

— Oui, folle, répéta-t-elle, mais pas encore assez
pour être ton jouet. Que ne pardonnerais-je pas à

la passion; mais vouloir me posséder sans amour,
et l'écrire à cette...

— A qui donc ai-je écrit? demanda-t-il avec un
étonnement qui certes n'était pas joué.

— A cette femme chaste qui voulait me tuer. »

Là, le marquis pâlit, serra le dos du fauteuil
qu'il tenait, de manière à le briser, et s'écria :
« Si Mme du Gua a été capable de quelque noir-
ceur... »

Mlle de Verneuil chercha la lettre, ne la retrouva
plus, appela Francine, et la Bretonne vint.

« Où est cette lettre?

— M. Corentin l'a prise.

— Corentin! Ah! je comprends tout, il a fait
la lettre, et m'a trompée comme il trompe, avec
un art diabolique. »

Après avoir jeté un cri perçant, elle alla tomber
sur le sopha, et un déluge de larmes sortit de ses
yeux. Le doute comme la certitude était horrible.
Le marquis se précipita aux pieds de sa maîtresse,
la serra contre son cœur en lui répétant dix fois
ces mots, les seuls qu'il pût prononcer : « Pourquoi
pleurer, mon ange? où est le mal? Tes injures sont
pleines d'amour. Ne pleure donc pas, je t'aime! je
t'aime toujours. »

Tout à coup il se sentit presser par elle avec une
force surnaturelle, et, au milieu de ses sanglots :
« Tu m'aimes encore?... dit-elle.

— Tu en doutes », répondit-il d'un ton presque
mélancolique.

Elle se dégagea brusquement de ses bras et se sauva, comme effrayée et confuse, à deux pas de lui.

« Si j'en doute?... » s'écria-t-elle.

Elle vit le marquis souriant avec une si douce ironie, que les paroles expirèrent sur ses lèvres. Elle se laissa prendre par la main et conduire jusque sur le seuil de la porte. Marie aperçut au fond du salon un autel dressé à la hâte pendant son absence. Le prêtre était en ce moment revêtu de son costume sacerdotal. Des cierges allumés jetaient sur le plafond un éclat aussi doux que l'espérance. Elle reconnut, dans les deux hommes qui l'avaient saluée, le comte de Bauvan et le baron du Guénic, deux témoins choisis par Montauran.

« Me refuseras-tu toujours? » lui dit tout bas le marquis.

A cet aspect elle fit tout à coup un pas en arrière pour regagner sa chambre, tomba sur les genoux, leva les mains vers le marquis et lui cria : « Ah! pardon! pardon! pardon! »

Sa voix s'éteignit, sa tête se pencha en arrière, ses yeux se fermèrent, et elle resta entre les bras du marquis et de Francine comme si elle eût expiré. Quand elle ouvrit les yeux, elle rencontra le regard du jeune chef, un regard plein d'une amoureuse bonté.

« Marie, patience! cet orage est le dernier, dit-il.

— Le dernier! » répéta-t-elle.

Francine et le marquis se regardèrent avec sur-

prise, mais elle leur imposa silence par un
geste.

« Appelez le prêtre, dit-elle, et laissez-moi seule
avec lui. »

Ils se retirèrent.

« Mon père, dit-elle au prêtre qui apparut soudain devant elle, mon père, dans mon enfance, un
vieillard à cheveux blancs, semblable à vous, me
répétait souvent qu'avec une foi bien vive on obte-
nait tout de Dieu, est-ce vrai?

— C'est vrai, répondit le prêtre. Tout est possible à Celui qui a tout créé. »

Mlle de Verneuil se précipita à genoux avec un
incroyable enthousiasme : « O mon Dieu! dit-elle
dans son extase, ma foi en toi est égale à mon
amour pour lui! Inspire-moi! Fais ici un miracle,
ou prends ma vie.

— Vous serez exaucée », dit le prêtre.

Mlle de Verneuil vint s'offrir à tous les regards
en s'appuyant sur le bras de ce vieux prêtre à cheveux blancs. Une émotion profonde et secrète la
livrait à l'amour d'un amant, plus brillante qu'en
aucun jour passé, car une sérénité pareille à celle
que les peintres se plaisent à donner aux martyrs
imprimait à sa figure un caractère imposant. Elle
tendit la main au marquis, et ils s'avancèrent ensemble vers l'autel, où ils s'agenouillèrent. Ce
mariage qui allait être béni à deux pas du lit nup-
tial, cet autel élevé à la hâte, cette croix, ces vases,
ce calice apportés secrètement par un prêtre, cette

fumée d'encens répandue sous des corniches qui
n'avaient encore vu que la fumée des repas; ce
prêtre qui ne portait qu'une étole par-dessus sa
soutane; ces cierges dans un salon, tout formait une
scène touchante et bizarre qui achève de peindre
ces temps de triste mémoire où la discorde civile
avait renversé les institutions les plus saintes. Les
cérémonies religieuses avaient alors toute la grâce
des mystères. Les enfants étaient ondoyés dans les
chambres où gémissaient encore les mères. Comme
autrefois, le Seigneur, allait, simple et pauvre,
consoler les mourants. Enfin les jeunes filles recevaient pour la première fois le pain sacré dans le
lieu même où elles jouaient la veille. L'union du
marquis et de Mlle de Verneuil allait être consa-
crée, comment tant d'autres unions, par un acte
contraire à la législation nouvelle; mais plus tard,
ces mariages, bénis pour la plupart au pied des
chênes, furent tous scrupuleusement reconnus. Le
prêtre qui conservait ainsi les anciens usages jusqu'au dernier moment, était un de ces hommes
fidèles à leurs principes au fort des orages. Sa voix,
pure du serment exigé par la République, ne répandait à travers la tempête que des paroles de
paix. Il n'attisait pas, comme l'avait fait l'abbé
Gudin, le feu de l'incendie; mais il s'était, avec
beaucoup d'autres, voué à la dangereuse mission
d'accomplir les devoirs du sacerdoce pour les âmes
restées catholiques. Afin de réussir dans ce périlleux ministère, il usait de tous les pieux artifices

nécessités par la persécution, et le marquis n'avait pu le trouver que dans une de ces excavations qui, de nos jours encore, portent le nom de *la cachette du prêtre*. La vue de cette figure pâle et souffrante inspirait si bien la prière et le respect, qu'elle suffisait pour donner à cette salle mondaine l'aspect d'un saint lieu. L'acte de malheur et de joie était tout prêt. Avant de commencer la cérémonie, le prêtre demanda, au milieu d'un profond silence, les noms de la fiancée.

« Marie-Nathalie, fille de Mlle Blanche de Castéran, décédée abbesse de Notre-Dame de Séez, et de Victor-Amédée, duc de Verneuil.

— Née?

— A la Chasterie, près d'Alençon.

— Je ne croyais pas, dit tout bas le baron au comte, que Montauran ferait la sottise de l'épouser! La fille naturelle d'un duc, fi donc!

— Si c'était un roi, encore passe, répondit le comte de Bauvan en souriant, mais ce n'est pas moi qui le blâmerai; l'autre me plaît, et ce sera sur cette *Jument de Charette* que je vais maintenant faire la guerre. Elle ne roucoule pas, celle-là!... »

Les noms du marquis avaient été remplis à l'avance, les deux amants signèrent et les témoins après. La cérémonie commença. En ce moment, Marie entendit seule le bruit des fusils et celui de la marche lourde et régulière des soldats qui venaient sans doute relever le poste de Bleus qu'elle avait fait placer dans l'église. Elle tressaillit et leva les yeux sur la croix de l'autel.

« La voilà une sainte, dit tout bas Francine.

— Qu'on me donne de ces saintes-là, et je serai diablement dévot », ajouta le comte à voix basse.

Lorsque le prêtre fit à Mlle de Verneuil la question d'usage, elle répondit par un *oui* accompagné d'un soupir profond. Elle se pencha à l'oreille de son mari et lui dit : « Dans peu vous saurez pourquoi je manque au serment que j'avais fait de ne jamais vous épouser. »

Lorsque, après la cérémonie, l'assemblée passa dans une salle où le dîner avait été servi, et au moment où les convives s'assirent, Jérémie arriva tout épouvanté. La pauvre mariée se leva brusquement, alla au-devant de lui, suivie de Francine, et, sur un de ces prétextes que les femmes savent si bien trouver, elle pria le marquis de faire tout seul les honneurs du repas, et emmena le domestique avant qu'il eût commis une indiscrétion qui serait devenue fatale.

« Ah! Francine, se sentir mourir, et ne pas pouvoir dire : Je meurs!... » s'écria Mlle de Verneuil qui ne reparut plus.

Cette absence pouvait trouver sa justification dans la cérémonie qui venait d'avoir lieu. A la fin du repas, et au moment où l'inquiétude du marquis était au comble, Marie revint dans tout l'éclat du vêtement des mariées. Sa figure était joyeuse et calme, tandis que Francine qui l'accompagnait avait une terreur si profonde empreinte sur tous les traits, qu'il semblait aux convives voir dans ces deux figures un tableau bizarre où l'extravagant pinceau de Salvator Rosa aurait représenté la vie et la mort se tenant par la main.

« Messieurs, dit-elle au prêtre, au baron, au comte, vous serez mes hôtes pour ce soir, car il y aurait trop de danger pour vous à sortir de Fougères. Cette bonne fille a mes instructions et conduira chacun de vous dans son appartement.

« Pas de rébellion, dit-elle au prêtre qui allait parler, j'espère que vous ne désobéirez pas à une femme le jour de ses noces. »

Une heure après, elle se trouva seule avec son amant dans la chambre voluptueuse qu'elle avait si gracieusement disposée. Ils arrivèrent enfin à ce lit fatal où, comme dans un tombeau, se brisent tant d'espérances, où le réveil à une belle vie est si incertain, où meurt, où naît l'amour, suivant la portée des caractères qui ne s'éprouvent que là. Marie regarda la pendule, et se dit : « Six heures à vivre. »

« J'ai donc pu dormir », s'écria-t-elle vers le matin réveillée en sursaut par un de ces mouvements soudains qui nous font tressaillir lorsqu'on a fait la veille un pacte en soi-même afin de s'éveiller le lendemain à une certaine heure. — « Oui, j'ai dormi », répéta-t-elle en voyant à la lueur des bougies que l'aiguille de la pendule allait bientôt marquer deux heures du matin. Elle se retourna et contempla le marquis endormi, la tête appuyée sur une de ses mains, à la manière des enfants, et de l'autre serrant celle de sa femme en souriant à demi, comme s'il se fût endormi au milieu d'un baiser.

« Ah! se dit-elle à voix basse, il a le sommeil d'un enfant! Mais pouvait-il se défier de moi, de moi qui lui dois un bonheur sans nom? »

Elle le poussa légèrement, il se réveilla et acheva de sourire. Il baisa la main qu'il tenait, et regarda cette malheureuse femme avec des yeux si étincelants, que, n'en pouvant soutenir le voluptueux éclat, elle déroula lentement ses larges paupières, comme pour s'interdire à elle-même une dangereuse contemplation; mais en voilant ainsi le feu de ses regards, elle excitait si bien le désir en paraissant s'y refuser, que si elle n'avait pas eu de profondes terreurs à cacher, son mari aurait pu l'accuser d'une trop grande coquetterie. Ils relevèrent ensemble leurs têtes charmantes, et se firent mutuellement un signe de reconnaissance plein des plaisirs qu'ils avaient goûtés; mais après un rapide examen du délicieux tableau que lui offrait la figure de sa femme, le marquis, attribuant à un sentiment de mélancolie les nuages répandus sur le front de Marie, lui dit d'une voix douce : « Pourquoi cette ombre de tristesse, mon amour?

— Pauvre Alphonse, où crois-tu donc que je t'aie mené? demanda-t-elle en tremblant.

— Au bonheur.

— A la mort. »

Et tressaillant d'horreur, elle s'élança hors du lit : le marquis étonné la suivit, sa femme l'amena près de la fenêtre. Après un geste délirant qui lui échappa, Marie releva les rideaux de la croisée, et lui montra du doigt sur la place une vingtaine de soldats. La lune, ayant dissipé le brouillard, éclairait de sa blanche lumière les habits, les fusils, l'impassible Corentin qui allait et venait comme un chacal attendant sa proie, et le commandant, les bras croisés, immobile, le nez en l'air, les lèvres retroussées, attentif et chagrin.

« Eh! laissons-les, Marie, et reviens.

— Pourquoi ris-tu, Alphonse? c'est moi qui les ai placés là.

— Tu rêves?

— Non! »

Ils se regardèrent un moment, le marquis devina tout, et la serrant dans ses bras : « Va, je t'aime toujours, dit-il.

— Tout n'est donc pas perdu! s'écria Marie. — Alphonse, dit-elle après une pause, il y a de l'espoir. »

En ce moment, ils entendirent distinctement le cri sourd de la chouette, et Francine sortit tout à coup du cabinet de toilette.

« Pierre est là », dit-elle avec une joie qui tenait du délire.

La marquise et Francine revêtirent Montauran d'un costume de Chouan, avec cette étonnante promptitude qui n'appartient qu'aux femmes.

Lorsque la marquise vit son mari occupé à charger les armes que Francine apporta, elle s'esquiva lestement après avoir fait un signe d'intelligence à sa fidèle Bretonne. Francine conduisit alors le marquis dans le cabinet de toilette attenant à la chambre. Le jeune chef, en voyant une grande quantité de draps fortement attachés, put se convaincre de l'active sollicitude avec laquelle la Bretonne avait travaillé à tromper la vigilance des soldats.

« Jamais je ne pourrai passer par là », dit le marquis en examinant l'étroite baie de l'œil-de-bœuf.

En ce moment une grosse figure noire en remplit entièrement l'ovale, et une voix rauque, bien connue de Francine, cria doucement : « Dépêchez-vous, mon général, ces crapauds de Bleus se remuent.

— Oh! encore un baiser », dit une voix tremblante et douce.

Le marquis, dont les pieds atteignaient l'échelle libératrice, mais qui avait encore une partie du corps engagée dans l'œil-de-bœuf, se sentit pressé par une étreinte de désespoir. Il jeta un cri en reconnaissant ainsi que sa femme avait pris ses habits; il voulut la retenir, mais elle s'arracha brusquement de ses bras, et il se trouva forcé de descendre. Il gardait à la main un lambeau d'étoffe, et la lueur de la lune venant à l'éclairer soudain, il s'aperçut que ce lambeau devait appartenir au gilet qu'il avait porté la veille.

« Halte! feu de peloton. »

Ces mots, prononcés par Hulot au milieu d'un silence qui avait quelque chose d'horrible, rompirent le charme sous l'empire duquel semblaient être les hommes et les lieux. Une salve de balles arrivant du fond de la vallée jusqu'au pied de la tour succéda aux décharges que firent les Bleus placés sur la Promenade. Le feu des Républicains n'offrit aucune interruption et fut continuel, impitoyable. Les victimes ne jetèrent pas un cri. Entre chaque décharge le silence était effrayant.

Cependant Corentin, ayant entendu tomber du haut de l'échelle un des personnages aériens qu'il avait signalés au commandant, soupçonna quelque piège.

« Pas un de ces animaux-là ne chante, dit-il à Hulot, nos deux amants sont bien capables de nous amuser ici par quelque ruse, tandis qu'ils se sauvent peut-être par un autre côté... »

L'espion, impatient d'éclaircir le mystère, envoya le fils de Galope-chopine chercher des torches. La supposition de Corentin avait été si bien comprise de Hulot, que le vieux soldat, préoccupé par le bruit d'un engagement très sérieux qui avait lieu devant le poste de Saint-Léonard, s'écria : « C'est vrai, ils ne peuvent pas être deux. »

Et il s'élança vers le corps de garde.

« On lui a lavé la tête avec du plomb, mon commandant, lui dit Beau-pied qui venait à la rencontre de Hulot; mais il a tué Gudin et blessé deux

hommes. Ah! l'enragé! il avait enfoncé trois rangées
de nos lapins, et aurait gagné les champs sans le
factionnaire de la porte Saint-Léonard qui l'a em-
broché avec sa baïonnette. »

En entendant ces paroles, le commandant se précipita dans le corps de garde, et vit sur le lit de
camp un corps ensanglanté que l'on venait d'y placer; il s'approcha du prétendu marquis, leva le chapeau qui en couvrait la figure, et tomba sur une
chaise.

« Je m'en doutais, s'écria-t-il en se croisant les
bras avec force; elle l'avait, sacré tonnerre, gardé
trop longtemps. »

Tous les soldats restèrent immobiles. Le commandant avait fait dérouler les longs cheveux noirs
d'une femme. Tout à coup le silence fut interrompu
par le bruit d'une multitude armée. Corentin entra
dans le corps de garde en précédant quatre soldats
qui, sur leurs fusils placés en forme de civière, portaient Montauran, auquel plusieurs coups de feu
avaient cassé les deux cuisses et les bras. Le marquis
fut déposé sur le lit de camp auprès de sa femme,
il l'aperçut et trouva la force de lui prendre la
main par un geste convulsif. La mourante tourna
péniblement la tête, reconnut son mari, frissonna
par une secousse horrible à voir et murmura ces
paroles d'une voix presque éteinte : « Un jour sans
lendemain!... Dieu m'a trop bien exaucée. »

« Commandant, dit le marquis en rassemblant
toutes ses forces et sans quitter la main de Marie,

je compte sur votre probité pour annoncer ma mort à mon jeune frère qui se trouve à Londres, écrivez-lui que s'il veut obéir à mes dernières paroles, il ne portera pas les armes contre la France, sans néanmoins jamais abandonner le service du Roi.

— Ce sera fait, dit Hulot en serrant la main du mourant.

— Portez-les à l'hôpital voisin », s'écria Corentin. Hulot prit l'espion par le bras, de manière à lui laisser l'empreinte de ses ongles dans la chair, et lui dit : « Puisque ta besogne est finie par ici, fiche-moi le camp, et regarde bien la figure du commandant Hulot, pour ne jamais te trouver sur son passage, si tu ne veux pas qu'il fasse de ton ventre le fourreau de son bancal. »

Et déjà le vieux soldat tirait son sabre.

« Voilà encore un de ces honnêtes gens qui ne feront jamais fortune », se dit Corentin quand il fut loin du corps de garde.

Le marquis put encore remercier par un signe de tête son adversaire, en lui témoignant cette estime que les soldats ont pour de loyaux ennemis.

En 1827, un vieil homme accompagné de sa femme marchandait des bestiaux sur le marché de Fougères, et personne ne lui disait rien quoiqu'il eût tué plus de cent personnes, on ne lui rappelait même point son surnom de Marche-à-terre; la personne à qui l'on doit de précieux renseignements sur tous les personnages de cette Scène, le vit emmenant une vache et allant de cet air simple, ingénu.

qui fait dire : « Voilà un bien brave homme! »

Quant à Cibot, dit Pille-miche, on a déjà vu comment il a fini. Peut-être Marche-à-terre essaya-t-il, mais vainement, d'arracher son compagnon à l'échafaud, et se trouvait-il sur la place d'Alençon, lors de l'effroyable tumulte qui fut un des événements du fameux procès Rifoël, Bryond et La Chanterie.

Fougères, août 1827.

CHRONOLOGIE BALZACIENNE

1799 — *20 mai.* (1er prairial VII). Naissance d'Honoré Balzac à Tours.

1801 — *6 janvier (?).* Naissance de Eve Rzewuska, future Mme Honoré de Balzac.

1804 — Honoré Balzac entre à la pension Le Guay à Tours, qu'il quittera en 1807.

1807 — *22 juin.* Sous le n° 460, Honoré entre au collège des Oratoriens de Vendôme où il restera jusqu'au 22 avril 1813.

1814 — *Juillet-septembre.* Honoré est externe au collège de Tours.

1815 — *Janvier.* Balzac entre à l'institution Lepître, à Paris, qu'il quittera le 29 septembre.

1815-1816 — Balzac est élève de l'institution Ganzer et Beuzelin, à Paris.

1816 — Il prend sa première inscription à la Faculté de Droit.
   Novembre. Il est clerc d'avoué chez Me Guillonnet-Merville, où il restera jusqu'en mars 1818.

1818 — *Avril.* Il est clerc de notaire chez Me Passez.

1819 — *4 janvier.* Balzac est reçu au baccalauréat en Droit.
   Août. Il va habiter une mansarde, 9, rue Lesdiguières, à Paris pour s'y exercer au métier de romancier.

1819-1820 — Pendant l'hiver Balzac écrit une tragédie en vers, *Cromwell*, qui sera jugée sévèrement par l'académicien Andrieux.

1821 — *Juin.* Rencontre du jeune Honoré et de Laure

de Berny. Elle sera sa maîtresse et jouera un grand rôle dans sa formation de romancier.

1822 — *Janvier.* Publication de *L'Héritière de Birague* sous le pseudonyme lord R'Hoone
Mars. Jean-Louis (sous le même pseudonyme).
Juillet. Clotilde de Lusignan (sous le même pseudonyme.
Novembre. Publication du *Centenaire* et du *Vicaire des Ardennes*, sous le pseudonyme Horace de Saint-Aubin.

1824 — *Octobre.* Balzac s'installe 2, rue de Tournon.

1825 — *Avril.* Balzac, éditeur, publie les œuvres de La Fontaine et de Molière.
Septembre. Publication de *Wann-Chlore.*

1826 — *1er juin.* Balzac obtient un brevet d'imprimeur et installe son atelier, 17, rue des Marais-Saint-Germain (actuellement rue Visconti). Il fait la connaissance de la duchesse d'Abrantès.

1828 — *Mars.* Balzac loue un appartement 1, rue Cassini, près de l'Observatoire.
12 août. Liquidation de l'imprimerie. Passif : 1 000 francs de dettes.
17 septembre-fin octobre Balzac séjourne en Bretagne pour composer *Le Dernier Chouan.*

1829 — *Mars. Le Dernier Chouan,* premier roman de Balzac sous son véritable nom, paraît en librairie.
Décembre. Physiologie du mariage.

1830 — Balzac collabore à divers journaux.

1831 — *1er août. La Peau de Chagrin.*

1832 — *28 février.* Mme Hanska écrit une première lettre à Balzac; celle que l'on a surnommée *L'Etrangère* deviendra sa femme dix-huit ans plus tard.
Février-mars. Le Colonel Chabert.
Début mars. Balzac rencontre la marquise de Castries.
Avril. Premier dizain des *Contes drolatiques.*
Mai. Le Curé de Tours.
Juin-août. Séjour de Balzac à Saché puis à Angoulême, chez Zulma Carraud.
Août-septembre. Balzac séjourne à Aix-les-Bains avec la marquise de Castries.

1833 — *Février. Histoire intellectuelle de Louis Lambert.*

Mars-avril. Ferragus.
Septembre. Le Médecin de Campagne.
25 septembre. Première rencontre de Balzac et d'Eveline Hanska, née comtesse Rzewuska, à Neuchâtel.
Décembre. Eugénie Grandet.
Décembre-février 1834. Séjour de Balzac à Genève auprès de Mme Hanska.

1834 — Début de la publication des *Etudes de Mœurs au XIXe siècle.*
Avril. La Duchesse de Langeais.
Octobre. La Recherche de l'Absolu.
14 et 28 décembre. Publication du *Père Goriot* dans la *Revue de Paris.*
Balzac fait la connaissance de la comtesse Guidoboni-Visconti.

1835 — *Mars. Le Père Goriot* (1re édition).
Balzac élit domicile 13, rue des Batailles à Chaillot.
Mai. Le Père Goriot (2e édition).
Mai-juin. Séjour de Balzac à Vienne.
20 mai. Balzac est reçu par Metternich.
Novembre-décembre. Publication du *Lys dans la Vallée* dans la *Revue de Paris.*
Décembre. Séraphîta.

1836 — **27 avril-4 mai.** Balzac est emprisonné à l'hôtel Bazancourt pour refus de monter la garde.
Juillet-août. Voyage à Turin en compagnie de Mme Marbouty.
Fin novembre. Séjour à Saché.

1837 — **11 février.** *Illusions perdues* (1re partie).
Février-mai. Voyage en Italie.
Juillet. Publication de *La Femme supérieure (Les Employés)* dans *La Presse.*
6 septembre. Balzac achète une première parcelle de terrain à Sèvres, embryon des futures Jardies.
Décembre. César Birotteau.

1838 — **24 février-2 mars.** Séjour de Balzac à Nohant chez son amie George Sand.
Avril. Voyage en Sardaigne.
Juillet. Balzac s'installe aux Jardies, à Sèvres.
6 octobre. *La Femme supérieure (Les Employés), La Maison Nucingen, La Torpille* (début de *Splendeurs et Misères des Courtisanes*).

Décembre. Balzac demande à être admis à la Société des gens de Lettres.

1839 — *8 mars.* Lecture de *L'Ecole des Ménages* chez le marquis de Custine.
Avril-mai. Béatrix.
15 juin. Un grand homme de province à Paris (2ᵉ partie d'*Illusions perdues*).
16 août. Balzac est élu président de la Société des gens de Lettres.
2 décembre. Candidature à l'Académie française.

1840 — *9 janvier.* Balzac quitte la présidence de la Société des gens de Lettres.
14 mars. Première représentation de *Vautrin au* théâtre de la Porte-Saint-Martin.
25 juillet. Naissance de la *Revue parisienne,* dirigée par Balzac. Elle n'aura que trois numéros.
Octobre. Balzac quitte les Jardies pour s'installer 19, rue Basse, à Passy.

1841 — *Janvier-février. Une Ténébreuse Affaire.*
Août-septembre. Ursule Mirouët.
2 octobre. Contrat pour la publication de *La Comédie humaine.*
Novembre. Mémoires de deux Jeunes Mariées.
10 novembre. Mort de Wenceslas Hanski, mari de Mme Hanska..

1842 — *Avril. Les Deux Frères (La Rabouilleuse).*
21-31 mai. Publication des deux premières parties de *Splendeurs et Misères des Courtisanes* dans *Le Parisien* sous le titre *Esther ou les Amours d'un vieux Banquier.*
9-19 juin. Publication du début de la troisième partie d'*Illusions perdues* dans le journal *L'Etat,* sous le titre *Les Souffrances de l'Inventeur.*
27 juillet-14 août. Publication des suite et fin de la troisième partie d'*Illusions perdues* dans le journal *Le Parisien-L'Etat,* sous le nouveau titre *David Séchard ou les Souffrances d'un Inventeur.*
29 juillet. La Comédie humaine, 8 volume, tome IV, des *Scènes de la Vie de Province,* contenant les trois parties d'*Illusions perdues* dont la dernière, inédite, est publiée sous le titre *Eve et David.*
Juillet-octobre. Voyage à Saint-Pétersbourg.

26 septembre. Première représentation de *Paméla Giraud* au théâtre de la Gaîté.

3 décembre. David d'Angers achève le buste de Balzac.

1844 — *Avril. Modeste Mignon.*

2 mars. David Séchard (3 partie d'*Illusions perdues* publiée séparément sous ce nouveau titre).

23 novembre. Splendeurs et Misères des Courtisanes — *Esther.* Edition séparée.

La Comédie humaine, 11e volume, t. III des *Scènes de la Vie parisienne,* contenant les deux premières parties de *Splendeurs et Misères des Courtisanes : Esther heureuse* [*Comment aiment les filles*] et *A combien l'amour revient aux vieillards.*

1845 — *24 avril.* Nomination de Balzac dans l'ordre de la Légion d'honneur.

Mai-août. Voyage à Dresde, puis visite de l'Allemagne, de la France, de la Hollande en compagnie de Mme Hanska, de sa fille Anna et du comte Mnizeck.

1846 — *Mars-mai.* Voyage de Rome à Francfort en compagnie de Mme Hanska.

7-29 juillet. Publication de la troisième partie de *Splendeurs et Misères des Courtisanes* dans *L'Epoque,* sous le titre *Une Instruction criminelle. Octobre-décembre.* Publication de *La Cousine Bette* dans *Le Constitutionnel.*

10 octobre. La Comédie humaine, 12e volume, tome IV des *Scènes de la Vie parisienne,* contenant la troisième partie de *Splendeurs et Misères des Courtisanes : Où mènent les mauvais chemins...*

1847 — *Mars-mai.* Publication du *Cousin Pons* dans *Le Constitutionnel.*

13 avril-4 mai. Publication de *La Dernière Incarnation de Vautrin* dans *La Presse.*

28 juin. Balzac rédige son testament.

Un Drame dans les Prisons (3e partie de *Splendeurs et Misères des Courtisanes* publiée séparément sous ce titre).

5 septembre. Départ de Balzac pour Wierzchownia, où il séjournera pendant plus de cinq mois.

La Dernière Incarnation de Vautrin (4e partie de *Splendeurs et Misères des Courtisanes*).

1848 — *15 février.* Retour de Balzac à Paris.
>   *25 mai.* Première représentation de *La Marâtre* au
>   Théâtre Historique.
>   *Fin juin.* Dernier séjour de Balzac à Saché.
>   *17 août.* Lecture du *Faiseur* devant le Comité de la
>   Comédie-Française.
>   *Août-septembre.* Publication de *L'Initié* dans *Le
>   Spectateur républicain.*
>   *19 septembre.* Séjour de Balzac à Wierzchownia jus-
>   qu'en mai 1850.

1849 — *Janvier.* Nouvelle candidature à l'Académie
française.

1850 — *14 mars.* Mariage de Balzac avec Mme Hanska
>   à l'église Sainte-Barbe de Berditcheff en Ukraine.
>   *20 mai.* Retour à Paris, rue Fortunée. L'état de santé
>   de Balzac s'aggrave.
>   *18 août, 23 h 30.* Mort de Balzac à son domicile.

TABLE DES MATIÈRES

BRODARD ET TAUPIN — IMPRIMEUR - RELIEUR
Paris-Coulommiers. — France.
05.088-V-9-0474 - Dépôt légal n° 4794, 3e trimestre 1965.
LE LIVRE DE POCHE - 4, rue de Galliéra, Paris.

Le Livre de Poche classique